Dr. Dieter Semmler

Wohnmobil-Stellplätze
Italien Nord und Sardinien

Südtirol - Trentino - Aosta-Tal - Piemonte - Lombardei
Venetien - Ligurien - Emilia Romagna - Sardinien

Viele Stellplätze zum Nulltarif
Jetzt auch mit Stellplätzen für Caravan

Reisen mit dem Wohnmobil
Stellplätze in Gemeinden und Städten
Stellplätze in der Natur
Stellplätze am Strand, an Seen und Schwimmbädern
Farbige Stellplatzfotos
Koordinaten und Straßennamen für die Anfahrt

Wir führen Sie zu den besten und schönsten Stellplätzen
Alle Plätze selbst ausgesucht, angefahren und beurteilt

Titelbild: Strand an der toskanischen Küste

4. Auflage 2009
Herausgeber: RID-Verlag, Mühlköppelstraße 18, 63674 Altenstadt
Druck: Druckzentrum Lang, Mainz
Recherchen: Dr. Semmler und Stephan Hegemann
Fotos: Dr. Semmler und Stephan Hegemann
Skizzen: Dr. Semmler

ISBN 978-3-932538-31-5

OASI PARK - Stellplatz für Wohnmobile mit Service

50.000 Quadratmeter Park mit Bäumen - 700 Meter zum Meer

das ganze Jahr geöffnet

ITALY
Via dei Sori, 5
Diano Marina (IM)
Tel.: 0039 0183 497062
oasi-park@libero.it
www.oasipark.it

400 m von Stadtmitte - 250 m vom Bahnhof entfernt -Stromanschluss - Duschen - Waschmaschine und Trockner - Spielplatz für Kinder vorhanden.

Gebühren: ***8-10 € -*** *pro Nacht und Mobil unabh. von der Personenanzahl - Hunde frei - (inkl. Ent-und Versorgung)*
15 € - ***Monat August und an speziellen Feiertagen (Ostern, Weihnachten, an grossen Feiertagen, etc)***
Stromanschluss 2 € pro Tag

Karte fur **10** Übernachtungen, die nicht zusammenhängend genommen werden müssen (1Jahr gültig) **50 €***	**30 TAGE** bei durchgehendem Aufenthalt **100 € *** **Angebot gultig ab 1/10/ bis 1/03**	**3 x 2 = 2** 2 Tage bezahlen, 3 Tage bleiben *

*** die Angebote sind nicht kombinierbar - sie gelten nicht im August und grossen Feiertagen**

mit diesem GUTSCHEIN : erhalten Sie **die zweite Übernachtung gratis**

OASI PARK - Stellplatz für Wohnmobile mit Service

das ganze Jahr geöffnet

ITALY
Gran Parco del Delta del PO
Via Cristina, 84
Bosco Mesola (FERRARA)
Richtung Goro
Tel. 0039 0533 794386
oasi-park@libero.eu
www.oasipark.eu
GPS-KOORDINATEN: N 4486822 - E 1224898

STELLPLATZ
Ganzjährig geöffnet

Strom 2€ pro Tag - Duschen -Waschmaschinen und Trockner

Gebühren: ***8-10 € -*** *pro Nacht und Mobil unabh. von der Personenanzahl - Hunde frei - (inkl.Ent-und Versorgung)*
15 € - ***Monat August und speziellen Feiertagen (Ostern, Weihnachten, grossen Festivitäten, etc)***
Stromanschluss 2 € pro Tag

Karte fur **10** Übernachtungen, die nicht zusammenhängend genommen werden müssen (1Jahr gültig) **50 €***	**30 TAGE** bei durchgehendem Aufenthalt **100 € *** **Angebot gultig ab 1/10/ bis 1/03**	**3 x 2 = 2** 2 Tage bezahlen, 3 Tage bleiben *

*** die Angebote sind nicht kombinierbar - sie gelten nicht im August und grossen Festivitäten**

mit diesem GUTSCHEIN : erhalten Sie **die zweite Übernachtung gratis**

Am Strand von Carbonifera
(Band 13 Italien-Süd)

Inhaltsverzeichnis

		Seite
Wohnmobilplätze in italienischen Ferienlandschaften		8
Null-Liste	Stellplätze ohne Gebühren	11
Städte-Liste	Stellplätze in der Nähe der Ortszentren	14
Strand-Liste	Stellplätze am Strand, an einem See oder am Schwimmbad	16
Bergbahnliste	Stellplätze an Bergbahnen und Skiliften	18
Caravanliste	Stellplätze für Wohnmobil und Caravan	18

Tour 1: ***Ein Südtiroler Bilderbuch***
Durch das Pustertal 19

Tour 2: ***Bizarre Gipfel***
Durch das Grödnertal zu den Dolomiten 29

Tour 3: ***Im Land der Burgen***
Durch den Vinschgau 41

Tour 4: ***Schluchten und schroffe Berge***
Von Bozen nach Cavalese 50

Tour 5: ***In den südlichen Bergen***
Von Trento nach Belluno 58

Tour 6: ***Lockruf der Sonne***
Am Lago Maggiore 67

Tour 7: ***Bergwandern und Wintersport***
Vom Comer See nach Livigno 78

Tour 8: ***Wo die Zitronen blühen***
Am Gardasee 87

Tour 9: ***Die Täler, aus denen man trinken kann***
Von Verona nach Treviso 98

Tour 10: ***Von den Alpen zur Küste***
Durch das Friaul 107

Tour 11: ***Die Königin der Adria***
Am Golf von Venedig 113

Tour 12: ***Vom Weißen Riesen ins Tal***
Durch das Aosta-Tal 126

Tour 13: ***Die Metropole vor den Westalpen***
Durch das Piemonte 133

Tour 14:	***Lange Bärte und kluge Leute*** Von Padua nach Brescia	141
Tour 15:	***Die Fischer an Fluss und Meer*** Im Po-Delta	151
Tour 16:	***Sonne, Felsen und Meer*** An der Riviera di Ponente	161
Tour 17:	***Felsen und Marmor*** An der Riviera di Levante	168
Tour 18:	***Am Teutonengrill*** Von Ravenna nach Rimini	175
Tour 19:	***Stellplätze am Meer*** An der Ostküste Sardiniens	185
Tour 20:	***Flamingos und einsame Buchten*** An der Südküste Sardiniens	195
Tour 21:	***Felsen, die sich ins Meer stürzen*** An der Westküste Sardiniens	206
Tour 22:	***Korsika lässt grüßen*** An der Nordküste Sardiniens	216

Stellplatzverzeichnis 228

Buchserie "Wohnmobil-Stellplätze" 232

Bucht Chia auf Sardinien

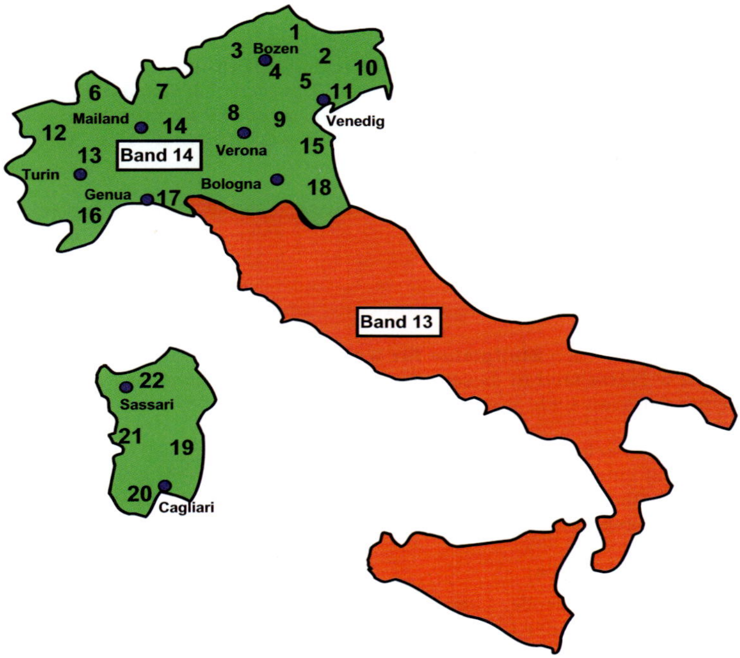

Tourenkarte Italien Nord und Sardinien

Mobilplätze in italienischen Ferienlandschaften

Stellplätze für Wohnmobile im Norden Italiens, die zum Zeitpunkt der Drucklegung bekannt und für einen Aufenthalt geeignet waren, wurden in diesem Buch aufgenommen. Stellplätze, die den einfachsten Anforderungen nicht genügen, z. B. wegen Lärmbelästigung, zu kleiner Plätze, sehr schräger Stellflächen, fehlendem Rangierraum, schmaler Einfahrten, Belegung durch Pkw, wurden nicht in diesem Buch aufgenommen, weil solche Schlaf- und Aufenthaltsplätze den Wohnmobilurlaubern nicht zugemutet werden können.

Wir führen Sie zu den ruhigsten und schönsten Stellplätzen, zu Stellplätzen in Gemeinden und Städten, zu Stellplätzen mitten in der Natur, zu Stellplätzen am Strand. Wir führen Sie auch zu den kostenfreien Plätzen. Wir führen Sie nicht zu unzumutbaren Plätzen. Wir wollen unseren Lesern einen erholsamen Aufenthalt bieten. Farbige Stellplatzfotos geben Ihnen einen Eindruck von der Anlage und der Umgebung.

In jüngster Zeit wurden auch **Stellplätze für Wohnmobile und Caravan** (Wohnwagen, Gespanne) eingerichtet. Diese Plätze sind in diesem Buch zusätzlich mit dem Caravan-Symbol gekennzeichnet und in einer Caravan-Liste zusammengefasst (siehe Seite 18).

Wir unterscheiden zwischen **Parkplatz** und **Stellplatz**. Die Parkplätze sind in den Tabellen und im Stellplatzteil mit einem gelben Balken, die Stellplätze mit einem grünen Balken versehen. Bei den Stellplätzen (grüner Balken) kann außerdem je nach Ausstattung und Aufenthaltsdauer zwischen **Übernachtungsplatz, Mobilplatz und Mobilpark** unterschieden werden.

1. Parkplätze (gelber Balken):

Parkplätze in besonders reizvoller Lage sind nur vereinzelt aufgenommen worden. Die Übernachtung zur Wiederherstellung der Fahrtüchtigkeit ist auf diesen Plätzen nur für eine Nacht erlaubt.

2. Stellplätze (grüner Balken und Wohnmobil-Symbol):

2.1 Übernachtungsplätze sind einfache Plätze, die für Wohnmobile zugelassen oder durch ein entsprechendes Schild für Mobile gekennzeichnet sind. Die Belegung durch Pkw und andere Fahrzeuge ist möglich. Die Aufenthaltserlaubnis beträgt meistens nur eine Nacht.

2.2 Wohnmobilplätze oder **Mobilplätze** sind nur für Wohnmobile reservierte und gekennzeichnete Plätze, entweder auf einem Teilbereich oder für den gesamten Parkplatz. Ver- und Entsorgungseinrichtungen sollen vorhanden sein. Stromanschlüsse sind wünschenswert. Die Aufenthaltserlaubnis beträgt meistens 1 - 3 Tage.

2.3 Wohnmobilparks oder **Mobilparks** sind durch Bäume, Büsche und Grünanlagen in Abschnitte eingeteilte Plätze. Das Parken anderer Fahrzeuge ist nicht erlaubt. Ver- und Entsorgungseinrichtungen sowie Stromanschlüsse müssen vorhanden sein. Wenderaum und Stellflächen sollen großzügig bemessen sein. Bei Boxeneinteilung sind größere Fahrzeuge zu berücksichtigen (mindestens 5 m x 12 m). Die Aufenthaltsdauer ist nicht begrenzt. Sanitäre Anlagen sind bei unbegrenztem Aufenthalt wünschenswert (z. B. Stellplätze an Kuranlagen).

Diese Klassifizierung der Plätze ist eine Aussage über die Ausstattung der Plätze und über die Aufenthaltsdauer, nicht aber über die Lage des Platzes. Die Anzahl der Sterne kennzeichnet dagegen die Lage. Alle Plätze sind mit einem, zwei, drei oder vier Sternen bewertet. Die Beurteilung mit **drei Sternen** bedeutet immer eine sehr ruhige und schöne Lage, ausreichend Parkraum, eine gute Zufahrt und Gaststätten und Häuser in der näheren Umgebung. Bei **zwei Sternen** fehlt eines dieser Merkmale, eine ruhige Lage ist aber gewährleistet. Ist der Platz mit nur **einem Stern** eingestuft, so führt meistens eine Straße am Parkplatz vorbei. Solche Plätze sind für eine Übernachtung nur zu empfehlen, wenn sich die Insassen des Wohnmobils durch Verkehrsgeräusche nicht stören lassen. **Vier Sterne** erhält ein **Traumplatz**, ein sehr schön angelegter Stellplatz, wenn er in einer sehr ruhigen und reizvollen Umgebung liegt und ein erholsamer Aufenthalt gewährleistet ist. In diesem Buch haben sehr viele Traumplätzen vier Sterne erhalten, ein Zeichen dafür, dass die Gemeinden und die privaten Anbieter den Wunsch der Wohnmobilurlauber nach einer sehr ruhigen und schönen Lage des Schlaf- und Aufenthaltplatzes erkannt haben.

Stellplatz	Ferienlandschaft	Seite
Arabba, Wohnmobilplatz	Dolomiten	36
Asolo, Parking Forestuzzo	Venetien	104
Bosco Mesola, Oasi-Park	Po-Delta	157
Cala Domestica, Wohnmobilplatz	Sardinien Westküste	210
Casal Borsetti, Wohnmobilplatz	Adria	179
Diano Marina, Oasi-Park	Riviere Ponente	165
Domus di Maria, Spartivento	Sardinien Costa del Sud	202
Igea Marina, L'Adriatico	Adria	183
Igea Marina, Rio Porcio	Adria	183
Iseo, Wohnmobilplatz	Lago d'Iseo	149
La Caletta, Übernachtungsplatz	Sardinien Ostküste	191
Lido di Jesolo, Albatros	Golf von Venedig	121
Lido di Volano, Parkplatz	Po-Delta	152
Livigno, Wohnmobilplatz	Livigno	86
Malpa Ciapala, Übernachtungsplatz	Dolomiten	37
Oggebbio, Area di Sosta	Lago Maggiore	73
Pula, Übernachungsplatz	Sardinien Golfo di Cagliari	202
San Marino, Wohnmobilpark	San Marino	184
Sankt Vergil, Wohnmobilplatz	Dolomiten	25
Sirmione, Wohnmobilpark	Gardasee	94
Sorico, La Punta	Comer See	84
Sterzing, Autocamp Eisack	Brenner	24
Tancau, Wohnmobilpark	Sardinien Ostküste	193
Torbole, Area di sosta	Gardasee	92
Villar, Wohnmobilpark	Piemonte	143

In den Tourenbeschreibungen, in den Tabellen und im Stellplatzverzeichnis (Seite 228) sind die Wohnmobilstellplätze (Übernachtungsplätze, Mobilplätze, Mobilparks) durch Fettdruck gekennzeichnet. Im Stellplatzteil des Buches sind die Wohnmobilstellplätze nicht nur durch den grünen Balken, sondern auch durch das Wohnmobil-Symbol deutlich hervorgehoben. Die Plätze für Wohnmobil und Caravan haben zusätzlich das Caravan-Zeichen erhalten.

Oft haben Fahrer großer Wohnmobile Schwierigkeiten, Wohnmobilplätze mit schmalen Zufahrten anzufahren, durch enge Einfahrten zu gelangen, auf den Plätzen zu rangieren und zu wenden oder auf einer zu kleinen Stellfläche einzuparken. Wir haben in der Beschreibung der Plätze auf solche Schwierigkeiten durch die Vermerke "Für große Wohnmobile nicht geeignet" (ab 8 Metern Länge) und "Für sehr große Wohnmobile nicht geeignet" (ab 10 Metern Länge) hingewiesen. Auch Höhen-, Breiten- und Gewichtsbegrenzungen sind in den Beschreibungen der Plätze zu finden.

Wohnmobilplätze am Strand, an einem See oder an einem Schwimmbad sind in der **Strandliste** (Seite 16) zu finden. Wohnmobilplätze in den italienischen Gemeinden und Städten sind in der **Städteliste** (Seite 14) zusammengefasst. Die Gemeindenverwaltungen verlangen nicht immer eine Gebühr. Kostenfreie Stellplätze finden Sie in der **Null-Liste** (Seite 11). **Sehr viele Stellplätze sind kostenfrei**. In der **Bergbahnliste** (Seite 18) sind Stellplätze an Seilbahnen und Liften zusammengestellt.

Es gibt in Italien keine Schwierigkeiten mit der Ver- und Entsorgung des Wohnmobils. Ver- und Entsorgungseinrichtungen und Stromanschlüsse sind auf den meisten Plätzen vorhanden. Müll kann überall in Müllbehälter entleert werden.

Alle Stellplätze sind im Verlaufe der Routen durchgehend nummeriert und mit Beschreibung, Anfahrt und Hinweisen versehen. Den einzelnen Reiserouten ist eine Skizze vorangestellt, aus der die Lage und Nummer der Stellplätze zu erkennen ist. Der Pfeil zeigt auf den Ort des Stellplatzes.

Für die Besitzer eines Navigationsgerätes wurden die notwendigen Daten (Bezeichnungen, Straßennamen und/oder GPS-Koordinaten) der Stellplätze angegeben. Für einige Plätze außerhalb der Ortschaften, z. B. am Strand, gibt es keine Straßennamen. Diese Plätze können mit einem Navigationsgerät nur nach den Koordinaten erreicht werden. Die Koordinaten sind in Grad und Minuten angegeben (60 Minuten entsprechen 1 Grad). Navigationsgeräte, die nur Zehntel- und Hunderstel-Grade statt Minuten angeben und Geräte, die Grade, Minuten und Sekunden anzeigen, verlangen eine entsprechende Umrechnung (60 Sekunden entsprechen 1 Minute). Müssen Sie unsere Zehntel-Minuten in Sekunden umrechnen, so multiplizieren Sie einfach die Zehntel-Minuten mit 0,6, z. B. 8° 16,52' entsprechen 8° 16' 31,2" (52x0,6=31,2). Unsere Anfahrtbeschreibung führt Sie jedoch ohne Navigation sicher zu allen Stellplätzen.

Ein Maßstab für die Größe des **Stellplatzes** ist die Zahl der angegebenen Stellflächen. Bei diesen Angaben wird aber eine Belegung der Hälfte der Parkflächen von Übernachtungsplätzen durch Pkw angenommen, was wohl selten zutrifft. Es muss berücksichtigt werden, dass Übernachtungsplätze an Sportstätten und Schwimmbädern am Tage durch Pkw belegt sein können. In der Saison und an Wochenenden sollten solche Plätze abends angefahren werden. Leider werden auch ausgewiesene Mobilplätze manchmal durch Pkw belegt. Die Stellplatzmöglichkeiten sind für 3, 5, 10, 20, 30, 50 und 100 Wohnmobile gestaffelt. Falls die Zahl der Wohnmobilplätze vom Eigentümer angegeben oder am Platz gekennzeichnet ist, wird die genaue Zahl der Plätze aufgeführt. Sehr große Wohnmobile sollten die Stellplätze für 3 und 5 Wohnmobile und die Plätze mit schmalen Zufahrten nicht anfahren, weil möglicherweise der Platz belegt ist und Wendemanöver nur unter Schwierigkeiten ausgeführt werden können. Für jede Route ist eine Tabelle der Stellplätze zusammengestellt worden, aus denen Sie den für Sie geeigneten Platz auswählen können. Die Tabelle gibt Auskunft über die Lage und Größe des Platzes, über die Entfernung zum Ortszentrum, über die Aufenthaltsdauer und über die nähere Umgebung, zum Beispiel über Häuser, Gaststätten, Toiletten, Strände oder Seen. Die **Preise ändern sich oft nach oben.** Es muss deshalb mit Abweichungen von den Preisen zur Zeit der Drucklegung gerechnet werden.

****	sehr ruhige und sehr schöne Lage.
***	sehr ruhige und schöne Lage.
**	ruhige und gute Lage.
*	keine ruhige Lage.
A	Stellplätze gestaffelt nach 3, 5, 10, 20, 30, 50, 100 Wohnmobilen. Dabei wird bei Übernachtungsplätzen angenommen, dass nur die Hälfte des Platzes zur Verfügung steht und die andere Hälfte durch andere Fahrzeuge belegt ist.
B	Fußweg in Minuten, x bedeutet über 15 min Fußweg.
C	Aufenthaltsdauer in Tagen.
D	Stellplatzgebühr in Euro pro Wohnmobil und 24 Stunden oder Parkgebühr.
P	Parkgebühr in der Saison.
T	Aufenthaltsdauer einige Tage.
U	Aufenthaltsdauer unbegrenzt.
fett	Übernachtungsplatz, Wohnmobilplatz oder Wohnmobilpark.

Sobald uns **wichtige Änderungen** auf den Stellplätzen in Italien bekannt werden, veröffentlichen wir diese Änderungen **auf unserer Internet-Seite www.ridverlag.de** unter dem Schalter **News**, so dass Sie rechtzeitig Ihre Reiseplanung ändern können. Wichtige Änderungen sind z. B. neue Stellplätze, Abschrankungen, Verlegungen, Ver- und Entsorgungsanlagen. Ständige Änderungen, wie Preiserhöhungen, werden nicht veröffentlicht.

Unterwegs und doch zu Hause, an den schönsten Orten Europas, wo immer unsere Reise hingeht, wir verbringen unsere Tage im eigenen Haus, mal am Meer, mal in den Bergen, mal in einer Stadt, ganz nach Lust und Laune. Wir sammeln vielfältige Eindrücke in unterschiedlichen Regionen, ohne täglich die Koffer zu packen.

Wir wünschen unseren Lesern erlebnisreiche Tage, ruhige Nächte und einen erholsamen Urlaub in Italien, aber auch in Deutschland, Dänemark, Frankreich, Österreich, Belgien, Holland, Luxemburg, Spanien oder Griechenland. Von diesen Ländern können wir für unbeschwertes, mobiles Reisen Stellplatzführer zur Verfügung stellen.

Nullliste

Stellplätze ohne Gebühren

Ort	Bezeichnung	Seite
Agrano	**Piazza Venzano**	**74**
Alba	Seilbahn Brunec	36
Alghero	**Ortsrand**	**220**
Altavilla-Tavernelle	**Bonometti**	**103**
Alzano	**Via Europa**	**148**
Arbatax	Rocco Rosso	193
Arborea	Mare	212
Auronzo	**Fiume Ansiei**	**40**
Avigliana	**Piazza Grand Torino**	**138**
Barge	**Campo sportivo**	**139**
Bergamo	Stadio	147
Bergamo	**Via Serassi**	**147**
Boccasette	Po di Maistra	156
Bollate	**Piazza della Resistenza**	**146**
Bozen	**Campo sportivo**	**48**
Bruneck-Dietenheim	Volkskundemuseum	25
Bruneck-Reischach	Sessellift	25
Camisano	**Stadio**	**103**
Capo Camino	Ufer	191
Capoterra	Spiaggia La Maddalena	201
Ca'Savio	Spiaggia libera	122
Cavalino	Marina	121
Cavedine	**Lago**	**62**
Cavour	**Area Sosta Caravan**	**139**
Cellina	Santa Caterina	76
Cherasco	**Stadttor**	**140**
Chia	Spiaggia Su Portu	202
Chiavenna	**Campo sportivo**	**83**
Chivasso	**Piazza Libertini**	**136**
Comacchio	**Bagno Trocadero**	**160**
Courmayeur	**Funivia V.Veny**	**130**
Cuneo	**Bellavista**	**140**
Entreves	Funivie di Monte Bianca	129
Eraclea Mare	Bootshafen	120
Farra d'Alpago	Lago di San Croce	66
Feltre	Piazzale Pra' del Moro	66
Fiumaretta	Ort	173
Fluminimaggiore	Tempio di Antas	211
Gaby	**Area picnic**	**132**
Gassl	Kronplatz	26
Gorino	Hafen	157

Ort	Bezeichnung	Seite
Goro	Hafen	156
Gradisca d' Isonzo	**Ara di sosta camper**	**112**
Grödner Joch	Klettersteig	35
Ispra	Ortsrand	75
Ivrea	Piazza del Mercato	132
Kastel-Tschars	Schwimmbad	47
Kiens-Issing	Weiher	24
Laas	Schwimmbad	47
Lago di Fedaia	Seeufer	37
La Spezia	**Industriehafen**	**173**
La Villa	**Campo sportivo**	**35**
Lecco-Bione	**Sportgelände**	**83**
Lido di Nazioni	Bagno Manara	159
Lido di Nazioni	Strand	160
Lido di Volano	Strand-Nord	159
Lido di Volano	Strand-Süd	159
Lignano Sabbiadoro	**Stadio comunale**	**119**
Madonna del Sasso	**Area Camper**	**75**
Malga Ciapala	Seilbahn	37
Mandriola	Kirche	214
Mantua	**Stadio**	**150**
Marceddi	Marina	212
Mari Ermi	Strand	214
Marina di Massa	**Kläranlage**	**174**
Marina di Orosei	Strand	192
Maroco	Piscina	123
Masainas	Spiaggia Is Solinas	204
Meran	**Bahnhofsplatz**	**47**
Merate-Sartirana	**Wohnmobilplatz**	**82**
Montebelluno	**Via Sansovino**	**104**
Montegrotto	Butterfly	124
Montegrotto	Ort	124
Monza	Sportivo Montelli	147
Mori	**Fanum**	**63**
Muravera	San Giovanni	200
Muravera	Torre Salinas	200
Oleis	**Piazetta F. Braida**	**111**
Oristano	**Stadio**	**213**
Palau	Isola dei Gabiani	226
Paso di Falzarego	Cinque Torri	38

Ort	Bezeichnung	Seite
Paso di Falzarego	Passhöhe	38
Paso Fedaia	Passhöhe	37
Pinarella	**Viale Tritone Parking**	**182**
Porto della Taverna	Costa Dorata	189
Porto Levante	Bootshafen	156
Porto Pino	Spiaggia	199
Povegliano	**Via Prato della Valle**	**105**
Pula	**Nora**	**202**
Punta Ginepro	Curcurica	192
Punta Is Aruntas	Strand	213
Racconigi	**Area Sosta**	**139**
Ranco	Museo	75
Ranco	Seeufer	75
Rasen	Ortsparkplatz	26
Ravenna	**Green Sport Club**	**180**
Ravenna	**Sant' Appollinare**	**180**
Riccione	**Piazzale I.Maggio**	**184**
Rocca Pietore	Ort	38
Rosta	**Area sosta**	**138**
Rovereto	**Stadio Quercia**	**63**
San Giovanni di Sinis	**Tharros**	**211**
San Marino	**Funivia**	**184**
San Stefano	Ortsparkplatz	40
Santa Christina	Sport-Center	34
Santa Margherita	**Rondio**	**125**
Santa Teresa	**Area camper**	**225**
San Teodoro	**Dettorimarkets**	**189**
San Teodoro	Spiaggia d'Ambra	190
Santorso	**Villa Rossi**	**102**
Sárnico	Seeufer	148
Sarntheim	**Ortsrand**	**49**
Sappada	**Wohnmobilplatz**	**40**

Ort	Bezeichnung	Seite
Schio	**Palasport**	**101**
Seriate	**Schwimmbad**	**148**
Sernaglia	**Ortsrand**	**105**
Settimo	**Piazza Freidano**	**137**
Sexten	**Helmbahn**	**27**
Sexten-Bad Moos	**Rotwand-Seilbahn**	**28**
Sommariva del Bosco	**Area comunale**	**140**
Sondrio	**Stadio**	**84**
Sondrio	**Tennisclub**	**85**
Stintino	**Le Saline**	**222**
Taino	Parco di Taino	77
Tre Crocci	Rio Gare	39
Trento	**Großraumparkplatz**	**63**
Trento	**Stadio**	**64**
Treviso	**Stadio**	**106**
Trieste	**Sportboothafen**	**112**
Udine	**Area sosta camper**	**111**
Vallio Therme	**Municipio**	**92**
Vals	Sessellift	24
Varese	Sacro Monte	77
Verbania-Pallanza	**Via Massara**	**73**
Verona	Viale Galiano	97
Viareggio	**Area di sosta**	**174**
Vierschach	Gondellift Helm	26
Vignola Mare	Spiaggia	225
Villaputzu	Porto Corallo Marina	199
Villaputzu	Porto Corallo Strand	199
Villar	**Area camper**	**137**
Voghera	**Via die Martiri**	**145**
Volano	Táglio di Falce	158

Am Strand von Badesi

In den Dolomiten

Am Lago Maggiore

Städteliste

Stellplätze in der Nähe der Ortszentren

Ort	Bezeichnung	Seite
Alba	Seilbahn Brunec	36
Aosta	**Via Caduti del Lavoro**	**130**
Aquilea	**Area comunale**	**119**
Arabba	**Wohnmobilplatz**	**36**
Asolo	**Parking Forestuzzo**	**104**
Avigliana	**Piazza Grand Torino**	**138**
Bardolino	**Ortsparkplatz**	**95**
Barge	**Campo sportivo**	**139**
Bassano del Grappa	**Parking Gerosa**	**104**
Baveno	**Via Brera**	**73**
Bollate	**Piazza della Resistenza**	**146**
Borghetto	**Via Po**	**165**
Bormio	**Bormio 200**	**85**
Bozen	**Campo sportivo**	**48**
Brescia	**Stadio**	**150**
Brusson	**Rue Trois Villages**	**131**
Brusson	**Rue Vollon**	**131**
Buggeru	**Hafen**	**210**
Cala Gonone	**Palmasera**	**192**
Camisano	**Stadio**	**103**
Carenno	**Viale Giudeppi Verdi**	**82**
Cavour	**Area Sosta Caravan**	**139**
Cervia	**Viale Forlanini**	**182**
Cherasco	**Stadttor**	**140**
Chiavenna	**Campo sportivo**	**84**
Chioggio	**Parking Zago**	**125**
Chioggio	**Ponte Translagunare**	**125**
Chivasso	**Piazza Libertini**	**136**
Colico	**Gratta e Sosta**	**83**
Comacchio	**Area sosta camper**	**160**
Cuneo	**Bellavista**	**140**
Dorf Tirol	**Busparkplatz**	**48**
Feltre	Piazzale Pra' del Moro	66
Finale Ligure	**Via Aurelia**	**166**
Glurns	**Tor Taufers**	**46**
Igea Marina	**L'Adriatico**	**183**
Igea Marina	**Mare d'Inverno**	**183**
Igea Marina	**Rio Pircio**	**183**
Iglesias-Nébida	**Area sosta**	**210**
Ivrea	Piazza del Mercato	132
La Villa	**Campo sportivo**	**35**
Lido di Jesolo	**Don Bosco**	**121**
Livigno	**Lago di Gallo**	**86**
Marostica	**Ortszentrum**	**103**
Meran	**Bahnhofsplatz**	**47**
Misurina	**Ortsrand**	**39**
Montebelluno	**Via Sansovino**	**104**
Monzambano	**Area sosta camper**	**94**
Muravera	**Camper Service Sosta**	**199**
Noale	**Ortsparkplatz**	**106**
Oristano	**Stadio**	**213**
Orta San Giulio	**Wohnmobilplatz**	**74**
Padua	**Wohnmobilplatz**	**124**
Peschiera	**Area attrezzata**	**94**
Porto Cervo	**Via Porto Cervo**	**226**
Povegliano	**Via Prato della Valle**	**105**
Rasen	Ortsparkplatz	26
Rimini	**Viale Roma**	**184**
Rocca Pietore	Ort	38
Rosta	**Area sosta**	**138**
San Bartolomeo	**Area di sosta**	**160**
San Marino	**Funivia**	**184**
San Stefano	Ortsparkplatz	40
Santa Christina	**Saslong**	**34**
Santa Christina	Sport-Center	34
San Vergilio	**Seilbahn Kronplatz**	**25**
Sappada	**Wohnmobilplatz**	**40**
Sarntheim	**Ortsrand**	**49**
Sondrio	**Stadio**	**84**
Sondrio	**Tennisclub**	**85**
Sulzano	**Gerolo**	**149**
Tirano	**Area Camper**	**85**
Torbole	**Area di Sosta**	**92**
Toscolano-Maderno	**Lido degli ulivi**	**92**
Trento	**Parking Trentino**	**64**
Trento	**Stadio**	**64**
Treviso	**Stadio**	**106**
Verona	Viale Galiano	97
Viverone	Lido	132
Voghera	**Via die Martiri**	**145**

Rialtobrücke in Venedig

Die Karthause von Pavia

Filmkulisse San Salvatore

Strandliste

Stellplätze am Strand, an einem See oder am Schwimmbad

Ort	Bezeichnung	Seite
Arbatax	Rocco Rosso	193
Arborea	Mare	212
Arborea	**Pauli Pirastu**	**212**
Arbus-Bau	**Spiaggia Scivu**	**211**
Badesi	Badesi mare	224
Bardolino	**Wohnmobilplatz**	**95**
Belluno	**Piscina**	**66**
Bosa Marina	**Area S'Abba Druche**	**215**
Budoni	Cala di Budoni	190
Budoni	**Spiaggia Mare**	**191**
Buggeru	**Hafen**	**210**
Buggeru	**San Nicolo**	**211**
Cala Domestica	**Bucht**	**210**
Cala Gonone	**Palmasera**	**192**
Calceranica	**Lago**	**65**
Caldonazzo	Lido	65
Cannobio	**Area Sosta Caravan**	**72**
Capo Camino	Ufer	191
Capoterra	Spiaggia La Maddalena	201
Casal Borsetti	**Area sosta camper**	**179**
Ca'Savio	Spiaggia libera	122
Cavedine	**Lago**	**62**
Chia	Spiaggia Su Portu	202
Chiavenna	**Campo sportivo**	**84**
Colico	**Gratta e Sosta**	**83**
Colico	**Windsurfschule**	**83**
Comacchio	**Bagno Trocadero**	**160**
Domus di Maria	**Capo Spartivento**	**202**
Eraclea Mare	Ost-Strand	120
Falze	**Le Grave**	**105**
Farra d'Alpago	Lago di San Croce	66
Fontanamare	Spiaggia	209
Gavirate	**Lungolago**	**77**
Grado	**Area comunale**	**119**
Igea Marina	**L'Adriatico**	**183**
Igea Marina	**Mare d'Inverno**	**183**
Igea Marina	**Rio Pircio**	**183**
Iseo	**Camperstop**	**149**

Ort	Bezeichnung	Seite
Kastel-Tschars	Schwimmbad	47
Kiens-Issing	Weiher	24
Laas	Schwimmbad	47
La Caletta	**San Giovanni**	**191**
La Villa	**Campo sportivo**	**35**
Levico Therme	**Viale Lido**	**64**
Lido di Dante	**Strand**	**181**
Lido di Jesolo	**Don Bosco**	**121**
Lido di Jesolo	**Area sosta camper**	**121**
Lido di Nazioni	Bagno Manara	159
Lido di Nazioni	Strand	160
Lido di Savio	**Area camper**	**181**
Lido di Volano	Strand-Nord	159
Lido di Volano	Strand-Süd	159
Lignano Sabbiadoro	**Stadio comunale**	**119**
Manerba	**Parco naturale**	**93**
Mari Ermi	Strand	214
Marina di Gaira	**Area sosta**	**194**
Marina di Orosei	Strand	192
Marinella di Sarzana	**Strand**	**174**
Maroco	Piscina	123
Masainas	Spiaggia Is Solinas	204
Molveno	**Lago**	**62**
Muravera	San Giovanni	200
Muravera	Torre Salinas	200
Ottiolu	**Spiaggia Ottiolu**	**190**
Palau	Isola dei Gabiani	226
Platamonas Lido	**Campsite**	223
Platamonas Lido	**Strand**	**222**
Porto Cervo	**Via Porto Cervo**	**226**
Porto Corsini	**Area camper**	**180**
Porto della Taverna	Costa Dorata	189
Porto Pino	**Area attrezzata**	**203**
Porto Pino	Spiaggia	203
Pula	**Nora**	**202**
Punta Ginepro	Curcurica	192
Punta Is Aruntas	Strand	213
Putzu Idu	**Area attrezzata**	**214**
Ranco	Seeufer	75

Ort	Bezeichnung	Seite	Ort	Bezeichnung	Seite
Sant Antioco-Maladroxia	**Area camper**	**204**	**Tancau**	**Spiaggia Tancau**	**193**
San Teodoro	Spiaggia d'Ambra	190	**Torbole**	**Area di Sosta**	**92**
San Vero Milis	**Strand**	**215**	**Torre Argentina**	**Area Tentizzos**	**215**
Sárnico	Seeufer	148	**Tortoli**	**Lido di Orri**	**193**
Sarntheim	**Ortsrand**	**49**	**Toscolano-Maderno**	**Lido degli ulivi**	**92**
Schio	**Palasport**	**101**			
Seriate	**Schwimmbad**	**148**	**Valledoria**	**Area camper**	**224**
Sirmione	**Area attrezzata**	**94**	**Vignola Mare**	**Oasi Gallura**	**225**
Sorico-La Punta	**Camper Service**	**84**	Vignola Mare	Spiaggia	225
Sorso	Discesa a Mare 3	223	Villa Putzu	Porto Corallo Marina	199
Sorso	Discesa a Mare 7	224	Villa Putzu	Porto Corallo Strand	199
Spotorno	**Via Maremma**	**167**	**Villasimius**	**Area Gli Aranci**	**201**
Stintino	**Spiaggia Pelosa**	**221**	Viverone	Lido	132

Strandidylle an der Adria

Bergbahnliste

Stellplätze an Seilbahnen und Liften

Ort	Bezeichnung	Seite
Alba	Seilbahn Brunec	36
Arabba	**Wohnmobilplatz**	**36**
Auronzo	**Fiume Ansiei**	**40**
Bormio	**Seilbahn Bormio 2000**	**85**
Bruneck-Reischach	Sessellift	25
Campitello	**Seilbahn Rodella**	**55**
Cavalese	**Seilbahn Alpe Cermis**	**57**
Courmayeur	**Funivia V.Veny**	**130**
Entrèves	Funivie di Monte Bianca	129
Gassl	Kronplatz	26
Malga Ciapela	**Seilbahn**	**37**
Moena	Kabinenbahn Piavac	55

Ort	Bezeichnung	Seite
Paso di Falzarego	Cinque Torri	38
Paso di Falzarego	Passhöhe	38
Predazzo	**Kabinenbahn Latemar**	**56**
San Marino	**Funivia**	**184**
San Martino	**Seilbahn Tognola**	**57**
Santa Christina	**Saslong**	**34**
Selva-Plan di Gralba	**Wohnmobilplatz**	**35**
Sexten	**Helmbahn**	**27**
Tarvisio	**Area comunale**	**111**
Tre Croci	Rio Gare	39
Vals	**Sessellift**	**24**
Vierschach	Gondellift Helm	26
Wolkenstein	Dantersepies	34

Caravanliste

Arabba, Wohnmobilplatz	Dolomiten	36
Bosco Mesola, Oasi-Park	Po-Delta	157
Diano Marina, Oasi-Park	Riviere Ponente	165
Lido di Jesolo, Albatros	Golf von Venedig	121
Sorico, La Punta	Comer See	84
Sterzing, Autocamp Eisack	Brenner	24
Venaria, Area Relax and Go	Piemonte	137
Winnebach, Area sosta camper	Pustertal	28

Ein Südtiroler Bilderbuch

Durch das Pustertal

Tour 1

Auf dem Weg nach Süden ins sonnige Italien benutzen die meisten Wohnmobilurlauber die bequeme Brenner-Autobahn. Viele suchen einen Übernachtungsplatz am Rande der Autobahn. Der Parkplatz Eisack bei Sterzing ist für die Übernachtung ein idealer Platz (**PT-1**). Der Platz ist geräumig, für Wohnmobile reserviert, liegt weit genug von der Autobahn entfernt, bietet die Versorgung mit Frischwasser, die Entsorgung der Abwässer, Stromanschluss, WC, Duschen, eine Gaststätte und eine Tankstelle. Hier übernachten wir ruhig und alle notwendigen Einrichtungen stehen uns zur Verfügung.

Am nächsten Tag besuchen wir **Sterzing**, die kleine Fuggerstadt in Südtirol. Die Augsburger Fugger hatten im Mittelalter den Silberbergbau um Sterzing in ihren Händen und schöpften aus über hundert Gruben ihren Reichtum. Den Bürgern von Sterzing blieb genügend Geld, um im 15. Jahrhundert als wohlhabend zu gelten und ihre Stadt mit neuen Bauten zu schmücken. Es entstanden damals die typischen schmalen, hohen, erkergeschmückten Giebelhäuser mit den breiten Toren für die Pferdegespanne. Der bekannte Bildschnitzer Hans Multscher aus Ulm schuf 1458 einen Flügelaltar für die spätgotische Pfarrkirche. Im Multscher-Museum im Spital bewundern wir die Reste dieses Altars, der bei uns einen modernen, expressionistischen Eindruck hinterlässt. Sehenswert ist auch die mit Fresken ausgemalte gotische Spitalkirche und das Haus des Deutschen Ritterordens mit der achteckigen barocken Elisabeth-Kapelle und einem Deckengemälde von Matthäus Günther.

Die Täler um Sterzing sind noch nicht überlaufen. Wir schnüren unsere Wanderschuhe und haben eine Auswahl schöner Wanderwege im Ridnaun-, Ratschings-, Jaufen- und Pfitscher Tal und am Rosskopf. Wir wählen die Wege zur eindrucksvollen Gilfenklamm, die über Stege begehbar ist, und zum barocken Schloss Wolfsthurn in Mareit.

Brixen besitzt einige Sehenswürdigkeiten aus der Zeit der Fürstbischöfe, die Hofburg im Stil der Renaissance, den zweitürmigen barocken Dom mit Deckenfresken von Paul Troger, den farbigen Kreuzgang mit gotischen Fresken, mittelalterliche Stadttore und die Johannes- und Liebfrauenkirche. Leider ist das gesamte Stadtgebiet von Brixen für die Übernachtung im Wohnmobil gesperrt.

In Brixen biegen wir von der Etschtal-Autobahn Richtung Osten ab. Wir fahren durch das **Pustertal**, ein Südtiroler Bilderbuch aus weit verstreuten Dörfern, blumengeschmückten Häusern, gediegenen Bauernhöfen und wohlhabenden Handwerkerhöfen. Töpferwaren, handgewebte Bordüren, geklöppelte Spitzen, Filzhüte und geschnitzte Masken sind spezielle handwerkliche Erzeugnisse aus dem Pustertal. Die Bajuwaren unter Tassilo verdrängten im 6. Jahrhundert die Slawen und besiedelten das Tal. Seit dieser Zeit wird im Pustertal Deutsch gesprochen.

Ein Abstecher in das Valser Tal führt zu einem Sessellift mit einem Parkplatz zum Übernachten (PT-2). Unsere erste Besichtigung im Pustertal gilt dem alten bajuwarischen Dorf Kiens und dem prächtigen Barockschloss Ehrenburg aus dem 15. und 18. Jahrhundert. Im Ortsteil S. Sigmund birgt die spätgotische Kirche einen der ältesten südtiroler Flügelaltäre und Fresken an den Außenwänden. Wir übernachten in Kiens am idyllisch gelegenen Issinger Weiher (PT-3). Nach dem Bad im See genießen wir auf der Terrasse des Gasthofes die abendliche Stimmung am Weiher.

Wir fahren südwärts ins Gadertal und biegen nach Enneberg ab. Im Ortsteil St. Vigil ist in der Nähe der Talstation zum Kronplatz ein sehr schöner Mobilplatz eingerichtet worden (**PT-4**). Im Sommer beginnen hier herrliche Bergwanderungen, im Winter führt die Seilbahn zu den Pisten und Loipen. Auf diesem Platz kann man einige erlebnisreiche Urlaubstage verbringen. Eine Aufenthaltsbegrenzung besteht nicht.

In St. Lorenzen am Gadertal besichtigen wir in der Pfarrkirche die bekannte „Traubenmadonna“ von Michael Pacher und die reich ausgeschmückte spätgotische Egerer-Kapelle. Danach besuchen wir Bruneck, den Hauptort des Pustertales, eine malerische Kleinstadt im Talkessel an der Einmündung der Taufer. Viele Parkplätze in der Stadt sind für die Übernachtung im Wohnmobil verboten. An der Talstation des Sesselliftes im Ortsteil Reischach kann man ruhig schlafen(PT-5). Allerdings liegt dieser Platz recht einsam. Wir finden einen sehr ruhigen und schön gelegenen Platz für die Nacht am Volkskundemuseum (PT-6).

Das Südtiroler Volkskundemuseum in Dietenheim macht uns mit der bäuerlichen Vergangenheit der Pustertaler bekannt. Ein großer Teil der Ausstellung ist als Freilichtmuseum gestaltet. Bruneck verdankt seinen Namen dem Bischof Bruno, der im Pustertal im 13. Jahrhundert eine ummauerte Marktsiedlung und eine Festung anlegen ließ. Die Burg wurde später zum Schloss, als Sommersitz der Fürstbischöfe umgebaut. Im Hof sind Wappen und Fresken zu sehen. Der Wehrturm trägt einen eindrucksvollen Zinnenkranz. Von der Stadtbefestigung sind noch die vier Stadttore erhalten. In der Stadtgasse mit schönen Bürgerhäusern aus dem 16. bis 17. Jahrhundert und eindrucksvollen Zunftzeichen hat Michael Pacher, einer der bedeutendsten Bildschnitzer und Maler der Gotik, gelebt. Sehenswert sind in Bruneck das Ursulinentor, die Rainkirche mit gotischem Chor, barockem Kirchenschiff und dem Doppelzwiebelturm als Wahrzeichen der Stadt, die neuromanische Pfarrkirche und die barocke Spitalkirche.

Von der Seilbahn in Reischach lassen wir uns zu dem aussichtsreichen Kronplatz tragen. Weit reicht der Blick nach Norden ins Tauferer Tal bis zu den Zillertaler Alpen und nach Süden bis zu den Dolomiten. Im Winter ist hier ein schneesicheres Skigebiet in 2273 Metern Höhe.

Am Eingang zum Antholzer Tal sind die Burgruinen Altrasen und Neurasen zu sehen. Im Sommer sind Wanderungen am Antholzer See und im Hochmoor von Rasen-Antholz sehr beliebt. In der Kirche St. Walburg aus dem 15. Jahrhundert in Antholz-Niedertal ist eine Christophorus-Figur von dem bekannten Bildschnitzer Michael Pacher zu bewundern. Im Antholzer Tal sind die Parkplätze leider für Übernachtungen im Wohnmobil gesperrt. Nur im Ort Rasen kann man sein Fahrzeug abstellen (PT-7).

Von Olang zweigen die Straßen ins Antholzer Tal und zum **Furkelpass** ab. Die Passstraße zum Furkelpass ist bis Gassl gut ausgebaut. Anschließend wird sie schmal und kurvenreich und sollte von großen Wohnmobilen nicht befahren werden. An der Kabinenbahn zum Kronplatz, ein über 2000 Meter hohes Wander- und Skigebiet, das auch von Bruneck-Reischach zu erreichen ist, kann der Parkplatz für eine Übernachtung genutzt werden (PT-8).

Welsberg ist der Geburtsort des Barockmalers Paul Troger. In der Pfarrkirche sind Altarbilder von Troger zu sehen. Der große Bildstock von 1460 enthält noch Reste von Fresken, die Michael Pacher gemalt hat. Eine Madonna von Pacher birgt die gotische Welsberg-Kapelle. Östlich von Welsberg beginnt die Straße ins Pragser Tal und zum Pragser Wildsee, Ausgangspunkt für herrliche Wanderungen in den Dolomiten. Toblach liegt am Eingang des engen Höhlensteintals, durch das schon im Mittelalter eine alte Handelsstraße nach Süden führte und als Nordtor der Dolomiten bezeichnet wird. In der Nähe des Ortes entspringt die Drau, einer der größten Nebenflüsse der Donau. Die Drau fließt durch Österreich und mündet im Schwarzen Meer. Toblach ist ein bekannter Wintersportort für Langläufer. Für Anfänger, Fortgeschrittene und Rennläufer gibt es Loipen aller Schwierigkeitsgrade. In der malerischen Altstadt von Alt-Toblach besichtigen wir die spätbarocke Johanneskirche mit dem 76 Meter hohen Turm und die im 16. Jahrhundert erbaute Herbstenburg mit einer großen gotischen Halle. Ausflüge in das Pragser Tal und in die zerklüftete Bergwelt der Dolomiten sind unbedingt zu empfehlen.

Auch in Innichen, von dem bayerischen Herzog Tassilo gegründet, kann man Richtung Süden abbiegen, ins Sextental zum Kreuzbergsattel. In diesem Ort sind die Parkplätze abgeschrankt oder sehr klein oder sie liegen direkt an der vielbefahrenen Pustertalstraße. Die bedeutendste romanische Kirche Südtirols ist die Stiftskirche von 1140 mit einem mächtigen Turm und einer großen

Vorhalle, einer Krypta aus dem 10. Jahrhundert, romanischem Relief und gotischen Fresken von Michael Pacher an den Außenportalen, Schöpfungsfresken in der Vierungskuppel und einer hölzernen Kreuzigungsgruppe aus dem 13. Jahrhundert. Im Pfarrhof befindet sich das Heimatmuseum mit archäologischen Funden und volkskundlichen Ausstellungsstücken. Sehenswert sind auch die von Pilgern nach Jerusalem im Jahre 1653 geschaffene Grabeskirche und die barocke Michaeliskirche am Hauptplatz mit einem römischen Meilenstein an der Südwand.

Auf dem Parkplatz am Gondellift Helm in Vierschach (PT-9) stehen schon einige Wohnmobile. Von unserer Bergwanderung am Helm in 2000 Metern Höhe haben wir prächtige Ausblicke auf die gezackten Berge der Dolomiten, unserem nächsten Ziel.

Landschaftlich reizvoll ist die Fahrt nach Sexten und ins **Fischleintal**, ein Paradies für Spaziergänger, Wanderer und Bergsteiger. Sexten wird im Sommer wie im Winter gerne von Urlaubern aufgesucht. Im Museum sind Arbeiten des Südtiroler Künstlers Rudolf Stolz zu sehen, der 1924 den „Totentanz“ in der Friedhofskapelle und Fresken in der Kirche St. Joseph im Moos schuf. An der Rotwand in Bad Moos (**PT-10**), auf dem Platz vor einem Campingplatz (**PT-11**) und an der Helmbahn (**PT-12**) kann man sein Ferienhaus auf Rädern abstellen und für eine Nacht bleiben. Ein sehr großer Mobil- und Caravanplatz wurde in Winnebach an der österreichischen Grenze eingerichtet (**PT-13**) [1] [2].

[1] Anschlussroute im Süden: Tour 2 “Durch das Grödental zu den Dolomiten”

[2] Anschlussroute im Osten: Band 6 “Wohnmobil-Stellplätze Österreich”, Tour 14 “In Osttirol”

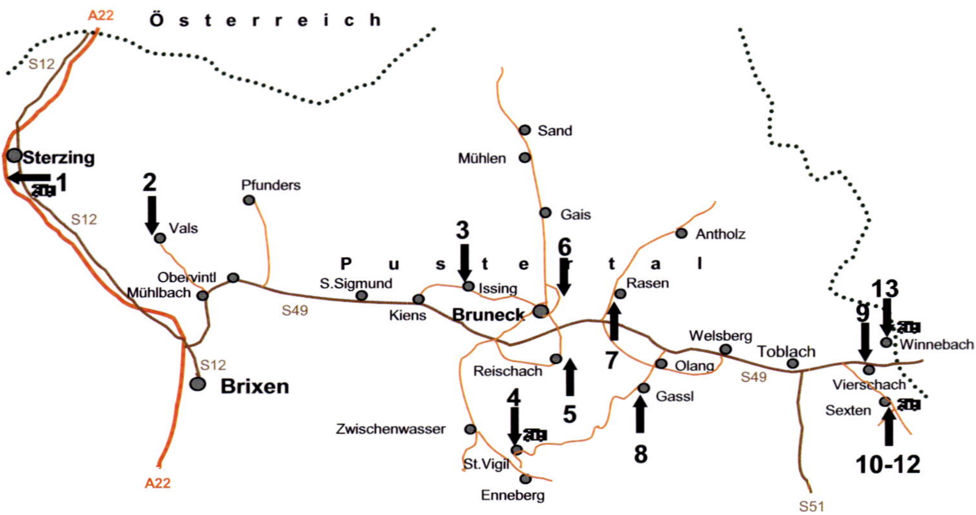

Tour 1
Durch das Pustertal

Pustertal

Tour 1: **Durch das Pustertal**

Nr.	Ort, Bezeichnung	Stell-plätze	Gast-haus	Häu-ser	WC	Bad See	Orts-nähe	Ent-sorg.	Park-dauer	Park-gebühr
		A					B		C	D
PT-1	**Sterzing, Autocamp *** **	**100**	+	+	+	-	x	+	U	12
PT-2	Bad Vals, Sessellift **	20	+	+	-	-	x	-	1	0
PT-3	Kiens-Issing, Weiher **	5	+	+	-	+	x	-	1	0
PT-4	**St. Virgil, Kronplatz Seilbahn ******	50	+	+	-	-	5	+	U	15
PT-5	Bruneck-Reischach, Sessellift **	20	-	-	-	-	x	-	1	0
PT-6	Bruneck-Dietenheim, Museum ***	10	+	+	-	-	x	-	1	0
PT-7	Rasen, Ortsparkplatz **	5	+	+	-	-	5	-	1	0
PT-8	Gassl, Kronplatz **	30	+	+	+	-	x	-	1	0
PT-9	Vierschach, Gondellift Helm *	30	+	+	+	-	x	-	1	0
PT-10	**Sexten, Rotwand-Seilbahn *** **	5	+	+	-	-	x	-	1	0
PT-11	**Sexten, Area sosta camper ****	30	-	-	-	-	x	+	1	29
PT-12	**Sexten, Helmbahn ***	6	-	-	-	-	x	-	1	0
PT-13	**Winnebach, Area sosta camper ****	100	-	+	+	-	x	+	1	12

Legende siehe Seite 10

Blick ins Tal vom Stellplatz St. Virgil

39049 Sterzing Autocamp Eisack **** PT - 1

Wohnmobil- und Caravanpark in sehr ruhiger Lage und landschaftlich reizvoller Umgebung.

Von der Autobahn A22 aus dem Norden vom Brenner vor der Autobahn-Mautstelle und der Ausfahrt Sterzing rechts dem Wohnmobil-Symbol folgen. Nach 800 m links abbiegen. Noch 100 m bis zum Wohnmobilplatz. Koordinaten: 46° 52,86' Nord, 11°26,28' Ost.

Gaststätte am Parkplatz. Häuser und Verkaufsshop am Platz.
Tankstelle am Parkplatz.
WC und Duschen am Parkplatz.
Strom- und Wasserversorgung, Abwasserentsorgung am Platz.
Wandern im Etsch-, Ridnaun-, Ratschings-, Jaufen- und Pfitschertal.
Wander- und Skigebiet Roßkopf bei Sterzing.
Besuch des Landesbau-, des Stadtmuseums und des Multscher-Museums (Flügelaltar von Multscher).
Besichtiung von Sterzing: Gotische Spitalkirche, Haus des Deutschen Ritterordens, Rathaus, Stadtplatz.
Besuch des barocken Schlosses Wolfsthurn in Mareit.
Ausflug zur Gilfenklamm im Ratschingstal..
Parkgebühr: 12 € einschl. Wasser, Strom und WC-Benutzung.
Stellmöglichkeiten für 100 Mobile. Auch für Caravan zugelassen.
Wohnmobilplatz November-März geschlossen.
Übernachtung auf dem sehr großen Lkw-Platz.
Übernachtungsverbot im gesamten Stadtgebiet von Brixen.

39037 Vals Sessellift ** PT - 2

Befestigter **Parkplatz** am Sessellift in ruhiger und schöner Lage.

Von der Pustertalstraße (SS49) in Mühlbach (Rio di Pausteria) Richtung Vals (Válles) abbiegen. Nach 6,6 km wird der Parkplatz links erreicht. Koordinaten: 46° 51,05' Nord, 11° 37,33' Ost

Gaststätte und Häuser in der Nähe.
Müllbehälter am Parkplatz.
Ganzjährig zugänglich.
Bergwanderungen am Plattspitz.
Wintersport. Lifte und Loipen.
Wanderungen im Valsertal.
Fahrt durch das Pustertal. Ausflug nach Brixen.
Keine Parkgebühr.
Stellmöglichkeiten für 20 Wohnmobile.
Ebene und leicht schräge Stellflächen.

39030 Kiens Weiher *** PT - 3

Befestigter **Parkplatz** am Issinger Weiher in sehr ruhiger und schöner Lage.

Von der Pustertalstraße (SS49) in Ortsmitte Kiens 5 km westlich der Ausfahrt Bruneck-West - 400 m nach dem östlichen Ortsschild rechts oder 300 m nach dem westlichen Ortsschild - links abbiegen. Nach 1,6 km wird der Parkplatz rechts erreicht. Koordinaten: 46° 48,74' Nord, 11° 51,03' Ost

Gaststätte und Häuser am Parkplatz.
Steile Auffahrt (18 %). Müllbehälter am Parkplatz.
Kleiner Badestrand am Parkplatz.
Latschenölbrennerei. Verkauf von Kräuterprodukten und Ätherischen Ölen.
Für sehr große Wohnmobile nicht geeignet.
Wanderungen und Radtouren im Pustertal.
Besichtigung von Bruneck: Vier Stadttore, Burg, Stadtgasse mit Bürgerhäusern, Rainkirche.
Besuch des Volkskundemuseums in Bruneck.
Fahrt durch das Pustertal.
Keine Parkgebühr.
Ebene und leicht schräge, geschotterte Stellflächen für 5 Mobile.

39030 San Vergilio Kronplatz Seilbahn **** PT - 4

Befestigter **Wohnmobilplatz** in sehr ruhiger Lage und landschaftlich sehr reizvoller Umgebung.

Von der SS244 Richtung Enneberg (Marebbe) abbiegen. Nach 3,9 km - 400 m nach dem Ortsanfang St. Vigil (S. Vigilio) - links Richtung Furka-Pass/Wohnmobil-Symbol abbiegen. Nach 900 m dem Wohnmobil-Symbol folgen. Noch 200 m bis zum Wohnmobilplatz. Koordinaten: 46° 42,13' Nord, 11° 55,92' Ost.

Pizzeria am Parkplatz. Häuser am Platz.
Bäcker- und Gasflaschenservice am Platz. Blick ins Tal.
Ver- und Entsorgung (Bodeneinlass) und Strom am Platz.
Platz abgeschrankt. Ticket an der Schranke.
Ganzjährig zugänglich. Wohnmobile immer anzutreffen.
Aufenthaltsdauer nicht begrenzt.
5 min Fußweg zur Ortsmitte.
Wanderungen im Furkatal und im Parco Regionale Sénnes-Bràies.
Wintersport. Skigebiet Kronplatz. Talstation in 200 m Entfernung.
Besichtigung von Bruneck: Vier Stadttore, Burg, Rainkirche, Stadtgasse mit Bürgerhäusern, neuromanische Pfarrkirche.
Fahrt ins Pustertal.
Parkgebühr: 15 € im Sommer, 20 € im Winter für 24 Stunden.
Stellmöglichkeiten für 50 Wohnmobile. Ebene Stellflächen.

39031 Bruneck-Reischach Sessellift ** PT - 5

Befestigter **Parkplatz** am Sessellift in sehr ruhiger Lage.

Bei Anfahrt aus dem Westen an der Ausfahrt Bruneck-West Richtung St. Lorenzen abbiegen. Nach 400 m links Richtung Saalen/Reischach fahren und nach weiteren 1,6 km rechts in die Seilbahnstraße abbiegen Nach 500 m links dem Parkplatzschild Sessellift folgen. Noch 1,4 km bis zum Parkplatz.
Koordinaten: 46° 46,31' Nord, 11° 56,59' Ost.

Einsame Lage.
Wanderungen und Radtouren im Pustertal und Ahrntal.
Sessellift nur im Winter in Betrieb. Skigebiet Kronplatz 2.230 m.
Besichtigung von Bruneck: Vier Stadttore, Burg, Stadtgasse mit Bürgerhäusern, Rainkirche, Pfarrkirche.
Besuch des Volkskundemuseums in Bruneck.
Ausflug zur Lamprechtsburg aus dem 13. Jahrhundert.
Fahrt durch das Pustertal.
Keine Parkgebühr. Stellmöglichkeiten für 20 Wohnmobile.
Verbote an der Kabinenbahn und am Sportzentrum.
Abgeschrankte Parkplätze in Bruneck.

39031 Bruneck-Dietenheim Volkskundemuseum *** PT - 6

Asphaltierte **Parkplätze** und Wiesenparkplätze in sehr ruhiger und schöner Lage.

Von der Pustertalstraße (SS49) an der Ausfahrt Bruneck-Ost abfahren. Nach 1,8 km - 600 m nach dem Ortsanfang Bruneck - rechts Richtung Dietenheim/Volkskundemuseum abbiegen. Nach 1 km rechts und nach 100 m links und nach weiteren 200 m rechts dem Wegweiser Volkskundemuseum folgen. Nach 100 m bis zum Parkplatz rechts.

Gaststätte und Häuser am Parkplatz. Geschäfte in der Nähe.
Getrennte Müllentsorgung am Parkplatz.
Bushaltestelle nach Bruneck am Parkplatz.
Wanderungen und Radtouren im Pustertal und Ahrntal.
Besichtigung von Bruneck: Vier Stadttore, Burg, Rainkirche Stadtgasse mit Bürgerhäusern, neuromanische Pfarrkirche.
Besuch des Volkskundemuseums in Bruneck.
Fahrt durch das Pustertal.
Ausflug zur Lamprechtsburg aus dem 13. Jahrhundert.
Keine Parkgebühr.
Stellmöglichkeiten für 10 Wohnmobile.
Übernachtungsverbot am Sportzentrum.
Abgeschrankte Parkplätze in Bruneck.

39030 Rasen Ortsparkplatz ** PT - 7

Gepflasterte **Parkplätze** im Ort in ruhiger Lage.

Von der Pustertalstraße (SS49) Richtung Antholz/Rasen abbiegen und nach 400 m - 200 m nach dem Ortsanfang Niederrasen - im Kreisel geradeaus Richtung Ortsmitte fahren. Nach weiteren 300 m links fahren. Noch 100 m bis zum Parkplatz (**Rasun di Sotto**). Koordinaten: 46° 46,87' Nord, 12° 2,98' Ost.

Gaststätte und Häuser am Parkplatz.
Geschäfte in der Nähe. 5 min Fußweg zur Ortsmitte.
Bushaltestelle nach Bruneck am Parkplatz.
Kleiner Park und Kinderspielgelände in der Nähe.
Bänke und Tische am Platz. Müllbehälter am Platz.
Besichtigung von Bruneck: Vier Stadttore, Burg, Stadtgasse mit Bürgerhäusern, Rainkirche, neuromanische Pfarrkirche.
Besuch des Volkskundemuseums in Bruneck.
Fahrt durch das Pustertal. Ausflug ins Antholzer Tal.
Keine Parkgebühr.
Stellmöglichkeiten für 5 Wohnmobile.
Ebene und leicht schräge Stellflächen.
Für Wohnmobile zugelassener Parkplatz am Sportplatz sehr klein.

39030 Gassl Kronplatz ** PT - 8

Asphaltierte und befestigte **Großraumparkplätze** an der Kabinenbahn in sehr ruhiger Lage.

Von der Pustertalstraße (SS49) 10 km östlich von Bruneck Richtung Furkelpass/Kronplatz abbiegen, durch Mittelolang fahren, dem Wegweiser Furkelpass folgen und nach insgesamt 4 km von der Pustertalstraße - 200 m nach dem Ortsanfang Gassl - links zum Parkplatz abbiegen.
Koordinaten: 46° 44,91' Nord, 12° 0,74' Ost.

Gaststätte und Häuser am Parkplatz. Geschäfte in der Nähe.
WC im Gebäude der Kabinenbahn. Müllbehälter am Parkplatz.
Bushaltestelle nach Bruneck am Parkplatz.
Fahrt mit der Kabinenbahn. Bergwandern am Kronplatz.
Skigebiet Kronplatz in 2273 m Höhe.
Wanderungen und Radtouren im Pustertal und Furkeltal.
Besichtigung von Bruneck: Vier Stadttore, Burg, Rainkirche, Stadtgasse mit Bürgerhäusern, neuromanische Pfarrkirche.
Besuch des Volkskundemuseums in Bruneck.
Keine Parkgebühr.
Ebene und schräge Stellflächen für 30 Wohnmobile.
Schmale Straße zum Furkelpass.
Für große Wohnmobile nur bis zur Kabinenbahn geeignet.

39038 Vierschach Gondellift Helm * PT - 9

Befestigter **Großparkplatz** an der Seilbahn.

Von Innichen (Pustertalstraße SS49) Richtung Vierschach/Austria fahren und 300 m nach dem Ortsanfang Vierschach rechts zum Parkplatz abbiegen. Koordinaten: 46° 43,90' Nord, 12° 19,60' Ost.

Gaststätte und Häuser am Parkplatz.
WC am Seilbahngebäude.
Verkehrsgeräusche durch Straße und Schiene.
Fahrt mit der Kabinenbahn. Bergwandern.
Wanderungen und Radtouren im Pustertal.
Skigebiet in 2000 m Höhe. Skischule und Skiverleih am Parkplatz.
Besichtigung von Innichen: Romanische Stiftskirche mit Krypta, Grabeskirche, barocke Michaeliskirche.
Besichtigung von Toblach: Spätbarocke Johanneskirche, Herbstenburg, Altstadt.
Fahrt durch das Pustertal.
Keine Parkgebühr. Stellmöglichkeiten für 30 Wohnmobile.
Parkplatz an der Kabinenbahn in Innichen abgeschrankt.

39030 Sexten-Bad Moos Rotwand-Seilbahn *** PT - 10

Übernachtungslatz an der Seilbahn zur Rotwand in ruhiger und schöner Lage.

Von der SS49 in Innichen (8 km westlich der österreichischen Grenze) Richtung Sexten (Sesto)/Kreuzbergpass abbiegen (SS52). Nach weiteren 8,5 km links Richtung Bad Moos (Bagni di S.Giuseppe) fahren. 800 m bis zum Parkplatz.

Gaststätten am Parkplatz.
Häuser in der Nähe.
Müllbehälter am Platz.
Wohnmobile oft anzutreffen.
20 min Fußweg zur Ortsmitte Sexten.
Wanderungen im Fischlein- und Sextental.
Bergwanderungen im Gebiet der Rotwand.
Wintersport. Skigebiet Rotwand. 1915 m Höhe.
Rodelbahn und Langlaufloipe am Platz.
Ausflug zum Kreuzbergpass.
Fahrt ins Pustertal.
Fahrt nach Österreich (Osttirol).
Keine Parkgebühr.
Stellmöglichkeiten für 5 Wohnmobile.
Ebene Stellflächen.
Stellplatz an der Helmbahn in Sexten (Via Sesto). 6 Mobile.

39030 Sexten Area sosta camper ** PT - 11

Wohnmobilplatz vor dem Campingplatz in sehr ruhiger und schöner Lage.

In Innichen Richtung Sesto/Sexten fahren (SS 52/**Via Sesto**). Wohnmobilschild folgen. 6 km nach Sexten wird der Campingplatz links erreicht. Sofort rechts zum Stellplatz abbiegen. Noch 50 m bis zum Platz rechts. Koordinaten: 46° 40,07' Nord, 12° 23,97' Ost.

Campingplatz am Stellplatz. Anmeldung am Campingplatz.
Wohnmobile häufig anzutreffen.
Tennis und Freizeitangebote auf dem Campingplatz.
Müllbehälter vorhanden. Ver- und Entsorgung 50 m vor dem Platz.
Stromversorgung vorhanden. Gebühr 8 € pro Tag.
Gerade und ebene Stellflächen für 30 Wohnmobile auf Schotter.
Wanderungen im Fischlein- und Sextental.
Bergwanderungen im Gebiet der Rotwand.
Wintersport. Loipen. Skigebiet Rotwand. 1915 m Höhe.
Parkgebühr: 29 € pro Nacht. Abreise bis 12:00 Uhr.
Ausweichstellplatz an der Helmbahn in Sexten.

39030 Sexten Helmbahn * PT - 12

Kleiner Übernachtungsplatz an der Helmbahnseilbahn.

In Innichen Richtung Sesto/Sexten fahren (SS 52/**Via Sesto**). Wohnmobilschild folgen. 4,5 km nach Sexten wird der Übernachtungsplatz links erreicht. Koordinaten: 46° 41,81' Nord, 12° 21,37' Ost.

Geräusche von der Straße.
Müllbehälter am Platz.
Stellmöglichkeit für 6 Wohnmobile.
Asphaltierte, gerade Stellflächen.
Fahrt mit der Helmbahn. Bergwandern am Helm.
Keine Parkgebühr.
Aufenthaltsdauer 24 Stunden.
Wanderungen im Fischlein- und Sextental.
Bergwanderungen im Gebiet der Rotwand.
Wintersport. Loipen. Skigebiet Rotwand. 1915 m Höhe.
Ausflug zum Kreuzbergpass.
Fahrt ins Pustertal.
Fahrt nach Österreich (Osttirol).

39038 Innichen-Winnebach Area sosta camper ** PT-13

Wohnmobil- und Caravanplatz an der italienisch/österreichischen Grenze in günstiger Lage.

Auf der SS49/E 66 **Via Prato alla Drava** zur Grenze nach Österreich fahren. 400 m vor der Grenze wird der Platz links erreicht. Koordinaten: 46° 44,36' Nord, 12° 21,93' Ost.

Häuser am Stellplatz.
Wohnmobile häufig anzutreffen. Aufenthaltsdauer 24 Stunden.
Ganzjährig zugänglich.
Geräusche durch Grenzstraße.
Kleine Bar am Platz.
Sanitäranlage. Duschen gegen Gebühr (Münzautomat).
Müllbehälter vorhanden.
Ver- und Entsorgung am Platz.
Stromversorgung vorhanden.
Teilweise Schatten durch junge Bäume.
Stellflächen für 100 Wohnmobile.
Auch für Caravan zugelassen.
Geschotterte, gerade und ebene Stellflächen.
Parkgebühr: 15 € für 24 Stunden einschl. Ver/Ent. und Strom.
Kleine elektrische Spielplatzeisenbahn vorhanden.

Stellplatz in den Alpen

Bizarre Gipfel
Durch das Grödental zu den Dolomiten
Tour 2

Unsere Reise führt uns durch das **Grödental** zu den Dreitausendern der **Dolomiten**. Die einst abgelegenen Täler und Almen haben sich zu Fremdenverkehrszentren entwickelt. Unsere Tour beginnt mit einer Enttäuschung. Auf der gut ausgebauten Straße klettern wir hinauf zur Seiser Alm, die größte Alm in Europa, ein 1800 bis 2000 Meter hohes Plateau, beliebt als Wander- und Skigebiet. Aber schon auf dem ersten Parkplatz werden wir darauf aufmerksam gemacht, dass ein Übernachten im Wohnmobil auf der Seiser Alm nicht erlaubt ist. Wir sind hier nicht erwünscht, also verlassen wir die Alm und fahren ins Grödental, um dort zu übernachten, aber auch zu tanken, einzukaufen, die Gaststätten zu besuchen und mit den Seilbahnen hinauf zu den Dolomiten zu fahren, also unser Geld dort auszugeben, wo man uns parken und übernachten lässt.

Wir fahren über Kastelruth, der Heimat der Kastelruther Spatzen. Das Dorf mit seinem malerischen Ortskern wird von vielen Touristen besucht. Die Parkplätze sind klein und durch PKW belegt. So können wir die Sehenswürdigkeiten, die Kofelkapellen, die Nikolauskirche in Tisens, die Valentinkirche in Seis und die Burgruine Hauenstein nicht besichtigen.

Das Grödental erreichen wir in St. Ulrich, Hauptort und Touristenzentrum des Tales. Im Heimatmuseum bewundern wir zum ersten Mal die attraktiven, weltbekannten Erzeugnisse der Holzschnitzer im Grödental. Das Museum zeigt außerdem Bilder von Künstlern aus dem Tal und prähistorische Funde und Sammlungen. Am Hang über dem Ort steht die spätgotische Bergkirche St. Jakob. Bei St. Christina ist die Fischburg zu besichtigen.

Die Straßen in St. Ulrich sind eng, die Talstationen der Kabinenbahnen zur Seiser Alm, zum Monte Seceda und nach St. Jakob liegen am Hang. Wir finden auch in St. Ulrich keinen Platz für die Nacht. Aber im Nachbarort St. Christina entdecken wir gleich zwei schön gelegene und ruhige Übernachtungsplätze (GD-1 und **GD-2**). Wir bummeln durch den Ort, schauen uns die vielen Holzschnitzereien in den Geschäften an und entscheiden uns schließlich für einen lustigen Clown. Weltbekannt sind die Werke der Holzschnitzer aus dem Grödental. Geschnitzt wird im Grödental seit dem 17. Jahrhundert, ein gutes Geschäft, das heute im Zeitalter des Tourismus blüht. Auf der Straße, vor oder in den Geschäften, überall kann man den Holzschnitzern zusehen. Hervorragende Meister schnitzen auch ausgefallene, künstlerisch sehr wertvolle Skulpturen.

Ein bekannter Sohn des Grödentals ist Luis Trenker, der Bergsteiger, Erzähler und Schriftsteller. Seine Heimat, das Tal und die Dolomiten hat Luis Trenker in unzähligen Filmen, Videos und Büchern vorgestellt. Die Dolomiten treten in St. Christina, einem bekannten Sommerurlaubs- und Wintersportort, schon enger zusammen. Vom Tal blickt man auf Langkofel, Odle und die Sella-Gruppe, alles Dreitausender in den typisch gezackten Formen der Dolomiten. Erst im 18. Jahrhundert erhielten die Dolomiten ihren Namen. Ein französischer Geologe, Déodat Gratet de Dolomieu, reiste durch das Gebirge, analysierte das Gestein und kam zu dem Ergebnis, dass die Felsen mit den bekannten Kalkbergen nicht zu vergleichen waren, sondern aus magnesiumsaurem Kalk bestanden. So erhielt das 100 bis 200 Millionen alte Gebirge, das aus einem Meer im Erdzeitalter Trias entstanden war, den Namen Dolomiten.

In Wolkenstein in einem Talkessel am Ende des Tales steht auf einem Felsen am Eingang zum Langental die wilde Ruine Wolkenstein, wie die Fischburg bei St. Christina vom 13. bis zum 17. Jahrhundert Stammsitz der Grafen von Wolkenstein. Mehrere Seilbahn- und Liftanlagen erschließen zahllose Abfahrten im Winter und Bergwanderrouten im Sommer in der großartigen Umgebung der Sella-Gruppe und des Langkofels bei Wolkenstein. Die Parkplätze an der Talstation der Kabinenbahn Dantersepies sind für eine Übernachtung geeignet (GD-3). Die Zufahrten zu diesen Plätzen sind allerdings teilweise schmal.

Dolomiten Schon in St. Christina und in Wolkenstein weisen freundliche Wohnmobil-Symbole auf den sehr schön und ruhig gelegenen Wohnmobil-Stellplatz in 1800 Metern Höhe am Plan de Gralba (Kreuzboden) hin (**GD-4**). Eine Seilbahn bringt den Wanderer und den Wintersportler schnell auf den Piz Sella, in 2400 Metern Höhe. Skischule und Skiverleih befinden sich an der Talstation der Seilbahn. Gaststätten, Tavernen und Bars verwöhnen den Wohnmobiltouristen am Abend. Mit den anderen Wohnmobilfahrern ergeben sich schnell Gespräche über das schöne Südtirol und die Stellplätze in diesem Lande. Wir fühlen uns hier sehr wohl und bleiben gleich noch einen weiteren Tag.

Das **Sella-Joch** in 2213 Metern Höhe, der Pass zwischen Sella und Langkofel, verbindet das Gröden-Tal mit dem Fassa-Tal. Das Sella-Joch ist ein bekanntes Ausflugsziel und Wintersportgebiet. Ein Gondellift und viele Sessellifte führen in schneesichere Höhen. Wir fahren über das Grödner Joch (Passo di Gardena). Die Passstraße ist gut ausgebaut, hat nur maximal 12 % Steigung und ist für Wohnmobile problemlos zu bewältigen. Die Parkplätze auf der Passhöhe (2121 m) sind nur als Parkstreifen an der Straße ausgebildet und nicht besonders gut für eine Übernachtung. Es ist besser, noch 2,5 km Richtung Corvara zu fahren und auf dem großen Parkplatz am Klettersteig anzuhalten (GD-5). Hier schläft man abseits der Straße ruhig und ungestört, aber auch in einer einsamen Lage. Es lohnt sich nicht, ins Tal nach Corvara zu fahren, denn in diesem Ort besteht ein Übernachtungsverbot für Wohnmobile. In den östlichen Tälern vom Grödner Joch wird nicht mehr Deutsch gesprochen. Hier beginnt das Trentino, die Provinz Trient. Nördlich von Corvara kann man am Sportplatz von La Villa übernachten (GD-6).

Wir sind mit der Seilbahn in Arabba nördlich des bekannten Dreitausender Marmolada hinauf zu den Gipfeln der Dolomiten gefahren. Auf unserer Bergwanderung hoch über dem Stausee Lago di Fedaia hatten wir ständig Blickkontakt mit der majestätischen Marmolada und den Gipfeln der Sella-Gruppe, alles Dreitausender in den typisch bizarren Formen der Dolomiten. Die Einsamkeit und Schönheit der Bergwelt war für uns ein besonderes Erlebnis.

Der Weg führt uns über die **Dolomitenstraße**, eine der schönsten Hochgebirgsstraßen Europas, die zwischen 1869 und 1909 gebaut wurde. Die Übernachtungsplätze auf dieser Reise liegen immer in einer landschaftlich reizvollen Umgebung und in ruhiger Lage. Einige dieser Plätze sind sogar für Wohnmobile reserviert und für die Ver- und Entsorgung ausgerüstet. Gleich der erste Übernachtungsplatz in Arabba verleitet uns zu einer zweiten Übernachtung (**GD-7**). In den Gasthäusern des Ortes lassen wir uns mit Speisen und Getränken verwöhnen und genießen anschließend die Abende vor unserem Ferienhaus auf Rädern. Vom Hang grüßen freundlich die Lichter der Almhütten und in der Dämmerung zeichnen die Berggipfel scharfe, später schemenhafte Konturen. Auch an der Seilbahn Brunec in Alba kann man sein Ferienhaus auf Rädern für eine Nacht abstellen (**GD-8**). Mit der Seilbahn fahren wir zur Bergstation und starten zu einer Bergwanderung.

Am nächsten Tag machen wir einen Abstecher über den Fedaia-Pass. Die Fahrt zum Stausee bietet herrliche Blicke auf die Bergwelt, führt an den Resten des sagenumwobenen Schlosses Roccabrunn vorbei und zur Talstation der Seilbahn zur Marmolada. Die Parkplätze am Lago di Fedaia und am Passo di Fedaia kann man auch zur Übernachtung nutzen (GD-9 und GD-10).

Ein Höhepunkt unserer Reise durch die Dolomiten ist die Fahrt mit der Seilbahn zur **Marmolada** auf 3246 m Höhe. Hier oben herrschen eisige Winde, Schneeschauer und Eisglätte. Unten an der Talstation übernachten wir bei angenehmen Temperaturen in einer landschaftlich sehr reizvollen Umgebung (GD-11). Um unsere Vorräte zu ergänzen, fahren wir am nächsten Tag in den nächsten Ort. In Saviner di Laste kann man gut einkaufen und auf dem Parkplatz im Ort auch für eine Nacht bleiben (GD-12).

Über den 2117 Meter hohen **Falzarego-Pass** fahren wir nach Osten Richtung Cortina d' Ampezzo. Von der Passhöhe bringt eine Seilbahn den Wanderer im Sommer und den Skifahrer im Winter auf 2750 Meter Höhe zum Lago Zui. Die Parkplätze an der Talstation sind für eine Übernachtung geeignet (GD-13). Wir aber fahren noch drei Kilometer weiter und übernachten auf dem sehr ruhig und schön gelegenen großen Parkplatz an den Cinque Torri. (GD-14). Auch von hier führt eine Seilbahn in ein Wander- und Skigebiet in 2400 Metern Höhe. Eine Reihe von italienischen Wohnmobilen steht auf dem Platz. Die italienischen Wohnmobil-Urlauber kennen die schönen Übernachtungsplätze in Südtirol und nutzen sie.

Wir fahren am nächsten Morgen ins Tal, um den weltbekannten Wintersport- und Ferienort **Cortina d'Ampezzo**, das größte Urlaubszentrum in den Dolomiten, zu besuchen. 1956 wurden in dieser Stadt die olympischen Winterspiele ausgetragen. Seinen Ruf verdankt die Stadt der herrlichen Lage in einem Talkessel, aber auch den hervorragend ausgebauten touristischen und sportlichen Einrichtungen. Mehrere Seilbahnen, Sessel- und Schlepplifte bringen im Sommer den Wanderer auf die schönen Höhenwege, im Winter den Skifan auf die gut präparierten Pisten. Im Eisstadion, auf der Bobbahn und auf der Sprungschanze werden im Winter sehenswerte sportliche Wettkämpfe ausgetragen.

Der Corso Italia führt uns direkt ins Zentrum, zur Piazza Roma. Dort steht das Denkmal des Deodat de Dolemieu, Namensgeber der Dolomiten. Sehenswert ist auch die Pfarrkirche aus dem 18. Jahrhundert und die Sammlung Rimoldi mit Werken italienischer Künstler des 20. Jahrhunderts. Auf unserer Fahrt ins Stadtzentrum entdecken wir Hinweisschilder mit dem Wohnmobil-Symbol. Es führt uns nach Norden, zum winzigen Vorort Fiames, fünf Kilometer vom Stadtzentrum entfernt (**GD-15**). Der Platz ist abgeschrankt, eine Parkmarke aus dem Automaten öffnet die Schranke. Mit dieser Parkmarke kann die Schranke 24 Stunden betätigt werden. Danach kann man eine zweite Karte für die Platzbenutzung kaufen. Mehr als zwanzig Wohnmobil-Kollegen haben dieses hervorragende Angebot angenommen, parken auf dem weitläufigen Gelände und nutzen die Ver- und Entsorgungseinrichtungen. Der Bus nach Cortina fährt alle 15 Minuten bis abends 20.00 Uhr. Zwei Tage dürfen wir hier bleiben. Wir nutzen die Zeit, besuchen den bekannten Ort, wandern durch die schöne Bergwelt und klönen abends mit den anderen Wohnmobil-Urlaubern.

Über den Pass Tre Croci fahren wir zum **Misurina See** und zu den Drei Zinnen. An der Passstraße, 1,5 Kilometer vor der Passhöhe, entdecken wir einen schön und ruhig gelegenen Übernachtungsplatz an der Seilbahn zum Monte Cristallino (GD-16). Die Seilbahn trägt uns schnell auf fast 3000 Meter Höhe. Herrlich sind die Ausblicke auf die majestätischen Gipfel der Dolomiten, auf die schroffen Wände und in die lieblichen Täler. Malerisch liegt der einen Kilometer lange und 300 Meter breite Misurina See in einem von Wäldern und Felsen umgebenen Talkessel. Wir fahren weiter durch ein schmales Tal nach Nordosten zu den Drei Zinnen, dem wohl bekanntesten Bergstock in den Dolomiten. Die Einsamkeit der Bergwelt wird man hier vermissen, Massen von Touristen haben das gleiche Ziel wie wir. In Misurina steht ein Parkplatz für die Übernachtung zur Verfügung (**GD-17**).

Wir verlassen diesen Ort und fahren nach Südosten, nach Auronzo. Im kiesigen Flussbett des Ansiéi stellen wir unser rollendes Ferienhaus ab und übernachten auf den für Wohnmobile reservierten Plätzen, ein schönes Fleckchen Natur (**GD-18**). Wir fühlen uns hier ausgesprochen wohl und bleiben etwas länger. Am Parkplatz versorgen wir unseren Haushalt mit Wasser und befreien das Fahrzeug von allem überflüssigen Ballast, in Auronzo ergänzen wir unsere Vorräte, bummeln durch den Ort, schwimmen im Stausee und essen abends in den urigen Gasthäusern.

Unsere Wochenreise durch die Dolomiten ist zu Ende. Wir haben nur auf sehr schönen und ruhig gelegenen Plätzen übernachtet, wir nehmen viele neue Eindrücke von unseren Bergwanderungen mit nach Hause, wir werden uns an diese schöne Reise nach lange erinnern. Auf der Rückreise über den Kreuzbergsattel entdecken wir in S. Stefano noch einen Platz, der sich für eine Übernachtung eignet (GD-19). Im Tal der Piave in Sappada wurde ein Übernachtungsplatz für Wohnmobile eingerichtet (**GD-20**). Besonders schön ist eine Wanderung durch das einsame Val Visdende [1].

[1] Anschlussroute im Norden: Tour 1 „Durch das Pustertal".

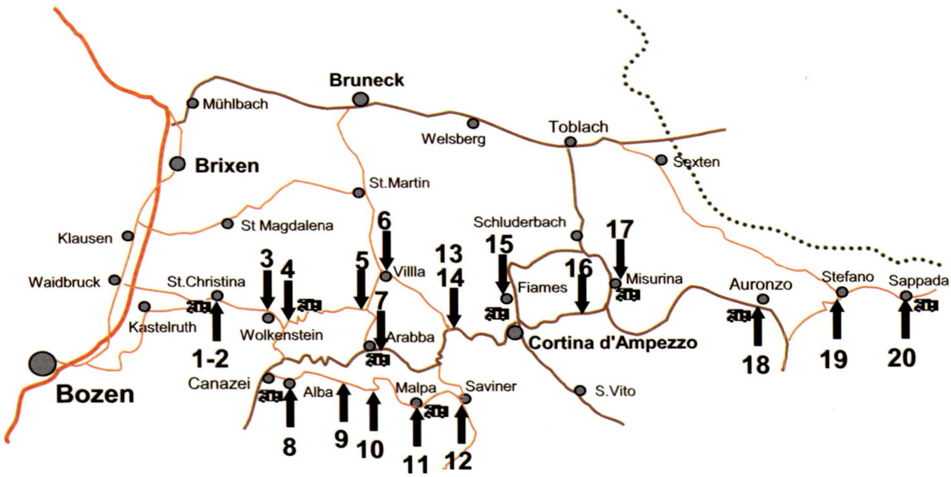

Tour 2

Durch das Grödental zu den Dolomiten

Tour 2: **Durch das Grödental zu den Dolomiten**

Nr.	Ort, Bezeichnung	Stell-plätze	Gast-haus	Häu-ser	WC	Bad See	Orts-nähe	Ent-sorg.	Park-dauer	Park-gebühr
		A					B		C	D
GD-1	St.Christina, Sportcenter **	5	+	+	-	-	3	-	1	0
GD-2	**St.Christina, Saslong *** **	10	+	+	+	-	3	-	1	5
GD-3	Wolkenstein, Dantercepiens **	5	+	+	+	-	x	-	1	0
GD-4	**Plan di Gralba, Mobilplatz *** **	30	+	+	+	-	x	+	U	12
GD-5	Grödner Joch, Klettersteig **	20	-	-	-	-	x	-	1	0
GD-6	La Villa, Campo sportivo **	10	-	+	-	-	5	-	1	0
GD-7	**Arabba, Wohnmobilplatz *** **	20	+	+	-	-	2	-	2	0
GD-8	**Alba, Seilbahn Brunec ** **	20	+	+	-	-	5	-	1	0
GD-9	Lago di Fedaia, Seeufer ***	20	+	-	-	-	x	-	1	0
GD-10	Paso di Fedaia, Passhöhe **	10	+	-	-	-	x	-	1	0
GD-11	**Malpa Ciapela, Seilbahn **** **	20	+	+	-	-	x	-	1	0
GD-12	Saviner di Laste, Ort **	5	+	+	-	-	5	-	1	0
GD-13	Paso di Falzarego, Passhöhe **	5	+	+	-	-	x	-	1	0
GD-14	Paso di Falzarego, Cinque Torri ***	50	-	-	-	-	x	-	1	0
GD-15	**Cortina-Fiames, Mobilplatz *** **	50	+	+	+	-	x	+	2	12
GD-16	Tre Croci, Rio Gare ***	50	+	+	+	-	x	-	1	0
GD-17	**Misurina, Ortsrand ** **	30	+	+	-	-	x	+	2	12
GD-18	**Auronzo, Fiume Ansiei *** **	20	+	+	-	-	x	+	2	12
GD-19	S.Stefano, Ortsparkplatz **	5	+	+	-	-	3	-	1	0
GD-20	**Sappada, Wohnmobilplatz ** **	10	-	+	-	-	10	+	1	8

Legende siehe Seite 10

39047 St. Christina Sportcenter ** GD - 1

Befestigter **Parkplatz** am Sportcenter in ruhiger und schöner Lage.

Bei Anfahrt von der Autobahn Richtung Grödental nach St. Ulrich fahren und von der SS42 - 1 km nach dem Ortsanfang St. Christina - rechts Richtung Sportcenter abbiegen. Nach 200 m links und nach weiteren 200 m wieder links dem Wegweiser Sportcenter folgen. Noch 50 m bis zum Parkplatz links.

Gaststätten und Häuser in der Nähe.
Geschäfte in der Nähe. 3 min Fußweg zur Ortsmitte.
Skischule und Skiverleih in der Nähe.
Wanderungen und Radtouren im Grödental.
Bergwandern in der Geislergruppe der Dolomiten.
Besichtigung von St. Ulrich: Spätgotische Bergkirche, Fischburg.
Besichtigung der Burgruine Wolkenstein bei Wolkenstein.
Besuch des Heimatmuseums in St. Ulrich.
Keine Parkgebühr.
Teilweise schräge Stellflächen für 5 Wohnmobile. .
Übernachtungsverbote für Wohnmobile
an dem Sessellift Monte Pana und auf der Seiser Alm.

39047 St. Christina Saslong *** GD - 2

Übernachtungsplatz an der Kabinenbahn Saslong in sehr ruhiger und schöner Lage.

Bei Anfahrt von der Autobahn Richtung Grödental nach St. Ulrich fahren und von der SS42 - 1 km nach dem Ortsanfang St. Christina - rechts Richtung Sportcenter abbiegen. Nach 200 m links dem Wegweiser Kabinenbahn Saslong folgen. Noch 500 m bis zum Parkplatz links.

Gaststätten in der Nähe. Häuser am Parkplatz
WC im Seilbahngebäude.
Geschäfte in der Nähe. 3 min Fußweg zur Ortsmitte.
Skischule und Skiverleih in der Nähe.
Wanderungen und Radtouren im Grödental.
Bergwandern in der Geislergruppe der Dolomiten.
Besichtigung von St. Ulrich: Spätgotische Bergkirche, Fischburg.
Besichtigung der Burgruine Wolkenstein bei Wolkenstein.
Besuch des Heimatmuseums in St. Ulrich.
Parkgebühr: 6 € pro Wohnmobil.
Befestigte, ebene Stellflächen für 10 Wohnmobile.
Übernachtungsverbote an dem Sessellift Monte Pana.
Übernachtungsverbote auf der Seiser Alm.

39048 Wolkenstein Kabinenbahn Dantercepies ** GD - 3

Asphaltierter **Parkplatz** an der Kabinenbahn Col Raiser in ruhiger und schöner Lage.

Von Brixen Richtung Grödental und durch St. Ulrich fahren. 600 m nach dem Ortsanfang Wolkenstein links und nach 100 m rechts dem Wegweiser Kabinenbahn Dantercepies folgen. Nach 1,6 km wird der Ausweichparkplatz rechts und nach 1,9 km der Parkplatz an der Kabinenbahn rechts erreicht.
Koordinaten: 46° 33,77' Nord, 11° 46,33' Ost.

Gaststätte und Häuser am Parkplatz. WC im Seilbahngebäude.
Lange schmale, aber gute Zufahrt.
Für sehr große Wohnmobile nicht geeignet.
Bergwandern in der Geislergruppe der Dolomiten.
Wanderungen und Radtouren im Grödental.
Skigebiet Cirspitzen und Sella.
Besichtigung von St. Ulrich: Bergkirche, Fischburg, Museum.
Besichtigung der Burgruine Wolkenstein bei Wolkenstein.
Keine Parkgebühr.
Etwas schräge, asphaltierte Stellflächen für 5 Wohnmobile.
Ausweichparkplatz 300 m vor der Kabinenbahn.
Übernachtungsverbote an dem Sessellift Monte Pana.
Übernachtungsverbote auf der Seiser Alm.

39048 Selva-Plan di Gralba Wohnmobilplatz *** GD - 4

Befestigter **Wohnmobilplatz** in sehr ruhiger Lage und landschaftlich sehr reizvoller Umgebung.

Im Grödental Richtung Grödner Joch fahren und 2,2 km nach dem Ortsende Wolkenstein rechts dem Wohnmobil-Symbol folgen. Noch 400 m bis zum Übernachtungsplatz (**Strada Ciampinei**).
Koordinaten: 46° 32,96' Nord, 11° 45,93' Ost.

Gaststätte und Häuser am Parkplatz. WC im Seilbahngebäude.
Wohnmobile fast immer anzutreffen. Ganzjährig zugänglich.
Fahrt mit der Kabinenbahn.
Bergwandern in der Geislergruppe der Dolomiten.
Wanderungen und Radtouren im Grödental.
Skigebiet Piz Sella in 2200 Metern Höhe.
Besichtigung von St. Ulrich: Spätgotische Bergkirche, Fischburg.
Besichtigung der Burgruine Wolkenstein bei Wolkenstein.
Besuch des Heimatmuseums in St. Ulrich.
Parkgebühr: 12 € für 24 Stunden.
Stellmöglichkeiten für 30 Wohnmobile.
Übernachtungsverbote auf der Seiser Alm.

39048 Grödner Joch Klettersteig ** GD - 5

Befestigter **Parkplatz** unterhalb des Grödner Jochs in ruhiger und sehr schöner Lage.

Im Grödental Richtung Grödner Joch und über den Pass fahren und 2,5 km nach der Passhöhe rechts zum Parkplatz am Klettersteig abbiegen.

Einsame Lage.
Bergwandern und Klettern in der Sella-Gruppe.
Wanderungen und Radtouren im Grödental.
Besichtigung von St. Ulrich: Spätgotische Bergkirche, Fischburg.
Besichtigung der Burgruine Wolkenstein bei Wolkenstein.
Besuch des Heimatmuseums in St. Ulrich.
Fahrt nach Cortina d'Ampezzo.
Keine Parkgebühr.
Stellmöglichkeiten für 20 Wohnmobile.
Im gesamten Ortsbereich Corvara ist das Parken von Wohnmobilen verboten (0 - 24.00 Uhr).

39030 La Villa Campo sportivo ** GD - 6

Für Wohnmobile zugelassener, geschotterter **Übernachtungsplatz** an den Sportanlagen in ruhiger Lage.

Bei Anfahrt aus dem Süden von Corvara (SS244/SP43) 3,4 km nach dem Ortsende Corvara - 700 m nach dem Ortsanfang La Villa (Stern) - rechts zu den Sportanlagen (campo sportivo) abbiegen (spitze Kehre). Noch 300 m bis zum Parkplatz. Bei Anfahrt aus dem Norden 1,6 km nach dem Ortsanfang La Villa (Stern) links Richtung campo sportivo abbiegen. Noch 300 m (**Strada Ninz 49**).
Koordinaten: 46° 35,76' Nord, 11° 54,04' Ost.

Häuser am Platz.
Ganzjährig zugänglich.
Ver- und Entsorgung am Platz. Stromanschluss möglich.
5 min Fußweg zur Ortsmitte.
Freibad in der Nähe (300 m).
Besichtigung von Corvara.
Fahrt durch das Val die Fiemme.
Fahrt auf der Dolomitenstraße. Fahrt nach Cortina d'Ampezzo.
Ebene Stellflächen für 10 Wohnmobile.
Parkgebühr: 15 € einschl. Ver- und Entsorgung und Strom.
Im gesamten Ortsbereich Corvara ist das Parken von Wohnmobilen verboten (0 - 24.00 Uhr).

32020 Arabba Wohnmobilplatz **** GD - 7

Befestigter **Wohnmobilplatz** in sehr ruhiger Lage und landschaftlich sehr reizvoller Umgebung.

Bei Anfahrt aus dem Norden von Covara in der Ortsmitte Arabba - 600 m nach dem Ortsanfang (Ortsschild links) - Richtung Cortina fahren und geradeaus dem Wohnmobil-Symbol folgen. Nach 200 m links fahren. Noch 100 m bis zum Parkplatz.

Gaststätte und Häuser am Parkplatz.
Aufenthaltsdauer: 48 Stunden. Mobile häufig anzutreffen.
2 min Fußweg zur Ortsmitte. Geschäfte in der Nähe.
Langlaufloipen am Parkplatz. Seilbahn Portavescovo am Platz.
Skigebiet in 2600 Metern Höhe.
Bergwandern am Lago di Fedaio und im Gebiet der Marmolada.
Ausflüge ins Val Badia, aufs Pordoi-Joch,
zum Fedaja-See und zum Campolongo-Pass.
Seilbahn zur Marmolada (3342 m) von Malga Capela.
Fahrt auf der Dolomitenstraße nach Cortina d' Ampezzo.
Keine Parkgebühr.
Stellmöglichkeiten für 20 Wohnmobile.
Auch für Caravan-Gespanne zugelassen.

38030 Alba Seilbahn Brunec ** GD - 8

Befestigter **Parkplatz** in der Nähe der Talstation der Seilbahn Brunec in ruhiger und schöner Lage.

Bei Anfahrt aus dem Westen von Canazei (SS641) 900 m nach dem Ortsanfang Alba zum Parkplatz rechts abbiegen. Bei Anfahrt aus dem Osten vom Passo di Fedaia 300 m nach dem Ortsanfang Alba links zum Parkplatz abbiegen.

Gaststätte und Häuser am Parkplatz. Geschäfte am Platz.
5 min Fußweg zur Ortsmitte.
Bergwandern am Brunec.
Wintersport an der Bergstation Brunec. Höhe 2486 m
Ausflüge zum Passo di Fedaia.
Fahrt mit der Seilbahn zur Marmolada (3342 m) von Malga Capela.
Fahrt ins Val di Fassa.
Keine Parkgebühr.
Ebene, befestigte Stellflächen für 20 Wohnmobile.
Keine Übernachtung auf dem Parkplatz an der Talstation.

38030 Lago di Fedaia Seeufer *** GD - 9

Befestigte **Parkplätze** am Ufer des Lago di Fedaia in sehr ruhiger und schöner Lage.

Bei Anfahrt aus dem Westen von Canazei am Anfang des Sees rechts abbiegen. Nach 400 m werden die Parkplätze rechts und links erreicht.
Koordinaten: 46° 27,5' Nord, 11° 51,8' Ost.

Gaststätte am Platz.
Geschäfte am Platz.
Ganzjährig bei schneefreier Straße zugänglich.
Bergwanderungen.
Wintersport.
Sessellift in der Nähe. Loipen am See.
Fahrt mit der Seilbahn auf die Marmolada (3342 m) von Malga Capela.
Ausflug nach Canazai. Ausflug ins Val di Fassa.
Ebene und leicht schräge Stellflächen für 20 Wohnmobile.
Kein Schatten.
Keine Parkgebühr.

38030 Paso Fedaia Passhöhe ** GD - 10

Befestigte und asphaltierte **Parkplätze** auf der Passhöhe in ruhiger und schöner Lage.

Bei Anfahrt aus dem Westen von Canazei 100 m vor der Staumauer des Lago di Fedaia rechts zu den Parkplätzen abbiegen. Koordinaten: 46° 27,3 Nord, 11° 53,1' Ost.

Gaststätte am Platz.
Ganzjährig zugänglich.
Bergwanderungen.
Wintersport.
Sessellifte am Parkplatz und in der Nähe.
Loipen am See.
Fahrt mit der Seilbahn auf die Marmolada (3342 m) von Malga Capela.
Ausflug nach Canazai.
Ausflug ins Val di Fassa.
Ebene, unebene und schräge Stellflächen für 10 Wohnmobile.
Kein Schatten.
Keine Parkgebühr.

32020 Malga Ciapela Seilbahn **** GD -11

Asphaltierter **Übernachtungsplatz** an der Seilbahn zur Marmolada in sehr ruhiger und sehr schöner Lage.

Bei Anfahrt aus dem Westen vom Passo di Fedaia (SS641) talwärts Richtung Rocca Pietore fahren und nach 5,3 km Talfahrt rechts dem Wegweiser funivia Marmolada folgen. Noch 100 m bis zum Parkplatz rechts. Bei Anfahrt von Pinau 1 km nach dem Ortsende Pinau links dem Wegweiser funivia Marmolada folgen.

Gaststätte und Häuser am Parkplatz.
Hotel in der Nähe.
Blick auf die umliegenden Berge.
Müllcontainer am Platz.
Skischule am Platz.
Ganzjährig bei schneefreien Straßen zugänglich.
Fahrt mit der Seilbahn zur Mamolada (3342 m Höhe).
Bergwanderungen.
Wintersport an der Marmolada.
Ausflug zum Passo di Fedaia.
Ausflug zum Lago d' Àlleghe.
Ebene und leicht schräge Stellflächen für 20 Wohnmobile.
Kein Schatten.
Keine Parkgebühr.

32020 Rocca Pietore-Saviner di Laste Ort ** GD - 12

Asphaltierter **Parkplatz** im Ort in ruhiger Lage.

Bei Anfahrt aus dem Süden 200 m nach dem Ortsanfang Saviner links zum Parkplatz abbiegen. Bei Anfahrt aus dem Norden 100 m nach dem Ortsanfang zum Parkplatz rechts abbiegen.
Koordinaten: 46° 26,3 Nord, 11° 59,0' Ost.

Gaststätte und Häuser am Platz.
Geschäfte am Parkplatz.
Müllbehälter am Platz.
10 min Fußweg zur Ortsmitte.
Wanderungen und Radtouren.
Fahrt mit der Seilbahn auf die Marmolada (3342 m) von Malga Capela.
Ebene Stellflächen für 5 Wohnmobile.
Kein Schatten.
Keine Parkgebühr.

32043 Paso di Falzarego Passhöhe ** GD - 13

Drei befestigte **Parkplätze** am Paso di Falzarego in 2117 Metern Höhe in schöner Lage.

Bei Anfahrt aus dem Westen den Wegweisern Paso di Falzarego/Cortina folgen und auf dem Pass zu den Parkplätzen P1 und P2 abbiegen. Noch 700 m bis zu dem ruhig gelegenen Parkplatz P3.
Bei Anfahrt aus dem Osten von Cortina werden 13,4 km nach dem Ortsende Cortina die Parkplätze erreicht.

Gaststätte, Häuser und Geschäfte am Parkplatz.
Bergwandern am Paso di Falzarego und am Lago Zui.
Skigebiet Lago Zui in 2750 Metern Höhe. Seilbahn am Platz.
Besichtigung von Cortina d' Ampezzo: Pfarrkirche mit Fresken, Sammlung Rimoldi mit Werken italienischer Künstler des 20. Jahrhunderts, olympische Wintersporteinrichtungen.
Ausflug zur Marmolada.
Fahrt auf der Dolomitenstraße. Fahrt nach Cortina d'Ampezzo.
Keine Parkgebühr.
Ebene und schräge Stellflächen für 5 Wohnmobile.

32043 Paso di Falzarego Cinque Torri *** GD - 14

Befestigter **Großparkplatz** am Sessellift Cinque Torri in 1900 m Höhe in sehr ruhiger und schöner Lage.

Von der Passhöhe Richtung Cortina fahren und nach 3,4 km rechts abbiegen. Noch 200 m bis zum Parkplatz. Bei Anfahrt von Cortina 10 km nach dem Ortsende Cortina links zum Parkplatz abbiegen.

Kiosk am Parkplatz.
Wohnmobile häufig anzutreffen.
Bergwandern im Gebiet der Cinque Torri.
Skigebiet bis 2400 Metern Höhe. Sessellift am Parkplatz.
Besichtigung von Cortina d' Ampezzo: Pfarrkirche mit Rokoko-Fresken von Zeiller, Sammlung Rimoldi mit Werken italienischer Künstler des 20. Jahrhunderts, olympische Wintersporteinrichtungen.
Fahrt auf der Dolomitenstraße. Fahrt nach Cortina d'Ampezzo.
Keine Parkgebühr.
Ebene und schräge Stellflächen für 50 Wohnmobile.
Ausweichparkplatz 800 m Richtung Cortina links.

32043 Cortina d'Ampezzo-Fiames Wohnmobilplatz *** GD - 15

Asphaltierter und befestigter **Wohnmobilplatz** in sehr ruhiger und schöner Lage

In Cortina den Wegweisern loc. Fiames und dem Wohnmobil-Symbol folgen. Richtung Dobbiaco/Brunico/Allemagna fahren. 5 km nördlich der Stadtmitte wird die Zufahrt links erreicht (SS51 Fiames). Noch 300 m bis zum Übernachtungsplatz. Koordinaten: 46° 34,37' Nord, 12° 6,67' Ost.

Gaststätte, Häuser, Sportgeschäft und Bank in der Nähe.
WC am Parkplatz. Ver- und Entsorgung auf dem Parkplatz.
Aufenthaltsdauer maximal 48 Stunden. Ganzjährig zugänglich.
Einfahrt abgeschrankt. Zufahrt durch Kauf einer Karte für 24 Std.
Wohnmobile immer anzutreffen. Für Wohnanhänger verboten.
Bushaltestelle. Bus nach Cortina alle 15 Minuten bis 20.00 Uhr.
Skigebiete in und um Cortina d' Ampezzo.
Wanderungen und Radtouren.
Besichtigung von Cortina d' Ampezzo: Pfarrkirche mit Fresken, Sammlung Rimoldi (Werke ital. Künstler des 20. Jahrhunderts).
Ausflüge auf die Tondi di Falória und auf die Tofana di Mezzo.
Fahrt auf der Dolomitenstraße.
Parkgebühr: 12 €. Stellmöglichkeiten für 50 Wohnmobile.
Außerhalb der Sommersaison (Oktober-Juni) Übernachtungsmöglichkeiten vor der Schranke.
In Cortina parken für Wohnmobile auf bestimmten Plätzen erlaubt, übernachten nicht.

32043 Tre Croci Rio Gare *** GD - 16

Zwei befestigte **Großraumparkplätze** an der Passstraße Tre Croci in sehr ruhiger und schöner Lage.

Von Cortina Richtung Misurina/Auronzo fahren. 6,3 km nach der Abzweigung der SS48 Richtung Misurina von der SS51 Richtung Allemagna/Tobaccio wird rechts der erste und nach weiteren 200 m rechts der zweite, sehr ruhig gelegene Parkplatz erreicht.

Gaststätte und Häuser am Parkplatz.
WC im Seilbahngebäude.
Fahrt mit Seilbahn zum Monte Cristallino (2918 m).
Bergwandern. Skigebiete Tre Croci und in Cortina d' Ampezzo.
Besichtigung von Cortina d' Ampezzo: Pfarrkirche mit Fresken, Sammlung Rimoldi (Werken ital. Künstler des 20. Jahrhunderts).
Fahrt auf der Dolomitenstraße.
Fahrt zum Misurina See und zu den Drei Zinnen.
Keine Parkgebühr. Stellmöglichkeiten für 50 Wohnmobile.
Wenig Stellmöglichkeiten auf der Passhöhe.

32040 Misurina Ortsrand ** GD - 17

Geschotterte **Übernachtungsplätze** in ruhiger Lage und landschaftlich reizvoller Umgebung.

Bei Anfahrt aus dem Norden von der SS51 (Cortina-Toblach) in Schluderbach Richtung Misurina abbiegen (SS48bis). Am Ortsanfang Misurina links Richtung „Drei Zinnen“ abbiegen.
Koordinaten: 46° 35,30' Nord, 12° 15,47' Ost.

Gaststätte und Häuser am Platz. Frischwasser nur im Sommer.
Entsorgung (Bodeneinlass) am Platz. Müllbehälter am Platz.
10 min Fußweg zum Ortszentrum.
Mobile oft anzutreffen. Immer zugänglich. Aufenthalt 48 Stunden.
Loipen am Platz. Schlepplift in der Nähe.
Wandern und Radtouren am Misurina See.
Bergwandern am Cadini.
Ausflug zu den „Drei Zinnen“ und nach Cortina d' Ampezzo.
Fahrt auf der Dolomitenstraße.
Gebühr in der Saison 12 €.
Leicht schräge Stellflächen für 30 Mobile.

32041 Auronzo Fiume Ansiei *** GD - 18

Wohnmobilplätze auf grobem Kies am Rande des Flussbettes in ruhiger und sehr schöner Lage.

Bei Anfahrt aus dem Norden von Cortina d' Ampezzo Richtung Auronzo fahren. 20,4 km nach der Gabelung der Straßen SS48 und SS48bis - 1,6 km nach dem Ortsanfang Auronzo - rechts dem Wohnmobil-Symbol folgen. Noch 100 m bis zum Parkplatz (Via Navarra, SS48). Bei Anfahrt aus dem Süden von der SS51 und SS52 4,8 km nach dem Ortsanfang Auronzo links dem Wohnmobil-Symbol folgen.
Koordinaten: 46° 33,17' Nord, 12° 25,92' Ost.

Gaststätte und Geschäfte in der Nähe. Häuser am Parkplatz.
Ver- und Entsorgung am Ende des Geländes.
Mobile oft anzutreffen. Aufenthalt 48 Stunden.
Ganzjährig zugänglich.
Sessellift am Parkplatz.
Wander- und Skigebiet am Monte Agudo in 1580 m Höhe.
Badestrand am Stausee in Auronzo.
Ausflug zum Auronzo-See.
Fahrt zum Misurina-See und zu den Drei Zinnen.
Fahrt auf der Dolomitenstraße.
Parkgebühr: 12 € für 24 Stunden.
Ebene und unebene Stellflächen für 10 Wohnmobile.

32040 S. Stefano Ortsparkplatz ** GD - 19

Asphaltierter **Parkplatz** im Ort in ruhiger und schöner Lage.

Bei Anfahrt aus dem Westen von Auronzo Richtung S. Stefano fahren und 300 m nach dem Ortsanfang S. Stefano rechts dem Parkplatz-Schild folgen. Noch 200 m bis zum Parkplatz.
Bei Anfahrt vom Kreuzbergsattel aus dem Norden durch S. Stefano fahren und vor der Brücke links zum Parkplatz abbiegen.

Gaststätte und Geschäfte in der Nähe.
Häuser am Parkplatz.
3 min Fußweg zur Ortsmitte.
Am Markttag (Montag) ist der Parkplatz gesperrt.
Wandern in den Dolomiten.
Fahrt zum Kreuzbergsattel und ins Sextener Tal.
Fahrt auf der Dolomitenstraße.
Keine Parkgebühr.
Ebene Stellflächen für 5 Wohnmobile.

32047 Sappada Wohnmobilplatz ** GD - 20

Befestigter **Wohnmobilplatz** hinter der Kirche in ruhiger Lage.

Von Santo Stefano di Cadore Richtung Sappada fahren (S355) und in Höhe der Kirche rechts abbiegen. Am Ende der Talfahrt wird der für Wohnmobile reservierte Platz erreicht (**Borgata Palu**).
Koordinaten: 46° 33,74' Nord, 12° 40,79' Ost.

Häuser in der Nähe. 10 min Fußweg zur Ortsmitte.
Ver- und Entsorgung am Parkplatz. Stromanschluss möglich.
Ganzjährig zugänglich.
Wandern im Val Visdende und in den Dolomiten.
Besuch des Heimatmuseums mit volkskundlichen Exponaten.
Wintersport und Bergwandern.
Sessellifte: Cima Sappada (1225 m), Monte Ferro (1700 m),
Miravalle (1700 m), Monte Siera (1650 m).
Ausflug ins einsame Val Visdende.
Fahrt zum Kreuzbergsattel und ins Sextener Tal.
Fahrt nach Cortina d'Ampezzo.
Fahrt auf der Dolomitenstraße.
Parkgebühr: 8 € für 24 Stunden.
Ebene und schräge Stellflächen für 10 Wohnmobile.

Im Land der Burgen
Durch den Vinschgau
Tour 3

Der Reschenpass, ein uralter Verkehrsweg und ein Einfallstor nach Südtirol und Italien, ist für Wohnmobile leicht zu überwinden. Der Etsch, der zweitlängste Fluss Italiens, entspringt hier oben und durchfließt zunächst den **Vinschgau**, bevor er bei Bozen seinen Lauf nach Süden ändert und das breite sonnendurchflossene Etschtal bildet.

Reschen ist der erste italienische Ort nach dem Pass. 1950 wurden zwei kleine Seen zu dem großen Reschensee aufgestaut. Ein Teil der Ortschaft Graun wurde überflutet, der Glockenturm der Pfarrkirche aus dem 14. Jahrhundert ragt heute wie ein Mahnmal aus dem Wasser, eine Touristenattraktion.

Am Seeufer sind leider überall, auch auf dem Parkplatz der Schöneben-Kabinenbahn, Wohnmobil-Parkverbotsschilder aufgestellt. Die Seilbahn bringt uns am nächsten Tag zum Wander- und Skigebiet Schöneben in 2000 Metern Höhe. Weit schweift der Blick über den Reschensee bis zu den Bergriesen und Gletschern des oberen Vischgaues.

Auch in St. Valentin, zwischen den beiden Talsperren Reschensee und Haider See und in Mals ist das Übernachten im Wohnmobil verboten. Mals, der Hauptort des oberen Vinschgaues hat einige Sehenswürdigkeiten zu bieten: Die Kirche St. Benedikt mit den berühmten, großartigen Wandmalereien aus der Zeit der Karolinger, den runden Fröhlichsturm, ein Wehrturm der alten Stadtbefestigung, die Fürstenburg aus dem 13. Jahrhundert, die romanisch-gotische Pfarrkirche mit einem hohen Glockenturm und die am Hang gelegene Abtei Marienberg, das höchste Benediktinerkloster der Welt, mit bedeutenden romanischen Wandmalereien in der Krypta der barocken Abteikirche. Romanische Fresken schmücken auch die Nikolauskirche in Burgeis und die Johanneskirche in Taufers.

Glurns, das malerische „Südtiroler Rothenburg", hat eine fast vollständig erhaltene quadratische Stadtbefestigung mit Wehrtürmen, drei Stadttoren und einem Mauergürtel. Die gotische Pfarrkirche St. Pankranz zeigt am Sockel des Glockenturms aus dem 15. Jahrhundert ein großes Fresko vom Jüngsten Gericht. Uns beeindruckt am meisten die bei Schluderns auf einer Anhöhe gelegene bedeutendste südtiroler Burg, die Churburg, im 13. Jahrhundert von den Bischöfen von Chur gegründet. Im 16. Jahrhundert wurde die Burg von dem Grafengeschlecht Trapp in ein elegantes Renaissance-Schloss umgebaut. Die Burg wurde nie erobert und zerstört. Sehenswert sind besonders der Arkadenhof, die Burgkapelle und die Rüstkammer mit vielen wehrtechnischen Meisterwerken aus Tirol und Mailand. Wohnmobiltouristen dürfen auf dem Platz am Stadttor Taufers übernachten (**VG-1**).

Der schneeweiße Marmor aus Laas wurde zu den Zeiten der österreichisch-ungarischen Monarchie zu vielen Denkmälern der Herrscherdynastie verarbeitet. In Laas steht auf dem Marktplatz der marmorne Kaiser Franz Joseph als Symbol des künstlerischen Schaffens der Laaser Bildhauer. Heute wird der Marmor nur noch durch Maschinen in Platten zerschnitten und nach Amerika, Arabien und Japan exportiert, um dort zu monumentalen Skulpturen verarbeitet zu werden. In Laas sind außerdem die romanische Kirche St. Sisinius aus dem 14. Jahrhundert und der Apsisfries der Pfarrkirche sehenswert. Am Schwimmbad außerhalb des Ortes liegt ein ruhiger Platz (VG-2).

Das Tal weitet sich nun und bietet Platz für die riesigen Obstplantagen des Vinschgaus, Äpfel, Birnen, Pflaumen und Aprikosen für den Marillenschnaps. In Schlanders sind gleich drei Burgruinen zu sehen: Schlanderegg, Schlandersburg und Schlandersberg. Prunkstück des Dorfes Latsch ist der Flügelaltar der gotischen Heiligeist-Spitalkirche des schwäbischen Bildhauers Jörg Lederer. Der Künstler hat den Altar um 1520 im gotischen Stil, aber mit barocken Elementen vermischt, geschaffen. Das rote Barockschloss Mühlrain, das mit Laaser Marmor verkleidete Schloss Goldrain, die Burgruine Obermontani, ausgemalt mit vollständig erhaltenen Fresken, und die über 1000 Meter hoch gelegene Burg Annenberg sollten ebenfalls besichtigt werden. Die Fahrt mit der Seilbahn nach St. Martin am Kofel bietet herrliche Ausblicke über das Tal und auf die Bergwelt. Der Parkplatz an der Talstation der Bergbahn ist leider nur sehr beengt.

Der Ortsname Kastelbell weist schon auf das weithin sichtbare Wahrzeichen dieses Ortes hin: Das „Schöne Schloss". Es wurde im 13. Jahrhundert als landesfürstliche Burg erbaut und im 16. Jahrhundert verändert und vergrößert. Über dem Ortsteil Galsaun erheben sich die Burgruine Hochgalsaun aus dem 13. Jahrhundert und die Burg Juval am Eingang zum Schnalser Tal. Reinhold Messner, der bekannte Bergsteiger, der die höchsten Berge, alle Achttausender der Welt, bezwungen hat, ließ die Burg restaurieren und machte sie zu seinem Domizil.

In landschaftlich reizvoller Umgebung und sehr ruhiger Lage liegt der Parkplatz oberhalb des Schwimmbades (VG-3). Wir verbringen hier unseren Abend und die Nacht, wandern durch die Obstplantagen und lassen uns in dem nahe gelegenen Gasthof mit Südtiroler Speck und Marillengeist verwöhnen.

Am Ende des Schnalser Tales bei Kurzras, am Hochjochferner in 3200 Metern Höhe, jagen begeisterte Skifahrer, bekannte Rennfahrer und Nationalmannschaften während des gesamten Jahres über die Pisten des Gletschers. Das Skikarussell steht am Hochjoch und an der Grauwand nie still.

Wir fahren weiter talabwärts Richtung Meran. Naturns ist schon vom Meraner Tourismus geprägt. Die vorromanischen Fresken aus dem 8. Jahrhundert in der St. Prokulus Kirche gehören zu den bedeutendsten Zeugnissen der vorkarolingischen Zeit. Berühmt ist das Fresko mit dem heiligen Prokulus, der sich auf der Flucht vor seinen Häschern von der Stadtmauer Veronas abseilt.

Meran ist der Höhepunkt unserer Wochenreise. In zentraler Lage am Bahnhofsplatz darf man das Wohnmobil abstellen (**VG-4**). Auf einem wunderschönen Waalweg am Hang über Meran und dem Passeier Tal wandern wir nach Verdins. Waale sind uralte, kleine Wasserrinnen, quer zum Hang, von denen in Trockenzeiten der Obstbauer zur Bewässerung seiner Plantagen das Wasser abzapft. Fast eben verläuft der Weg am langsam fließenden Rinnsal entlang, verläuft durch Obstplantagen, führt über alte Bauernhöfe und bietet ständig wechselnde Ausblicke auf das Passeier Tal und auf die Orte, Burgen und Schlösser am Hang.

Im Mittelalter war Meran lange Zeit die Hauptstadt Tirols. Im 19. Jahrhundert begann der Aufstieg zum mondänen Kurort mit den Besuchen von Kaiser Franz Joseph mit seiner Sissy. Es folgten der Preußenkönig Friedrich Wilhelm IV., bayerische Könige, der österreichische Hochadel, russische Prinzessinnen, Dichterfürsten, Künstler und im Kielwasser des königlichen Glanzes der Geldadel. Heute kommen Zehntausende von Touristen nach Meran, es wohnen dort Politiker aus Rom und die Manager aus Mailand und Turin, um das südlich milde Klima, die modernen Kuranlagen und das gesellige Leben zu genießen.

Das Herz der Stadt ist Steinach, der älteste Stadtteil zwischen Pfarrplatz und Passeier Tor. Meran ist voller Kunst, Kultur und Geschichte. Wir beginnen unseren Rundgang mit der Besichtigung der gotischen Pfarrkirche St. Nikolaus mit der prachtvollen barocken Ausstattung, der achteckigen Barbarakapelle und der dreischiffigen spätgotischen Spitalkirche. Im Stadtteil Untermais sehen wir die in allen Stilrichtungen veränderte Maria-Trost-Kirche aus dem 13. Jahrhundert. Dann bummeln wir durch die Altstadt, durch die traditionelle Laubengasse und die moderne Freiheitsstraße mit der Landesfürstlichen Burg, dem Städtischen Museum und dem Staatstheater im Jugendstil. Von der Stadtbefestigung blieben drei Tore, das Vinschgauer, Bozner und Passeier Tor und am Stadtrand die Ruine der schon 1347 zerstörte Zenoburg.

Das **Schloss Tirol**, auf einem Berg über dem Meraner Talkessel erbaut, ist der Ursprung des Landes Tirol. Die Grafen von Tirol bauten hier ihre Residenz und gaben dem ganzen Land ihren Namen. Sehenswert sind die romanischen Skulpturen am Portal, die Kreuzigungsgruppe aus dem

14. Jahrhundert und die im gleichen Jahrhundert geschaffenen Fresken in der Burgkapelle. Um Schloss Tirol entstanden weitere Burgen und Schlösser, Wohnsitze der bedeutenden Adelsgeschlechter. Neugotisch wurde die Brunnenburg 1904 wieder errichtet und das landwirtschaftliche Museum in der Burg untergebracht. Der Ort Dorf Tirol ist heute ein viel besuchter Touristenort. Am Ortsanfang wurde für Busse und Wohnmobile ein separater Parkplatz eingerichtet (**VG-5**). Der Platz eignet sich gut für Besichtigung und Übernachtung.

Der Ort Schenna in der Nähe des Skigebietes Meran 2000 wird vom Schloss Schenna aus dem 14. Jahrhundert überragt. Erzherzog Johann hat das Bauwerk 1844 erworben und bis zu seinem Tode bewohnt. Im neugotischen Mausoleum auf dem Dorffriedhof fand er seine letzte Ruhe. Die Parkplätze in Schenna sind meistens durch PKW belegt. Wir parken auf dem Busparkplatz. Die Parkplätze an den Seilbahnen in Schenna und Verdins sind sehr klein und nur für kleine Wohnmobile geeignet. Wir kehren deshalb zu unserem Platz an der Seilbahn Meran 2000 zurück.

Bozen, die Landeshauptstadt von Südtirol, hat sich aus einer römischen Militärstation und aus dem bajuwarischen Bauzanum entwickelt. Bozen erlebte im 13. Jahrhundert als Marktort einen wirtschaftlichen Aufschwung. 1919 wurde die Stadt mit Südtirol dem italienischen Staat eingegliedert. Bozen kann viele Sehenswürdigkeiten aus dem Mittelalter anbieten: Den Obstmarkt mit Lauben und Ladenzeilen, den Bozner Hauptplatz mit dem Denkmal Walther von der Vogelweide, die Laubengasse mit dem gotischen Alten Rathaus, dem neubarocken Neuen Rathaus und dem barocken Merkantilgebäude, die Bindergasse mit mittelalterlicher Bebauung und traditionsreichen Gasthäusern, die gotische Stadtpfarrkirche mit einer gotischen Sandsteinkanzel, der barokken Gnadenkapelle und dem Herz-Jesu-Bild am Sakramentsaltar, die gotische Dominikanerkirche mit Fresken aus dem 14. Jahrhundert, mit dem eindrucksvollen Gemälde „Triumph des Todes" in der Johanneskapelle und dem spätgotischen Kreuzgang, das Franziskanerkloster mit gotischen Wandmalereien im Gotteshaus, in den Kapellen und im Kreuzgang, die barocke Stiftskirche mit Fresken von Martin Knoller.

Auch in Bozen wird den Wohnmobiltouristen ein Platz zum Parken und Übernachten angeboten (**VG-6**). Geschäfte, Sehenswürdigkeiten und Gaststätten sind zu Fuß zu erreichen. Die Ver- und Entsorgung des Fahrzeugs kann man in der Nähe der Autobahnauffahrt Bolzano-Sud durchführen.

Ausflugsziele von Bozen sind das Sarntal, die mit Seilbahnen erreichbaren Wandergebiete Virgl und Kohlern und das Schloss Runkelstein am Eingang zum Sarntal. Ausgangspunkt für Höhenwanderungen ist das Dorf Jenesien. Von den Burgruinen Rafenstein, Greifenstein und Helfenburg hat der Wanderer Panoramablicke über die Täler der Etsch, Talfer und Eisack. Da wir in Bozen nicht bleiben wollen, fahren wir ins Sarntal zum Übernachtungsplatz nach Sarntheim, essen dort zu Abend und kaufen für die Heimfahrt ein (**VG-7**). Vor der Fahrt nach Hause kann man auch in Klausen übernachten (**VG-8**). Die Fahrt durch das Land der vielen Burgen und Schlösser ist zu Ende. Schnell sind wir am nächsten Morgen auf der Autobahn [1] [2] [3].

[1] Anschlussroute im Nordosten: Tour 1 „Durch das Pustertal"
[2] Anschlussroute im Osten: Tour 2 „Durch das Grödental zu den Dolomiten"
[3] Anschlussroute im Südwesten: Tour 7 „Vom Comer See nach Livigno"

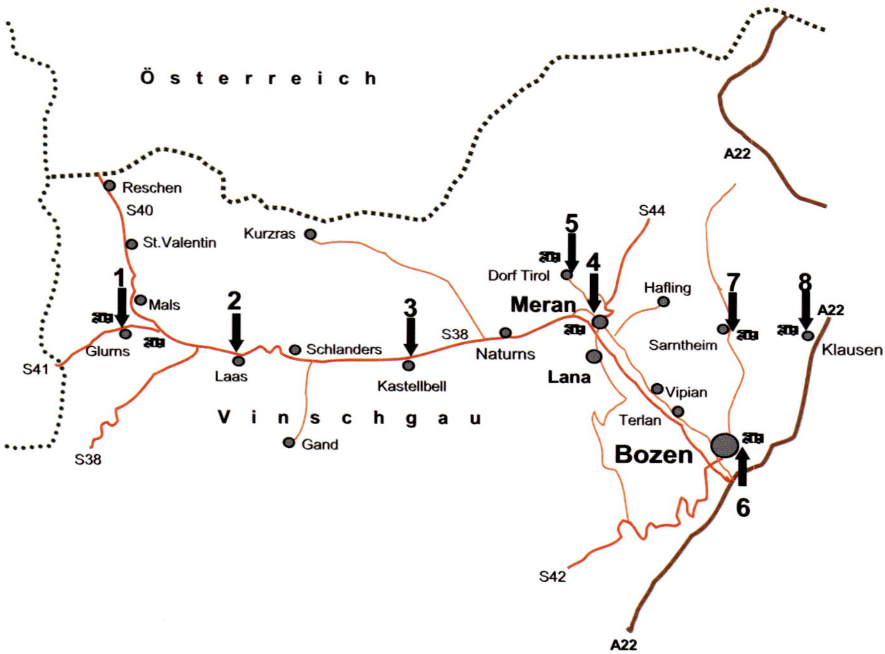

Tour 3

Durch den Vinschgau

Vinschgau

Tour 3: **Durch den Vinschgau**

Nr.	Ort, Bezeichnung	Stell-plätze	Gast-haus	Häu-ser	WC	Bad See	Orts-nähe	Ent-sorg.	Park-dauer	Park-gebühr
		A					B		C	D
VG-1	**Glurns, Stadttor Taufers ****	30	+	+	-	-	5	-	1	8
VG-2	Laas, Schwimmbad **	5	-	+	-	+	x	-	1	0
VG-3	Kastell-Tschars, Schwimmbad ***	10	+	+	-	+	x	-	1	0
VG-4	**Meran, Bahnhofsplatz ***	10	+	+	-	-	5	-	1	P
VG-5	**Dorf Tirol, Busparkplatz ****	10	+	+	+	-	5	+	U	11
VG-6	**Bozen, Campo Sportivo ***	10	+	+	-	-	10	-	1	0
VG-7	**Sarntheim, Ortsrand ****	5	+	+	-	+	5	-	2	0
VG-8	**Klausen, Viadotto Gries ****	20	+	+	-	-	x	+	T	12

Legende siehe Seite 10

Am Stadttor von Glurns

Burg Runkelstein

39024 Glurns Stadtmauer Tor Taufers ** VG - 1

Befestigter **Übernachtungsplatz** in ruhiger und schöner Lage.

Von der SS40 (Reschen-Meran) südlich von Mals Richtung Glurns abbiegen und nach 100 m rechts Richtung Glurns fahren. Nach weiteren 1,8 km wird das Stadttor erreicht. Durch die Stadt Richtung Tauferer Tor fahren (Höhe 3,20 m) und nach dem Tor Richtung Camping Etsch abbiegen. Noch 800 m.

Gaststätten und Häuser in der Nähe.
Entsorgung Grauwasser und Duschen möglich.
Zugänglich April bis Ende Oktober. Für große Mobile nicht geeignet.
Aufenthalt einige Tage. Genehmigumg der Stadt erforderlich.
5 min Fußweg zur Ortsmitte.
Besichtigung von Glurns: Stadtmauer, mittelalterliches Ortsbild.
Wanderungen im Gebirge und im Tal der Etsch.
Fahrt durch den Vinschgau.
Ebene Stellflächen für 30 Wohnmobile. Etwas Schatten.
Parkgebühr.
In Mals Übernachtungsverbot für Wohnmobile.
Alle Parkplätze in Reschen und Graun für Wohnmobile verboten.

Am Stadttor Schlunders

39023 Laas Schwimmbad ** VG - 2

Asphaltierter **Parkplatz** am Schwimmbad in ruhiger und schöner Lage.

Von der SS38 bei Anfahrt aus dem Westen vom Rechenpass an der ersten Abfahrt Richtung Laas abbiegen. Nach 1 km - 300 m nach dem Ortsanfang Laas - links dem Wegweiser Schwimmbad folgen. Noch 200 m bis zum Parkplatz. Bei Anfahrt aus dem Osten aus Richtung Meran an der zweiten Abfahrt Laas abfahren und nach 1 km links dem Wegweiser Schwimmbad folgen.

Bar am Parkplatz. Häuser in der Nähe.
Freibad am Parkplatz.
Wanderungen und Radtouren im Vinschgau.
Besichtigung von Laas: Pfarrkirche, St. Sisinius, Denkmal Kaiser Franz Joseph.
Besichtigung von Mals: St. Benedikt mit Wandmalereien, Fröhlichsturm, Fürstenburg, romanisch-gotische Pfarrkirche, Klosterkirche Marienberg mit romanischen Fresken.
Besichtigung von Glurns: Churburg bei Gluderns, Stadtmauern, Türmen, Basteien, Pfarrkirche mit Fresko vom Jüngsten Gericht.
Fahrt durch den Vinschgau. Fahrt nach Meran.
Keine Parkgebühr. Stellmöglichkeiten für 5 Wohnmobile.

39020 Kastelbell-Tschars Schwimmbad *** VG - 3

Befestigter **Parkplatz** am Waldrand in sehr ruhiger Lage und landschaftlich reizvoller Umgebung.

Von der SS38 bei Anfahrt aus Richtung Meran 400 m vor dem Ortsanfang Kastelbell links dem Schwimmbad-Symbol folgen (Sandenweg). Nach der Etschbrücke nach 500 m und nach weiteren 200 m rechts fahren. Noch 600 m bis zum oberen Parkplatz. Bei Anfahrt aus Richtung Schlanders 400 m nach dem Ortsende Kastelbell rechts in den **Sandenweg** einbiegen.

Gaststätte und Häuser in der Nähe.
Freibad am Parkplatz.
Schmale, aber gute Zufahrt. Für sehr große Mobile nicht geeignet.
Wanderungen und Radtouren im Vinschgau.
Rafting auf dem Etsch.
Besichtigung des Schlosses Kastelbell und der Burgruine Hochgalsaun.
Besichtigung von Latsch: Heilig-Geist-Spitalkirche mit Flügelaltar, Schloss Mühlrain, rotes Schloss Goldrain.
Fahrt durch den Vinschgau. Fahrt nach Meran.
Keine Parkgebühr. Stellmöglichkeiten für 10 Wohnmobile.

39012 Meran Bahnhofsplatz * VG - 4

Asphaltierter **Übernachtungsplatz** am Bahnhof.

Von der Schnellstraße SS38 in Meran-Nord abfahren und nach 100 m rechts Richtung Meran fahren. Nach 1,6 km - 100 m nach dem Ortsanfang Meran - rechts Richtung Bahnhof abbiegen und nach 100 m links in die Hauptstraße einbiegen. Nach weiteren 300 m links um den Parkplatz herum fahren. Nach 100 m rechts fahren. Noch 100 m bis zur Einfahrt. Koordinaten: 46° 40,48' Nord, 11° 08,96' Ost

Gaststätten und Geschäfte in der Nähe. Häuser am Platz.
Parkplatz manchmal durch Pkw belegt.
Verkehrsgeräusche.
Ganzjährig zugänglich.
5 min Fußweg zur Ortsmitte.
Besichtigung von Meran: Passeier Tor, Pfarrplatz, St. Nikolaus, Maria-Trost-Kirche, Altstadt, Laubengasse, Landesfürst-Burg, 3 Tore der Stadtbefestigung, Ruine der Zenoburg.
Wintersport an den Seilbahnen Meran 2000.
Fahrt durch den Vinschgau.
Stellmöglichkeiten für 10 Wohnmobile. Ebene Stellflächen.
Etwas Schatten durch Randbäume.
Parkgebühr pro Stunde.
Ausweichparkplatz am Sportplatz. 200 m vorher rechts.
In Mals Übernachtungsverbot für Wohnmobile.

39019 Dorf Tirol Busparkplatz ** VG - 5

Asphaltierter **Übernachtungsplatz** in ruhiger und schöner Lage.

Von Meran Richtung Dorf Tirol fahren (SS44) und 1,3 km nach dem Ortsende Meran links Richtung Dorf Tirol abbiegen. Nach weiteren 2,5 km - 600 m nach dem Ortsanfang Dorf Tirol - wird rechts der Parkplatz für Busse und Pkw erreicht (**Via Principale**). Koordinaten: 46° 41,22' Nord, 11° 09,42' Ost

Gaststätten und Geschäfte in der Nähe. Häuser am Platz.
Ver- und Entsorgung (Bodeneinlass) am Platz.
Stromanschluss möglich. WC am Parkplatz.
Ganzjährig zugänglich. Aufenthaltsdauer nicht begrenzt.
Bäckerei am Platz. Minigolf am Platz. Wanderungen
5 min Fußweg zur Ortsmitte. Besichtigung von Dorf Tirol.
Besichtigung von Meran. Wintersport in Meran.
Ebene und leicht schräge Stellflächen für 10 Wohnmobile.
Parkgebühr: 11 € für 24 Stunden einschl. Ver- und Ents.
Abfahrt bis 10 Uhr. Alle Plätze in Dorf Tirol abgeschrankt.

Churburg

39100 Bozen Campo sportivo * VG - 6

Asphaltierter **Übernachtungsplatz** am Stadion.

Von der Schnellstraße SS38/42 Richtung Bozen abbiegen und nach 3,0 km - 2,4 km nach dem Ortsanfang Bozen - rechts abbiegen (**Viale Trieste**). Noch 100 m bis zum Parkplatz am Stadion links.
Koordinaten 46° 29,57' Nord, 11° 20,74' Ost

Gaststätten, Häuser und Geschäfte am Parkplatz.
Ver- und Entsorgung (Bodeneinlass) an der Auffahrt Bolzano Sud.
Ganzjährig zugänglich.
10 min Fußweg zur Ortsmitte. Bushaltestelle in der Nähe.
Besichtigung von Bozen: Obstmarkt, Laubengasse,
Bindergasse, Denkmal Walther von der Vogelweide,
spätgotische Stadtpfarrkirche Mariä Himmelfahrt,
Dominikanerkirche mit Triumph des Todes, Franziskanerkloster,
gotisches Altes Rathaus, neubarockes Neues Rathaus.
Ausflug nach Meran.
Ebene Stellflächen für 10 Wohnmobile.
Keine Parkgebühr

Blick auf die Burg Tirol

39058 Sarntheim Ortsrand ** VG - 7

Asphaltierter **Übernachtungsplatz** am Ortsrand in schöner Lage.

Von Bozen Richtung Sarntheim/Penser Pass fahren (S508) und nach 18 km am südlichen Ortsrand von Sarntheim zum Parkplatz abbiegen. Anfahrt von Norden über den Penser-Pass nur im Sommer möglich.
Koordinaten: 46° 38,45' Nord, 11° 21,41' Ost.

Gaststätte in der Nähe. Café und Häuser am Parkplatz.
Schwimmbad in der Nähe. 5 min Fußweg zum Ortszentrum.
Aufenthaltsdauer 48 Stunden.
Wanderungen und Radtouren im Sarntal.
Wintersport. Skipisten und Loipen.
Besichtigung von Sarntheim: Schloss Reinegg, Kirche mit Fresken, Mineraliensammlung, Pfeifenschnitzer.
Besichtigung von Bozen: Obstmarkt, Laubengasse, Bindergasse, Denkmal Walther von der Vogelweide, spätgotische Stadtpfarrkirche Mariä Himmelfahrt, Dominikanerkirche mit Triumph des Todes, Franziskanerkloster, gotisches Altes Rathaus, neubarockes Neues Rathaus.
Besuch des Stadtmuseums in Bozen.
Ebene Stellflächen für 5 Wohnmobile. Keine Parkgebühr.

39043 Klausen Viadotto Gries ** VG - 8

Wohnmobilplatz unterhalb des Campingplatzes in schöner Lage.

Auf der A22 Brennerautobahn die Ausfahrt Chiusa/Klausen nehmen. Nach der Zahlstelle im Kreisverkehr geradeaus dem Wohnmobil- und Campingplatzschild Gamp folgen. Nach 1 Kilometer halbrechts dem Schild weiter folgen. Noch 200 m bis zum Platz (**Via Gries 10**).
Koordinaten: 46° 38,48' Nord, 11° 34,40' Ost.

Gaststätte, Häuser und Campingplatz oberhalb des Stellplatzes.
Geräusche durch Autobahn und Straße.
Sanitäranlage gegen Gebühr auf dem Campingplatz.
Ver- und Entsorgung am Platz.
Stromversorgung und Müllbehälter vorhanden.
Tor vor der Einfahrt. Anmeldung am Campingplatz (100 m vorher).
Ganzjährig zugänglich. Wohnmobile oft anzutreffen.
Besichtigung von Bozen: Obstmarkt, Laubengasse, Bindergasse, Denkmal Walther von der Vogelweide, spätgotische Stadtpfarrkirche Mariä Himmelfahrt, Dominikanerkirche mit Triumph des Todes, Franziskanerkloster, gotisches Altes Rathaus, neubarockes Neues Rathaus.
Geschotterte, gerade und ebene Stellflächen für 20 Wohnmobile.
Parkgebühr: 12 € für 2 Personen. Jede weitere Person Gebühr.

Schluchten und schroffe Berge

Von Bozen nach Cavalese

Tour 4

Von **Bozen** fahren wir durch die eindrucksvolle, tief eingeschnittene Eggentaler Schlucht zum Karerpass. Bedrohlich ragen die steilen Felsen über uns und hängen weit über der Fahrbahn. Manchmal müssen wir zur Straßenmitte ausweichen. Für sehr große Wohnmobile ist diese Tour nicht zu empfehlen. Die großartigen Eindrücke der wilden Landschaft entschädigen uns reichlich für die Mühen der Fahrt.

Dann öffnet sich die Landschaft. Skifahrer und Bergwanderer verlassen das Eggental in Birchabruck und biegen nach Obereggen ab. Von hier aus wird das eindrucksvolle Berggebiet des Latemar mit Seilbahnen und Skiliften erschlossen. Der Parkplatz an der Seilbahn eignet sich gut für eine Übernachtung (BC-1).

Wir fahren weiter Richtung **Karersee** und Karerpass. In Welschnofen übernachten wir auf einem ruhig und schön gelegenen großen Platz (BC-2). In wenigen Minuten sind wir zu Fuß in der Ortsmitte, ergänzen unsere Vorräte und essen in einer originellen Gastwirtschaft die bekannten Tiroler Knödel mit Kraut und das berühmte Tiroler Speckbrot.

Hinter Welschnofen begleiten uns dunkle Tannenwälder bergauf. Viele Naturfreunde schwärmen vom Karersee. Von dunklen Fichtenwäldern umgeben liegt der kleine, stille und verträumte See an der Straße zum Karerpass. In seinem tiefblauen Wasser spiegeln sich die rötlichen Zinnen des Rosengartens und die bizarren Felsen des Latemar. Wanderwege führen durch die reizvolle Landschaft zu saftigen Almen und schroffen Gipfeln. Auch von den wenigen Häusern, Gaststätten und Pensionen des kleinen Ortes Karersee erschließen viele Wanderwege und im Winter Lifte und Loipen das Berggebiet. Zum Übernachten findet man hier und am Karersee immer einen Stellplatz (BC-3).

Vom Karersee lohnt es sich, ein Stück auf der Straße zum Nigra-Pass unterhalb des Rosengartens zu fahren. Ein herrlicher Blick auf den Latemar bietet sich von hier aus dem Urlauber. Mit dem Sessellift kann man auch auf die Pauliner Schutzhütte fahren, um den Blick auf die Bergwelt der Dolomiten zu genießen.

Die Straße windet sich weiter zum Karerpass in 1745 Metern Höhe. Auf der Passhöhe befinden sich einige Häuser, ein Hotel mit Gaststätte und ein Skilift. Der nahe gelegene Parkplatz kann als Ausgangspunkt für Bergwanderungen und im Notfall als Übernachtungsplatz dienen.

Auch talwärts windet sich die Straße in vielen Kurven hinunter ins Trentino, ins Fleims- und Fassatal. Dort wird kaum noch deutsch gesprochen, hier beginnt das italienische Sprachgebiet. Wir übernachten in einer reizvollen Umgebung und in ruhige Lage auf dem Busparkplatz Gardeccia in Pera di Fassa (**BC-4**). Auch in Campitello kann man an der Talstation zum Col Rodella übernachten (**BC-5**). Dagegen finden wir in Canazei nicht einmal einen Parkplatz, Schranken weisen den Wohnmobiltouristen vor den Plätzen ab.

Von Moena führt eine schmale Straße hinauf in das bekannte Val di Pellegrina, eingezwängt zwischen den Berggruppen des Latemar und der Monzoni. Nach wenigen Kilometern erreichen wir die Kabinenbahn von Lusia zum Wander- und Skigebiet. Der Parkplatz ist für eine Übernachtung, jedoch nicht für sehr große Wohnmobile geeignet (BC-6). An der Sportanlage in Moena können auch Wohnmobilurlauber in einem größeren Fahrzeug übernachten (BC-7). Einen für Wohnmobile eingerichteten Platz gibt es an der SS48 bei Moena im Val di Fassa (**BC-8**).

In Predazzo übernachten wir auf dem sehr großen Parkplatz an der Kabinenbahn zum Latemar (**BC-9**). Ein freundliches Schild weist auf Stellplätze für Camper hin, ein anderes Schild hat uns

Trentino

schon einige Kilometer vorher auf eine Ver- und Entsorgungsstation für Wohnmobile auf einem Parkplatz an der Straße aufmerksam gemacht. Auf diesem Platz fühlen wir uns wohl und nutzen die Übernachtungsmöglichkeit gleich für mehrere Tage. Einmalig schön ist das Wandergebiet am Latemar, von 1500 bis 2000 Metern Höhe, im Winter ein Paradies für die alpinen Skiläufer. In Predazzo kaufen wir Lebensmittel, Souvenirs und Kleidung, besuchen das interessante mineralogische Museum mit Mineralien und Fossilien aus den Dolomiten, bummeln durch die südländischen Gassen und lassen uns am Abend in den rustikalen Restaurants mit italienischen Speisen verwöhnen.

Von Predazzo führt eine Straße zu den grünen Hängen des Monte Viézzena und über den Rolle-Pass in 1970 Metern Höhe nach S. Martino. Durch den Naturpark Panevéggio erreicht man Feltre und Belluno.

Der Hauptort des Fleimstals, Cavalese, ist mit allen Einrichtungen für Feriengäste, mit Wander- und Wintersportmöglichkeiten gut ausgestattet. Wir fahren auf 1.278 Metern Höhe zur Kabinenbahn Alpe Cermis (**BC-10**). Von diesem schönen Stell- und Übernachtungsplatz bringt uns die Seilbahn schnell auf 2.229 Meter, ein idealer Ausgangspunkt für Bergwanderungen im Sommer und für den alpinen Sport im Winter. Weitere gute Stellplätze sind an der Seilbahn Tognola in San Martino di Castozza (**BC-11**) und im Ortszentrum von Tonadico zu finden (**BC-12**).

Bald erreichen wir wieder die Grenze nach Südtirol und bei Auer das Etschtal. Auf dem Weg nach Süden erblicken wir das mächtige Schloss Enn aus dem 12. Jahrhundert und die geheimnisumwitterte Burgruine Castelfeder. In Auer sind die spätgotische Kirche St. Peter und die gotische Kirche St. Marein mit einer polygonal geschlossenen Apsis im Ortsteil Vill sehenswert [1] [2] [3].

[1] Anschlussroute im Norden: Tour 2: „Durch das Grödental zu den Dolomiten“
[2] Anschlussroute im Süden: Tour 5: „Von Trient nach Belluno“
[3] Anschlussroute im Nordwesten: Tour 3: „Durch den Vinschgau“

In den Dolomiten

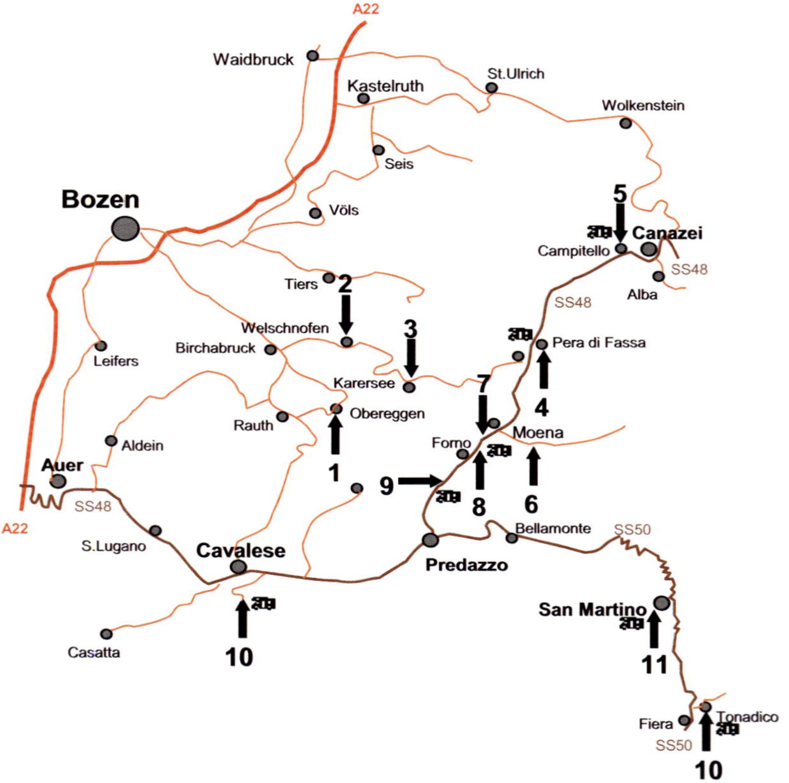

Tour 4

Von Bozen nach Cavalese

Tour 4: **Von Bozen nach Cavalese**

Nr.	Ort, Bezeichnung	Stell-plätze A	Gast-haus	Häu-ser	WC	Bad See	Orts-nähe B	Ent-sorg.	Park-dauer C	Park-gebühr D
BC-1	Obereggen, Latemar **	10	+	+	-	-	5	-	1	0
BC-2	Welschnofen, Ortsparkplatz ***	20	+	+	-	-	5	-	1	0
BC-3	Karersee, Ortsparkplatz **	10	+	+	-	-	x	-	1	0
BC-4	**Pera di Fassa, Gardeccia *** **	30	+	+	-	-	8	-	1	0
BC-5	**Campitello, Col Rodella ** **	10	+	+	-	-	5	-	1	0
BC-6	Moena, Kabinenbahn Piavàc **	10	+	-	+	-	x	-	1	0
BC-7	Moena, Sportanlage **	5	-	-	-	-	x	-	1	0
BC-8	**Forno di Moena, Il Giardino * **	20	+	-	-	-	x	+	2	8
BC-9	**Predazzo, Latemar *** **	50	+	+	+	-	x	-	1	0
BC-10	**Cavalese, Alpe Cermis *** **	20	+	-	-	-	x	-	1	0
BC-11	**S. Martino, Tognola ** **	90	+	-	-	-	x	+	1	9
BC-12	**Tonadico, Area comunale ** **	40	+	-	-	-	5	+	2	12

Legende siehe Seite 10

Stellplatz an der Seilbahn Alpe Cermis

39056 Obereggen Latemar ** BC - 1

Parkplatz an der Kabinenbahn in ruhiger und schöner Lage.

Bei Anfahrt von Bozen nach 12,5 km auf der SS241 im Eggental rechts Richtung Obereggen/Cavalese abbiegen. Nach weiteren 8,2 km rechts zum Parkplatz abbiegen

Gaststätten in der Nähe. Häuser am Parkplatz.
Müllbehälter am Parkplatz.
5 min Fußweg zur Ortsmitte.
Wanderungen im Eggental. Fahrt durch die Schlucht des Eggentals.
Besichtigung von Bozen: Obstmarkt, Laubengasse, Bindergasse,
Denkmal Walther von der Vogelweide,
Pfarrkirche Mariä Himmelfahrt, Dominikanerkirche,
Franziskanerkloster, Altes undNeues Rathaus.
Fahrt in die Dolomiten.

Keine Parkgebühr. Stellmöglichkeiten für 10 Wohnmobile.

39056 Welschnofen Ortsparkplatz *** BC - 2

Asphaltierter **Parkplatz** am Ortsrand in sehr ruhiger und schöner Lage.

Vom Karerpass Richtung Bozen fahren und 1,2 km nach dem Ortsanfang Welschnofen rechts zum Parkplatz abbiegen. Bei Anfahrt von Bozen 1,2 km nach dem weißen Ortsschild Welschnofen links zum Parkplatz abbiegen.

Gaststätten in der Nähe. Häuser am Parkplatz.
5 min Fußweg zur Ortsmitte.
16 % Steigung bei Anfahrt von Bozen.
Wanderungen im Eggen Tal.
Fahrt durch die Schlucht des Eggentals Richtung Bozen.
Besichtigung von Bozen: Obstmarkt, Laubengasse, Bindergasse,
Denkmal Walther von der Vogelweide,
Pfarrkirche Mariä Himmelfahrt, Dominikanerkirche,
Franziskanerkloster, Altes undNeues Rathaus.
Ausflüge zum Karersee und zum Karerpass.
Fahrt in die Dolomiten.
Keine Parkgebühr.
Stellmöglichkeiten für 20 Wohnmobile.
Ausweichparkplatz am Karersee 1,6 km Richtung Bozen.

39056 Karersee Ortsparkplatz ** BC - 3

Parkplätze im kleinen Ort in ruhiger und schöner Lage.

Von der SS48 in S. Giovanni Richtung Paso Costalungo (Karerpass)/Bozen/Autostrada abbiegen. Nach 10,5 km - 1 km nach dem Ortsanfang Karersee wird der Parkplatz rechts erreicht.

Gaststätte und Häuser am Parkplatz.
12 % Steigung auf der Anfahrt.
Bergwandern.
Skigebiet am Parkplatz in 1700 m Höhe.
Besichtigung von Bozen: Obstmarkt, Laubengasse, Bindergasse,
Denkmal Walther von der Vogelweide,
Pfarrkirche Mariä Himmelfahrt, Dominikanerkirche,
Franziskanerkloster, Altes undNeues Rathaus.
Besuch des Stadtmuseums in Bozen.
Fahrt in die Dolomiten.
Keine Parkgebühr.
Stellmöglichkeiten für 10 Wohnmobile.
Ausweichparkplatz am Karersee 1, 6 km Richtung Bozen.
Parkplätze an den Seilbahnen und Liften im Fassa-Tal
und in Canazei abgeschrankt oder
mit Wohnmobil-Verbotsschildern versehen.

38030 Pera di Fassa Busparkplatz Gardeccia *** BC - 4

Befestigter **Übernachtungsplatz** am Wildbach in sehr ruhiger und schöner Lage.

Bei Anfahrt aus dem Süden von Moena 100 m vor dem Crtsanfang Pera rechts zum Parkplatz Busse abbiegen. Bei Anfahrt aus dem Norden von Canazei 600 m nach dem Ortsanfang Pera links zum Parkplatz Busse abbiegen.

Gaststätten in der Nähe. Häuser am Platz. Müllkörbe am Platz.
Langlaufloipen am Platz.
Wohnmobile oft anzutreffen. Ganzjährig zugänglich.
Wanderungen im Tal und Bergwanderungen.
Ausflug nach Corvara und Predazzo.
Stellmöglichkeiten für 30 Wohnmobile.
Ebene Stellflächen. Kein Schatten.
Keine Parkgebühr.
In Canazei und Pozza di Fassa Übernachtungsverbot für Mobile.

38031 Campitello Seilbahn Col Rodella ** BC - 5

Befestigter **Übernachtungsplatz** an der Seilbahn in ruhiger und schöner Lage.

Bei Anfahrt aus dem Süden 700 m nach dem Ortsanfang rechts Richtung Col Rondella abbiegen. Noch 300 m. Bei Anfahrt aus dem Norden von Canazei 300 m nach dem Ortsanfang Campitello links Richtung Col Rondella abbiegen. Nach 300 m wird der Parkplatz rechts erreicht. Parkplatz links für Pkw abgeschrankt.

Gaststätten am Parkplatz. Geschäfte in der Nähe. Häuser am Platz.
Müllkörbe am Platz.

Langlaufloipen am Platz.
Wohnmobile oft anzutreffen.
Ganzjährig zugänglich außer montags (Markttag).
Wanderungen im Tal.
Bergwanderungen Col Rondella.
Ausflug nach Canazei, Corvara und Predazzo.
Stellmöglichkeiten für 10 Wohnmobile.
Ebene Stellflächen.
Kein Schatten.
Keine Parkgebühr.
In Canazei und Pozza di Fassa Übernachtungsverbot für Mobile.

38035 Moena Kabinenbahn Piavàc ** BC - 6

Befestigte und asphaltierte **Parkplätze** an der Kabinenbahn in ruhiger und schöner Lage.

Von Cavalese Richtung Moena (SS48) und 900 m nach dem Ortsanfang Moena rechts Richtung Belluno/Pellegrina abbiegen. Nach 2,7 km - 1,8 km nach dem Ortsende Moena - links zum Platz abbiegen.

Gaststätte und Kiosk am Parkplatz.
Parkplatz für sehr große Wohnmobile nicht geeignet.
WC im Seilbahngebäude. Müllbehälter am Parkplatz.
12 % Steigung auf der Anfahrt.
Ver- und Entsorgungsstation für Wohnmobile Richtung Predazzo links an der Bar Il Giardino. Entsorgungssymbol.
Wandern im Val di S. Pellegrino.
Fahrt mit der Seilbahn. Bergwandern.
Skigebiet in 1400-2200 m Höhe.
Ausflüge auf die Cune und zum Passo di San Pellegrino.
Fahrt nach Bozen. Fahrt in die Dolomiten.
Keine Parkgebühr.
Stellmöglichkeiten für 10 Wohnmobile.
Parkplätze an den Seilbahnen und Liften im Fassa-Tal und in Canazei abgeschrankt oder mit Wohnmobil-Verbotsschildern versehen.

38035 Moena Sportanlage ** BC - 7

Befestigter Parkplatz und **Parkplätze** auf Grasstreifen am Sportgelände in ruhiger und schöner Lage.

Bei Anfahrt aus dem Süden von Predazzo Richtung Moena (SS48) und 200 m vor dem Ortsanfang Moena links zum Sportgelände abbiegen. Bei Anfahrt aus dem Norden 2,5 km nach dem Ortsanfang Moena rechts zum Sportplatz abbiegen.

Tankstelle am Parkplatz. Supermarkt in der Nähe (200 m).
Parkplatz für sehr große Wohnmobile nicht geeignet.
Müllcontainer am Parkplatz.
Ver- und Entsorgungsstation für Wohnmobile Richtung Predazzo links an der Bar Il Giardino. Wohnmobil-Entsorgungssymbol.
Wandern im Val di S. Pellegrino.
Ausflüge auf die Cune und zum Passo di San Pellegrino.
Fahrt nach Bozen. Fahrt in die Dolomiten.
Keine Parkgebühr.
Stellmöglichkeiten für 5 Wohnmobile. Ebene Stellflächen.
Parkplätze an den Seilbahnen und Liften im Fassa-Tal und in Canazei abgeschrankt oder mit Verbotsschildern versehen.

38035 Forno di Moena Il Giardino * BC - 8

Wohnmobilplätze auf einem Wiesengelände neben der Bar „Il Giardino" in schöner Lage.

Von Cavalese und Predazzo Richtung Moena fahren (SS48). 8,9 km nach dem Ortsende Predazzo wird der Platz rechts erreicht. Bei Anfahrt aus dem Norden 2,1 km nach dem Ortsende Moena links zum Platz abbiegen (**Via San Lazzaro**). Koordinaten: 46° 20,98' Nord, 11° 37,69' Ost.

Bar und Kiosk am Parkplatz.
Ver- und Entsorgungsstation und Müllbehälter am Parkplatz.
Elektroanschluss. Gebühr 3 €.
Wohnmobile fast immer anzutreffen. Aufenthaltsdauer 48 Std.
Ganzjährig zugänglich.
Bushaltestelle in der Nähe. Skibus kostenlos.
Wandern im Val di Fassa.
Ausflüge auf die Cune und zum Passo di San Pellegrino.
Parkgebühr: 10 € pro Tag.
Stellmöglichkeiten für 20 Wohnmobile.
Parkplätze an den Seilbahnen und Liften im Fassa-Tal und in Canazei abgeschrankt oder mit Verbotsschildern versehen.

38037 Predazzo Kabinenbahn Latemar *** BC - 9

Übernachtungsplätze an der Kabinenbahn in sehr ruhiger Lage und landschaftlich reizvoller Umgebung.

Von Cavalese Richtung Moena und durch Predazzo fahren (SS48). 200 m nach dem Ortsende von Predazza rechts zum ersten und 300 m nach dem Ortsende zum zweiten, ruhig gelegenen Parkplatz abbiegen.
Von Moena Richtung Predazza fahren und 1,1 km nach dem Ortsende Mezzavalle zu den Parkplätzen links abbiegen.

Gaststätte und Kiosk am Parkplatz. Häuser am Parkplatz.
WC im Seilbahngebäude.
Müllbehälter am Parkplatz.
Ver- und Entsorgungsstation für Wohnmobile 3,5 km Richtung Moena rechts an der Bar.
Wandern im Val di Fiemme.
Fahrt mit der Seilbahn zum Latemar. Bergwandern.
Skigebiet in 1000-2200 m Höhe.
Fahrt nach Bozen. Fahrt in die Dolomiten.
Keine Parkgebühr.
Stellmöglichkeiten für 50 Wohnmobile.
Parkplätze an den Seilbahnen und Liften im Fassa-Tal und in Canazei abgeschrankt oder mit Verbotsschildern versehen.

38033 **Cavalese** Seilbahn Alpe Cermis *** BC - 10

Gekiester **Übernachtungsplatz** an der Talstation der Bergbahn in sehr ruhiger und schöner Lage.

Bei Anfahrt aus dem Norden von Predazzo von der SS48 (Corvara-Predazzo) rechts Richtung Seilbahn Cermis abbiegen und nach 200 m rechts Richtung Seilbahn Cermis fahren. Nach 1,0 km rechts Richtung funivia di cermis abbiegen. Noch 3,2 km bergauf bis zum Parkplatz rechts (**SP232**).
Koordinaten: 46° 16,97' Nord, 11° 27,84' Ost.

Gaststätte am Platz. Etwas einsame Lage.
Müllkörbe am Platz.
Alpiner Wintersport am Parkplatz. Kabinenbahn und Sessellifte.
Talstation der Bergbahn 1.278 m, Bergstation 2.229 m Höhe.
Ganzjährig zugänglich. Im Winter manchmal durch Pkw belegt.
Im Winter Ketten erforderlich 15 % Steigung auf 2 km Länge.
Bergstation der Kabinenbahn nach Cavalese in der Nähe.
Ganzjährig bei geräumten Straßen zugänglich.
Bergwanderungen vom Parkplatz und von der Bergstation.
Ausflug nach Corvara und Predazzo.
Stellmöglichkeiten für 20 Wohnmobile. Ebene Stellflächen.
Schatten durch Wald an den Rändern des Platzes.
Keine Parkgebühr.

38054 **San Martino di Castrozza** Seilbahn Tognola ** BC - 11

Gekiester **Übernachtungsplatz** an der Talstation der Bergbahn in sehr ruhiger und schöner Lage.

Bei Anfahrt aus dem Süden von der SS50 (Predazzo-San Martino) Richtung San Martino fahren und im Ort dem Wegweiser Seilbahn Tognola abbiegen. (**Via Laghetto 48**).
Koordinaten: 46° 15,67' Nord, 11° 47,96' Ost.

Gaststätte und Pizzeria in der Nähe. Müllkörbe am Platz.
Ver- und Entsorgung am Platz.
Stromanschluss möglich. Gebühr 1 € für 80 min.
Alpiner Wintersport am Parkplatz.
Kabinenbahn und Sessellifte.
Ganzjährig zugänglich. Wohnmobile oft anzutreffen.
Kostenloser Shuttle zum Zentrum. 20 min zum Zentrum.
Ganzjährig bei geräumten Straßen zugänglich.
Bergwanderungen vom Parkplatz und von der Bergstation.
Ausflug nach Predazzo.
Stellmöglichkeiten für 90 Wohnmobile. Ebene Stellflächen.
Parkgebühr: 6 -12 € je nach Länge.
2. Stellplatz Area Rosalpina (Via Laghetto). 100 Mobile. 8 €.
Zugänglich 01.07.-20.09.

38054 **Tonadico** Area Sosta comunale ** BC - 12

Gekiester **Übernachtungsplatz** an der Talstation der Bergbahn in sehr ruhiger und schöner Lage.

Bei Anfahrt aus dem Süden von der SS50 (Predazzo-San Martino-Tonadico) in Tonadico Richtung Zentrum abbiegen (Via Sorelle Lucian) und dem Wohnmobil-Symbol folgen. Im Zentrum zum Platz abbiegen (**Via Zocchet**). Koordinaten: 46° 10,87' Nord, 11° 50,50' Ost.

Gaststätte und Pizzeria in der Nähe.
Müllkörbe und Ver- und Entsorgung am Platz.
Stromanschluss möglich.
Aufenthaltsdauer 2 Tage.
Wohnmobile oft anzutreffen.
5 min Fußweg zum Zentrum.
Ganzjährig bei geräumten Straßen zugänglich.
Wanderungen im Cismon-Tal. Bergwanderungen.
Ausflug nach San Martino und Predazzo.
Stellmöglichkeiten für 40 Wohnmobile. Ebene Stellflächen.
Parkgebühr: 12 € einschl. Ver- und Entsorgung und Strom.

In den südlichen Bergen
Von Trient nach Belluno
Tour 5

An der Ausfahrt Mezzocorona verlassen wir die Autobahn, um zum Lago di Molveno zu fahren. Die Straße windet sich in leichten Bögen nach oben. In einem Talkessel unterhalb der mächtigen Brenta-Gruppe liegt der Lago di Molveno mit dem gleichnamigen bekannten Ort für Sommer- und Wintertourismus. Am Seeufer wurde ein Wohnmobilplatz eingerichtet (**TB-1**).

Im benachbarten Sarca-Tal besuchen wir einen weiteren, weniger bekannten See, den Lago di Cavédine. An der schmalen Uferstraße entdecken wir einige Parkbuchten zum Übernachten (**TB-2**). In Arco wenden wir uns wieder nach Osten, um über Rovereto nach Trient zu fahren.

Sehr ruhig übernachten wir auf den gut angelegten Parkplätzen hinter dem Einkaufszentrum Fanum in Mori bei Rovereto in der Nähe der Etschtal-Autobahn (**TB-3**). Alle Spezialitäten der Region und alle bekannten italienischen Weine sind hier in dem großen, sehr gut sortierten Laden zu haben. Dieser Platz ist als Ausgangspunkt für die Rückreise nach Deutschland ausgezeichnet geeignet.

Der Stellplatz in Rovereto liegt an einer viel befahrenen Straße und ist deshalb als Übernachtungsplatz nur bedingt geeignet (**TB-4**). Das Museo Storico della Guerra bietet für interessierte Touristen einen umfassenden Überblick über die Kriegsereignisse in Südtirol und im Trentino zur Zeit des ersten Weltkriegs. Weitere Sehenswürdigkeiten in Rovereto sind das Castello aus dem 14. Jahrhundert, der Palazzo del Municipio (Rathaus) mit einem schönen Innenhof und das Beinhaus von Castel Dante, ein riesiger zylindrischer Bau mit den Überresten von 20.000 gefallenen Italienern und Österreichern aus dem ersten Weltkrieg.

Wir verlassen wieder die Autobahn, um der Provinzhauptstadt **Trient** einen Besuch abzustatten. Kurz nach der Zahlstelle lockt uns das Wohnmobil-Symbol auf einen großen Parkplatz in der Nähe der Autobahn. Kostenlos können wir hier unser rollendes Ferienhaus entsorgen und mit Frischwasser befüllen. Wer sich durch Verkehrsgeräusche nicht stören lässt, kann auf diesem Platz über Nacht bleiben (**TB-5**). Am Stadion übernachtet man ruhiger (**TB-6**). Sicher kann man das Fahrzeug auf dem bewachten Platz Parking Trentino abstellen (**TB-7**).

Die wichtigsten Bauwerke in Trient stammen aus dem Mittelalter und aus der Renaissance. Der bedeutende romanisch-gotische Dom wird durch eine umlaufende Zwerggalerie, Fensterrosen und reich verzierte Portale aufgelockert. Ein mächtiger Vierungsturm und ein wuchtiger Glockenturm bestimmen das Äußere. Im Inneren sind bemerkenswerte Reste von Fresken, Grabdenkmäler und das Kruzifix des Tridentiner Konzils zu sehen. Das Diözesanmuseum zeigt die Kostbarkeiten des Tridentiner Domschatzes und schöne Tapisserien aus Brüssel. Außerdem sind Schnitzaltäre und Skulpturen aus Trient, Bilder und Gemälde aus dem 15.-18. Jahrhundert und Erinnerungsstücke an das Tridentiner Konzil zu bewundern.

Die Via Belenzani wird von prächtigen Renaissance-Palästen gesäumt. Die ehemalige Residenz der Fürsterzbischöfe, das Castello del Buonconsiglio, besteht aus mehreren Bauwerken, die von einer Burgmauer mit Ecktürmen umschlossen werden: Im Norden die alte Burg mit dem Großen Turm aus dem 13. Jahrhundert, der Albertinische Bau aus dem 17. Jahrhundert im Zentrum und im Süden der Renaissance-Palast des Bischofs. In der alten Burg ist das Provinz-Museum mit den Abteilungen Antike, Mittelalter und moderne Zeit untergebracht.

Auf einem Felshügel westlich des Etsch befand sich schon ein Römerkastell, heute steht dort das Denkmal von Cesare Battisti. Von dem Doss Trento hat man einen schönen Blick auf die Stadt. Einen ebenso schönen Ausblick bietet der **Belvedere** (595 m), den wir mit der Seilbahn von San Lorenzo erreichen.

Trentino

Unser Ausflug führt uns zu den Seen von Caldonazzo und Levico im Westen von Trient. Die Stellplätze sind nicht sehr groß und in der Saison oft durch Pkw belegt (**TB-8** und TB-9). Der Platz area camper ist für Wohnmobile reserviert (**TB-10**). Wir übernachten am See in Calceramica (**TB-11**). Mit Booten fahren wir über die Seen, schwimmen im warmen Wasser, faulenzen in der Sonne und blicken auf den See. Tavernen und Gaststätten laden die Touristen zu einem schönen Tagesabschluss ein.

Durch das weite Tal der Piave fahren wir nach Belluno, der Hauptstadt der Provinz. In Feltre bietet sich der Platz am Sportplatz für eine Übernachtung, zum Einkaufen und zur Besichtigung an (**TB-12**). Besonders interessant sind in Feltre die Via Mezzaterra mit malerischen alten Häusern, durch Steildächer, Fresken und Sgraffiti sehenswert und die Piazza Maggiore, Zentrum der Stadt und beherrscht von der mächtigen Burg.

In **Belluno** kann der Parkplatz am Hallenbad und an der Eishalle für eine Übernachtung genutzt werden (**TB-13**). Nicht nur am Meer, auch in den Bergen setzten die Dogen von Venedig Zeichen ihrer Macht. Sehr schöne Beispiele der Baukunst der Venezianer sind der Palazzo dei Rettori in Belluno mit einer sehenswerten Renaissance-Fassade und der Dom mit seinem 68 Meter hohen barocken Turm. In der malerischen Altstadt entstanden in venezianischer Zeit viele sehenswerte Häuser und Paläste, Laubengänge, Loggien und die gotische Kirche Santo Stefano. Aus dem 12. und 13. Jahrhundert stammen die beiden Stadttore Porta Rugo und Porta Doiona.

Wir erholen uns am Lago di San Croce. In Farra d'Alpago finden wir am Badestrand einen ruhigen Übernachtungsplatz (**TB-14**). Mit unseren Fahrrädern erkunden wir am nächsten Tag das Seeufer und das Hinterland [1] [2] [3].

[1] Anschlussroute im Norden:	Tour 2	"Durch das Grödental zu den Dolomiten"
[2] Anschlussroute im Süden:	Tour 11	"Am Golf von Venedig"
[3] Anschlussroute im Südwesten:	Tour 8	"Am Gardasee"

Mobilplatz am Lago Cavedine

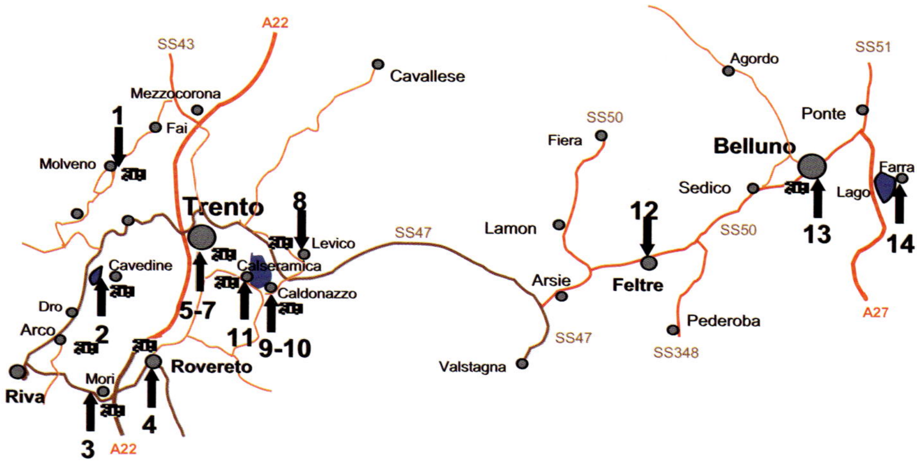

Tour 5

Nach Trient und Belluno

Trentino

Tour 5: Von Trient nach Belluno

Nr.	Ort, Bezeichnung	Stell-plätze A	Gast-haus	Häu-ser	WC	Bad See	Orts-nähe B	Ent-sorg.	Park-dauer C	Park-gebühr D
TB-1	**Molveno, Lago ** **	10	-	+	-	+	x	-	2	20
TB-2	**Cavedine, Lago ** **	3	-	-	-	+	x	-	1	0
TB-3	**Mori, Fanum *** **	20	+	+	+	-	x	-	1	0
TB-4	**Rovereto, Stadio Quercia * **	10	-	+	-	-	x	-	1	0
TB-5	**Trento, Großraumparkplatz ** **	10	-	+	-	-	x	+	1	0
TB-6	**Trento, Stadio ** **	5	-	+	-	-	8	+	2	0
TB-7	**Trento, Parking Trentino ** **	100	-	+	-	-	10	+	T	10
TB-8	**Levico Therme, Viale Lido * **	30	-	+	-	+	x	-	1	6
TB-9	Caldonazzo, Lido **	5	+	+	-	+	x	-	1	0
TB-10	**Coldenazzo, Area Camper ** **	20	+	+	-	-	x	-	U	6
TB-11	**Calceramica, Lago *** **	10	+	+	-	+	x	-	1	8
TB-12	**Feltre, Piazzale Pra'del Moro * **	30	-	+	-	-	10	-	1	0
TB-13	**Belluno, Piscina ** **	10	-	+	+	+	x	+	1	P
TB-14	**Fara d'Alpago, Lago ** **	10	+	+	-	+	x	-	1	0

Legende siehe Seite 10

Am Strand von Caldonazzo

38018 Molveno Lago ** TB - 1

Geschotterter **Übernachtungsplatz** in Seenähe in ruhiger und schöner Lage.

Von der Ausfahrt S.Michele/Mezzocorona der A22 Richtung Mezzolombardo und durch den Ort fahren (SS43). Nach 4,2 km rechts Richtung Molveno abbiegen. Nach 600 m links Richtung Molveno fahren (SP64). Nach weiteren 17 km wird der Ausweichparkplatz links erreicht. Zum Lago di Molveno geradeaus fahren. Nach weiteren 4,8 km - 1,6 km nach dem Ortsanfang Molveno - wird der Parkplatz rechts in der Nähe des Sees (**Via Lungolago**) erreicht. Koordinaten: 40° 8,43' Nord, 10° 57,52' Ost.

Häuser in der Nähe. Blick auf den See.
Ver- und Entsorgung am Platz. Müllbehälter am Platz.
Aufenthaltsdauer 48 Stunden.
Wohnmobile oft anzutreffen. Ganzjährig zugänglich.
Bademöglichkeit am Parkplatz.
15 min Fußweg zum Ort.
Wanderungen und Radtouren am Lago di Molvena.
Ausflug nach Trient.
Ebene und leicht schräge Stellflächen für 10 Wohnmobile.
Wenig Schatten.
Parkgebühr: 20 € für 24 Stunden.

38073 Cavedine Lago ** TB - 2

Drei kleine **Übernachtungsplätze** in Parkbuchten an der Uferstraße in ruhiger und schöner Lage.

Bei Anfahrt aus dem Norden von der SS 45bis 1,5 km nach dem Ortsanfang Pietramutata links Richtung Cavedine abbiegen (SP214). Nach 500 m Richtung Lago fahren und nach 1 km rechts Richtung Lago abbiegen. Noch 600 m bis zu den Parkbuchten rechts. Koordinaten: 40° 0,2' Nord, 10° 57,3' Ost.

Nebenstraße mit wenig Verkehr an den Plätzen.
Einsame Lage.
Gaststätte in 800 m Entfernung Richtung Pietramutata.
Blick auf den See.
Müllbehälter am Platz.
Bademöglichkeit am Parkplatz.
Wanderungen und Radtouren am Lago di Cavedine.
Ausflug nach Trient.
Ebene Stellflächen für 3 kleine Wohnmobile.
Wenig Schatten.
Keine Parkgebühr.
Ausweichplätze auf dem Marktplatz für 5 Mobile.
300 m nach dem Abbiegen zur SP214 links.
An Markttagen gesperrt.

Stellplatz in Mori

38065 Mori Centro Commerciale Fanum *** TB - 3

Eingezäunter **Übernachtungsplatz** hinter dem Verkaufszentrum Fanum in sehr ruhiger und schöner Lage.

Bei Anfahrt aus dem Osten von Rovereto wird der Platz links an der SS240 beim Kilometer 8 erreicht. Zum Übernachten hinter das Verkaufszentrum fahren. Bei Anfahrt aus dem Westen von Riva 1,1 km nach dem Ortsende von Lóppio rechts zum Verkaufszentrum abbiegen. Zum Übernachten hinter das Verkaufszentrum fahren. Koordinaten: 45° 51,25' Nord, 10° 56,85' Ost.

Gaststätte am Platz. Häuser in der Nähe.
Supermarkt und Produkte der Region.
Tische und Bänke am Platz. Spielplatz am Parkplatz.
WC am Platz. Müllbehälter am Platz.
Tor von 24-7.00 Uhr geschlossen.
Aufenthaltsdauer 1 Nacht.
Besichtigung von Rovereto. Ausflug zum Gardasee.
Fahrt nach Trient.
Ebene und leicht schräge Stellflächen für 20 Wohnmobile.
Etwas Schatten.

Keine Parkgebühr.

38068 Rovereto Stadio Quercia * TB - 4

Asphaltierter **Übernachtungsplatz** am Stadion.

Bei Anfahrt aus dem Süden 200 m nach dem Ortsanfang Rovereto rechts Richtung A22 fahren. Nach 2,7 km links Richtung Trento abbiegen (SS12), nach 1,2 km am Bahnhof (Kreisel) geradeaus fahren und nach weiteren 1,0 km rechts dem Wegweiser Stadion folgen. Nach 100 m rechts fahren. Noch 100 m bis zum Parkplatz links. Bei Anfahrt aus dem Norden von der Ausfahrt Rovereto Nord 1,3 km nach der Zahlstelle links Richtung Rovereto und nach 200 m im Kreisel dem Wohnmobilschild folgen. Noch 50 m bis zum Platz rechts. Koordinaten: 45° 54,15' Nord, 11° 02,20' Ost.

Automatische Schranke an der Ein- und Ausfahrt.
Häuser am Platz.
Ver- und Entsorgung vorhanden (8.00 Uhr bis 22.00 Uhr).
Müllbehälter am Platz.
Picknickplatz vorhanden.
Verkehrsgeräusche durch nahe Straße.
Besichtigung von Rovereto.
Wanderungen und Radtouren.
Ausflug zum Gardasee.
Fahrt nach Trient.
Asphaltierte, ebene Stellflächen für 10 Wohnmobile.
Kein Schatten.
Keine Parkgebühr.

38100 Trento Großraumparkplatz ** TB - 5

Wohnmobilplatz in der Nähe der Zahlstation auf einem Großraumparkplatz in schöner Lage.

Von der Autobahn A22 die Ausfahrt Trento nehmen. Nach der Zahlstation wird der Platz sofort rechts im Kreisverkehr erreicht **(Via Dotto Vela)**. Koordinaten: 46° 04,60' Nord, 11° 06,67' Ost.

Häuser am Stellplatz. Geräusche durch Straße.
Müllbehälter vorhanden. Ver- und Entsorgung am Platz.
Aufenthaltsdauer: 24 Stunden. Ganzjährig zugänglich.
Asphaltierte, gerade und ebene Stellflächen für 10 Wohnmobile.
Keine Parkgebühr.
Besichtigung von Trient: Romanisch-gotischer Dom,
Renaissance-Paläste an der Via Belenzani,
Renaissance-Kirche S.Maria Maggiore, Castello del Buonconsiglio,
Provinzialmuseum im Castello und Diözesanmuseum am Dom.
Ausflug auf den Belvedere.
Fahrt zum Weinbauzentrum San Michele d'Adige.
Fahrt zu den Seen von Toblino, Caldonazzo und Levico.

38100 Trento Stadio ** TB - 6

Asphaltierte **Wohnmobilplätze** am Campo sportivo in günstiger Lage.

Von der Ausfahrt Trento der Autobahn A22 Richtung centro fahren und nach der Etschbrücke - 500 m nach der Zahlstelle - rechts dem Parkplatz-Schild Busse folgen (Einbahnstraße). Nach weiteren 1,3 km an der nächsten Brücke vorbei wird links der Parkplatz am Stadion erreicht.
Koordinaten: 46° 03,84' Nord, 11° 06,74' Ost.

Häuser am Parkplatz. Verkehrsgeräusche durch Uferstraße.
Ver- und Entsorgungsstation am Parkplatz an der Autobahnzufahrt.
Aufenthaltsdauer: 48 Stunden.
8 min Fußweg zur Innenstadt.
Ausflug mit der Seilbahn auf den Belvedere.
Wanderungen und Radtouren im Etschtal.
Besichtigung von Trient: Dom, Renaissance-Paläste, Renaissance-Kirche S. Maria Maggiore, Castello del Buonconsiglio. Provinzialmuseum im Castello und Diözesanmuseum am Dom.
Ausflüge auf den Belvedere und zum Weinbauzentrum San Michele d'Adige.
Fahrt durch das Etschtal und zu den Seen.
Keine Parkgebühr.
Stellmöglichkeiten für 5 Wohnmobile.

38100 Trento Parking Trentino *** TB - 7

Wohnmobilplatz in ruhiger und schöner Lage.

Auf der SS 12 nach Trento Centro fahren. Ausfahrt Centro/Riva del Garda nehmen. Im Kreisverkehr halbrechts nach Trento fahren. Richtung Vela rechts fahren **(Via Santi Cosma e Damiano 64).** Nach 300 m wird der Platz links erreicht. Koordinaten: 46° 04,58' Nord, 11° 06,29' Ost.

Häuser am Stellplatz. Geräusche durch Straße.
10 Gehminuten zum Zentrum.
Ver- und Entsorgung und Müllbehälter am Platz.
Stromversorgung vorhanden.
Tor vor der Einfahrt. Nachts geschlossen.
Geschotterte, gerade, und ebene Stellflächen für 100 Wohnmobile.
Parkgebühr: 10 € für 24 Stunden.
Besichtigung von Trient: Dom, Renaissance-Paläste, Renaissance-Kirche S. Maria Maggiore, Castello del Buonconsiglio. Provinzialmuseum im Castello und Diözesanmuseum am Dom.

38056 Levico Therme Viale Lido ** TB - 8

Asphaltierte **Übernachtungsplätze** an der Straße zum Strand.

Bei Anfahrt von Trient von der SS47 Richtung Levico Therme abbiegen. Nach 600 m halblinks fahren. Nach weiteren 500 m wird die **Viale Lido** erreicht. Noch 400 m bis zu den Plätzen (**Via Segantini**).
Koordinaten: 46° 0,79' Nord, 11° 17,31' Ost.

Häuser am Platz.
Müllbehälter am Platz.
Verkehrsgeräusche durch die Strandstraße.
Ganzjährig zugänglich.
Ver- und Entsorgung an der Esso-Tankstelle an der SS47 500 m von der Ausfahrt Pergine centro.
Strandbad mit Parkplätzen in der Nähe. Tore ab 19.00 Uhr geschlossen.
Wanderungen und Radtouren am See von Levico.
Ausflug nach Trient.
Ebene und leicht schräge Stellflächen für 30 kleine Wohnmobile.
Schatten durch Bäume am Rand.
Parkgebühr: 6 € für 24 Stunden.
Ruhiger Parkplatz Viale Segantini abgeschrankt.

38052 Caldonazzo Lido ** TB - 9

Kleine asphaltierte **Parkplätze** an der Uferstraße des Lago di Caldonazzo.

Von der Ausfahrt Trento-Nord der Autobahn A22 Richtung Trento/Padova (Padua) und 3 km nach der Zahlstelle zur SS47 Richtung Padova fahren. Nach weiteren 19,2 km nach dem Ende des Sees rechts Richtung Caldonazzo abbiegen. Nach 800 m rechts dem Wegweiser Lido folgen und nach weiteren 800 m links fahren. Nach 400 m wird der erste Parkplatz rechts und links, nach 700 m der zweite rechts, nach 1200 m der dritte rechts und nach 1300 m der vierte Parkplatz links erreicht.
Koordinaten: 46° 00,29' Nord, 11° 15,79' Ost.

Gaststätten und Häuser am Parkplatz.
Badestrände an den Parkplätzen.
Tische und Bänke an den Parkplätzen.
Müllbehälter am Parkplatz.
Boote nur bis 4 PS auf dem See erlaubt.
Angeln im See.
Besichtigung von Trento: Dom, Castello del Buonconsiglio, Provinzialmuseum, Via Belenzani.
Stellflächen für insgesamt 5 kleine Mobile.
Oft durch PKW belegt.
Wohnmobil-Stellplatz an dem Hotel Alla Vedova.
Keine Parkgebühr.
Parkplätze am benachbarten Lago di Levico 2 m abgeschrankt.

38052 Caldonazzo Area camper ** TB - 10

Wohnmobilplatz in Seenähe in ruhiger und schöner Lage.

Bei Anfahrt von Trient von der SS47bis Richtung Calceranica abbiegen (SP 1) und nach 4,2 km - 800 m nach dem Ortsanfang Calceranica - rechts Richtung Lago abbiegen. Nach weiteren 200 m rechts zur Strandstraße fahren. Der Strandstraße 2 km bis zum Platz folgen **(Via Al Lago)**.
Koordinaten: 46° 00,11' Nord, 11° 15,84' Ost.

Häuser am Platz.
Restaurant am See. 5 Gehminuten.
Parkautomat vorhanden.
Gerade, ebene und leicht schräge Stellflächen auf unbefestigter Wiese für 20 Wohnmobile.
Parkgebühr: 6 € pro Nacht.
Aufenthaltsdauer nicht begrenzt.
Nur in der Saison zugänglich.

38050 Calceranica Lago *** TB - 11

Asphaltierte und geschotterte **Übernachtungsplätze** an der Uferstraße in sehr ruhiger und schöner Lage.

Bei Anfahrt von Trient von der SS47bis Richtung Calceranica abbiegen (SP1) und nach 4,2 km - 800 m nach dem Ortsanfang Calceranica - rechts Richtung Lago abbiegen. Nach weiteren 200 m rechts zur Strandstraße fahren. Noch 50 m bis zum ersten links, 100 m bis zum zweiten rechts und 300 m bis zum dritten Parkplatz rechts.

Gaststätten an den Parkplätzen.
Häuser am Platz.
Blick auf den See.
Müllcontainer und getrennte Müllentsorgung am Platz.
Strandbad am Parkplatz.
Wanderungen und Radtouren am See von Caldenazzo.
Ausflug nach Trient.
Ebene und leicht schräge Stellflächen für 10 Wohnmobile.
Kaum Schatten.
Parkgebühr 9-20.00 Uhr: 1 € pro Stunde, ab 3. Stunde 0,60 €. Parkautomat.

32032 Feltre Via Achille Gaggia ** TB - 12

Übernachtungsplätze in der Nähe des Zentrums.

Von der SS47 Richtung Belluno/Feltre abbiegen und in Feltre Richtung Belluno fahren. 1,4 km nach dem Ortsanfang gegenüber vom Krankenhaus (Ospedale) rechts abbiegen (**Via Achille Gaggia**). Noch 200 m bis zu den Parkplätzen rechts und links. Koordinaten: 46° 1,26' Nord, 11° 54,48' Ost.

Häuser am Parkplatz. Hospital in der Nähe.
Ver- und Entsorgung, Müllcontainer am Parkplatz. Stromanschluss.
Besichtigung von Feltre: Via Mezzaterra, Piazza Maggiore,
Burg mit Wehrturm, Rathaus, Chiesa di Ognissanti.
Besuch des Städtischen Museums.
10 min Fußweg zum Ortszentrum.
Ausflug zum Sattel von Croce d' Àune.
Besichtigung von Belluno: Duomo, Palazzo die Rettori,
gotische Kirche San Stefano.
Fahrt nach Cortina d'Ampezzo. Fahrt nach Belluno.
Fahrt nach Treviso und Venedig.
Ebene Stellflächen für 15 Wohnmobile.
Keine Parkgebühr.

32100 Belluno Piscina ** TB - 13

Asphaltierter **Übernachtungsplatz** am Hallenbad in ruhiger Lage.

Von der SS47 Richtung Belluno/Feltre abbiegen und 5 km nach dem Ortsanfang rechts den Wegweisern und Symbolen Stadio und Piscina folgen. Zum Ausweichparkplatz Stadio nach 100 m links abbiegen und dem Parkplatz-Schild folgen. Zum Parkplatz am Hallenbad 700 m weiter geradeaus fahren und links dem Schwimmbad-Symbol folgen. Nach weiteren 2 km wird der Parkplatz am Hallenbad rechts erreicht (**Viale dei Dendrofori**). Koordinaten: 46° 8,24' Nord, 12° 12,53' Ost.

Häuser am Parkplatz. Hallenbad und Eislaufhalle am Parkplatz.
Gaststätte und WC im Hallenbad. Ver- und Entsorgung am Platz.
Ganzjährig zugänglich.
Besichtigung von Belluno: Duomo, Palazzo dei Rettori,
gotische Kirche San Stefano.
Besuch des Städtischen Museums mit Pinakothek.
Ausflüge zur Certosa di Vedana und auf die Almen des Nevegal.
Besichtigung von Feltre: Via Mezzaterra, Piazza Maggiore,
Burg mit Wehrturm, Rathaus, Chiesa di Ognissanti.
Fahrt nach Cortina d'Ampezzo. Fahrt nach Treviso und Venedig.
Stellmöglichkeiten für 16 Wohnmobile.
Parkgebühr. Ausweichparkplatz 200 m vorher rechts.

32016 Farra d'Alpago Lago di San Croce ** TB - 14

Übernachtungsplatz am Seeufer und befestigter Parkplatz am Sportplatz in ruhiger und schöner Lage.

Bei Anfahrt aus dem Süden von Vittorio (SS51) vor dem See rechts Richtung Alpago abbiegen. Nach 600 m wird der Ausweichparkplatz rechts erreicht. 4,4 km nach der Abzweigung von der SS51 - 200 m nach dem Ortsanfang Farra - links den Wegweisern Lido und Campo sportivo folgen (**Viale al Lago**).
Koordinaten 46° 7,23' Nord, 12° 21,30' Ost.

Gaststätte und Häuser am Parkplatz. Badestrand am Platz.
Ganzjährig zugänglich.
Besichtigung von Belluno: Duomo, Palazzo dei Rettori,
gotische Kirche San Stefano.
Besichtigung von Treviso: Dom, gotische Backsteinkirche San Nicolò,
Piazza Signori, Palazzo Trecento,
gotische Kirchen S. Francesco und S. Maria Maggiore.
Fahrt nach Cortina d'Ampezzo und Belluno. Fahrt nach Venedig.
Asphaltierte Stellmöglichkeiten für 10 Wohnmobile.
Keine Parkgebühr. Parkerlaubnis unmittelbar am Seeufer
von 9-19.00 Uhr nur 1 Stunde.

Lockruf der Sonne

Am Lago Maggiore

Tour 6

Die Sonne taucht alles in schimmerndes Licht, den See, die Berge, die üppige Vegetation, die leuchtenden Blumen, die romantischen Orte und die großartigen Paläste. Das Klima am Lago Maggiore erfüllt die Sehnsucht nach dem Süden.

Der See ist 65 km lang, aber nur 2 bis 5 km breit. In der Eiszeit wurde der **Lago Maggiore** von den reißenden Wassern und dem mitgeführten Geröll des Ticino geschaffen. Das Nordende des Sees reicht in das Schweizer Staatsgebiet. Wohnmobilfreundlich sind die Ortschaften auf italienischem Gebiet. Schöne Übernachtungsplätze sind am Seeufer, in den Ortschaften und an den Strandpromenaden zu finden.

Von seiner schönsten Seite zeigt sich der Lago Maggiore auf den **Borromäischen Inseln** am Südufer. Doch wir kommen von Norden, sind durch Locarno am Nordufer auf Schweizer Gebiet gefahren und lenken unser Fahrzeug nun nach Süden. In Cannobia übernachten wir nach der mühevollen Anfahrt (**LM-1**). In der Nähe ist der Badestrand. Wir erfrischen uns im See. Anschließend bummeln wir über die von Arkaden und Palästen gesäumte Uferstraße und besichtigen die Kirche Santuario delle Pietà aus dem späten 16. Jahrhundert mit einer achteckigen Kuppel und das alte Rathaus, ein Palast aus dem 13. Jahrhundert mit einem hohen Turm. Von Cannobia sind auch Schiffsausflüge auf dem Lago Maggiore möglich.

Auf der Weiterfahrt am nächsten Morgen schweift unser Blick über zwei felsige, kleine Inseln nahe am Ufer, die von den malerischen Ruinen des Castelli di Cannero gekrönt werden. Von Cannero Reviera aus sind diese Inseln mit dem Boot in zehn Minuten zu erreichen. Nach dem Engpass von Cannobio und Cannero wird die Landschaft offener und lieblicher. Einen sehr ruhig und schön gelegenen Stellplatz entdecken wir in Oggebbio (**LM-2**) Hier bleiben wir über Nacht.

Ein erster Höhepunkt der Blumen- und Pflanzenwelt erwartet uns im Park der Villa Taranto in Intra, dem nördlichen Ortsteil von Verbania. Rund 20.000 verschiedene Pflanzenarten birgt der 20 Hektar große Park, der sich den Hang hinaufzieht und durch Wasserbecken, Kaskaden und Brunnen gegliedert wird. An den Gipfel des Hügels schmiegt sich das romantische Kirchlein San Remigio mit herrlichen Fresken aus dem 12. Jahrhundert. In Verbania bietet sich ein Stellplatz zur Übernachtung an (**LM-3**).

Schiffe fahren von Verbania Pallanza nach verschiedenen Orten am Lago Maggiore, eine Autofähre verbindet das Westufer mit Laveno am Ostufer des Sees in 20 Minuten. Von Pallanza, dem südlichen Ortsteil am Boromeischen Golf des Lagos, haben wir beim Spaziergang über den Lungolago einen schönen Blick auf die berühmten drei Borromeischen Inseln und auf den bekannten Ferienort Stresa. Von der Uferpromenade reicht der Blick über die nahen Borromeischen Inseln bis nach Laveno am Ostufer. Von Baveno sind die Borromeischen Inseln mit dem Boot in 15 Minuten zu erreichen. Im Hinterland von Baveno wandert man durch die wildromantischen Täler und Schluchten. In Baveno kann man sein rollendes Zuhause auf einem Platz im Ort abstellen (**LM-4**). In Stresa suchen wir vergebens einen Übernachtungsplatz.

Am nächsten Morgen begrüßt uns der erste Sonnenstrahl vom Berggipfel, berührt wenig später die Isola Madre, schlägt eine goldene Brücke zur Isola Pescatori und taucht unmittelbar darauf die Isola Bella in gleißendes Licht. Wir lassen uns mit einem Boot zu den drei Inseln fahren. Die Rundfahrt gestattet uns, so lange auf den einzelnen Inseln zu verweilen, wie wir wollen, denn ständig legen Boote an, die wir benutzen können. Die Inseln, Perlen im See, sind berühmt für ihre einmalige Lage im lichtdurchfluteten Borromeischen Golf des Lago Maggiore und für ihre romantische Ausstrahlung.

Lago Maggiore Der größte Teil der Isola Bella, der schönen Insel, wird vom Palazzo Borromeo aus dem 17. Jahrhundert mit prachtvollen Räumen und wertvoller Ausstattung beherrscht. Fürst Carlo Borromeo gab um 1620 den Auftrag, auf dem kargen Felseneiland einen Palast und einen Garten zu bauen. Im Untergeschoss sind künstlich angelegte Grotten aus Tuffstein mit Muscheln und Marmor. Der barocke italienische Garten ist in zehn Terrassen bis ans Seeufer mit seltenen und exotischen Pflanzen angelegt. Ein mächtiger kulissenartiger Steinbau mit vielen Skulpturen, abgeschlossen von dem Einhorn, Wappentier der Borromeo, überragt auf der höchsten Erhebung den prächtigen Garten. Der Blick über Garten, Palast, Seeufer und Berge zu den Nachbarinseln ist von unvergleichlicher Schönheit. Wir spüren den Zauber des Barockgartens und das südländische Ambiente in den wenigen schmalen Gassen, Steigen und Treppen der Insel. Um den Palazzo der Borromeo aus dem 18. Jahrhundert erstreckt sich der wundervolle Botanische Garten mit vielen seltenen Pflanzen, Ginkgos, Zimtbäumen, Lotusblumen, Teesträuchern, Tamarinden, Drachenblutbäumen, Orchideen, Magnolien und Granatäpfeln.

Wir fahren zur Fischerinsel, nordwestlich der Isola Bella. Die Isola dei Pescatori beherbergt ein altes, interessantes und außerordentlich malerisches Fischerdorf. Die Isola Madre liegt in der Mitte des Golfes und strahlt Ruhe und Abgeschiedenheit aus.

Stresa ist ein eleganter und sehr bekannter Luftkurort von internationalem Flair. Unser Spazierweg auf dem Lungolago führt durch wunderschöne Gärten, vorbei an prachtvollen Villen und bietet uns herrliche Blicke auf den See und seine Inseln. Mit der Seilbahn fahren wir auf den 1500 Meter hohen Monte Mottarone, im Sommer ein Wander- und im Winter ein Skigebiet. Hier oben bietet sich uns ein phantastischer Ausblick auf den See, die Inseln und die umgebenden Berge.

Auf unserer Fahrt nach Süden am See entlang, begleiten uns üppige Gärten und eine verträumte südliche Landschaft, wir folgen dem Lockruf der Sonne. Kurz vor Arona biegen wir scharf rechts zur Bergstraße nach San Carlo. Wir sind beeindruckt von der über 20 Meter hohen Bronzestatue des heiligen Karl Borromäus, San Carlone genannt, 1697 nach Plänen des Cerano errichtet. Der Platz an der Statue wird links vom Gebäude des kirchlichen Seminars und rechts von der Kirche San Carlo, erbaut 1614, mit dem Geburtszimmer des Heiligen Karls umrahmt. Der große Bus- und PKW-Parkplatz bietet ruhige Übernachtungsplätze auf den hinteren Parkflächen (LM-5).

Vom Hafen in Arona fahren Schiffe und Tragflügelboote nach Stresa und bis nach Locarno in der Schweiz am Nordufer des Sees. Vom Corso Marconi an der Uferpromenade haben wir einen schönen Blick auf Angera und auf seine Burg, die das gegenüberliegende Ufer beherrscht.

Im Westen des Lago Maggiore liegt ein kleiner Nachbar, der **Lago d'Orta**. Auch dieser See hat einen riesigen Bischofspalast und eine romanische Basilika auf einer kleinen Insel, die von Orta aus in wenigen Minuten mit dem Boot zu erreichen ist. Der Sacro Monte oberhalb von Orta ist ein Heiligtum von eigenartigem Zauber. Am Heiligen Berg sind in 20 Kapellen, die durch Wege und Treppen verbunden sind, 376 lebensgroße Figuren aus Holz und über 900 Fresken zu bewundern, Szenen aus dem Leidensweg Christi und aus dem Leben des heiligen Franz. Am Ortsrand wurde ein ruhig und sehr schön gelegener Übernachtungsplatz eingerichtet (**LM-6**). In Agrano nördlich von Orta und in Madonna del Sasso im Süden des Sees gibt es zwei weitere gute Übernachtungsmöglichkeiten (**LM-7** und **LM-8**).

Am Fuße der Burg liegt das gleichnamige Städtchen Angera. Wir bummeln durch den Ort und besuchen die im 13. Jahrhundert erbaute Burg der Borromeo, die aus einem hohen Wehrturm und einem mit Fresken lombardischer Meister geschmückten Palast besteht. Das archäologische Museum in der Stadt beherbergt eine prähistorische und eine römische Abteilung mit interessanten Funden aus Wohnstätten und Nekropolen.

Im kleinen Ferienort Ranco, drei Kilometer nördlich von Angera, entdecken wir zwei schön gelegene und ruhige Übernachtungsplätze (LM-9 und LM-10). Der Platz am Seeufer mit Strandbad und Gaststätte ist nur für kleine Wohnmobile geeignet. Am Museo de Transporti übernachten wir in einer reizvollen und sehr ruhigen Landschaft. Private Sammler haben interessante alte Schienen- und Straßenfahrzeuge, Postkutschen, Autos, Motorräder, Lokomotiven, Straßenbahnen und nachgebaute alte Bahnhöfe auf einem Freigelände zusammengetragen. Die Geschichte des Personentransports wird eindrucksvoll demonstriert. Uns gefällt es auf diesem Platz ausgezeichnet, wir bleiben noch eine zweite Nacht.

Der nächste Ferienort am Ostufer des Lago Maggiore Ispra hat ebenfalls einen guten Übernachtungsplatz (LM-11). Von Ispra starten Schiffe und Boote zu Rundreisen auf dem See und zu anderen Ufern. Von Laveno fahren Boote zur Wallfahrtskirche San Catarina del Sasso, die wie ein Nest am steilen Ufer des Sees klebt. Von dem romanischen Bau aus dem 13. Jahrhundert sind außen und innen viele Bauteile erhalten. Von der Uferstraße führt eine Stichstraße zum See. Von hier aus erreichen wir zu Fuß in 10 Minuten die Wallfahrtskirche. Wir übernachten auf dem sehr ruhigen und schön gelegenen Parkplatz (LM-12).

In Luino, einem vielbesuchten Ferien- und Luftkurort beenden wir unsere Tour um den Lago Maggiore. Der Maler Bernardino Luini, ein Meister der Renaissance, wurde in diesem Ort geboren. Er schuf in der Kirche San Pietro das Gemälde „Anbetung der Könige". Der große Wochenmarkt von Luino zieht Händler und Besucher von weither an. Auf dem großen Parkplatz unmittelbar am See verbringen wir die Nacht (**LM-13**). Abends bummeln wir durch die engen Gassen des Ortes, schlendern am Ufer des Lago Maggiore entlang, schauen dem lebhaften Treiben im Bootshafen zu, sitzen gemütlich vor unserem rollenden Ferienhaus und blicken über den See auf die Lichter des gegenüberliegenden Ufers.

Wir waren am Lago Maggiore. Nun lenken wir unser Fahrzeug nach Osten, um den **Lago Varese** kennen zu lernen. In der Nähe der Autobahn, in Taino haben wir übernachtet (LM-14). Im Archäologischen Museum haben wir die Funde aus der Eisenzeit, Urnen, Becher, Schalen, Waffen der Golasecca-Kultur aus dem 9. bis 6. Jahrhundert vor Chr., bestaunt. Gräber aus jener Zeit konnten wir in Golasecca, drei Kilometer südlich von Sesto Calende besichtigen. Dieser Fundort hat einer ganzen Kulturepoche seinen Namen gegeben. Mehrere kleinere Seen liegen zwischen dem Lago Maggiore, dem Lago Varese und dem Lago di Como. Am Lago di Monate springen wir am Strand von Cadrezzate ins warme Wasser.

In Gavirate finden wir einen Übernachtungsplatz am Ufer des Lago Varese (**LM-15**). Der 9 km lange und 5 km breite Lago die Varese ist wie die anderen oberitalienischen Seen in der Eiszeit durch einen Gletscher entstanden. Seine flachen, sumpfigen Ufer sind von einzelnen Häusern und Villen gesäumt. Auf der Isola Virginia wurde eine vorgeschichtliche Siedlung ausgegraben. In der Villa Ponti ist das Museo Preistorico mit den Funden aus dieser Siedlung untergebracht. Ein Spaziergang von wenigen Kilometern führt von Gavirate zur Kirche S. Michele in Voltorre. Der romanische Kreuzgang mit Säulen, Mehrfachbogen und Bogenverzierungen ist eine bekannte Sehenswürdigkeit im oberitalienischen Seengebiet.

Kurz vor Varese biegen wir nach rechts ab und erreichen in Schiranna den Hausstrand der Vareser, den Lido di Varese. Der große Parkplatz vor dem weitläufigen Strandgelände mit Kiosk, Gaststätte und Geschäften ist zwar abgeschrankt, deshalb zögern wir, die freundlichen Italiener winken uns aber zu der zweiten Einfahrt auf der anderen Seite des Platzes. Die italienischen Wohnmobiltouristen sind mit Kind und Kegel schon mehrere Tage auf diesem Stellplatz und verbringen hier einen ruhigen Urlaub am See und in den nahen Bergen. Wir aber fahren weiter.

In der modernen und eleganten Stadt **Varese** ist einiges aus den vergangenen Jahrhunderten zu besichtigen. Der spätbarocke Palast Estense wird auch Herzogpalast genannt und ist heute Rathaus. Er wurde 1773 für die Herzöge Este von Modena und Varese errichtet. Seine harmonische Fassade ist zu dem anschließenden bekannten italienischen Park ausgerichtet. An seinem Ende steht die Villa Mirabello, heute Sitz der Städtischen Museen mit archäologischen und naturhistorischen Sammlungen und mit Werken lombardischer Meister des 17. und 18. Jahrhunderts. Die Renaissance-Kirche San Vittore mit romanisch-gotischem Baptisterium, Taufbecken aus dem 7. Jahrhundert und Gemälden Mailänder Meister wurde nach Plänen von Pellegrini 1580 bis 1615 erbaut. Der barocke Glockenturm und die klassizistische Fassade sind im 18. Jahrhundert errichtet worden.

Lago Maggiore In der ersten Hälfte des 17. Jahrhunderts hat der Glaubenseifer der Gegenreformation zu der Anlage des Heiligen Berges, des Sacro Monte geführt. Eingebettet in die Berglandschaft erbaute man 14 Kapellen und schmückte sie mit zahlreichen Statuen, Skulpturen und Fresken. 1983 wurde von Renato Guttuso ein neues Fresco „Flucht aus Ägypten“ geschaffen. In 585 Metern Höhe beginnt der Fußweg an der Prima Capella und führt an den anderen Kapellen vorbei zur Wallfahrtskirche S. Maria. Die Kirche beherbergt einen reich geschmückten Altar mit dem Madonnenbild aus dem 14. Jahrhundert. Auf dem Bergrücken in 1226 Metern Höhe liegt Campo dei Fiori, ein Freizeit- und Feriengebiet.

Wir folgen den Wegweisern in Varese zum **Sacro Monte** und zum Campo dei Fiori. Die Höhenstraße ist zunächst gut und breit, aber schon bald wird sie sehr schmal. Nur mit großen Schwierigkeiten können wir einen bergabfahrenden Bus passieren. Auf dem Parkplatz an Sacro Monte finden am Tage nur kleinere Wohnmobile Platz (LM-16). Die Bergstraße zum Campo Fiori wird noch schmaler und ist in einem schlechten Zustand. Große Wohnmobile sollten auf die Auffahrt verzichten.

Wir lenken unser Fahrzeug nach Norden und erreichen bei Ponte Tresa den **Lago di Lugano**, ein malerischer, verschlungener See zwischen dem Lago Maggiore und dem Comer See, auch in der Eiszeit durch Gletscher entstanden. Nur ein Teil der 95 Kilometer langen Uferzone liegt in Italien, das südliche Ufer und der nordöstliche Teil des Sees.

Der größte Teil des Sees ist Schweizer Hoheitsgebiet. Die Tresa, der Abfluss des Sees, stellt gleichzeitig die Verbindung zum Lago Maggiore her. Durch das milde Klima und die Schönheit der Berge und des Sees ist ein gut besuchtes Urlaubsgebiet entstanden. Die Landschaft ist dicht besiedelt, Ferienorte können überall an seinen Ufern besucht werden, Wassersport ist überall möglich. Für Wohnmobile sind am italienischen Ufer kaum Parkplätze zu finden. Wir stellen unser Fahrzeug auf dem großen Ortsparkplatz an der Tresa ab. Geschäfte und Gaststätten sind in unmittelbarer Nähe. Wir ergänzen unsere Vorräte und fahren weiter zum Comer See [1] [2] [3].

[1] Anschlussroute im Nordosten: Tour 7 „Vom Comer See nach Livigno“
[2] Anschlussroute im Osten: Tour 8 „Am Gardasee“
[3] Anschlussroute im Süden: Tour 13 „Von Pavia nach Brescia“

Der Orta-See

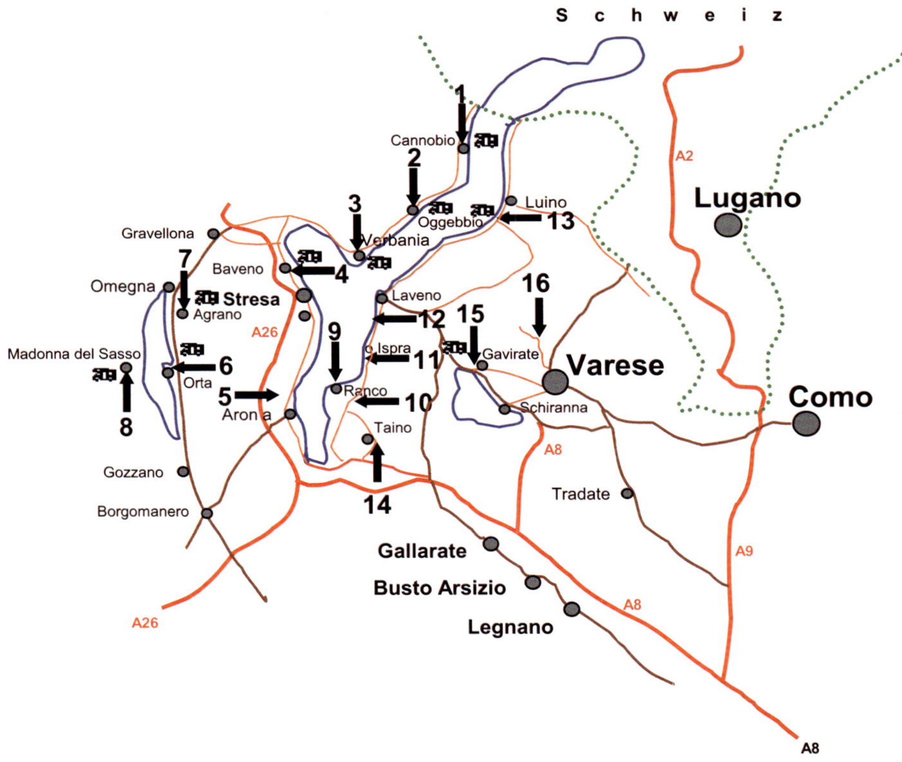

Tour 6

Am Lago Maggiore

Tour 6: **Am Lago Maggiore**

Nr.	Ort, Bezeichnung	Stell-plätze	Gast-haus	Häu-ser	WC	Bad See	Orts-nähe	Ent-sorg.	Park-dauer	Park-gebühr
		A					B		C	D
LM-1	**Cannobio, Area sosta caravan** **	20	+	+	-	+	8	+	U	12
LM-2	**Oggebbio, Area di Sosta** ****	20	-	+	-	-	x	+	U	15
LM-3	**Verbanis-Pallanza, Via Massara** **	10	+	+	-	-	x	+	1	0
LM-4	**Baveno, Via Brera** **	10	-	+	+	-	5	+	3	10
LM-5	Arona, San Carlo **	30	+	+	+	-	10	-	1	P
LM-6	**Orta, Ortsparkplatz** ***	10	+	+	-	-	5	+	U	8
LM-7	**Agrano, Piazza Venzano** ***	3	+	+	+	-	x	+	1	0
LM-8	**Madonna del Sasso, Camper** ***	5	-	+	-	-	x	+	1	0
LM-9	Ranco, Seeufer **	5	+	+	-	+	x	-	1	0
LM-10	Ranco, Musei dei Transporti ***	5	-	+	-	-	x	-	1	0
LM-11	Ispra, Ortsrand **	10	-	+	-	-	x	-	1	0
LM-12	Cellina, San Caterina ***	10	-	+	+	-	x	-	1	0
LM-13	**Luino, Bootshafen** **	50	+	+	-	-	x	-	1	P
LM-14	Taino, Parco di Taino **	20	+	+	-	-	x	-	1	0
LM-15	**Gavirate, Lungolago** **	20	+	+	-	+	x	-	1	8
LM-16	Varese, Sacro Monte **	5	+	+	-	-	x	-	1	0

Legende siehe Seite 10

28822 Cannobio Area Sosta Caravan ** LM - 1

Von Büschen umgebener **Wohnmobilplatz** auf Rasenpflaster in ruhiger und schöner Lage.

Von der Ausfahrt Bellinzona-Süd der Autobahn N2 Richtung Locarno und in Locarno Richtung Italia/Stresa fahren. 2 km nach der italienischen Grenze in der Ortsmitte dem kleinen Hinweisschild Area Service und dem Wohnmobil-Symbol bis zur Via San Rocca folgen. Nach 100 m zum Wohnmobilplatz am Fluss links abbiegen (**Via San Rocco**). Koordinaten: 46° 3,68' Nord, 8° 41,53' Ost.

Gaststätte und Geschäfte in der Nähe. Häuser am Parkplatz.
Ver- und Entsorgung (Bodeneinlass) am Platz. WC am Platz.
Müllcontainer am Parkplatz.
Freibad in der Nähe. 8 min Fußweg zum Ortszentrum.
Ganzjährig zugänglich. Aufenthaltsdauer nicht begrenzt.
Wohnmobile fast immer anzutreffen.
Für sehr große Wohnmobile nicht geeignet.
Schiffsanlegestelle in der Nähe.
Besichtigung von Cannobio: Altstadt, Palazzi, Santuario della Pietà, Rathaus.
Ausflüge ins enge Cannobio-Tal, zum S.Anna-Abgrund, nach Carmine Superiore und nach Gurro.
Fahrt entlang des Lago Maggiore.
Parkgebühr: 12 € für 24 Stunden (Parkautomat).
Ebene Stellflächen für 20 Wohnmobile. Etwas Schatten.

28824 Oggebbio Area di Sosta **** LM - 2

Panorama Wohnmobilplatz oberhalb des Lago Maggiore in sehr ruhiger und sehr schöner Lage.

Auf der SS34 von Verbania nach Oggebbio fahren. In Oggebbio 2,5 km nach dem Ortseingangsschild dem Wohnmobilschild folgend scharf nach links, steil aufwärts in die schmale **Strada Martiri** einbiegen. Noch 500 m bis zum Platz links. Koordinaten: 45° 59,82' Nord, 8° 39,21' Ost.

Grandioser Panoramablick auf den Lago Maggiore.
Jeder Stellplatz mit eigener eingezäunter Panoramaterrasse.
Schmale, steile, asphaltierte Zufahrt vom See.
Häuser am Platz.
Sanitäranlage am Platz.
Zentrale Entsorgung am Ende des Platz (ohne Übernachtung: 5 €).
Wasserversorgung und Stromsäule an jedem Platz.
Müllbehälter vorhanden. Mülltrennung.
Ganzjährig geöffnet.
Geschotterte, ebene und gerade Stellflächen für 20 Wohnmobile.
Unbegrenzter Aufenthalt.
Parkgebühr: 15 € pro Tag einschl. Entsorung. Abreise vor 10 Uhr.
Jede 11. Übernachtung ist gratis.
Informationen: Tel./Fax: 0323.407474. www.nauticalago.it.

28922 Verbania Pallanza Via Massara ** LM - 3

Übernachtungsplatz im Ort in ruhiger und schöner Lage.

Von der SS34 in Verbania dem Wohnmobilschild folgend links abbiegen Noch 200 m bis zum Platz links **(Via Massara)** Koordinaten: 45° 55,73' Nord, 8° 33,86' Ost.

Häuser am Platz.
Supermarkt am Stellplatz.
Restaurant am See (200 m).
Kostenlose Ver- und Entsorgung am Platz.
Müllbehälter vorhanden.
Kurze Stellflächen für 10 Wohnmobile.
Asphaltierte, ebene und gerade Stellflächen.
Auch für PKW zugelassen.
Keine Parkgebühr.
Besichtigung von Stresa: Piazza Marconi,
klassizistische Pfarrkirche, San Ambrogio, Villa Ducale.
Fahrt entlang des Lago Maggiore.

28831 Baveno Piazza U. Giordano/Via Brera ** LM - 4

Wohnmobilplatz im Ort in schöner Lage.

Von Stresa über die SS33 nach Baveno fahren. Im Kreisverkehr dem Schild Bus-, Wohnmobilplatz folgend links abbiegen. Nach 100 m unter der Eisenbahnunterführung durch. Noch 50 m bis zum Platz links. **(Via Brera).** Koordinaten: 45° 54,66' Nord, 8° 30,02' Ost.

Häuser am Platz.
Geräusche durch die Eisenbahnlinie.
Restaurant und Geschäfte im Ort.
5 Gehminuten zum Ort und zum See.
Ver- und Entsorgung am Platz (Gebühr ohne Übernachtung 5 €).
WC am Platz. Müllbehälter vorhanden.
Beleuchtung am Platz.
Aufenthaltsdauer max. 3 Tage.
Gepflasterte, ebene und leicht schräge Stellflächen für 10 Mobile.
Parkgebühr: 10 € für 24 Stunden inkl. Ver- und Entsorgung.
Besichtigung von Stresa: Piazza Marconi,
klassizistische Pfarrkirche, San Ambrogio, Villa Ducale.
Fahrt entlang des Lago Maggiore.

28041 Arona San Carlo di Borromeo ** LM - 5

Befestigter **Großparkplatz** für Busse und Pkw in ruhiger und schöner Lage.

Von Stresa Richtung Arona/Milano fahren (N33) und 1,3 km nach dem blauen Ortsanfang Arona rechts Richtung San Carlo abbiegen (spitze Kurve). Nach 1,4 km wird der Parkplatz für Busse und Pkw rechts erreicht. Von der Ausfahrt Arona der A26 Richtung Arona und in Arona Richtung Stresa fahren. Am Ortsende Arona links Richtung San Carlo abbiegen. Koordinaten: 45° 46,10' Nord, 8° 32,68' Ost.

Gaststätte und Häuser am Parkplatz. Souvenirläden am Platz.
Müllcontainer am Parkplatz. WC am Parkplatz.
Besichtigung der Statue des San Carlo di Borromeo (21 m hoch).
Spaziergang auf dem Corso Marconi am Seeufer in Arona.
Ausflug zu den Lagoni di Mercurago.
Besichtigung von Stresa: Piazza Marconi, klassizistische Pfarrkirche, San Ambrogio, Villa Ducale.
Fahrt entlang des Lago Maggiore.
Parkgebühr in der Saison.
Stellmöglichkeiten für 30 Wohnmobile.

28016 Orta San Giulio Wohnmobilplatz *** LM - 6

Mit Rasensteinen gepflasterter **Wohnmobilplatz** am Ortsrand in sehr ruhiger und schöner Lage.

Bei Anfahrt aus dem Norden von Gravellona 800 m nach dem Ortsanfang Orta rechts Richtung Orta abbiegen und dem Mobil-Symbol folgen. Nach 1 km links dem P-Schild Camper folgen. Noch 100 m bis zum Parkplatz links. Bei Anfahrt aus dem Süden von Borgomanero und Gozzano Richtung Gravellona/Orta fahren (SS229) und 7 km nach Gozzano links Richtung Orta abbiegen und dem Wohnmobil-Symbol folgen. Nach 1 km links dem P-Schild Camper folgen. Noch 100 m bis zum Parkplatz links.

Gaststätte und Häuser am Parkplatz.
Aufenthaltsdauer 48 Stunden.
Strand mit Parkplatz 2,5 km südlich.
5 min Fußweg zur Ortsmitte.
Besichtigung der historischen Altstadt: Enge Gassen, Palazzo della Comunità, Sacro Monte, Isola S. Giulio.
Bootsfahrt zur Insel S. Guilio. Anlegestelle am Hauptplatz.
Ausflüge nach Ameno, zur Wallfahrtskirche der Madonna del Sasso.
Fahrt nach Stresa und zum Lago Maggiore.
Parkgebühr: 1 € für 1 Stunde. 8 € pro Tag. Parkautomat.
Etwas schräge Stellflächen für 10 Wohnmobile.
Stellplatz für 8 kleine Mobile auf dem Sacro Monte.

28887 Agrano Piazza Giuseppina Venzano *** LM - 7

Übernachtungsplatz im Ort in sehr ruhiger und sehr schöner Lage.

Auf der SP42, Via per Agrano, Richtung Agrano fahren. Nach 350 m wird die **Via per Armena** und der **Piazza Giuseppina Venzano** links erreicht. Koordinaten: 45° 50,67' Nord, 8° 24,83' Ost.

Häuser am Platz.
Dorfkirche mit schönem Glockenspiel (tägl. 12 Uhr).
Restaurant am Platz (Via per Armena No. 14).
Kostenlose Ver- und Entsorgung am Platz.
Öffentliches WC am Platz.
Müllbehälter vorhanden.
Aufenthaltsdauer 1 Tag.
Asphaltierte, ebene und leicht schräge, kurze Stellflächen für 3 Wohnmobile.
Beleuchtung am Platz.
Spielplatz und Sportflächen am Stellplatz.
Picknickplatz und große Liegewiese unter Linden am Platz.
Keine Parkgebühr.
Ausflüge nach Ameno, zur Wallfahrtskirche der Madonna del Sasso.

28894 Madonna del Sasso Area Camper *** LM - 8

Wohnmobilplatz an der Madonna del Sasso in sehr ruhiger und schöner Lage.

Auf der SP49 nach Madonna del Sasso fahren und dem Wohnmobilschild Area Camper folgen. In Bolete dem Wohnmobilschild folgend links abbiegen. Dem Wohnmobilschild Richtung Santuario folgen. Am Friedhof wird der Platz recht erreicht **(Via Santuario).** Koordinaten: 45° 47,38' Nord, 8° 22,35' Ost.

Häuser am Platz.
Kurze steile, aber gute Zufahrt.
Eine kurze Engstelle 2 km vor dem Platz.
Kostenlose Ver- und Entsorgung und Müllbehälter am Platz.
Ganzjährig zugänglich.
200 m zur Kirche Madonna del Sasso.
Panoramablick über den Lago d' Orta.
Spielplatz an der Kirche.
Ebene und gerade Stellflächen für 5 Wohnmobile auf Rasengittersteinen.
Keine Parkgebühr.
Ausflüge nach Ameno, Wallfahrtskirche der Madonna del Sasso.

21020 Ranco Seeufer ** LM - 9

Befestigte und asphaltierte **Parkplätze** am Seeufer in landschaftlich reizvoller Umgebung.

Von der N629 (Sesto Calende - Laveno) Richtung Angera abbiegen, durch Angera zum Hafen und Richtung Ranco am Seeufer fahren. 1,1 km nach dem Ortsanfang Ranco wird links der Parkplatz erreicht. Koordinaten: 45° 47,2' Nord, 8° 33,9' Ost.

Gaststätte und Häuser am Parkplatz.
Strandbad am Parkplatz. Müllbehälter am Parkplatz.
Schmale, aber gute Straße von Angera nach Ranco.
Nur für kleine Wohnmobile geeignet.
Besuch des Museo Archeologico in Sesto Calende.
Besuch der Burg von Angera.
Öffnungszeiten: März bis Oktober 9.00 bis 12.30 Uhr
Besuch des Museo Transporti in Ranco.
Öffnungszeiten: 10-12.00 Uhr, 15-17.00 Uhr, Mo geschlossen.
Besichtigung des Klosters Santa Caterina di Sasso südlich von Laveno.
Fahrt um den Lago Maggiore.
Keine Parkgebühr. Stellmöglichkeiten für 5 Wohnmobile.

21020 Ranco Museo dei Transporti *** LM - 10

Parkplätze auf befestigtem Wiesengelände in der Nähe des Museums in sehr ruhiger und schöner Lage.

Von Angera Richtung Ranco fahren (Uferstraße) und in Ranco dem Wegweiser Museo dei Tranporti folgen. 1,6 km nach dem Ortsanfang Ranco links dem Hinweisschild Museo folgen. Noch 1,5 km bis zum Parkplatz rechts. Bei Anfahrt von Laveno aus dem Norden 900 m nach dem Ortsende Ispra rechts Richtung Museo abbiegen. Noch 900 m bis zum Parkplatz links. Bei Anfahrt von der A26/Sesto Calende nicht am Ortsende Angera links Richtung Museo dei transporti wegen der spitzen Zufahrt in Ranco abbiegen, sondern 500 m weiter links in die schmale Straße einbiegen (keine Beschilderung). Noch 900 m bis zum Parkplatz.

Häuser in der Nähe.
Wandern und Radfahren am südlichen Lago Maggiore.
Besuch des Museo Archeologico in Sesto Calende.
Besuch der Burg von Angera.
Öffnungszeiten: März bis Oktober 9.00 bis 12.30 Uhr.
Besuch des Museo die Transporti in Ranco.
Öffnungszeiten: 10-12.00 Uhr und 15-17.00 Uhr, Mo geschl.
Besichtigung des Klosters Santa Caterina di Sasso südlich von Laveno.
Fahrt um den Lago Maggiore.
Keine Parkgebühr. Stellmöglichkeiten für 5 Wohnmobile.

21027 Ispra Ortsrand ** LM - 11

Befestigter **Parkplatz** unter Bäumen am Ortsrand von Ispra.

Von der N629 (Laveno-Angera) bei Anfahrt aus dem Süden von Angera 1 km nach dem Ortsanfang Ispra Richtung Ispra abbiegen. Noch 800 m bis zum Parkplatz. Bei Anfahrt aus dem Norden von Laveno erste Abfahrt Richtung Ispra benutzen, durch Ispra und Richtung Angera fahren. 900 m vor der N629 zum Parkplatz rechts abbiegen.

Häuser am Parkplatz.
Müllbehälter am Parkplatz.
Schiffsrundfahrten auf dem Lago Maggiore von Ispra.
Besuch des Museo Archeologico in Sesto Calende.
Besuch der Burg von Angera.
Öffnungszeiten: März bis Oktober 9.00 bis 12.30 Uhr.
Besuch des Museo Transporti in Ranco.
Öffnungszeiten: 10.00 bis 12.00 Uhr und 15.00 bis 17.00 Uhr.
Besichtigung des Klosters Santa Caterina di Sasso.
Fahrt um den Lago Maggiore.
Keine Parkgebühr.
Stellmöglichkeiten für 10 Mobile. Schatten durch Bäume.

21014 Cellina San Caterina di Sasso *** LM - 12

Gepflasterte **Parkplätze** oberhalb des Klosters San Caterina in ruhiger und schöner Lage.

Bei Anfahrt aus dem Süden von Angera 1,2 km nach dem Ortsanfang Cellina Richtung San Caterina abbiegen. Noch 1 km bis zum Parkplatz rechts. Bei Anfahrt aus dem Norden von Laveno 1,7 km nach dem Ortsanfang Reno rechts Richtung San Catarina abbiegen.

Häuser am Parkplatz.
WC am Parkplatz.
Autofähre in Laveno.
Besuch des Klosters San Caterina di Sasso. 10 Minuten Fußweg.
Besichtigung der Burg von Angera.
Öffnungszeiten: März bis Oktober 9.00 bis 12.30 Uhr und 14.00 bis 18.00 Uhr.
Fahrt entlang des Lago Maggiore.
Keine Parkgebühr.
Ebene und leicht schräge Stellflächen für 10 Wohnmobile.

21016 Luino Bootshafen ** LM - 13

Zwei befestigte **Übernachtungsplätze** direkt am Seeufer in landschaftlich reizvoller Umgebung.

Von Laveno 400 m nach dem Ortsanfang Luino links zum ersten und nach weiteren 600 m links zum zweiten Parkplatz abbiegen. Von Ponte Tresa Richtung Lavena zum See fahren. Am See links zum ersten und rechts zum zweiten Parkplatz abbiegen.
Koordinaten: 45° 57,6' Nord, 8° 40,6' Ost.

Gaststätte in der Nähe. Häuser am Parkplatz.
Müllbehälter am Parkplatz.
Bootshafen am Parkplatz.
Wanderungen und Radfahrten am Seeufer.
Bekannter Wochenmarkt am Mittwoch in Luino.
Autofähre nach Verbania zum Westufer in Lavena.
Besichtigung von Luino: San Pietro mit „Anbetung der Könige" von Luini, Altstadt, Geburtshaus Luini.
Fahrt entlang des Lago Maggiore.
Parkgebühr in der Saison.
Ebene und etwas schräge Stellflächen für 50 Wohnmobile. .

Taino Parco di Taino ** LM - 14

Zwei asphaltierte **Parkplätze** am Parco di Taino in ruhiger Lage und landschaftlich reizvoller Umgebung.

Von der Ausfahrt Castelletto/Sesto Calende der A26 Richtung Arona und nach 1,4 km Richtung Angera/Arona fahren. Nach 300 m rechts Richtung Milano (N33) abbiegen und nach weiteren 2,8 km links Richtung Milano fahren. Hinter der Ticino-Brücke nach 600 m rechts Richtung Angera und gleich wieder rechts Richtung Laveno/Angera abbiegen. Kurz vor Angera nach 6 km an der zweiten Abzweigung nach Taino abbiegen (die erste Abzweigung führt durch sehr enge Ortsstraßen). Nach 2 km - 1,1 km nach dem Ortsanfang - wird der untere Parkplatz links erreicht. Zum oberen Parkplatz 200 m weiter links fahren und nach 100 m links abbiegen. Noch 100 m bis zum Platz links.

Gaststätten Häuser und Geschäfte in der Nähe.
Müllbehälter am Parkplatz.
Wandern durch den Park von Taino.
Besuch des Museo Archeologico in Sesto Calende.
Besuch der Burg von Angera.
Öffnungszeiten: März bis Oktober 9.00 bis 12.30 Uhr.
Besuch des Museo Transporti in Ranco.
Besichtigung des Klosters Santa Caterina di Sasso.
Fahrt um den Lago Maggiore.
Keine Parkgebühr. Stellmöglichkeiten für 20 Wohnmobile.

21026 Gavirate Lungolago ** LM - 15

Befestigter **Übernachtungsplatz** am Lago di Varese in Gavirate in ruhiger und schöner Lage.

Bei Anfahrt aus dem Westen von Laveno Richtung Varese fahren und 1,1 km nach dem Ortsanfang rechts dem LKW-Hinweisschild folgen. Nach weiteren 100 m links Richtung Lago Varese abbiegen. Noch 400 m bis zum Platz am See rechts. Bei Anfahrt aus dem Süden von Besozzo/Sesto Calende 500 m nach dem Ortsanfang links und nach 100 m rechts Richtung Varese fahren. Nach weiteren 500 m rechts dem Wegweiser lago/Wohnmobil-Symbol folgen (**Via Al Lido**). Noch 100 m bis zum Platz rechts.
Koordinaten: 45° 50,33' Nord, 8° 43,02' Ost.

Gaststätte und Häuser am Parkplatz.
Badestrand am Parkplatz. Spielplatz am Parkplatz.
Wasserversorgung am Ausweichplatz. WC und Müllkorb am Platz.
Stromanschluss möglich. Ganzjährig zugänglich.
Spaziergang am Seeufer. Seepromenade. Angeln im See.
Ausflug nach Voltorro. Fahrt zum Lago Maggiore.
Besuch der Städtischen Museen von Varese in der Villa Mirabello.
Besichtigung von Varese: Palazzo Estense, Renaissance-Kirche, San Vittore, Sacro Monte mit 14 Kapellen.
Parkgebühr: 8 €. Stellmöglichkeiten für 20 Wohnmobile.
Ausweichparkplätze am See in 100 m Entfernung.

21100 Varese Sacro Monte ** LM -16

Asphaltierter **Parkplatz** am Sacro Monte in ruhiger Lage und landschaftlich reizvoller Umgebung.

In Varese den Wegweisern Sacro Monte/Campo fiori folgen. Nach etwa 8 km wird der Parkplatz erreicht.

Gaststätte und Häuser am Parkplatz.
Kiosk und Verkaufsstände am Parkplatz.
Müllbehälter am Parkplatz.
Nur für kleinere und mittlere Wohnmobile geeignet.
Fahrt auf den Campo fiori (1200 m) nur für kleinere Mobile.
Lange, steile Auffahrt bis 18 %.
Buslinie am Parkplatz. Tagsüber durch PKW ziemlich belegt.
Besuch der Städtischen Museen von Varese in der Villa Mirabello.
Besichtigung von Varese. Rokoko-Palazzo Estense, Renaissance-Kirche, San Vittore, Sacro Monte mit 14 Kapellen.
Ausflüge nach Luvinate, zum Isolino Virginia (vorgeschichtliche Siedlung) und nach Bizzózero.
Fahrt zum Lago Maggiore.
Keine Parkgebühr.
Stellmöglichkeiten für 5 Wohnmobile.

Bergwandern und Wintersport

Vom Comer See nach Livigno

Tour 7

Für Wohnmobile ist wenig Platz am **Comer See**. Von allen Seiten bedrängen die Berge den See und lassen am steilen Ufer kaum Platz für kleine Dörfer und eine schmale Straße. An manchen Stellen werden größere Wohnmobile mit den engen Durchfahrten, den Erkern und Balkonen der Häuser und mit entgegenkommenden Lastwagen Schwierigkeiten bekommen.

Es ist nicht einfach, in **Como**, der Stadt mit den vielen mittelalterlichen Baudenkmälern, einen Parkplatz für die Besichtigung zu finden. Der Dom ist ein berühmtes Bauwerk aus der lombardischen Renaissance. Er wurde schon 1396 begonnen, aber erst 1744 vollendet. Die Fassade besitzt schöne Portale, schlanke Fenster, eine prachtvolle Fensterrose und viel plastischen Schmuck. Der dreischiffige Innenraum zeichnet sich durch gotische Stilelemente und eine reiche Ausstattung aus der Zeit der Renaissance aus. Sehenswert sind neben dem Dom das ehemalige Rathaus im romanisch-gotischen Stil, die Basilika S. Abbondio aus dem 11. Jahrhundert mit zwei Glockentürmen, eines der Hauptwerke der lombardischen Romanik, die Kirche S. Fedele und der Voltiano-Tempel an der Seepromenade.

Südlich von Lecco wurden in Merate (**CL-1**), in Monte Marenzo (**CL-2**) und in Carenno (**CL-3**) gute und ruhige Wohnmobilplätze eingerichtet. Das Ferienhaus auf Rädern kann hier von allem überflüssigen Ballast befreit und mit Trinkwasser betankt werden, bevor die Fahrt zum Comer See angetreten wird.

Am Sportgelände im Vorort Bione besteht ebenfalls eine Möglichkeit das Fahrzeug abzustellen, mit dem Fahrrad die Stadt Lecco zu erkunden und an diesem Platz zu übernachten (**CL-4**). Nach dem Stadtbummel durch Lecco und den Besuch der klassizistischen Villa Manzoni mit Erinnerungen an den italienischen Dichter fahren wir am östlichen Ufer entlang bis zur Mitte des Sees. Dort, wo die drei Ausläufer des Sees zusammentreffen, ist der Comer See am schönsten. Die Fahrt auf der Fähre verschafft uns Ausblicke in die drei schmalen Arme des Sees, auf seine steilen Ufer mit Fischerdörfern und prachtvollen Villen aus vergangenen Zeiten am Hang und auf die majestätischen Berge, die wohlwollend auf den See herabblicken.

Unsere Reiseroute verläuft weiter am östlichen Ufer nach Colico am Nordende des Sees. Zwei schöne Mobilplätze stehen dem Urlauber für sein Schlafmobil unmittelbar am Seeufer zur Verfügung. (**CL-5** und **CL-6**). Wir wandern am Ufer entlang, genießen die Sonne auf der Liegewiese und lassen uns abends in einer Gaststätte am Hafen verwöhnen. Unser Blick schweift von den Booten im Hafen über den See bis zu den Lichtern der Häuser am anderen Ufer und bis zu den Lichtern der Hütten an den steilen Berghängen. An diesem Ort könnten wir noch einige Tage bleiben, aber wir wollen noch ins Gebirge nach Livigno und Bormio. Einen anderen sehr schönen Stellplatz unmittelbar am See entdecken wir in Sorico (**CL-7**).

Nicht weit entfernt ist die Schweizer Grenze bei Chiavenna. Als Übernachtungsplatz für die Fahrt von oder nach St. Moritz bietet sich der ruhig und schön gelegene Wohnmobilplatz in Chiavenna an (**CL-8**). Eine Ver- und Entsorgungsmöglichkeit ist am Platz vorhanden. Gegenüber im Supermarkt können die Bordvorräte ergänzt werden.

Wir fahren durch das breite Tal der Adda nach Sondrio, Hauptstadt der Provinz und Weinort der Valtellina. Am Stadio und beim Tennisclub hat die Stadt Übernachtungsplätze für Wohnmobile eingerichtet (**CL-9** und **CL-10**). Sehenswert sind das Rathaus, die Kirche Collegiata und die Wallfahrtskirche Madonna della Sassella.

In Tirano liegt das Heiligtum der Madonna, eine elegante Wallfahrtskirche aus der Zeit der Renaissance. Beachtenswert sind vor allem die Portale, der Glockenturm, die schönen Schnitzarbeiten im Inneren und die prachtvolle Orgel. Auf dem Wohnmobilplatz übernachten wir in einer guten und ruhigen Umgebung (**CL-11**).

Die Schnellstraße führt nun durch viele Tunnel auf schnellstem Wege nach **Bormio**, einem bekannten Wintersport-, Thermal- und Luftkurort, in einem breiten Talkessel gelegen und von der eindrucksvollen Bergkulisse der Cresta di Reit umgeben. An der Talstation der Seilbahn von Bormio nach Bormio 2000 liegt der große und trotzdem in der Hochsaison ausgelastete Wohnmobilplatz (**CL-8**). Im Winter ist dieser Platz besonders begehrt. Seilbahnen führen den Wintersportler erst nach Bormio 2000, einem Plateau mit Sicht bis zum Ortler, und dann bis auf 3.012 Metern Höhe zur Cima Bianca. Zahlreiche Skilifte, Loipen, Rodelbahnen und Eislaufplätze ergänzen das Angebot für den Winterurlauber.

Die Kuranlage Bagni di Bormio und die Thermalbäder befinden sich an der Straße zum Stilfser Joch. Das radioaktive Thermalwasser (40°C) wird für Schlammpackungen, Schwitzbäder, Trinkkuren, Inhalierungen und für Schwimmbäder verwendet. Die beiden Kureinrichtungen Bagni Nuovi und Bagni Vecchi sind durch einen Wald und viele Spazierwege miteinander verbunden. Das **Stilfser Joch** (Passo dello Stelvio) ist ein berühmter und oft besuchter Alpenpass in 2.758 Metern Höhe. Hier hat man einen wunderschönen Blick auf den Ortler (3.905 m) und seine Gletscher, wandert im Sommer durch den Nationalpark Stilfser Joch und kann im Sommer sogar Skilaufen. Die Anreise von Österreich ist aber auf Fahrzeuge mit maximal 3,3 m Höhe und 10,5 Metern Länge beschränkt.

Im Valfurva ist Santa Caterina ein vielbesuchter Urlaubsort und ein Zentrum für Bergsteiger. Etwas außerhalb des Ortes liegt in einer reizvollen Umgebung der Mobilplatz (**CL-13**). Dieser Platz eignet sich hervorragend für einen längeren Aufenthalt. Die Ver- und Entsorgung des Wohnmobils ist gewährleistet. Die Tage lassen sich durch Wanderungen im Tal, Fahrten mit dem Sessellift zur Hochebene von Plaghera (2.300 m), Bergwanderungen zum Gletscher Ghiacciaio dei Fori und durch Fahrten mit den Jeep zum Gavia-Pass (2.621 m) abwechslungsreich gestalten. Überall genießt man Rundblicke auf die fast Viertausender Ortler, Cevedale (Zufall Spitze) und Adamello.

Wir fahren von Santa Caterina wieder nach Westen, um das Wintersportgebiet Livigno kennen zu lernen. Die Straße führt zunächst durch das Val Viola, windet sich danach zum Passo di Foscagno (2.291 m) hoch und fällt dann auf 1.816 m in Livigno ab. In den Ortschaften an dieser Gebirgsstrecke sind einige Engstellen zu überwinden.

Livigno liegt in einem weiten Talkessel, wird im Sommer viel besucht und ist im Winter fast überlaufen. Die Seilbahnen und Sessellifte fahren bis auf 2.686 Metern Höhe. Als zusätzliche Attraktion hat Livigno zollfreies Gebiet. Gleich zwei hervorragende Mobilparks bietet der Ort seinen Gästen im Schlafmobil (**CL-14** und **CL-15**). Obwohl die Plätze sehr groß sind und dort nur Wohnmobile parken dürfen, sind die Stellflächen in der Ferienzeit fast vollkommen belegt.

Wir holen unsere Drahtesel aus der Garage, erkunden die Landschaft und den weitläufigen Ort. Es gibt in den Läden viel zu sehen und zu kaufen. Wir staunen über die günstigen Preise des reichhaltigen Angebots an Lebensmitteln und Produkten der Region. Die Treibstoffpreise sind besonders günstig. Leider ist unser Tank fast voll.

Wir können die Strecke über das Stilfser Joch wegen der Höhe unseres Fahrzeugs nicht befahren. Deshalb fahren wir entlang des Gallo-Sees Richtung Schweizer Grenze. Durch den schmalen, naturbehauenen Drossa-Tunnel können Wohnmobile bis 3,6 Metern Höhe problemlos passieren, aber eine Gebühr ist zu zahlen. Der Tunnel ist zeitweise nur in einer Richtung frei gegeben, so dass es zu längeren Wartezeiten kommen kann. Nach der Tunnel-Maut erwarten die Schweizer Zöllner von uns die nächste Straßengebühr, die Schwerlastabgabe für Wohnmobile über 3,5 Tonnen [1] [2] [3].

[1] Anschlussroute im Norden: Tour 3 „Durch den Vinschgau"
[2] Anschlussroute im Süden: Tour 13 „Von Pavia nach Brescia"
[3] Anschlussroute im Westen: Tour 6 „Am Lago Maggiore"

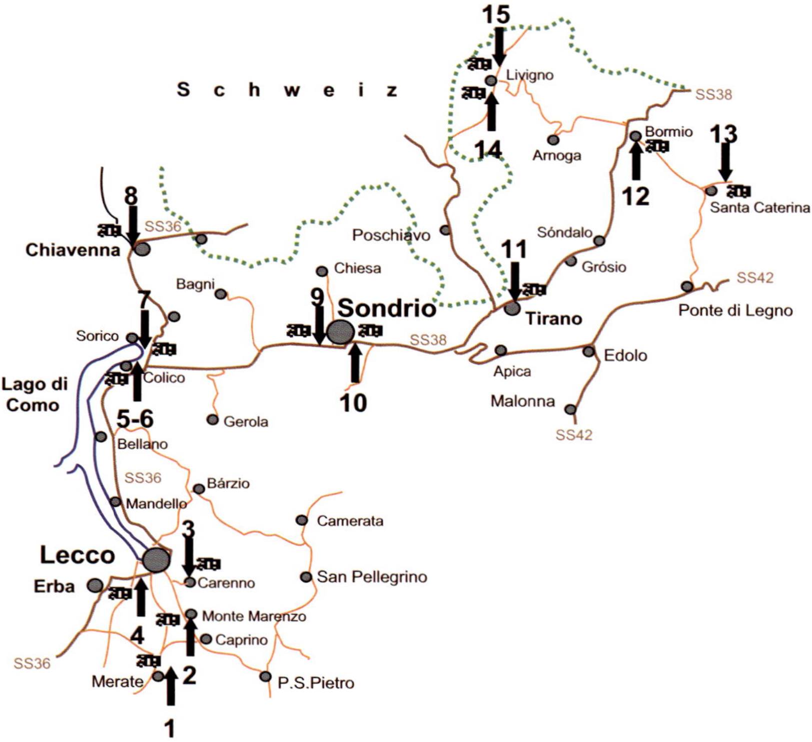

Tour 7

Vom Comer See nach Livigno

Der Comer See bei Sorico

Lago di Como

Tour 7: **Vom Comer See nach Livigno**

Nr.	Ort, Bezeichnung	Stell-plätze A	Gast-haus	Häu-ser	WC	Bad See	Orts-nähe B	Ent-sorg.	Park-dauer C	Park-gebühr D
CL-1	**Merate, Wohnmobilplatz *****	10	-	+	-	-	x	+	1	0
CL-2	**Monte Marenzo, Via Papa *****	6	-	+	-	-	x	+	3	6
CL-3	**Carenno, Viale Verdi *****	5	-	+	-	-	5	+	3	P
CL-4	**Lecco, Sportgelände ****	20	-	+	-	-	x	-	1	0
CL-5	**Colico, Gratta e Sosta *****	30	+	+	-	+	8	+	1	6
CL-6	**Colico, Windsurfschule *****	20	-	-	-	+	10	+	1	6
CL-7	**Sorico, La Punta ******	42	+	-	+	+	x	+	U	18
CL-8	**Chiavenna, Campo Sportivo *****	30	-	+	-	-	5	+	1	0
CL-9	**Sondrio, Stadio ***	20	-	+	-	-	5	-	1	0
CL-10	**Sondrio, Tennisclub ***	3	-	+	-	-	x	+	1	0
CL-11	**Tirano, Area Camper *****	20	-	+	-	-	5	+	1	5
CL-12	**Bormio, Bormio 2000 ****	50	+	+	-	-	x	+	1	8
CL-13	**Valfurva, Area attrezzata *****	50	-	-	-	-	x	+	1	7
CL-14	**Livigno, Camperpark ******	50	+	+	-	-	x	+	1	8
CL-15	**Livigno, Lago di Gallo *****	50	-	+	-	-	x	+	1	8

Legende siehe Seite 10

Stellplatz in Bormio

23807 Merate-Sartirana Wohnmobilplatz *** CL - 1

Wohnmobilplatz auf Rasenpflaster in sehr ruhiger und schöner Lage.

Bei Anfahrt von Milano 1 km nach dem Ortsanfang Merate rechts dem Wohnmobil-Symbol folgen und nach 100 m links Richtung Sartirana fahren. Nach weiteren 900 m - 400 m nach dem Ortsanfang Sartirana - rechts dem Wohnmobil-Symbol folgen. Noch 100 m bis zum Parkplatz rechts. Bei Anfahrt von Lecco 1,2 km nach dem Ortsanfang Merate links dem gelben Schild Chiesa di Sartirana folgen (**Via Stelvio**). Nach 900 m rechts dem Wohnmobil-Symbol folgen.

Wegen schmaler Einfahrt (Tor) nicht für Mobile über 8 m Länge.
Häuser am Platz.
Ver- und Entsorgung am Parkplatz.
Stromanschlüsse am Platz.
Ganzjährig zugänglich.
Kleiner See in der Nähe. Keine Bademöglichkeit.
Wanderungen und Radtouren.
Ausflug nach Milano.
Stellmöglichkeiten für 10 Wohnmobile. Ebene Stellflächen.
Kein Schatten.
Keine Parkgebühr.

23804 Monte Marenzo Via Papa Giovanni XXIII *** CL - 2

Kommunaler **Übernachtungsplatz** im Ort in sehr ruhiger und schöner Lage.

Von Caloziocorte kommend in Richtung Torre de Busi dem Wohnmobilschild folgend rechts abbiegen Richtung Monte Marenzo. Nach 500 m rechts abbiegen. Noch 50 m bis zum Platz. **(Via Papa Giovanni XXIII)**. Koordinaten: 45° 46,60' Nord, 9° 27,15' Ost.

Häuser am Platz.
Etwas schmale Einfahrt.
Kostenlose Ver- und Entsorgung am Platz.
Müllbehälter vorhanden.
Stromversorgung.
Aufenthaltsdauer 3 Tage. Ganzjährig zugänglich.
Beleuchtung an den Stellflächen.
Spielplatz am Stellplatz.
Geschotterte, ebene und leicht schräge Stellflächen für 6 Mobile.
Parkgebühr: 6 € für 24 Stunden incl. Strom
sowie Ver- und Entsorgung.
6 min Fußweg zum Zentrum.
Information: Tel. 0341.603017 und Fax 0341.603390.

23802 Carenno Viale Giuseppe Verdi *** CL - 3

Kommunaler **Übernachtungsplatz** am Ortsrand in sehr ruhiger und schöner Lage.

Von der SP180 Richtung Carenno fahren. 300 m nach dem Ortseingangsschild an der Kreuzung halbrechts bergab fahren. (Achtung: Nicht geradeaus durch den Ort. Sehr schmale Durchfahrt. Dem Schild Carenno auf die **Viale Guiseppe Verdi** folgen. Nach 600 m wird der Platz rechts erreicht.
Koordinaten: 45° 47,95' Nord, 9° 27,99' Ost.

Häuser am Platz. Bergblick. Schranke vor der Einfahrt.
Kostenlose Ver- und Entsorgung am Platz. Stromversorgung.
Müllbehälter vorhanden.
Ganzjährig zugänglich. Aufenthaltsdauer 3 Tage.
Beleuchtung am Platz.
Stellflächen für 5 Wohnmobile auf Rasengittersteinen.
Ebene und gerade Stellflächen.
Parkgebühr.
5 Minuten Fußweg zur Ortsmitte.
Sportanlage in der Nähe.
Information: Tel.: 0341.610220 und Fax: 0341.610165.

23900 Lecco-Bione Sportgelände ** CL - 4

Übernachtungsplatz mit einzelnen Bäumen am Sportgelände in ruhiger Lage.

Bei Anfahrt von Milano nach der Brücke von der Schnellstraße SS36 an der ersten Abfahrt rechts Richtung Bione (weißes Schild) abbiegen. Nach 300 m rechts fahren (**Viale Don Giovanni Ticozzi**). Nach weiteren 300 m wird der Platz rechts erreicht. Koordinaten: 45° 50,16' Nord, 9° 24,44' Ost.

Häuser in der Nähe.
Entsorgung für Grauwasser am Parkplatz (Gully).
Sportgelände am Parkplatz.
Straße am Parkplatz.
Ganzjährig zugänglich.
Wanderungen und Radtouren.
Besichtigung von Lecco.
Fahrt um den Comer See. Ausflug nach Como.
Stellmöglichkeiten für 20 Wohnmobile.
Ebene Stellflächen.
Etwas Schatten durch einzelne Bäume.
Keine Parkgebühr.

23823 Colico Gratta e Sosta *** CL - 5

Geschotterter **Übernachtungsplatz** mit Bäumen am Rand in sehr ruhiger und schöner Lage.

Bei Anfahrt aus dem Süden von der Schnellstraße SS36 an der Ausfahrt Colico abfahren. Nach 600 m am Ortsanfang rechts Richtung Colico fahren. Nach weiteren 2,5 km links dem Wohnmobil-Symbol folgen und nach der Unterführung rechts fahren und nach 100 m links Richtung Lago/Wohnmobil-Symbol abbiegen. Noch 600 m bis zum Parkplatz rechts (**Via Montecchio Nord**).
Koordinaten: 46° 8,31' Nord, 9° 22,38' Ost.

Häuser am Parkplatz.
Gaststätten in der Nähe (8 min Fußweg).
Ver- und Entsorgung in 300 m Entfernung.
Badestelle und Liegewiese am Parkplatz.
Windsurfschule in der Nähe.
Ganzjährig zugänglich.
Wanderungen und Radtouren am See.
Ausflug nach Lecco.
Fahrt um den Comer See.
Stellmöglichkeiten für 30 Wohnmobile.
Ebene und leicht schräge Stellflächen.
Etwas Schatten am Platzrand.
Parkgebühr: 1 Stunde 1, 3 Stunden 4, 8 Stunden 7 €.

23823 Colico Windsurfschule *** CL - 6

Wohnmobilplatz auf festem Wiesengelände unter Mattendächern in sehr ruhiger und schöner Lage.

Bei Anfahrt aus dem Süden von der Schnellstraße SS36 an der Ausfahrt Colico abfahren. Nach 600 m am Ortsanfang rechts Richtung Colico fahren. Nach weiteren 2,5 km links dem Wohnmobil-Symbol folgen und nach der Unterführung rechts fahren und nach 100 m links Richtung Lago/Wohnmobil-Symbol abbiegen. Nach 900 m zum Parkplatz links abbiegen (**Via Montecchio Nord**).
Koordinaten: 46° 8,49' Nord, 9° 22,50' Ost.

Kiosk am Platz.
Ver- und Entsorgung am Platz. Stromanschluss möglich.
Duschen am Platz. Badeplatz und Liegewiese am Parkplatz.
Windsurfschule am Platz. Wassersport auf dem Comer See.
Ganzjährig zugänglich. Schranke vor dem Platz, von Hand zu öffnen.
Wanderungen und Radtouren am See.
Ausflug nach Lecco. Fahrt um den Comer See
Stellmöglichkeiten für 20 Wohnmobile. Ebene Stellflächen.
Schatten durch Mattendächer.
Parkgebühr: 13 € für 24 Stunden.

22010 Sorico-La Punta Camper Service La Punta **** CL - 7

Wohnmobil- und Caravanpark direkt am Comersee in sehr ruhiger und sehr schöner Lage.

Von der SS36 Richtung Como fahren. Links Richtung Lago abbiegen. Nach 1,9 km geradeaus auf die Terza Traversa. 100 m vor dem Campingplatz geradeaus auf der Via Boschetto. Am Ende der Straße wird der Camper Service La Punta erreicht **(Via Broschetto 185)**. Koordinaten: 46° 49,80' Nord, 9° 22,86' Ost.

Direkter Zugang zum Comersee. Liegeweise und Spielplatz.
Restaurant am Platz. Brötchen im Restaurant. Surfbrettverleih.
Bergpanorama und Seeblick.
Ver- und Entsorgung am Platz. Stromversorgung. Gebühr 2 €.
Müllbehälter vorhanden. WC am Platz.
Platzbeleuchtung.
Nur in der Saison zugänglich. Aufenthaltsdauer unbegrenzt.
Sanitäranlage mit Duschen (1 €).
Stellflächen für 42 Wohnmobile auf Rasengittermatten.
Ebene und gerade Stellflächen.
Fahrt um den Comer See.
Wohnwagen zugelassen.
Parkgebühr: 18 € für 24 Stunden.

23022 Chiavenna Campo sportivo *** CL - 8

Asphaltierter **Wohnmobilplatz** mit Baumreihen am Sportplatz in sehr ruhiger und schöner Lage.

Bei Anfahrt aus dem Süden von der SS36 100 m nach dem Ortsanfang Chiavenna links dem Wohnmobil-Symbol folgen. Nach weiteren 100 m wieder links fahren. Noch 100 m bis zum Parkplatz links (**Piazzale Leonardo da Vinci/Via Aldo Moro**). Koordinaten: 46° 18,88' Nord, 9° 23,77' Ost.

Häuser am Platz. Supermarkt am Platz.
Ver- und Entsorgung (Bodeneinlass) am Platz.
Müllcontainer am Platz.
5 min Fußweg zur Ortsmitte.
Badeplatz und Liegewiese am Parkplatz.
Ganzjährig zugänglich.
Wanderungen im Gebirge und im Tal.
Ausflug in die Schweiz. Fahrt zum Comer See
Stellmöglichkeiten für 30 Wohnmobile. Ebene Stellflächen.
Etwas Schatten durch einzelne Bäume.
Keine Parkgebühr.

23100 Sondrio Stadio * CL - 9

Geschotterter **Übernachtungsplatz** mit Baumreihen am Rand.

Bei Anfahrt aus dem Westen von der Schnellstraße SS38 an der Ausfahrt Sondrio abfahren. Nach 700 m - 600 m nach dem Ortsanfang Sondrio - wird der Parkplatz rechts erreicht (**Via dello Stadio**). Koordinaten: 46° 10,02' Nord, 9° 51,30' Ost.

Häuser am Platz.
Straße am Platz.
Bahnlinie am Platz.
Ver- und Entsorgung (Bodeneinlass) am Platz.
Müllcontainer und getrennte Müllentsorgung am Platz.
5 min Fußweg zur Ortsmitte.
Ganzjährig zugänglich.
Wanderungen im Gebirge und im Tal.
Ausflug in die Schweiz.
Fahrt zum Comer See.
Stellmöglichkeiten für 5 Wohnmobile. Ebene Stellflächen.
Etwas Schatten durch Bäume am Rand.
Keine Parkgebühr.
Ausweichparkplatz für 20 Mobile hinter dem Stadion, auf dem südlichen Schotterweg 300 m fahren.

Val di Livigno

23100 **Sondrio** Tennisclub * CL - 10

Asphaltierter **Übernachtungsplatz** am Tennisclub.

Bei Anfahrt aus dem Westen oder Osten von der Schnellstraße SS38 an der Ausfahrt Sondrio centro abfahren und nach 200 m - 100 m nach dem Ortsanfang - recht zum Tennisclub abbiegen (**Via Ezio Vanoni**). Koordinaten: 46° 9,64' Nord, 9° 52,18' Ost.

Häuser am Platz. Supermarkt und Tankstelle in der Nähe.
Ver- und Entsorgung (Bodeneinlass) am Platz.
Müllkörbe am Platz.
Nur kleine Stellflächen (Pkw-Größe).
15 min Fußweg zur Ortsmitte.
Ganzjährig zugänglich.
Wanderungen im Gebirge und im Tal.
Ausflug in die Schweiz. Fahrt zum Comer See.
Stellmöglichkeiten für 3 kleine Wohnmobile.
Ebene Stellflächen. Kein Schatten.
Keine Parkgebühr.

23037 **Tirano** Area Camper Tirano *** CL - 11

Wohnmobilplatz im Ort in ruhiger und sehr schöner Lage.

Von der SS38 in Tirano Richtung Bormio abbiegen. Nach 200 m wird der Area Camper Tirano auf der linken Seite erreicht **(Via Sala Piero).** Koordinaten: 46° 12,84' Nord, 10° 09,42' Ost.

Häuser am Platz.
Kostenlose Ver- und Entsorgung am Platz.
Stromversorgung.
Ganzjährig zugänglich. Aufenthaltsdauer 24 Stunden.
Beleuchtung an den Stellflächen.
Bergblick.
Pizzataxi.
Müllbehälter vorhanden.
Stellflächen für 20 Wohnmobile auf Rasengittersteinen.
Ebene und gerade Stellflächen.
5 Minuten Fußweg zur Ortsmitte.
Schwimmbad in der Nähe.
Parkgebühr: 5 € für 24 Stunden incl. Strom und Ver/Entsorgung.
Informationstafel.
Ausweichparkplatz: in 1 km Entfernung (Via Monte Padrio)

23032 **Bormio** Seilbahn Bormio - Bormio 2000 ** CL - 12

Geschotterter **Wohnmobilplatz** an der Talstation in sehr ruhiger und schöner Lage.

Bei Anfahrt aus dem Süden von der Schnellstraße SS38 1,3 km nach dem Ortsanfang Bormio halbrechts Richtung Valfurva/Bormio 2000 abbiegen. Nach 500 m halblinks und nach weiteren 200 m rechts fahren. Noch 100 m bis zum Parkplatz geradeaus (**Via Battaglion Morbegno**).
Koordinaten: 46° 27,76' Nord, 10° 22,31' Ost.

Gaststätte, Häuser und Hotel am Parkplatz.
Ver- und Entsorgung am Platz. Müllcontainer am Platz.
Wohnmobile immer anzutreffen. Ganzjährig zugänglich.
15 min Fußweg zur Ortsmitte.
Wanderungen im Tal der Ada.
Ausflug nach Österreich.
Fahrt nach Livigno.
Stellmöglichkeiten für 50 Wohnmobile.
Ebene Stellflächen.
Kein Schatten.
Parkgebühr: 8 Euro für 24 Stunden.
An der Seilbahn Bormio 2000 nur Tagesparkplatz.
Anfahrt von Österreich über das Stilfser Joch
nur für Fahrzeuge bis 10,5 m Länge und 3,3 m Höhe.

23030 Valfurva-S.Catarina Area attrezzata *** CL - 13

Wohnmobilplatz auf festem Wiesengelände am Ortsrand in sehr ruhiger und schöner Lage.

Bei Anfahrt aus dem Westen von Bormio Richtung Valfurva fahren und 10,8 km nach dem Ortsende Bormio - 600 m nach dem Ortsanfang S. Catarina - links dem Wohnmobil-Symbol folgen (**Via Forni**). Nach 1,5 km wird der Wohnmobilplatz rechts erreicht. Koordinaten: 46° 24,70 Nord, 10° 30,78' Ost.

Engstellen in zwei Orten auf der Anfahrt.
Ver- und Entsorgung (Bodeneinlass) am Platz. Gebühr 4 €.
Stromanschluss möglich. Müllcontainer am Platz.
Wohnmobile immer anzutreffen. Ganzjährig zugänglich.
10 min Fußweg zur Ortsmitte. Wanderungen im Gebirge.
Parco Nationale di Selvio. Fahrt nach Bormio.
Ebene Stellflächen für 50 Wohnmobile. Kein Schatten.
Parkgebühr: 8 €, mit Strom 10 € für 24 Stunden.
Alle anderen Parkplätze im Ort für Wohnmobile gesperrt.
Anfahrt über das Stilfser Joch
nur für Fahrzeuge bis 10,5 m Länge und 3,3 m Höhe.

23030 Livigno Camperpark aqua fresca **** CL - 14

In Terrassen angelegter **Wohnmobilplatz** auf festem Wiesengelände in sehr ruhiger und sehr schöner Lage.

Bei Anfahrt aus dem Osten von Bormio Richtung Livigno fahren und 500 m nach dem Ortsanfang links Richtung Passo Forcola fahren. Nach 2,8 km wird der Platz rechts (**Via Paliport**) erreicht.
Koordinaten: 46° 30,37' Nord, 10° 7,15' Ost.

14 % Steigung auf der Anfahrt. Passhöhe Foscagno 2300 m.
Gaststätte am Platz. Häuser in der Nähe.
Schranke vor dem Platz. Von Hand zu bedienen.
Ver- und Entsorgung (Bodeneinlass) am Platz. Gebühr 4 €.
Stromanschluss möglich. Müllcontainer am Platz.
Wohnmobile immer anzutreffen. Ganzjährig zugänglich.
In der italienischen Ferienzeit stark belegt.
20 min Fußweg zur Ortsmitte. Stadtbus vom Platz gratis.
Wanderungen im Gebirge. Wanderwege am Platz.
Parco Nationale della Stelvio. Fahrt nach Bormio.
Ebene Stellflächen für 50 Mobile. Kein Schatten.
Parkgebühr: 17 € mit Strom für 24 Stunden.
Parkplätze im Ort für das Übernachten im Wohnmobil gesperrt.
Anfahrt über das Stilfser Joch bis 10,5 m Länge und 3,3 m Höhe.

23030 Livigno Lago di Gallo *** CL - 15

Wohnmobilplatz auf festem Wiesengelände am Ortsrand in sehr ruhiger und schöner Lage.

Bei Anfahrt aus dem Osten von Bormio Richtung Livigno fahren und in Livigno Richtung Lago Gallo/Schweiz rechts abbiegen. Nach 1 km an der Ampel rechts abbiegen und nach 200 m links zum Platz abbiegen (**Via Piemont**). Koordinaten: 46° 32,75' Nord, 10° 8,76' Ost.

14 % Steigung auf der Anfahrt. Passhöhe Foscagno 2300 m.
Anfahrt aus dem Norden von der Schweiz
durch den einspurigen Tunnel. Häuser in der Nähe.
Müllcontainer am Platz. Stromanschluss möglich.
Ver- und Entsorgung (Bodeneinlass) am Platz. Gebühr 4 €.
Wohnmobile immer anzutreffen. Ganzjährig zugänglich.
In der italienischen Ferienzeit stark belegt.
15 min Fußweg zur Ortsmitte. Stadtbus vom Platz gratis.
Wanderungen im Gebirge. Wanderwege am Platz.
Lago di Gallo in der Nähe. Parkplätze am See Richtung Schweiz.
Parco Nationale della Stelvio. Fahrt nach Bormio.
Ebene Stellflächen für 50 Wohnmobile. Kein Schatten.
Parkgebühr: 17 €, mit Strom für 24 Stunden.
Parkplätze im Ort für das Übernachten im Wohnmobil gesperrt.
Anfahrt über das Stilfser Joch bis 10,5 m Länge und 3,3 m Höhe.

Wo die Zitronen blühen

Am Gardasee

Tour 8

Der **Gardasee** ist eine Urlaubslandschaft wie aus dem Bilderbuch. Das südliche Klima, die üppige Vegetation, die steilen Berge, der große See lockt viele Touristen. „Wo die Zitronen blühen", dieses Goethe-Zitat drückt die Sehnsucht der Urlauber nach der Wärme des Südens aus. Nicht nur Zitronenbäume, Palmen, Magnolien, Oleander, Agaven, Zedern, Zypressen und Olivenbäume bestimmen das Landschaftsbild am Gardasee. Wohnmobilisten sind gern gesehene Gäste, denn mehrere Orte haben Übernachtungsplätze eingerichtet.

Der Gardasee ist, wie die anderen oberitalienischen Seen, ein Kind der Eiszeit. Auf ihrem Weg nach Süden gruben die Eis- und Geröllmassen tiefe Täler und schliffen senkrechte Felswände. Der Gardasee ist der größte Binnensee Italiens. Er ist 52 km lang und 2 bis 17 km breit. Das südliche Becken ist besonders breit und wird durch die schmale Halbinsel Sirmione in zwei Teile geteilt. Die Ufer sind durch sanfte Hügel mit üppiger Vegetation gekennzeichnet. Im Norden ist der See schmal und steil, wilde Felswände beherrschen die Landschaft.

Wir beginnen unsere Tour um den See im Norden. In Torbole finden wir gleich einen Superplatz (**GS-1**). Im Nachbarort, in **Riva**, gibt es wieder einen guten Wohnmobilplatz (**GS-2**). Der abendliche Bummel am gepflegten Seeufer und Badestrand lässt uns die Weite und Schönheit des Sees ahnen. Der Stadtbummel führt uns zu mittelalterlichen Palästen, zum Torre Apponale, zum Rathaus, durch die belebten Altstadtgassen, zur Burg aus dem 12. und 15. Jahrhundert. Mit dem Sessellift lassen wir uns zum Bastione, einem mächtigen zylindrischen Turm von 1508 hinaufbefördern und genießen die schöne Aussicht auf den Lago di Garda. Vier Kilometer nach Norden fahren wir zum Wasserfall von Varone, der 90 Meter tief in eine Felsspalte stürzt. Der Parkplatz vor dem Eingang ist nur klein und für eine Übernachtung nicht geeignet.

Atemberaubend mit tollen Blicken über den Gardasee ist die westliche Uferstraße. 77 Tunnel sind auf 30 Kilometern auch für Wohnmobile ohne Probleme zu durchfahren. Limone, geprägt von Ölbaum- und Zitronenbaumplantagen ist der erste Ort nach dem Tunnellabyrinth. Mitten im Tunnel weist ein Schild auf die Abfahrt nach Campione hin, ein kleiner idyllischer Ort, bisher vergessen vom Tourismus. Leider musste der Traumplatz am Gardase einer anderen Baumaßnahme weichen. Für uns war dieser Ort der schönste Stellplatz am Gardasee. Tagsüber lagen wir faul am Strand, schwammen im See oder wanderten am Ufer oder in die Berge, abends saßen wir vor dem Restaurant an der kleinen Piazza, kamen mit den Einheimischen ins Gespräch und genossen die Dorfatmosphäre ohne Touristen. Ein Geschäft hat uns mit allen Lebensmitteln versorgt, für Wasser und Entsorgung gab es Zapfstellen und Entsorgungskanäle.

Auch die nächsten Orte sind eingebettet in Zitronen-, Oliven- und Zypressenplantagen. In Toscalano bietet sich der Platz am Strand für eine Übernachtung an (**GS-3**). Eine Autofähre verbindet Maderna mit Torri del Bernasco am Ostufer des Sees. Schiffe und Tragflügelboote starten zu Kreuzfahrten auf dem Lago. In Maderna sind die Kirche Sant' Andrea aus dem 12. Jahrhundert und die Pfarrkirche aus der Rokokozeit, in Gargnano die Villa Bettoni mit einem kunstvoll angelegten Park sehenswert.

In dem eleganten Kurort Gardone Reviera erblicken wir von der Uferpromenade die Isola di Garda. Der botanische Garten zeigt die Pflanzenwelt in felsiger Umgebung. Die Villa Alba, heute Kongresszentrum, liegt in diesem öffentlichen Park von bestechender Schönheit. Auf dem ruhigen, etwas abseits gelegenen Parkplatz am Vittoriale finden wir „Unterkunft" für eine Nacht (**GS-4**). Ein Spaziergang führt uns vom Übernachtungsplatz zum Vittoriale. Hier wohnte und starb 1938 der Dichter Gabriele d'Annuncio. Besonders sehenswert sind das Museum, die Wohnstätte und das Mausoleum des Dichters, das Freilicht-Theater mit einer herrlichen Aussicht, die Pfarrkirche mit romanischem Glockenturm, ein Torpedoboot und der Bug eines Kreuzers.

Von Salo aus regierte Mussolini 1943 bis 1945 die Scheinrepublik von Hitlers Gnaden. Heute ist die Stadt ein bekannter Luftkurort. Sehenswert sind der spätgotische Dom mit einem Portal aus der Renaissance und der Palazzo della Magnifica Patria an der Seepromenade. Ein kleiner Abstecher führt uns in den Kurort Vallio Therme. Dort hat die Verwaltung einen Übernachtungsplatz für Wohnmobile mit Ver- und Entsorgungsmöglichkeiten eingerichtet (**GS-5**). Die Straße führt nun in einiger Entfernung vom Seeufer nach Dezensano, dem größten Ort am Gardasse. In Margane in der Nähe des parco naturale gibt es einen Übernachtungsplatz in ruhiger Lage, der leider im Winter nicht zugänglich ist (**GS-6**). Auch von Dezensano fahren Schiffe und Tragflügelboote über den Gardasee. In der Via degli Scavi sind die Ruinen einer römischen Villa zu besichtigen. Ein paar Kilometer vom See entfernt entdecken wir einen sehr ruhig und schön gelegenen Stellplatz in Mozambano (**GS-7**).

Sirmione ist der Höhepunkt einer Reise um den Gardasee. Auf den großen Parkplätzen vor dem Ort dürfen Wohnmobile tagsüber abgestellt werden. Am südlichen Seeufer kann das Ferienhaus auf Rädern unter hohen Bäumen Tag und Nacht bleiben (**GS-8**). Die Ver- und Entsorgung ist gewährleistet. Vom Stellplatz direkt am Ufer haben wir einen schönen Blick auf den See. Im Sommer drängen sich Menschenmassen durch das autofreie Städtchen. Die einmalige Lage auf der schmalen Landzunge, die malerischen Gassen, die stimmungsvollen Plätze, die Einrichtung moderner Thermalanlagen und die berühmten Sehenswürdigkeiten, die **Burg der Skaliger** und die bedeutenden Ruinen einer großen römischen Villa aus der Kaiserzeit locken Scharen von Touristen nach Sirmione. Die gut erhaltene Burganlage mit Türmen, Zinnen, Wehrgängen und Mauern stammt aus dem 13. Jahrhundert und ist vollkommen vom Wasser umgeben. Die Ausgrabungen, **Grotten des Catull** genannt, liegen in einem Olivenhain am äußersten Ende der Halbinsel. Von hier haben wir eine wundervolle Aussicht auf den See und zu seinen Ufern. Sehenswert sind auch die Kirchen Santa Maria Maggiore mit Fresken auf großen Spitzbögen und San Pieto in Mavino mit Wandmalereien.

Peschiera war lange Zeit Festung. Reste der Stadtmauer und der fünfeckigen Festungsanlage sind zu besichtigen. Am Ortsrand wurde ein Übernachtungsplatz eingerichtet (**GS-9**). Wir fahren wenige Kilometer und besuchen den großen Vergnügungspark Gardaland. Die großen Parkplätze können für Übernachtungen nach dem Besuch des Freizeitparks genutzt werden (**GS-10**).

Lazise ist für uns der schönste Ort am Gardasee. Der Massentourismus hat Lazise verschont. Die Skaligerburg, die Stadtmauern, das malerische Ortsbild, die alten, gepflegten Häuser, der Platz am Hafenbecken mit Blick auf den See, die Promenade am Ufer, die gepflegte Gastronomie, die zahlreichen guten Geschäfte ziehen uns immer wieder nach Lazise. Die Burg mit den sechs Türmen und den zinnenbewehrten Wehrgängen beherrscht mit der Stadtmauer den Ort. Das Schiff bringt uns von Lazise nach Sirmione und Garda.

Bardolino, der nächste Ort, ist weltbekannt durch seine klaren, lichten Weine. Vor allem der rote Bardolino hat es uns angetan. In der Nähe des Zentrums dürfen Wohnmobile gegen Gebühr stehen und am Rande des Ortes wurde ein Platz für Wohnmobile in der Nähe des Strandes eingerichtet. (**GS-11** und **GS-12**). Auch in Garda gibt es einen Stellplatz für die Nacht in ruhiger Lage (**GS-13**). Garda, am Fuße des Monte Baldo, wird viel besucht. Am baumbestandenen Ufer liegt der typische mittelalterliche Stadtkern mit dem Uhrenturm und der Pfarrkirche aus dem 15. und 18. Jahrhundert. Drei Kilometer nördlich befindet sich die romantische, vielbesuchte Landspitze Punta di San Vigilia mit dem alten romanischen Kirchlein San Vigilia, der Renaissance-Villa Gnarienti und Zypressenhainen.

Auch in Torri del Benaco beherrscht eine Skaligerburg aus dem Jahre 1383 mit mächtigen zinnenbewehrten Türmen und Mauern das Ortsbild. Das Tragflügelboot bringt die Touristen und die Einheimischen nach Maderno zum Westufer des Gardasees. Sehenswert sind in Torri auch der Hafen, die alten Häuser und die kleine Kirche SS. Trività.

Ein bekannter Ferienort ist Malcesine am Gardasee. Im Ort und am Ufer tummeln sich in der Saison sehr viele Touristen. Mit einer Seilbahn kann man auch ins Gebirge fahren und den See von oben bewundern. Etwas außerhalb vom Ort ist ein privater Mobilplatz entstanden (**GS-14**). Bevor wir unser letztes Ziel, das berühmte Verona ansteuern, übernachten wir in sehr ruhiger

Gardasee Umgebung auf dem Parkplatz des Parco Natura Viva in Pastrengo nordwestlich von Verona (GS-15). Der Platz ist allerdings nur während der Saison zugänglich. In der kalten Jahreszeit verhindert eine Schranke die Zufahrt. Der Besuch des Safariparks ist auf jeden Fall lohnend.

In **Verona** stellen wir unser Wohnmobil auf dem sehr großen Parkplatz am Rande der Innenstadt ab (GS-16). Nur einige Minuten gehen wir zu den größten Sehenswürdigkeiten dieser bekannten Stadt, 15 Minuten zum Castelvecchio und der Skaligerbrücke, 20 Minuten zur Arena, in der die weltberühmten Opern-Aufführungen stattfinden und 25 Minuten zur Stadtmitte, zum Piazza dei Signori und zum Haus der Julia. Auch die anderen Sehenswürdigkeiten, Piazza della Erbe, das Römische Theater, die Kirchen S. Zeno Maggiore, S. Anastasia, S. Bernadino, S. Fermo Maggiore, S. Giorgia in Braida und S. Maria in Organo, Porta Borsari, Porta Palio und der Palazzo Pompei sind zu Fuß von diesem Stellplatz aus zu erreichen. Auf Schritt und Tritt begegnen wir Baudenkmälern aus der Römerzeit, der Romanik, der Gotik und aus der Zeit der Renaissance. Allerdings muss man viel Zeit für den Stadtrundgang einplanen.

Der Höhepunkt des Stadtbesuches und dieser Wochentour ist ein Besuch der **Opernfestspiele in der Arena**. Seit 1913 finden in dem antiken Bauwerk die bekanntesten Opernfestspiele der Welt statt. Das Hauptwerk ist immer Aida. Jahr für Jahr kommen eine halbe Million Besucher zu diesen Aufführungen. Wer Verona besuchten will, sollte sich rechtzeitig Karten für dieses sommerliche Opernereignis besorgen [1] [2] [3].

[1] Anschlussroute im Westen: Tour 14 „Von Pavia nach Brescia“
[2] Anschlussroute im Norden: Tour 5 „Von Trento nach Belluno“
[3] Anschlussroute im Osten: Tour 9 „Von Verona nach Treviso“

Der Gardasee bei Torbole

Tour 8

Am Gardasee

Tour 8: Am Gardasee

Nr.	Ort, Bezeichnung	Stell-plätze	Gast-haus	Häu-ser	WC	Bad See	Orts-nähe	Ent-sorg.	Park-dauer	Park-gebühr
		A					B		C	D
GS-1	**Torbole, Area di sosta ******	120	+	-	+	+	5	+	U	26
GS-2	**Riva, Wohnmobilplatz ****	20	+	+	-	-	x	+	2	24
GS-3	**Toscolano, Lido degli ulivi ****	20	-	+	-	+	x	-	1	P
GS-4	**Gardone, Vittorale *****	5	+	+	-	-	x	-	1	8
GS-5	**Vallio Therme, Municipio ****	10	-	+	-	-	x	+	1	0
GS-6	**Manerba, Parco naturale ****	20	+	+	-	+	x	-	2	8
GS-7	**Momzambano, Area sosta *****	30	-	+	-	-	5	+	2	10
GS-8	**Sirmione, Area attrezzata ******	30	+	+	+	-	x	+	1	16
GS-9	**Peschiera, Attrezzata camper ****	10	+	+	-	-	10	+	1	10
GS-10	**Peschiera, Gardaland ****	50	+	-	+	-	x	-	1	10
GS-11	**Bardolino, Ortsparkplatz ***	20	+	+	-	-	3	-	1	10
GS-12	**Bardolino, Wohnmobilplatz ****	10	+	+	+	+	x	-	1	15
GS-13	**Garda, Ortsparkplatz ****	10	-	+	-	-	x	-	1	13
GS-14	**Malcesine, Strada funivia ****	15	+	+	+	-	x	+	2	14
GS-15	Pastrengo, Parco natura viva **	50	+	-	+	-	x	-	1	5
GS-16	Verona, Viale Galiano *	30	-	+	-	-	15	-	1	0

Der Gardasee bei Torbole

38069 Torbole Area di sosta attrezzata Tr@ns.it **** GS - 1

Wohnmobil- und Caravanpark am Gardasee in sehr ruhiger und sehr schöner Lage.

Auf der SS240 nach Torbole fahren. Im Kreisverkehr rechts abbiegen. Nach 200 m links abbiegen (Schild Wohnmobile). Auf der Zielstraße, **Via Sarca Vecchio**, rechts halten. Nach 50 m wird der Platz rechts erreicht. Koordinaten: 45° 52,37' Nord, 10° 52,34' Ost.

Etwas schmale, aber gute Zufahrt.
Direkter Zugang zum Gardasee. 50 m zum Kieselstrand.
Restaurant am See. 5 Gehminuten zum Ort.
24 Stunden geöffnet. Ganzjährig zugänglich.
Ver- und Entsorgung an jeder Stellfläche. Sanitäranlage am Platz.
Stromversorgung und Müllbehälter vorhanden. Platzbeleuchtung.
Zwei Internetzugänge im Gebäude. Gebühr: 5 € für 60 Minuten.
Ebene Stellflächen für 120 Mobile auf Rasengittermatten.
Parkgebühr: 16 € für 12 Stunden, 24 € für 22 Stunden,
26 € für 24 Stunden, 46 € für 48 Stunden.
Auf dem vorderen Platz auch Caravane zugelassen.
Hunde erlaubt. Behindertengerechter Platz. Freizeitmöglichkeiten.

38066 Riva del Garda Wohnmobilplatz ** GS - 2

Wohnmobilplatz am Ortsrand in ruhiger Lage.

Von der Ausfahrt Rovereto-Sud der A22 (Provinz Trento) Richtung Lago di Garda Nord fahren. Durch Nago und Torbole am Gardasee fahren und gleich nach dem Ortsanfang Riva rechts dem Wohnmobil-Entsorgungssymbol folgen. Noch 200 m bis zum Parkplatz links (**Via Brione**).
Koordinaten: 45° 52,78' Nord, 10° 51,53' Ost.

Häuser und Bar am Parkplatz.
Ver- und Entsorgung am Parkplatz. Spielplatz am Parkplatz.
Aufenthaltsdauer 48 Stunden. Wohnmobile meistens anzutreffen.
Wanderungen und Radtouren am Gardasee und im Tal der Sarca.
Badestrand in der Nähe. Kiesstrand. Schiffsfahrten.
Besichtigung von Riva: Rocca (Burg), Altstadt, Museo Civico.
Ausflug mit dem Sessellift zur Bastione.
Fahrt zum 90 m hohen Wasserfall von Varone, 4 km nördlich.
Parkgebühr: 1 € pro Stunde (0-24 Uhr).
Stellmöglichkeiten für 30 Wohnmobile. Ebene Stellflächen.
Wohnmobil-Verbot am Sportboothafen.

25088 Toscolano-Maderno Lido degli ulivi ** GS - 3

Geschotterter **Übernachtungsplatz** in Strandnähe in sehr ruhiger Lage.

Von der westlichen Uferstraße Riva-Salo (N45bis) bei Anfahrt aus dem Norden 500 m nach dem Ortsanfang Toscalano (Provinz Brescia) links dem Wegweiser Lido folgen und nach 600 m am Strand rechts abbiegen. Nach 200 m wieder rechts fahren (**Via Marconi**) und gleich zum Parkplatz rechts abbiegen. Bei Anfahrt aus dem Süden 3,2 km nach dem Ortsanfang Toscolano-Maderno rechts dem Wegweiser Lido folgen und nach 600 m am Strand rechts abbiegen und nach 200 m wieder rechts fahren. Gleich danach zum Parkplatz rechts abbiegen.

Häuser am Parkplatz.
Bar und Pizzeria in der Nähe.
Müllcontainer am Parkplatz.
Strand am Parkplatz. Bootsverleih in der Nähe.
Wanderungen und Radtouren am Gardasee.
Schiffsfahrt auf dem Gardasee. Anlegestelle in Maderno.
Besichtigung von Maderno und Salo.
Fahrt um den Gardasee.
Parkgebühr in der Saison.
Ebene Stellflächen für 20 Wohnmobile.
Strandparkplatz abgeschrankt.

25083 Gardone Riviera Vittoriale *** GS - 4

In Terrassen angelegter **Übernachtungsplatz** mit einzelnen Bäumen in sehr ruhiger und schöner Lage.

Von der westlichen Uferstraße Riva-Salo (N45bis) bei Anfahrt aus dem Norden 200 m nach dem Ortsanfang Gardone rechts dem Wegweiser Parcheggio/Vittoriale folgen. Noch 400 m bis zum Parkplatz rechts. Bei Anfahrt aus dem Süden 1,4 km nach dem Ortsanfang Gardone links dem Wegweiser Parcheggio/Vittoriale folgen. Noch 400 m bis zum Parkplatz rechts.

Gaststätten und Geschäfte in der Nähe. Häuser am Parkplatz.
Müllbehälter am Parkplatz.
Wanderungen und Radtouren am Gardasee.
Schiffsfahrt auf dem Gardasee.
Besichtigung von Gardone: Vittoriale, Freilicht-Theater
mit dem Grab des Dichters Gabriele d'Annunzio
und Bug des Kreuzers Puglia, Villa Alba mit Parkanlage.
Eintrittsgebühr: 8 €.
Besuch des Botanischen Gartens von Gardone.
Ausflug über die Panoramastraße nach S.Michele.
Besichtigung von Maderno und Salo. Fahrt um den Gardasee.
Parkgebühr in der Saison: 8 € pro Tag.
Stellmöglichkeiten für 5 Wohnmobile. Ebene befestigte Stellflächen.
Ausweichparkplatz 100 m
nach der Abzweigung von der Hauptstraße.

25080 Vallio Terme Municipio ** GS - 5

Befestigter **Übernachtungsplatz** in ruhiger und schöner Lage.

Von der Ausfahrt Brescia-Est der Autobahn A4 Richtung Salò/Gavardo fahren (SS45bis) und in Gavardo Richtung Vallio Terme abbiegen. Nach 5,4 km - 1,2 km nach dem Ortsanfang Vallio Terme - rechts dem Wohnmobil-Symbol folgen. Noch 50 m bis zum Parkplatz rechts.

Häuser am Parkplatz.
Ver- und Entsorgung am Parkplatz.
Getrennte Müllentsorgung am Parkplatz.
Engstelle mit Ampelregelung nach Gavardo und vor Vallio.
Besuch der Therme in Vallio. Nach dem Ortsanfang rechts abbiegen.
Fahrt zum Gardasee.
Fahrt nach Brescia.
Wandern am Col S.Eusebio und in den Ausläufern der Alpen.
Stellmöglichkeiten für 10 Wohnmobile.
Keine Parkgebühr.
Ausweichparkplatz 600 m vorher links.

25080 Manerba Parco naturale ** GS - 6

Übernachtungsplätze auf einem Wiesengelände mit kleinen Bäumen in ruhiger und schöner Lage.

700 m nach dem nördlichen Ortsanfang Manerba (Provinz Brescia) von der Hauptstraße SS572 Richtung Manerba (Garda See) abbiegen. Nach 500 m rechts, nach weiteren 1,2 km links und nach weiteren 500 m rechts den Wegweisern Parco naturale/rocca/Spiaggia folgen. Nach weiteren 500 m links Richtung parcheggio camper (**Via Agello**) abbiegen. Nach 400 m wird der Platz rechts erreicht. Bei Anfahrt aus dem Süden nicht vorher von der Hauptstraße abbiegen, da sonst eine Engstelle durchfahren werden muss.

Häuser und Bar am Parkplatz. Schmale, aber gute Zufahrt.
Im Winter nicht zugänglich, verschlossenes Tor.
Aufenthaltsdauer 48 Stunden.
Strand in der Nähe.
Wanderungen und Radtouren am Gardasee.
Schifffahrt auf dem Gardasee.
Besichtigung von Sirmione.
Fahrt um den Gardasee. Fahrt nach Verona.
Parkgebühr: 5 € pro Tag und 3 Euro pro Nacht.
Stellmöglichkeiten für 20 Wohnmobile.
Etwas schräge Stellflächen.

46040 Monzambano Area sosta camper *** GS - 7

Wohnmobilplatz in sehr ruhiger und schöner Lage.

Über die SP 19 Strada dei Colli nach Monzambano fahren und dem Wohnmobilschild folgend rechts abbiegen. Nach 200 m links. Nach 100 m rechts. Nach weiteren 100 m links in die Zielstraße **(Via degli Alpini).** Am Ende der Straße links. Noch 50 m bis zum Platz. Koordinaten: 45° 23,37' Nord, 10° 41,56' Ost.

Häuser am Platz.
Restaurant, Kiosk und Lebensmittelgeschäfte im Ort.
5 Gehminuten zum Ort.
Ver- und Entsorgung vorhanden. Gebühr 3 € ohne Übernachtung.
Stromversorgung vorhanden.
Müllbehälter am Platz. Platzbeleuchtung.
Sanitäranlage vorhanden (Duschen und Spülbecken).
Teilweise Schatten durch junge Bäume.
Geschotterte, ebene und gerade Stellflächen für 30 Wohnmobile.
Parkgebühr: 10 € pro Tag.
Aufenthaltsdauer 48 Stunden.
Nur in der Saison geöffnet (1. April bis 15. Oktober).
Kleines Freibad und Spielplatz vor dem Stellplatz.

25019 Sirmione Area attrezzata camper **** GS - 8

Befestigter **Mobilpark** in einem Parkgelände am See in sehr ruhiger und sehr schöner Lage.

Bei Anfahrt aus dem Osten von der SS11 (Brescia-Verona) Richtung Sirmione (Provinz Brescia) abbiegen und in Sirmione rechts dem Mobil-Symbol folgen. Nach 100 m wird die Zufahrt rechts erreicht. Bei Anfahrt aus dem Süden von der Autobahn A4 Richtung Sirmione fahren (SP13) und 2 km nach dem Ortsanfang im Kreisel rechts Richtung Sirmione abbiegen. Nach weiteren 1,8 km links dem Mobil-Symbol folgen (**Via Cantarane 18**). Noch 100 m bis zur Zufahrt rechts. Koordinaten: 45° 27,66' Nord, 10° 38,04 Ost.

Gaststätten in der Nähe. Häuser am Parkplatz.
Schranke 22.00 bis 7.00 Uhr geschlossen.
Blick auf den See. Bademöglichkeit am Platz.
WC und Duschen am Parkplatz.
Ver- und Entsorgungsstation am Parkplatz.
Wohnmobile immer anzutreffen. Aufenthaltsdauer einige Tage.
Ganzjährig zugänglich.
Bus nach Sirmione (Bushaltestelle in der Nähe).
Besichtigung von Sirmione: Skaliger-Wasserburg, Panoramaweg, Santa Maria Maggiore, San Pietro, Grotto di Catullo (röm. Villa).
Fahrt um den Gardasee. Besuch des Freizeitparks Gardaland.
Besuch des Safariparks und des Naturparks in Pastrengo.
Parkgebühr: 16 € für 24 Stunden einschl.Ver- und Entsorgung.
Stellmöglichkeiten für 50 Wohnmobile. Ebene Stellflächen.
Infos: Ufficio Informazioni Turistica Tel. 00 39 (0 30) 91 61 14.

37019 Peschiera Attrezzata camper * GS - 9

Befestigte **Übernachtungsplätze** für Wohnmobile am Ortsrand.

Von der Ausfahrt Peschiera der Autobahn A4 Richtung Peschiera (Provinz Verona) fahren und nach 1 km - 200 m nach dem Ortsanfang Peschiera - rechts hinter der OMV-Tankstelle zum Parkplatz abbiegen (**Via Milano**). Koordinaten: 45° 26,45' Nord, 10° 40,67' Ost.

Gaststätte und Häuser am Parkplatz.
Verkehrsgeräusche durch Zufahrtsstraße.
Entsorgung am Parkplatz. Wasserversorgung an der Tankstelle.
Aufenthaltsdauer 24 Stunden. 10 min Fußweg zur Ortsmitte.
Besichtigung von Sirmione: Grotten des Catull, Skaliger Burg.
Ausflug zum Wallfahrtsort Frassino.
Besichtigung von Verona. Fahrt um den Gardasee.
Besuch des Freizeitparks Gardaland. Geöffnet 15.03. bis 5.11.
Besuch des Wasserparks caneva world in Pacengo.
Parkgebühr: 1,50 € für 3 Stunden, 10 € für 24 Stunden.
Stellmöglichkeiten für 10 Wohnmobile.

37019 Peschiera Gardaland ** GS - 10

Park- und **Übernachtungsplätze** für Wohnmobile am Gardaland in ruhiger Lage.

Von der SS11 (Brescia-Verona) im Kreisel östlich von Cavalasene Richtung Gardaland abbiegen. Nach 700 m links dem Wegweiser Gardaland folgen. Noch 2 km bis zu den Parkplätzen rechts. Bei Anfahrt von Lazise 2 km von Peschiera links dem Parkplatz Wohnmobil-Symbol folgen. Bei Anfahrt von Westen aus Richtung Sirmione nach Peschiera Richtung Garda (SS249) links und nach 900 m rechts abbiegen. Nach weiteren 1,2 km dem Wohnmobil-Symbol rechts folgen. Noch 200 m bis zu den Parkplätzen rechts und links.

Gaststätten im Gardaland.
WC am Parkplatz. Müllbehälter am Parkplatz.
Parkplätze stehen nur in der Saison zur Verfügung.
Einfahrtsbreite 2,5 m und Einfahrtshöhe 3,10 m.
Ausflug zum Wallfahrtsort Frassino.
Besichtigung von Sirmione: Grotten des Catull, Skaliger Burg.
Besichtigung von Verona.
Fahrt um den Gardasee.
Besuch des Freizeitparks Gardaland. Geöffnet 15.03. bis 5.11.
von 8-24.00 Uhr im Sommer.
Besuch des Wasserparks caneva world in Pacengo.
Parkgebühr: 10 € pro Mobil. Stellmöglichkeiten für 50 Mobile.

37011 Bardolino Ortsparkplatz * GS - 11

Durch Bäume unterteilter **Übernachtungsplatz** in Ortsnähe.

Bei Anfahrt aus dem Süden von Peschiera 1,3 km nach dem südlichen Ortsanfang Bardolino (Provinz Verona) rechts zum Parkplatz abbiegen. Noch 100 m bis zum Parkplatz. Bei Anfahrt aus dem Norden von Garda 600 m nach dem Ortsanfang Bardolino links zum Parkplatz abbiegen.
Koordinaten: 45° 33,02' Nord, 10° 43,43' Ost

Schranke vor der Ein- und Ausfahrt. Geöffnet 7-22.00 Uhr.
Gaststätte und Häuser am Parkplatz.
WC in der Nähe. Ver- und Entsorgungsmöglichkeit.
Parkgebühr: 10 € von 9 bis 24 Uhr.
10 min Fußweg zum Seeufer und zum Bootshafen.
Wanderungen und Radtouren am Gardasee.
Verkehrsgeräusche.
Parkplatz nur in der Saison zugänglich, sonst abgeschrankt.
Tankstelle am Parkplatz.
Weinprobe und Weinkauf in Bardolino.
Ausflug zur Pfarrkirche S. Maria in Cisano.
Stellmöglichkeiten für 20 Wohnmobile.

37011 Bardolino Wohnmobilplatz ** GS - 12

Umzäunter und gepflasterter **Wohnmobilplatz** mit einzelnen Bäumen in ruhiger und schöner Lage.

Bei Anfahrt aus dem Süden von Peschiera 700 m nach dem Ortsende (Provinz Verona) vor der Tankstelle links zum Parkplatz abbiegen. Bei Anfahrt aus dem Norden von Garda 700 m vor dem Bardolino hinter der Tankstelle rechts zum Parkplatz abbiegen. Koordinaten: 45° 33,71' Nord, 10° 42,90' Ost.

Pizzeria, Tankstelle und Häuser am Parkplatz.
Parkgebühr: 15 € pro Tag (April bis Oktober),
12 € pro Tag (November bis März)
WC in der Nähe.
Strand am Parkplatz.
Wanderungen und Radtouren am Gardasee.
Parkplatz nur in der Saison zugänglich.
Kasse und Schranke vor dem Platz.
Weinprobe und Weinkauf in Bardolino.
Ausflug zur Pfarrkirche S. Maria in Cisano.
Besichtigung von Sirmione.
Fahrt um den Gardasee.
Leicht schräge Stellflächen für 10 Wohnmobile.
Wenig Schatten.

37016 Garda Ortsparkplatz ** GS - 13

Asphaltierter **Übernachtungsplatz** in ruhiger und schöner Lage.

Von der Straße Peschiera-Garda 600 m nach dem südlichen Ortsanfang Garda rechts dem Wohnmobil-Symbol folgen. Nach 300 m rechts zum Parkplatz Bus abbiegen. Noch 100 m bis zum Wohnmobilplatz rechts. Bei Anfahrt aus dem Norden in der Ortsmitte dem Wohnmobil-Symbol links folgen. Nach 300 m rechts zum Parkplatz abbiegen. Koordinaten: 45° 34,58' Nord, 10° 42,88' Ost.

Häuser am Parkplatz. Ver- und Entsorgung vorhanden.
Asphaltierte, ebene und gerade Stellflächen für 30 Wohnmobile.
Parkgebühr: 13 € für 24 Stunden. Parkscheinautomat.
Wandern und Radfahren am Gardasee.
Besichtigung von Garda: Pfarrkirche, Glockenturm, Kapitänspalast, Palazzo Fregoso, Punta di San Vigilio, Palazzo Carlotti.
Schiffsfahrt auf dem Gardasee.
Besichtigung von Lazise. Besichtigung von Sirmione.
Fahrt um den Gardasee. Fahrt nach Verona.
Etwas Schatten durch einzelne Bäume.

37018 Malcesine Strada funivia ** GS - 14

Umzäunter **Wohnmobilplatz** mit vielen Bäumen am Ortsrand in ruhiger Lage.

Bei Anfahrt aus dem Süden von der Straße Garda-Torbole 4,9 km nach dem Ortsanfang an der Ampel rechts Richtung funivia/area service autocamper abbiegen. Nach 3 km wird der Platz links erreicht. Bei Anfahrt aus dem Norden 900 m nach dem Ortsanfang Malcesine links Richtung funivia abbiegen. Nach 3 km wird der Platz links erreicht (**Via Navene Vecchia 141**). Koordinaten: 45° 47,06' Nord, 10° 49,29' Ost.

Stellplatz vor dem Campingplatz. Anmeldung am Campingplatz.
Gaststätte und Häuser in der Nähe.
Ver- und Entsorgung (Bodeneinlass) am Platz.
Stromanschluss vorhanden. Gebühr 1 €.
WC und Duschen am Platz.
Zufahrtsstraße für große Wohnmobile nicht geeignet.
Aufenthaltsdauer 48 Stunden.
Zugänglich von Ostern bis Ende Oktober.
Zufahrtstor von 24-7.00 Uhr geschlossen.
Schifffahrt auf dem Gardasee.
Fahrt mit dem Tragflügelboot (traghetti) nach Maderno.
Fahrt um den Gardasee. Fahrt nach Verona.
Parkgebühr: 14 € für 24 Stunden.
Unebene und schräge Stellflächen für 15 Wohnmobile.

37010 Pastrengo Parco Natura Viva ** GS - 15

Durch Bäume gegliederter **Parkplatz** am Parco Natura/Parco Zoo in sehr ruhiger Lage.

Von der SS11 (Brescia-Verona) den Wegweisern Parco Natura/Parco Zoo/Safaripark folgen und in Castelnuovo abbiegen. Nach 3,3 km wird die Einfahrt zu den Parkplätzen rechts erreicht. Dem Wegweiser Parco Natura folgen.

Gaststätte und Kiosk am Parkplatz. Tankstelle an der Zufahrt.
WC am Parkplatz. Müllbehälter am Parkplatz.
Parkplatz nur während der Saison zugänglich, sonst abgeschrankt.
Besuch des Parc Natura und des Parco Zoo. Fahrt zum Gardasee.
Besichtigung von Verona: Arena, S. Zeno Maggiore, Catelvecchio, Skaligerbrücke, Skaligergräber, Piazza della Erbe, Piazza Signori, S. Anastasia, S. Bernadino, S. Fermo Maggiore, S. Maria in Organo, S. Giorgia in Braida, Porta Palio, Römisches Theater.
Besichtigung von Trient: Romanisch-gotischer Dom, Renaissance-Paläste an der Via Belenzani, Renaissance-Kirche S. Maria Maggiore, Castello del Buonconsiglio.
Parkgebühr 5 € pro Wohnmobil.
Stellmöglichkeiten für 50 Wohnmobile.

37100 **Verona** Viale Galiano * GS - 16

Asphaltierter **Großraumparkplatz** am Rande der Innenstadt.

Von der Ausfahrt Verona-Nord der Autobahn A22 auf der Tangentiale Richtung Verona fahren und zur N11 Richtung Verona abbiegen. 2,9 km nach dem Ortsanfang Verona rechts dem Parkplatz-Schild folgen. Nach 800 m halbrechts fahren und nach 200 m links wenden. Noch 200 m bis zum Parkplatz rechts.

Häuser am Parkplatz. Müllbehälter am Parkplatz.
Verkehrsgeräusche durch die Ringstraße.
15 min Fußweg zum Castelvecchio, 20 min zur Arena und 25 min zur Stadtmitte.
Besichtigung von Verona: Arena, S. Zeno Maggiore, Catelvecchio, Skaligerbrücke, Skaligergräber, Piazza della Erbe, Piazza Signori, S. Anastasia, S. Bernadino, S. Fermo Maggiore, S. Maria in Organo, S. Giorgia in Braida, Porta Palio, Römisches Theater.
Besuch des Städtischen Kunstmuseums.
Besuch einer Veranstaltung in der Arena.
Ausflüge ins Valpolicella, zur Ponte di Veia, nach S.Giorgio, Illasi und Volargne.
Besichtigung von Trient: Romanisch-gotischer Dom, Renaissance-Paläste an der Via Belenzani, Renaissance-Kirche S. Maria Maggiore, Castello del Buonconsiglio.
Keine Parkgebühr. Stellmöglichkeiten für 30 Wohnmobile.

Die Burg der Skaliger

Campione am Gardasee

Am Gardasee

Die Täler, aus denen man trinken kann

Von Vicenza nach Treviso

Tour 9

Die Region Venetien teilt sich in zwei Landschaftsformen: Die Ebene, entstanden als Schwemmland der Flüsse Po und Etsch, mit der Küste der Lagunen und des Po-Deltas und die Voralpen- und Alpenregion. In den südlichen Alpentälern wächst ein guter Wein, beeinflusst durch das milde Klima im Herbst und durch den nährstoffreichen Boden. Rechts und links der Straßen erkennen wir endlose Reihen von Rebstöcken. In den malerischen Winkeln der Täler könnten wir überall die Weine probieren. Wir versorgen uns mit einigen Vorräten und fahren Richtung Vicenza, eine kunsthistorisch bedeutsame Großstadt in Venetien.

Zunächst erkunden wir die malerische Stadt Schio, im Nordwesten von Vicenza, am Ausgang eines Alpentales gelegen. Der klassizistische Dom beherrscht mit seiner breiten Treppenanlage und einer mächtigen Säulenfront das Stadtbild. Sehenswert sind die Gassen um den Dom und die gotische Kirche San Francesco.

Der Stellplatz an der Sporthalle mit Ver- und Entsorgungseinrichtungen ist für eine Übernachtung geeignet (**VT-1**). Wir übernachten auf dem neu angelegten, ruhigen Stellplatz im Nachbarort Santorso (**VT-2**). In Vicenza können wir die Stellplätze Cricoli oder Bassano für unsere Besichtigungstour benutzen (**VT-3** und **VT-4**).

Die Vielzahl und Pracht der klassizistischen Paläste in **Vicenza** ist einzigartig in Italien. Wir entdecken beim Stadtrundgang aber auch zahlreiche Kanäle mit schönen Brücken, Ausblicke auf die malerische Hügelkette und enge Gassen mit venezianischen Bauten. An dem Corso Andrea Palladio stehen die schönsten Paläste und Häuser aus dem 14. - 18. Jahrhundert, darunter der Palazzo del Comune, das Rathaus mit sehenswerten Arkaden und einem schönen Innenhof. Auch die Straße Contrà Porti und der Corso Palladio werden von prächtigen Palästen gesäumt. Ein Schmuckstück ist das Goldene Haus, Ca'd'Oro, genannt nach den vielfältigen goldenen Skulpturen. Der Palazzo Chiericati mit einem Säulenportikus und einer von Skulpturen bekrönten Ballustade ist ein Werk Palladios von klassischer Schönheit. Das städtische Museum mit frühgeschichtlichen Funden ist in diesem Palast untergebracht.

Die bedeutendste Sehenswürdigkeit ist die **Basilika**, eines der schönsten Renaissance-Bauwerke in Italien. Ein gotischer Palazzo wurde von dem bekannten Baumeister Palladio mit klassizistischen Marmor-Arkaden und Galerien ummantelt. Der gotische Dom wurde im 14. Jahrhundert mit Blendarkaden erbaut. Der seitliche, romanische Glockenturm stammt schon aus dem 11. Jahrhundert. Die dreischiffige gotische Kirche S. Corona beherbergt ein Spätwerk von Bellini im Seitenschiff, die "Taufe Christi". Ein weiteres bedeutsames Bauwerk von Palladio ist das Teatro Olimico, ein Theater in Anlehnung an die Theater des Altertums erbaut. Die Bühne wurde mit Statuen der sieben Straßen Thebens ausgeschmückt.

Weitere Sehenswürdigkeiten sind die romanische Kirche SS. Felice e Fortunato mit frühchristlichen Sarkophagen, die Villa Valmarana mit prächtigen Fresken von G. B. Tiepolo und die Rotonda, ein geniales Werk von Palladio, außerhalb der Stadt.

Übernachtungs- und Entsorgungsmöglichkeiten bestehen auch in der Umgebung von Vicenza, beim Autohändler Bonometti in Altavilla-Tabernelle (**VT-5**), am Stadion in Camisano in sehr ruhiger Lage (**VT-6**) und im Zentrum von Marostica (**VT-7**).

In nordwestlicher Richtung zum Monte Grappa besuchen wir die Stadt Bassano del Grappa am Fuße des Bergmassivs. Wir besichtigen die überdachte malerische Brücke über die Brenta, die im Laufe der Jahrhunderte mehrfach umgebaut wurde, den Dom, den Platz Piazza Garibaldi mit dem Turm des Ezzelino, ein Rest der mittelalterlichen Burg, die Votivkirche, ein riesiges neugotisches

Gebäude, in dem 600 Gefallene des 1. Weltkrieges ruhen und besuchen das Städtische Museum mit sehenswerten Gemälden von Bassano, Jacopo, Tiepolo und Longhi. Bassano hält für die Touristen im rollenden Ferienhaus einen Stellplatz bereit (**VT-8**).

In Asolo sind die Altstadt, der Dom aus dem 18. Jahrhundert, das Rathaus, die Loggia del Capitano mit einem schönen Portikus und Fresken an der Fassade und die Festung Rocca mit hohen und breiten Mauern Sehenswürdigkeiten. Das Städtchen und der Stellplatz werden von einer reizvollen Hügelkette eingerahmt (**VT-9**).

In Montebelluna am Montello, einem breiten kuppelförmigen Hügel, kann man sein Wohnmobil auf einem privaten Platz abstellen (**VT-10**). Eine 35 km lange Rundfahrt um den Montello führt durch malerische Orte und vorbei an sehenswerten Villen mit Blick auf die Piave. Der Ort Nervesa della Battaglia erinnert an die Piave-Schlacht zwischen Italienern und Österreichern 1917/18. Im Norden des Montello und nördlich der Piave entdecken wir in Sernáglia und Falze zwei Übernachtungsplätze für Wohnmobile (**VT-11** und **VT-12**). Auf dem Wege nach Treviso fahren wir an einem weiteren Stellplatz in Povegliano vorbei (**VT-13**).

Die Provinzhauptstadt **Treviso** hat interessante Bauten aus dem Mittelalter und der Renaissance vorzuzeigen, Denkmäler aus der Zeit als freie Stadt, bevor sich die Stadt der Herrschaft Venedigs unterwerfen musste. Anziehungspunkte sind auch die Arkadenstraßen, die Vielzahl der Kanäle und die schönen Wandmalereien an vielen Häusern. Von besonderer Bedeutung sind der Dom mit klassizistischen Merkmalen und der großartige gotische Backsteinbau der Kirche S. Nicolò aus dem 13. Jahrhundert mit den langen Chor- und Seitenfenstern. Der Platz Piazza dei Signori kennzeichnet das Zentrum der Stadt. Der gotische Palazzo dei Trecento mit einer Außentreppe und einer breiten Loggia begrenzt neben erneuerten kommunalen Bauten den mittelalterlichen Platz. Im städtischen Museum sind archäologische Funde und Gemälde der venezianischen Schule zu sehen. Beim Bummel durch die Stadt sollte man auch den Fischmarkt und die Calmàggiore, eine enge Straße mit vielen schönen Häusern, besuchen.

Am Stadion in Treviso finden wir einen ruhigen und schönen Schlafplatz (**VT-14**). Eine Ver- und Entsorgungseinrichtung und ein WC sind auf dem Platz vorhanden. In 10 Minuten gehen wir zur Innenstadt, schauen uns die Sehenswürdigkeiten an, ergänzen unsere Vorräte und bummeln durch die belebten Straßen der Altstadt.

In Noale übernachten wir, bevor wir Venedig einen Besuch abstatten (**VT-15**). Von hier sind es nur 20 km bis zur "Königin der Adria", dem Highlight einer Reise durch Venetien [1] [2] [3].

[1] Anschlussroute im Westen:	Tour 8	„Am Gardasee"
[2] Anschlussroute im Norden:	Tour 5	„Von Trento nach Belluno"
[3] Anschlussroute im Osten:	Tour 11	„Am Golf von Venedig"

Tour 9

Von Vicenza nach Treviso

Stellplatz in Santorso

Tour 9: Von Vicenza nach Treviso

Nr.	Ort, Bezeichnung	Stell-plätze A	Gast-haus	Häu-ser	WC	Bad See	Orts-nähe B	Ent-sorg.	Park-dauer C	Park-gebühr D
VT-1	**Schio, Palasport** **	5	+	+	-	+	x	+	1	0
VT-2	**Santorso, Villa Rossi** **	10	-	+	-	-	x	+	1	0
VT-3	**Vicenza, Via Cricoli** *	20	-	+	-	-	x	-	1	8
VT-4	**Vicenza, Via Bassano** **	5	-	+	-	-	x	+	1	5
VT-5	**Altavilla-Tabernelle, Bonometti** **	10	-	+	-	-	x	+	1	0
VT-6	**Camisano, Stadio** **	30	-	+	-	-	5	+	1	0
VT-7	**Marostica, Ortszentrum** *	50	-	+	-	-	5	+	1	P
VT-8	**Bassano, Parking Gerosa** *	50	-	+	-	-	5	-	2	P
VT-9	**Asolo, Parking Forestuzzo** ****	30	-	+	-	-	x	+	U	2
VT-10	**Montebelluno, Via Sansovino** *	10	-	+	-	-	5	+	U	0
VT-11	**Sernáglia, Ortsrand** **	10	-	+	-	-	x	-	1	0
VT-12	**Falze, Le Grave** **	20	-	+	-	-	x	+	U	8
VT-13	**Povegliano, Via Prato della Valle** *	10	-	-	-	-	x	+	1	0
VT-14	**Treviso, Stadio** ***	12	+	+	+	-	10	+	2	0
VT-15	**Noale, Ortsparkplatz** **	10	-	+	-	-	6	+	2	10

Legende siehe Seite 10

36015 Schio Palasport ** VT - 1

Übernachtungsplatz an der Sporthalle in ruhiger Lage.

Von der Ausfahrt Thiene/Schio der A31 nach 600 m links Richtung Schio fahren und in den Kreiseln den Wegweisern Schio folgen. Nach insgesamt 10,1 km - 600 m nach dem Ortsanfang - im Kreisel Richtung Palasport fahren (**Viale dell'Industria**). Nach weiteren 400 m wird der Parkplatz rechts erreicht.
Koordinaten: 45° 42,84' Nord, 11° 22,62' Ost.

Gaststätte und Häuser am Platz.
Nebenstraße am Platz.
Entsorgung (Bodeneinlass) und Wasserhahn am Platz.
Schwimmbad in der Nähe.
Ganzjährig zugänglich.
Besichtigung von Schio: Ecomuseum der Industriekultur,
S. Rocco, S.Pietro, Kloster S. Maria.
Wanderung und Fahrradtouren im Tretto-Tal.
Fahrt nach Vicenza.
Keine Parkgebühr.
Stellmöglichkeiten für 5 Wohnmobile.
Asphaltierte, ebene Stellflächen.
Kein Schatten.
Informationen: Ufficio Turismo Tel. 0039 (04 45) 69 11 11.

36014 **Santorso** Villa Rossi ** VT - 2

Wohnmobilplatz an der Villa Rossi in ruhiger und schöner Lage.

Vom Autobahnende der A31 Richtung Santorso fahren (SS350) und 2,1 km nach dem Ortsanfang Santorso (braunes Schild) rechts abbiegen (**Via Salzena**). Nach 200 m wird der Platz links erreicht.
Koordinaten: 45° 44,20 Nord, 11° 23,57 Ost.

Häuser am Platz.
Nebenstraße am Platz. Kleiner Park gegenüber.
Ver- und Entsorgung (Bodeneinlass) und Müllbehälter am Platz.
Ganzjährig zugänglich, außer Do 6.30-14.00 Uhr (Markt).
Besichtigung von Schio: Ecomuseum der Industriekultur, S. Rocco, S.Pietro, Kloster S. Maria.
Wanderung und Fahrradtouren im Tretto-Tal.
Fahrt nach Vicenza.
Keine Parkgebühr.
Leicht schräge Stellflächen auf Rasengittersteinen für 10 Mobile.
Kein Schatten. Neue Bäume angepflanzt.

36100 **Vicenza** Via Cricoli * VT -3

Übernachtungsplatz auf einem Großraumparkplatz im Zentrum.

Auf der A4/E70 Venedig-Milano die Ausfahrt Vicenza Est nehmen. Richtung Vicenza Zentrum halten und an der Gabel Richtung Verona fahren. Im Kreisel links dem Wohnmobilschild folgend abbiegen. Nach der Brücke rechts Richtung Verona (SS 11) abbiegen. Geradeaus dem Wohnmobilschild Cricoli folgen. Im Kreisverkehr links und im nächsten Kreisverkehr links Richtung Centro halten. Nach 100 m vor der Esso Tankstelle links. Noch 50 m bis zum Parkplatz links (**Via Cricoli**).
Koordinaten: 45° 33,79' Nord, 11° 32,84' Ost.

Für Wohnmobile zugelassener Teil des Großraumparkplatzes.
Schranke vor der Einfahrt.
Müllbehälter am Platzeingang.
Gerade und ebene Stellflächen auf Asphalt für 20 Wohnmobile.
Parkgebühr: 7,70 € pro 24 Stunden inklusive Busticket.
Haltestelle am Platz. Gratisbus zum Zentrum.
Besichtigung von Vicenza: Basilika Palladio, Palazzi Thiene, Barbaran und Porto, Villa Capra Valmarana, Skaligerburg.
Fahrt nach Venedig.
Fahrt nach Verona.

36100 **Vicenza** Via Bassano ** VT - 4

Übernachtungsplatz mit einigen Bäumen am Rand der Innenstadt in ruhiger Lage.

Von der Ausfahrt Vicenza Ovest der A4 im Kreisel Richtung Bassano immer geradeaus fahren (SS248) und dem Wohnmobil-Symbol folgen (**Via Bassano**). Nach 6,3 km rechts zur Einfahrt abbiegen (Via Pforzheim). Noch 300 m bis zur Einfahrt rechts. Koordinaten: 45° 32,59' Nord, 11° 33,54' Ost.

Restaurant, Häuser und Geschäfte am Platz.
Schranke und Kassenhaus an der Einfahrt..
Ver- und Entsorgung (Bodeneinlass) und Müllbehälter am Platz.
20 min Fußweg zur Innenstadt.
Bushaltestelle am Platz.
Ganzjährig zugänglich. Wohnmobile oft anzutreffen.
Besichtigung von Vicenza: Basilika Palladio, Palazzi Thiene, Barbaran und Porto, Villa Capra Valmarana, Skaligerburg.
Fahrt nach Venedig.
Parkgebühr: 7,70 € für 24 Stunden einschl Busticket.
Asphaltierte, ebene Stellflächen für 10 Wohnmobile.
Eingezäuntes Gelände.
Informationen: Turistica di Vicenza Tel. 0039 (04 44) 54 41 22.

36077 Altavilla-Tavernelle Automarket Bonometti ** VT - 5

Übernachtungsplatz bei einem Autohändler in ruhiger Lage.

Vom der Ausfahrt Montécchio der A4 im Kreisel Richtung Vicenza und nach 900 m im Kreisel rechts Richtung Vicenza fahren (SS11). Nach weiteren 3,9 km - 2,3 km nach dem Ortsanfang Tavernelle - links nach dem Verkaufgebäude Bonometti abbiegen und nach hinten durchfahren.

Häuser und Geschäfte am Platz.
Ver- und Entsorgung (Bodeneinlass) und Müllcontainer am Camping-Markt hinter dem Peugeot-Händler.
Reparaturwerkstatt für Wohnmobile.
Ganzjährig zugänglich.
Besichtigung von Vicenza: Basilika Palladio, Palazzi Thiene, Barbaran und Porto, Villa Capra Valmarana, Scaligerburg.
Fahrt nach Venedig.
Keine Parkgebühr.
Asphaltierte, ebene Stellflächen für 10 Wohnmobile.
Kaum Schatten.
Eingezäuntes Gelände.

36043 Camisano Stadio ** VT - 6

Übernachtungsplatz am Stadion in sehr ruhiger Lage.

Vom der Ausfahrt Gresignano der A4 scharf rechts Richtung Camisano, an der Kreuzung wieder rechts und nach 5,2 km - 700 m nach dem Ortsanfang Camisano - im Kreisel rechts Richtung Stadio fahren. Noch 500 m bis zum Platz links (**Via Stadio**).
Koordinaten: 45° 31,25' Nord, 11° 45,58' Ost.

Häuser und Polizei am Platz.
5 min Fußweg zur Innenstadt.
Ver- und Entsorgung am Platz. WC in der Nähe.
Ganzjährig zugänglich, außer an Markttagen von 8-13.00 Uhr.
Besichtigung von Vicenza: Basilika Palladio, Palazzi Thiene, Barbaran und Porto, Villa Capra Valmarana, Scaligerburg.
Fahrt nach Venedig.
Keine Parkgebühr.
Stellmöglichkeiten für 30 Wohnmobile.
Geschotterte, ebene Stellflächen.
Kaum Schatten.

36063 Marostica Ortszentrum * VT - 7

Übernachtungsplatz am Rand der Innenstadt.

Von der SP248 (Vicenza-Bassamo) in der Ortsmitte Richtung Breganze/Thiene (Via 4 Novembre) abbiegen. Nach 400 m rechts abbiegen (**Via della Rimembranza**). Noch 100 m.
Koordinaten: 45° 44,65' Nord, 11° 39,18' Ost.

Häuser am Platz.
Müllcontainer am Platz.
5 min Fußweg zur Innenstadt.
Ver- und Entsorgung am Platz.
Ganzjährig zugänglich.
Besichtigung von Bassano.
Besichtigung von Vicenza: Basilika Palladio, Palazzi Thiene, Barbaran und Porto, Villa Capra Valmarana, Scaligerburg.
Fahrt nach Venedig.
Fahrt nach Verona.
Parkgebühr. Kaum Schatten.
Ebene und schräge Stellflächen für 50 Wohnmobile.

36061 Bassano del Grappa Parking Gerosa * VT - 8

Übernachtungsplatz am Rand der Innenstadt.

Bei der Anfahrt aus dem Osten von Montebelluno (SS248) 1,8 km nach dem Ortseingang Bassano links Richtung Vicenza/Parking Gerosa centrobus abbiegen und den Hinweisschildern folgen (**Via Gaspari**). Bei Anfahrt aus dem Westen von Vicenza bei km 31 nach Bassano abbiegen und der Beschilderung folgen. Noch 2 km bis zum Platz rechts (**Via Kolbe**).
Koordinaten: 45° 45,48' Nord, 11° 43,94' Ost.

Häuser am Platz.
Müllcontainer am Platz.
5 min Fußweg zur Innenstadt.
Ver- und Entsorgung am Platz.
Ganzjährig zugänglich. Aufenthaltsdauer 2 Tage.
Besichtigung von Bassano.
Besichtigung von Vicenza: Basilika Palladio, Palazzi Thiene, Barbaran und Porto, Villa Capra Valmarana, Scaligerburg.
Fahrt nach Venedig. Fahrt nach Verona.
Parkgebühr. Kaum Schatten.

31011 Asolo Parking Forestuzzo **** VT - 9

In Terrassen angelegter **Wohnmobilplatz** in einer Grünanlage in sehr ruhiger und sehr schöner Lage.

Bei der Anfahrt aus dem Osten von Montebelluno (SS248) nicht an der ersten Abfahrt in Casella, sondern erst 1,2 km nach dem Ortsanfang Casella vor der Shell-Tankstelle rechts Richtung Asolo abbiegen und dem Wohnmobil-Symbol folgen. Noch 1 km bis zu Platz rechts. Bei Anfahrt aus dem Westen von Bassano 300 m nach dem Ortsanfang Asolo links abbiegen. Noch 1 km bis zum Platz rechts (**Via Forestuzzo**).
Koordinaten: 45° 47,78' Nord, 11° 54,83' Ost.

Häuser am Platz.
Landschaftsblick.
Ver- und Entsorgung, Müllcontainer am Platz.
Stromanschluss für 14 Mobile.
15 min Fußweg bergauf zur Innenstadt. Shuttle zum Zentrum.
Ganzjährig zugänglich. Aufenthaltsdauer nicht begrenzt.
Besichtigung von Bassano. Fahrt nach Venedig und Verona.
Parkgebühr: 7 € für Stellplätze mit Ver- und Entsorgung.
Stellmöglichkeiten für 30 Wohnmobile.
Geschotterte, ebene Stellflächen auf Terrassen mit Bäumen.
Schatten durch Bäume.

31047 Montebelluna Via Sansovino * VT - 10

Wohnmobilplatz im Ort.

Bei der Anfahrt aus dem Südosten von Treviso (SS348) am Ortseingang Richtung Zentrum/Wohnmobil-Symbol rechts und gleich wieder links abbiegen. Nach 1,5 km links Richtung Trevignano abbiegen und nach weiteren 500 m rechts abbiegen (**Via Sansovino**). Noch 200 m bis zum Platz rechts.
Koordinaten: 45° 46,34' Nord, 12° 2,78' Ost.

Häuser am Platz.
Verkehrsgeräusche durch Hauptstraße.
Ver- und Entsorgung, Müllcontainer am Platz.
Ganzjährig zugänglich. Aufenthaltsdauer nicht begrenzt.
5 min Fußweg zur Altstadt.
Besichtigung von Montebelluno.
Fahrt nach Venedig.
Keine Parkgebühr.
Stellmöglichkeiten für 10 Wohnmobile.
Unbefestigte, ebene und leicht schräge Stellflächen.

31020 Sernáglia Ortsrand ** VT - 11

Wohnmobilplatz am Ortsrand in einer Grünanlage in schöner Lage.

Bei der Anfahrt aus dem Süden von Falze durch Sernáglia fahren (SP123) Richtung Col S. Martino und 1,2 km nach dem Ortsende rechts zum Platz abbiegen.

Häuser am Platz.
Verkehrsgeräusche durch Nebenstraße.
Wasseranschluss und Müllbehälter am Platz.
Informationstafel und Grillplätze am Platz.
Ganzjährig zugänglich.
Wander- und Radwege am Platz.
Besichtigung von Montebelluno.
Fahrt nach Venedig.
Keine Parkgebühr.
Stellmöglichkeiten für 10 Wohnmobile.
Geschotterte, ebene Stellflächen.

31010 Falzè Le Grave ** VT - 12

Geschotterter Wohnmobilplatz am Ufer der Piave mit jungen Bäumen in sehr ruhiger und schöner Lage.

Bei der Anfahrt aus dem Süden von Treviso von der SS13 Richtung Colfosco/Falze nach der Brücke über die Piave abbiegen. Am Ortsanfang von Falze links abbiegen und dem Wohnmobil-Symbol folgen. Nach 1,1 km links in die Via Passo Barca abbiegen (Mobil-Symbol). Noch 500 m bis zum Platz rechts (**Via Grave 8**).
Koordinaten: 45° 51,44' Nord. 12° 9,94' Ost.

Häuser am Platz. Blick auf den Fluss.
Ver- und Entsorgung am Platz. Gebühr 3,50 Euro. Müllbehälter.
Stromanschlüsse vorhanden. Freidusche am Platz.
Spielplatz in der Nähe. Grillplätze am Platz. Gebühr 1,50 €.
Ganzjährig zugänglich. Aufenthalt nicht begrenzt.
Freibad in der Nähe.
Wander- und Radwege am Platz.
Besichtigung von Montebelluna.
Fahrt nach Venedig.
Parkgebühr: 5 € für 12, 8 € für 24 Std. einschl. Ver/Entsorgung.
Ebene, befestigte Stellflächen für 20 Wohnmobile.

31050 Povegliano Via Prato della Valle * VT - 13

Übernachtungsplatz am Ortsrand in ruhiger Lage.

Von der SS13 (Treviso-Conegliano) in Visnadello Richtung Povegliano abbiegen. Nach 1,7 km am Ortsanfang den Wohnmobil-Hinweisschildern folgen, durch Povegliano fahren. 3,1 km nach dem Ortsanfang rechts abbiegen und nach 300 m rechts zum Platz fahren (**Via Prato della Valle**).
Koordinaten: 45° 46,11' Nord, 12° 11,79' Ost.

Häuser und Industriegebiet in der Umgebung.
Ver- und Entsorgung am Platz (Bodeneinlass).
Ganzjährig zugänglich.
Aufenthalt nicht begrenzt.
12 min bis zum Ortszentrum.
Besichtigung von Montebelluna.
Besichtigung von Treviso: Dom San Pietro, Stadtmauern, Piazza dei Signori, Porta San Tommaso.
Fahrt nach Venedig.
Keine Parkgebühr.
Stellmöglichkeiten für 10 Wohnmobile.
Asphaltierte, ebene Stellflächen.

31100 **Treviso** Stadio *** VT - 14

Wohnmobilplatz am Stadion mit Bäumen in ruhiger und schöner Lage.

Bei der Anfahrt aus allen Richtungen zum Zentrum fahren und dem Wohnmobil-Symbol oder dem Wegweiser parcheccio Foro boario folgen (**via Castello d'Amore**).

Restaurant in der Nähe. Häuser am Platz.
Ver- und Entsorgung (Bodeneinlass) am Platz.
WC am Platz. Gebühr 0,25 €.
Müllbehälter am Platz. Großer Spielplatz in der Nähe.
Ganzjährig zugänglich. Aufenthaltsdauer 48 Stunden.
10 min Fußweg zur Innenstadt.
Besichtigung von Treviso: Dom San Pietro, Stadtmauern, Piazza dei Signori, Porta San Tommaso.
Fahrt nach Venedig.
Keine Parkgebühr. Stellflächen für 12 Wohnmobile reserviert.
Ausweichplätze auf dem großen Pkw-Parkplatz.
Befestigte und gepflasterte, ebene Stellflächen.
Informationen: Azienda di Promzione Turistica Tel. 0033/04 22/54 06 00.

30033 **Noale** Ortsparkplatz ** VT - 15

Wohnmobilplatz auf einem Ortsparkplatz.

Auf der SR 515 Via Noalese nach Noale fahren. 1,4 km nach dem Ortseingangsschild links abbiegen und dem Wohnmobilschild folgend wieder links abbiegen zum Parkplatz **(Via Vicenzo Gagliardi 22)**.
Koordinaten: 45° 33,17' Nord, 12° 04, 03' Ost.

Schranke vor der Einfahrt.
Ver- und Entsorgung am Platz (Gebührenpflichtig mit Münzen).
Stromversorgung vorhanden. Gebühr 1 €.
Müllbehälter am Platzeingang.
Aufenthaltsdauer 48 Stunden. Nur in der Saison zugänglich.
Stellflächen für 10 Wohnmobile.
Parkgebühr: 10 € für 24 Stunden.
Busstation am Platz. 6 min Fußweg zum Ortszentrum.
Besichtigung von Treviso: Dom San Pietro, Stadtmauern, Piazza dei Signori, Porta San Tommaso.
Fahrt nach Venedig. Bahnhof nach Venedig in 500 m Entfernung.

Berglandschaft in Venetien

Von den Alpen bis zur Adria

Im Friaul

Tour 10

Urlaub am Meer oder im Gebirge, Urlaub in der Stadt oder auf dem Land voller Entspannung, im Friaul ist alles möglich. Triest, Cividale, Palmanova, Gorizia und Udine sind Kunststädte und bergen viele Kulturstätten.

Von Österreich fahren wir nach Tarvisio, der Stadt im nordöstlichen Grenzgebiet Italiens. Ausflüge führen zu den beiden Seen von Fusine, eingerahmt von weißen, senkrechten Felswänden. Auch ein Besuch der Wallfahrtskirche aus dem Jahr 1360 auf dem Monte Lussari lohnt sich wegen der prachtvollen Aussicht über Berge und Täler. Zwei Tage darf der Wohnmobilurlauber auf dem kommunalen Stellplatz bleiben und kann im Winter den nahen Skilift nutzen (**FR-1**).

Wir fahren durch das Tal des breiten Flusses Tagliamento zur Hauptstadt des Friaul, nach **Udine**, eine Stadt mit bemerkenswerten romanischen und gotischen Bauten. Wir besichtigen den eleganten gotischen Palazzo del Comune, die Loggia S. Givanni, ein Renaissancebau mit Markuslöwen, den Arco Bollani und die Skulpturen auf dem **Piazza della Libertà**. Der Dom aus dem 14. Jahrhundert mit der gotischen Kapelle S. Nicolò und Fresken aus dem Leben des heiligen Nikolaus, die Burg, ein Renaissancebau mit einer bemerkenswerten Gemäldegalerie und den Palast der Bischöfe mit den kostbaren Fresken von Tiepolo sind unsere nächsten Besuchsziele. Alle Sehenswürdigkeiten liegen im Zentrum und sind gut zu Fuß zu erreichen. Der Stellplatz liegt in einer Grünanlage am Stadtrand (**FR-2**).

Wir besuchen das malerische Städtchen **Cividale** östlich von Udine, eine römische Gründung und im Mittelalter die Hauptstadt des Friaul. Aus dieser Zeit stammen viele Baudenkmäler. Der Dom am Piazza del Duome steht wie das Rathaus und die Bronzestatue des Julius Cäsar auf dem ehemaligen römischen Forum. Der mächtige Dom wurde 1457 im gotischen Stil begonnen, in der Renaissance vollendet und erhielt im 17. Jahrhundert einen barocken Glockenturm. Im Inneren sind der silberne Altaraufsatz und die barocken Skulpturen am Hochaltar bemerkenswert. Im ehemaligen Kapitelsaal ist das bedeutende Museum christlicher Kunst untergebracht mit dem achteckigen Baptisterium des Callixtus aus dem 8. Jahrhundert, dem Marmorschrein des Langobarden-Herzogs Ratchis aus dem gleichen Jahrhundert und einem Bischofthron.

Im Archäologischen Museum bewundern wir Exponate aus der Zeit der Langobardenherrschaft, Handschriften, Goldschmiedearbeiten, Schmuck, Grabbeigaben und Waffen. Der Tempietto am Ufer des Flusses Natisone ist ein sehr interessantes Bauwerk aus dem frühen Mittelalter. Bemerkenswert sind die Stuckfiguren mit einem dekorativen Fries, das gotische Chorgestühl und die byzantinischen Fresken.

Ein großartiges Beispiel einer befestigten mittelalterlichen Stadt ist **Palmanova**, 1593 von Venedig auf einem sternförmigen Grundriss von neun Seiten erbaut. Die Mauern, Bollwerke und Gräben sind vollständig erhalten. Auf einem sechseckigen Platz im Zentrum der Stadt steht der Dom von 1615. Von dem Domplatz führen strahlenförmig sechs Straßen zu der Stadtmauer und zu den drei monumentalen Stadttoren Udine, Cividale und Aquileia.

In dem kleinen Ort Oleis südöstlich von Udine übernachten wir in einer sehr ruhigen Umgebung, ergänzen unsere Lebensmittel in den nahen Geschäften und lassen uns einheimische Gerichte in einem Restaurant servieren (**FR-3**).

Friaul

Von dem Stellplatz in Gradisca d'Isonzo starten wir unsere Besichtigung von Gorizia (**FR-4**). Eindrucksvoll bewacht das Schloss aus dem 12. Jahrhundert die Stadt. Der Hügel wird von einer Mauer mit runden Ecktürmen umschlossen. Der mittelalterliche Stadtkern (Borgo Castello) besticht durch die typischen venezianischen Häuser. Auch Gradisca hat eine venezianische Befestigungsanlage, venezianische Häuser und einen Dom. Die vielen Grünanlagen und Parks gaben dem Ort die Bezeichnung Gartenstadt.

An der Küste bei Monfalcone sind in den gut ausgestatteten Badeorten Lido di Panzano, Marina Julia, Lido di Staranzano und Sistiana mit sehr schönen Sandstränden leider keine Stellplätze für Wohnmobile zu finden. Wir fahren weiter nach Süden. Von der Panoramastraße am Golf von Trieste haben wir herrliche Ausblicke auf das Meer und die Küstenlandschaft.

Sieben Kilometer nordwestlich von Triest besichtigen wir in Grignano das Schloss Miramare auf einem ins Meer vorspringenden Felsen, 1860 für Erzherzog Johann, den Bruder des Kaisers Franz Joseph, erbaut. 1864 nahm der Erzherzog die Kaiserkrone von Mexiko an. Drei Jahre später wurde er in Mexiko hingerichtet. Im Schlossmuseum können wir die schönen, kaum benutzten Einrichtungen und Gegenstände des Erzherzogs, und im Park eine Vielzahl exotischer Pflanzen bewundern.

Unsere Wochenreise beschließen wir in **Triest**, ein Treffpunkt der Kulturen Mitteleuropas und des Mittelmeeres. Aus römischer Zeit sind die Reste des Theaters aus dem 2. Jahrhundert, eine Basilika und der Arco di Riccardo erhalten. Die wichtigsten Zeugnisse aus dem Mittelalter sind die **Kathedrale S. Giusto** und das Castello. Die Kathedrale auf dem Gipfel eines Hügels ist das Wahrzeichen der Stadt. Sie wurde im 14. Jahrhundert mit einem wuchtigen Glockenturm und einer gotischen Fensterrose erbaut. Von der Kirche haben wir einen schönen Blick über die Stadt und den Hafen.

Die Burg hinter dem Dom wurde 1470 auf den Resten einer venezianischen Festung errichtet, 1508 mit den mächtigen Bastionen Rotondo und Hoyos erweitert und 1630 mit dem letzten Wehrturm vollendet. In den Wehrgängen und im Waffenhof befindet sich eine interessante Sammlung antiker Waffen.

In der Nähe des Hafen ist an der Piazza Venezia das Museo Revoltella, eine Ausstellung moderner Kunst mit Gemälden und Skulpturen aus den beiden letzten Jahrhunderten, untergebracht. Im Museo del Mare kann man anschaulich die Geschichte von Triest auf den Gebieten Schifffahrt und Schiffbau erleben.

Nach der Besichtigung dieser Sehenswürdigkeiten schlendern wir über die breite Uferpromenade am Hafen und schauen dem Treiben an der Passagierschiffmole und am Fischereihafen zu. Am Sportboothafen befindet sich ein Stellplatz für Wohnmobile (**FR-5**). Wir übernachten auf dem ruhig und schön gelegenen Wohnmobilplatz Affitassi (**FR-6**) und fahren am nächsten Morgen zum Golf von Venedig [1] [2].

[1] Anschlussroute im Norden: Band 6 “Österreich”, Tour 16 “Die Seen in Kärnten”
[2] Anschlussroute im Südwesten: Tour 11 “Am Golf von Venedig”

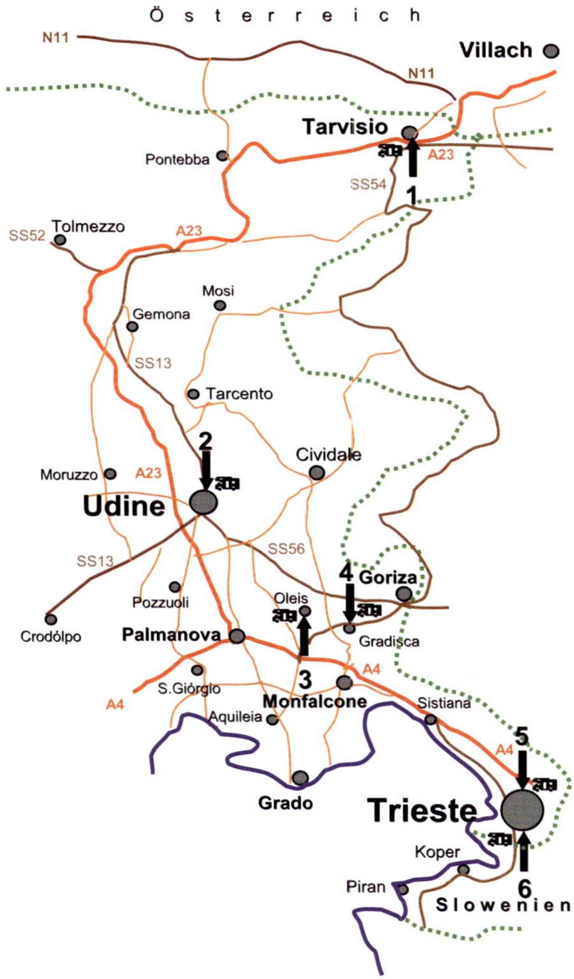

Tour 10

Im Friaul

Tour 10: **Im Friaul**

Nr.	Ort, Bezeichnung	Stell-plätze A	Gast-haus	Häu-ser	WC	Bad See	Orts-nähe B	Ent-sorg.	Park-dauer C	Park-gebühr D
FR-1	**Tarvisio, Area communale *****	15	+	+	-	-	x	+	2	12
FR-2	**Udine, Area sosta camper ****	10	+	+	-	-	x	+	1	0
FR-3	**Oleis, Piazetta F. Braida ****	3	-	+	-	-	x	+	1	0
FR-4	**Gradisca, Area di sosta camper ****	3	-	+	-	-	x	+	1	0
FR-5	**Trieste, Sportboothafen ****	10	+	+	-	-	x	+	1	0
FR-6	**Trieste, Affittasi *****	30	-	+	-	-	x	+	1	15

Legende siehe Seite 10

33018 Tarvisio Area comunale *** FR - 1

Wohnmobilplatz in sehr ruhiger und schöner Lage.

Auf der A23/E55 (Autobahn Alpen-Adria) die Ausfahrt Tarvisio Süd nehmen. Auf der SS13 nach Tarvisio fahren und rechts zum Parkplatz 3 abbiegen. Noch 100 m bis zum Platz **(Via Armando Diaz).**
Koordinaten: 46° 30,20' Nord, 13° 34,31' Ost.

Häuser am Platz.
Müllbehälter am Platz.
Ver- und Entsorgung vor dem Platz.
Beleuchtung am Platz.
Sanitäranlage vorhanden.
Informationstafel vorhanden.
Gepflasterte, gerade und ebene Stellflächen für 15 Wohnmobile.
Aufenthaltsdauer: 2 Tage. Ganzjährig zugänglich.
Parkgebühr: 0,60 € pro Stunde. 12 € für 24 Stunden
Skilift in der Nähe. Wintersport.
Ausflug nach Österreich.
Ausflug nach Slowenien.

33100 Udine Area soster camper ** FR - 2

Wohnmobilplatz im Ort in ruhiger und schöner Lage.

In Udine Richtung Tarvisio/Ospedale fahren (Via Diego Simonetti). Im Kreisverkehr in die Via Martignacco rechts abbiegen. Im Kreisel geradeaus und nach 200 m rechts in die Via Aonez. Nach 200 m links in die Via Chiusaforte. Noch 500 m bis zum Platz links **(Piazzale Cesario da Rovigo)**.
Koordinaten: 46° 04,85' Nord, 13° 13,36' Ost.

Häuser am Platz.
Restaurant, Lebensmittelgeschäft und Tankstelle in der Nähe.
Müllbehälter vorhanden.
Ver- und Entsorgung vor dem Platz.
Stellflächen für 30 Wohnmobile auf Rasengittersteinen.
Keine Parkgebühr.
Ganzjährig zugänglich
Besichtigung von Udine: Piazza delle Libertà, Palazzo del Comune, Loggia S.Giovanni, Dom, Bischofspalast.
Fahrt nach Grado und Aquilea.
Ausflug nach Slowenien.

33044 Oleis Piazetta F. Braida *** FR - 3

Kleiner Wohnmobilplatz im Ort in sehr ruhiger und schöner Lage.

Auf der SP2/SP78 von Udine nach Manzano fahren. In Manzano nach Oleis fahren (SP19). In Oleis von der Via Vittorio Veneto in die Via Rosazzo einbiegen. Noch 100 m bis zum Platz rechts **(Piazetta Francesco Braida)**. Koordinaten: 46° 00,98' Nord, 13° 23,59 Ost.

Kurze Stellflächen. Nicht für große Reisemobile geeignet.
Häuser am Platz.
Müllbehälter vorhanden.
Ver- und Entsorgung am Platz.
Stromversorgung vorhanden.
Beleuchtung am Platz.
Gepflasterte, gerade Stellflächen für 3 Wohnmobile.
Keine Parkgebühr.
Einkaufen im Weingebiet.
Besichtigung von Udine: Piazza delle Libertà, Palazzo del Comune, Loggia S.Giovanni, Dom, Bischofspalast.
Fahrt nach Grado und Aquilea.
Ausflug nach Slowenien.

34072 Gradisca d'Isonzo Area di sosta camper ** FR - 4

Wohnmobilplatz im Ort in schöner Lage.

Von der A4/E70 Venedig-Trieste die Ausfahrt Villesse nehmen und Richtung Villesse fahren (SS 351). Links Richtung Gradisca d'Isonzo fahren. Nach 3 km links in die **Viale Trieste** einbiegen. Nach 800 m wird der Platz links erreicht. Koordinaten: 45° 53,14' Nord, 13° 29,73' Ost.

Häuser Lebensmittelgeschäft am Platz.
Grünanlage am Platz.
Geräusche von der Straße.
Tankstelle in der Nähe.
Müllbehälter und Ver- und Entsorgung am Platz.
Asphaltierte, gerade Stellflächen für 3 Wohnmobile.
Keine Parkgebühr.
Besichtigung von Gradisca: Venezianische Befestigungsanlage, venezianische Häuser, Dom.
Besichtigung von Udine: Piazza delle Libertà, Palazzo del Comune, Loggia S.Giovanni, Dom, Bischofspalast.
Fahrt nach Grado und Aquilea.
Ausflug nach Slowenien.

34135 Trieste Sportboothafen ** FR - 5

Übernachtungsplatz am Sportboothafen in schöner Lage.

Von der SS 202 die Ausfahrt Via Svevo nehmen. Nach 450 m Richtung Centro halten. Nach 1 km durch zwei Unterführungen und danach sofort rechts und sofort wieder links. Nach 30 m wieder links auf die Via Giosoe Carducci fahren und 1,5 km den Straßenverlauf folgen (**Viale Miramare**).
Koordinaten: 45° 40,93' Nord, 13° 45,06' Ost.

Restaurant und Häuser am Platz.
Müllbehälter vorhanden.
Beleuchtung am Platz.
Asphaltierte, gerade Stellflächen für 10 Wohnmobile.
Keine Parkgebühr.
Besichtigung von Trieste: Kathedrale San Giusto, Castello, römisches Theater, Museo Revoltella, Museo del Mare.
Fahrt nach Grado und Aquilea.
Ausflug nach OGorizia.
Ausflug nach Slowenien.

34146 Trieste Affittasi *** FR - 6

Wohnmobilplatz im Ort in ruhiger und schöner Lage.

Von der Via Valmaura in Trieste in die Ratto della Pileria (kurz vor dem Einkaufszentrum Famila) einbiegen. Nach 300 m rechts in die **Via Pane del Bianco**. Noch 300 m bis zum Platz.
Koordinaten: 45° 30,53' Nord, 13° 47,20' Ost.

Häuser am Platz.
Schmale und steile Zufahrt.
Schranke vor der Einfahrt.
Müllbehälter vorhanden.
Ver- und Entsorgung vor dem Platz.
Stromversorgung vorhanden.
Beleuchtung am Platz.
Geschotterte, gerade Stellflächen für 30 Wohnmobile.
Parkgebühr: 15 € pro Tag.
Besichtigung von Trieste: Kathedrale San Giusto, Castello, römisches Theater, Museo Revoltella, Museo del Mare.
Fahrt nach Grado und Aquilea.
Ausflug nach Slowenien.

Die Königin der Adria

Am Golf von Venedig

Tour 11

Venedig - mehrere Tage besuchen wir die Königin der Adria und viele Tage baden und sonnen wir uns am Golf von Venedig. Wohnmobilfreunlich sind viele Orte am Golf, nur einige Gemeinden haben Verbotsschilder aufgestellt. Ursprünglich und nicht überlaufen sind die meisten Küsten und Strände.

Aber nicht nur Venedig bietet Attraktionen, da ist auch **Grado**, die alte Bischofsstadt im Norden des Golfes, Aquileia, eine bedeutende Hafenstadt in der Antike und Triest, der große Seehafen. Für die Besichtigung von Grado und für einen Einkaufsbummel fährt man auf den Parkstreifen der Isola della Schiusa, zum Übernachten auf den Wohnmobilplatz (**GV-1**). Geschäfte, Gaststätten und die Sehenswürdigkeiten sind nicht weit entfernt, Wohnmobiltouristen trifft man fast immer.

Am meisten beeindruckt uns in Grado die klassische **Basilika S. Eufemia** aus dem 6. Jahrhundert mit den prächtigen Fußbodenmosaiken. Für den dreischiffigen Bau wurden römische Säulen und Kapitelle verwendet. Vor dem Dom und dem im 5. Jahrhundert errichteten Baptisterium stehen römische Sarkophage.

Uns gefällt das Treiben in Grado so gut, dass wir erst nach drei Tagen die Stadt verlassen. Schon nach wenigen Kilometern stoppen wir und benötigen einen weiteren Tag, um die Sehenswürdigkeiten von Aquileia kennenzulernen. Die Plätze an der Via Grandi können für eine Übernachtung genutzt werden (**GV-2**).

Aquileia, einst eine bedeutende römische Hafenstadt und später versandet und verlassen, zeigt noch die römischen Hafenanlagen, den Marktplatz, die Via Sacra und einen römischen Friedhof. Im archäologischen und im frühchristlichen Museum vertiefen wir unsere Eindrücke über das Leben im Altertum.

In Lignano, einem wichtigen Badeort an der Adria, gibt es eine Übernachtungsmöglichkeit am Stadion (**GV-3**) Der Nachbarort Bibione, ebenfalls ein bekannter Badeort an der Mündung des Tagliamento, vom Festland durch Kanäle getrennt, hat dagegen den großen Parkplatz am Piazza Mercato inzwischen für Wohnmobile gesperrt. Dieser Ort bietet den Urlaubern einen sechs Kilometer langen feinen Sandstrand.

Caorle, schon zur Römerzeit gegründet und im Mittelalter Bischofssitz, ist ein sehr bekannter Badeort an der nördlichen Adria. Zeugnisse der Vergangenheit sind der alte Stadtkern und die romanische Kathedrale mit einem runden Glockenturm und byzantinischen Reliefs an der Fassade und im Inneren die Pala d'Oro, ein Meisterwerk der venezianischen Goldschmiedekunst. Caorle hat auch einen quirligen Fischereihafen und eine lebhafte Altstadt. Der große Parkplatz am Naturschutzgebiet Valle Vecchia in Caorle-Brussa steht für Wohnmobiltouristen zur Verfügung (**GV-4**).

Schön und sehr ruhig liegen die Parkplätze in Eraclea Mare (GV-5 und GV-6). Wir machen ein paar Tage Strandurlaub am breiten, feinen Sandstrand. In den Gaststätten essen wir vorzüglich, wandern am Ufer entlang, mieten uns ein Boot und genießen die Ruhe am Abend. Noch hat der Touristenrummel diesen kleinen, fast nur von Italienern besuchten Badeort am Ufer der Piave nicht erreicht. Auch das Hinterland blieb vom Tourismus verschont und hat den ländlichen Charakter der Lagunenlandschaft bewahrt. Wir holen unsere Drahtesel von unserem rollenden Ferienhaus und radeln durch die flache Landschaft.

Golf von Venedig Nur wenige Kilometer trennen diesen ruhigen Landstrich von dem wichtigsten Badeort an der nördlichen Adria, Lido di Jesolo. In Dreier- und Fünferreihen stehen hier die Hotelsilos am Strand. Touristen flanieren durch die Straßen und über die Strandpromenade. Die Strände sind überfüllt und für denjenigen, der kein Hotel gebucht hat, kaum zugänglich. Aber am östlichen Ortsrand wurden zwei private Wohnmobil-Stellplätze eingerichtet, die ruhig in der Nähe des Strandes liegen (**GV-7** und **GV-8**).

Wir fahren durch Jesolo nach Cavallino auf der langen Halbinsel Litorale del Cavallino, die im Norden die Lagune von Venedig abschließt. Der breite Sandstrand setzt sich bis Punta Sabbione im Süden fort, ist aber leider kaum für Fahrzeuge zugänglich. Nur von den vielen Campingplätzen kann man das Meer leicht erreichen. Auf dem gepflasterten, ruhigen Parkplatz an der Marina von Cavallino kann man das Fahrzeug abstellen (GV-9). Wer die Einsamkeit liebt übernachtet am freien Strand von Ca' Savio (GV-10).

Wir starten unsere Tagestouren nach **Venedig** wenige Kilometer südlich in Punta Sabbione mit der Fähre. Auf den großen Parkplätzen am Fährhafen kann man gegen eine Gebühr auch über Nacht bleiben (GV-11). Ausschließlich für Wohnmobile ist der Platz am lungomare reserviert (**GV-12**). Falls man spät von Venezia zurückkehrt und einen längeren Aufenthalt einplant, ist dieser Platz für die Übernachtung sehr gut geeignet.

Die Königin der Adria zu beschreiben, würde den Rahmen dieses Stellplatzführers sprengen. Venedig wird von vielen Reiseführern ausführlich beschrieben. Wir wollen hier nur die wichtigsten Sehenswürdigkeiten erwähnen und aufzählen:

Markusplatz - der schönste Platz Europas.
Markuskirche - ein Meisterwerk romanisch-byzantinischer Baukunst.
Dogenpalast - Symbol der Macht und Stärke der Republik Venezia.
Markusbibliothek - großartiges Werk der venezianischen Spätrenaissance.
Canale Grande - venezianische Gondeln und schöne Marmorpaläste am Ufer.
Rialtobrücke - schönste Brücke über den Canale Grande.
Galleria dell Accademia - größte Sammlung der berühmten venezianischen Malerei.
Colleoni-Denkmal - wichtigstes Reiterstandbild der Renaissance.
Kirche Ss. Giovanni e Paolo - mächtiges gotisches Gotteshaus.
Scuola di S. Rocco - mit großartigen Gemälden von Tintoretto
Ca' d'Oro - der goldene Palast, Hauptwerk der venezianischen Gotik.
Kirche S. Maria Gloriosa dei Frari - venezianisches, gotisches Pantheon.
Kirche S. Maria dei Miracoli - Juwel der venezianischen Frührenaissance.
Kirche S. Maria della Salute - Meisterwerk venezianischer Barockbaukunst.

Venedig gehört zu den berühmtesten Städten der Welt. Einzigartig ist die Lage Venedigs an der Lagune und auf vielen Inseln, durchzogen von den Kanälen. Einmalig sind die großartigen Sehenswürdigkeiten aus vergangenen Jahrhunderten und der Reichtum des künstlerischen Erbes. Die Königin der Adria ist von natürlichem Reiz und ein Kunstwerk der Menschheit.

In der **Lagune von Venedig** liegen drei Inseln, die unbedingt besucht werden sollten. Burano, ein Fischerdorf, bekannt wegen seiner Erzeugnisse der Spitzenklöppelei. Murano, ein Ort auf mehreren kleinen Inseln, hat Erzeugnisse aus Glas anzubieten. Sehenswert ist die Kirche Ss. Maria e Donato im ravennisch-byzantinischen Stil und der Palazzo Giustinian mit dem Museum für Glaskunst. Torcello, eine verlassene Stadt, im Mittelalter Bischofssitz, ist berühmt durch die Kathedrale im byzantinischen Stil mit dem majestätisch aufragenden Campanile.

Zwischen Mestre und Venedig bestehen am San Giuliano Car Park (**GV-13**) und am Troncchetto Lido Port (**GV-14**) zwei weitere, aber nicht billige Übernachtungs-, Zufahrt- und Besichtigungsmöglichkeiten für den Besuch der Königin der Adria. Auf dem Festland im Süden von Venedig liegt Fusina. Mit der Fähre kann man von hier Venedig erreichen. Leider verkündet ein großes Schild am Eingang des Parkplatzes in deutscher und italienischer Sprache das Übernachtungsverbot im Wohnmobil und die Begrenzung des Aufenthaltes auf zehn Stunden. Wir fahren weiter nach Westen und übernachten an dem Hallenbad in Maroco auf einem kleinen ruhi gen Platz in einer schönen Umgebung (GV-15).

Padua, neben Venedig die bedeutendste kunsthistorische Stadt in Oberitalien, ist diesmal unser letztes Ziel. Diese Stadt hat auch ein Herz für Wohnmobilisten. Mitten in der Stadt, in der Nähe der bedeutendsten Sehenswürdigkeiten und dennoch in ruhiger Lage, sind Übernachtungsplätze für Wohnmobil-Touristen eingerichtet (**GV-16**). Die Ver- und Entsorgung des rollenden Ferienhauses ist am Platz gewährleistet. Gerne stellen wir auf diesem Platz unser Gefährt ab und haben eine Bleibe für die Nacht nach unserem anstrengenden Stadtbummel und ausgiebigen Abendessen.

In Padua starb 1231 der Mönch Antonius Guzman, der schon zu Lebzeiten den Ruf eines Heiligen hatte und als der heilige Antonius bekannt wurde. Das Grab des Heiligen liegt ganz in der Nähe des Stellplatzes, in dem berühmtesten Bauwerk der Stadt, einer reich ausgestatteten Kapelle der romanisch-gotischen Kirche **Sant' Antonio**, die bald nach seinem Tode errichtet wurde. Unter den zahlreichen Kunstwerken sind besonders die Bronzereliefs am Hochaltar von Donatello, die Fresken von Altichiero und Avanzo und die Scrovegni-Kapelle mit den Fresken von Giotto, die zu den wichtigsten Werken Europas zählen, sowie das Reiterstandbild des Gattamelata vor der Kirche von Donatello aus dem Jahre 1453, erwähnenswert.

Andere bedeutende Baudenkmäler in Padua sind der von Loggien eingerahmte Palazzo della Regione, die Kirche Santa Giustina, ein mit acht Kuppeln versehener Bau aus Backsteinen, das romanische Baptisterium und die romanisch-gotischen Kirchen Eremetani und San Sofia. Das Städtische Museum zeigt in der Pinakothek bekannte Werke der Venezianischen Schule.

In Montegrotto Therme im Südwesten von Padua übernachten wir (GV-17 und GV-18). Wir beschließen wiederzukommen, um in dieser freundlichen Stadt in den sole-, brom- und jodhaltigen radioaktiven Mineralquellen zu baden und in den landschaftlich sehr reizvollen Euganäischen Hügeln zu wandern. Auf dem Weg nach Süden kann man auch in der kleinen Ort S. Margherita übernachten (**GV-19**).

Klein-Venedig, **Chioggia**, die Lagunenstadt im Süden, ist für uns der Abschluss der Reise um den Golf von Venedig. Das mittelalterliche, malerische Ortsbild, die schmalen Gassen und geraden Kanäle blieben erhalten. Die Fischerboote liegen dichtgedrängt mitten in der Stadt, auf dem Canale della Vena. Chioggia ist die Ausgabe Venedigs im Taschenformat. Touristenrummel gibt es hier nicht. Mittelpunkt der Stadt ist der breite Corso del Popolo, der von vielen Geschäften und bedeutenden Bauwerken gesäumt wird, und die Piazza Vescovile, die von einer mit Figuren besetzten Ballustrade umgeben ist. Sehenswert sind der mächtige barocke Dom aus dem 17. Jahrhundert mit einer prachtvollen Innenausstattung, die barocke Kirche Sant' Andrea mit einem romanischen Glockenturm, die gotische Backsteinkirche San Martino und der gotische Kornspeicher aus dem 14. Jahrhundert. Auf dem Platz Parking Zago kann man sein Fahrzeug abstellen und ruhig übernachten (**GV-20**).

Durch einen Damm wird Chioggia mit Sotomaria, einem Badeort mit feinsandigem Strand verbunden. Am Rande dieses Dammes, nur 5 Minuten vom Corso del Popolo entfernt, befindet sich ein großer Parkplatz in ruhiger Lage unmittelbar an der Lagune, ein schöner Platz für unseren letzten Abend (**GV-21**). Aus unserem Ferienhaus auf Rädern beobachten wir den lebhaften Bootsverkehr und das Treiben am Ufer von Chioggia. Grado, Venedig, Padua und Chioggia - das waren die Höhepunkte unserer Wochenreise [1] [2].

[1] Anschlussroute im Westen: Tour 9 „Von Vicenza nach Treviso"
[2] Anschlussroute im Süden: Tour 14 „Im Podelta"

Canale Grande in Venedig

Am Golf von Venedig

Golf von Venedig

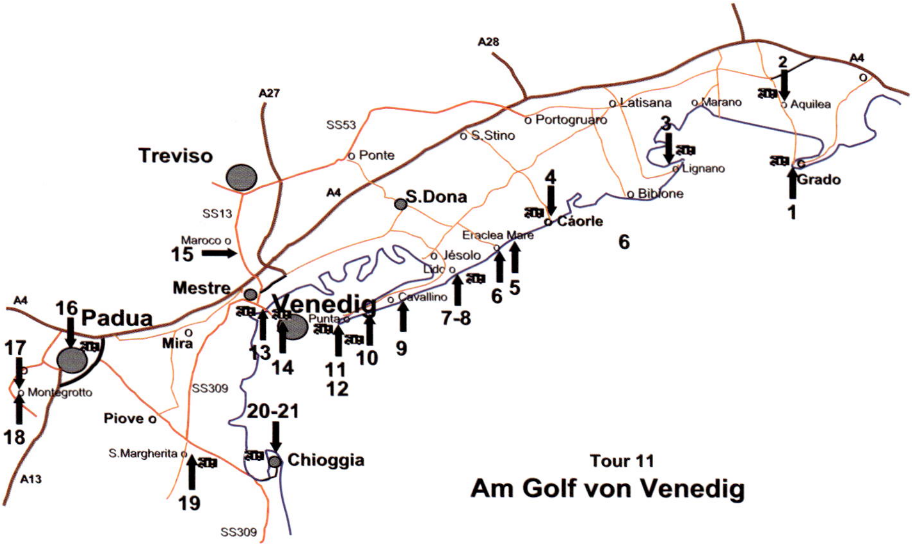

San Marco

Tour 11: **Am Golf von Venedig**

Nr.	Ort, Bezeichnung	Stell-plätze A	Gast-haus	Häu-ser	WC	Bad See	Orts-nähe B	Ent-sorg.	Park-dauer C	Park-gebühr D
GV-1	**Grado, Area comunale *****	50	-	-	-	+	x	+	T	15
GV-2	**Aquilea, Area comunale ****	10	-	+	-	-	10	-	1	8
GV-3	**Lignano Sabbiadoro, Stadio ****	10	+	+	-	-	x	+	1	0
GV-4	**Caorle-Brussa, Valle Vecchia ****	80	-	-	-	+	x	+	1	6,75
GV-5	Eraclea Mare, Ost-Strand ***	20	+	+	+	+	x	-	1	6
GV-6	Eraclea Mare, Bootshafen ***	30	+	+	-	-	x	-	1	0
GV-7	**Lido di Jésolo, Don Bosco *****	50	+	+	-	+	10	+	1	12
GV-8	**Lido di Jesolo, Albatros ******	100	-	-	+	+	x	+	T	18
GV-9	Cavallino, Marina **	5	-	+	-	-	x	-	1	0
GV-10	Ca' Savio, Spiaggia libera **	5	+	-	-	+	x	-	1	0
GV-11	**Punta Sabbione, Fährhafen ****	50	+	+	-	-	x	-	1	15
GV-12	**Punta Sabbione, Lungomare *****	30	+	+	+	-	x	+	U	20
GV-13	**Venezia, San Giuliano *****	50	-	+	+	-	x	+	T	4
GV-14	**Venezia, Tronchetto Lido Port *****	30	-	-	-	-	x	+	T	37
GV-15	Maroco, Piscina **	5	-	+	-	+	x	-	1	0
GV-16	**Padua, Wohnmobilplatz ****	10	+	+	+	-	x	-	1	5
GV-17	Montegrotto, Ort **	20	+	+	-	-	10	-	1	0
GV-18	Montegrotto, Butterfly **	20	+	+	-	-	10	-	1	0
GV-19	**S. Margharita, Rondio ****	10	+	+	-	-	x	+	1	0
GV-20	**Chioggia, Parking Zago *****	100	-	+	+	-	3	+	T	16
GV-21	**Chioggia, Ponte Translagunare ****	30	+	+	-	-	10	-	U	8

Legende siehe Seite 10

Am Bootshafen von Eraclea Mare

34073 Grado Area comunale *** GV - 1

Zwei Wohnmobilplätze in sehr ruhiger und schöner Lage.

Auf der SP 19 (Via Ugo Foscolo) in Grado nach Süden fahren und dem Wohnmobilschild folgen. Dem Wohnmobilschild folgend rechts abbiegen. Nach 200 m links abbiegen in die **Via Italia 73**. Noch 300 m bis zu den Plätzen rechts und links. Koordinaten: 45° 40,91' Nord, 13° 24,70' Ost.

Schranke vor der Einfahrt. Häuser am Platz.
Bushaltestelle am Platz.
Müllbehälter vorhanden. Ver- und Entsorgung am linken Platz.
Stromversorgung am linken Platz. Schatten durch Bäume.
Ebene, asphaltierte Flächen für 30 Mobile auf dem linken Platz.
Ebene, asphaltierte Flächen für 20 Mobile auf dem rechten Platz.
Aufenthaltsdauer unbegrenzt. Ganzjährig zugänglich.
Parkgebühr: 15 € pro Tag einschl. Ver- und Entsorgung.
Strand in der Nähe.
Busverbindung zum Zentrum (2,5 km).
Besichtigung von Grado: Basilika San Eufemia mit Fußbodenmosaik, Altstadt, Hafen.
Besichtigung von Aquilea (römische Ausgrabungen).
Fahrt nach Trieste und Venezia.
Parkverbot für Wohnmobile auf der Isola della Schiusa.

33051 Aquileia Area comunale ** GV - 2

Befestigter **Übernachtungsplatz** in ruhiger Lage.

Von der Ausfahrt Palmanova der A4 (Trieste-Venezia) Richtung Grado fahren und 1,5 km nach dem Ortsanfang rechts dem Wohnmobil-Symbol folgen. Bei Anfahrt von Grado 800 m nach dem Ortsanfang links dem Wohnmobil-Symbol folgen (**Via Antonio Grandi**). Koordinaten 45° 45,95' Nord, 13° 22,18' Ost.

Häuser am Parkplatz. Müllbehälter am Parkplatz.
10 min Fußweg zur Ortsmitte.
Ganzjährig zugänglich.
Besichtigung von Aquilea: Dom, Via Sacra, römischer Flusshafen, römische Häuser, Forum Romanum,
Besuch des Archäologischen Museums.
Besichtigung von Grado.
Fahrten nach Trieste und Venezia.
Parkgebühr: 8 € für 24 Stunden.
Stellmöglichkeiten für 10 Wohnmobile.
Ausweichparkplatz Busse: 400 m vor dem südlichen Ortsanfang dem Schild P Busse links folgen.

33054 Lignano Sabbiadoro Stadio comunale ** GV - 3

In Abschnitte eingeteilter, asphaltierter **Übernachtungsplatz** mit Bäumen am Stadio.

Von der SS14 (Venedig-Triest) bei Latisana Richtung Lignano Pineta/Lignano Sabbiadoro fahren. Im Kreisverkehr - 600 m nach dem Ortsanfang - links Richtung Lignano Sabbiadoro fahren (**Viale Europa**), Schnellstraße mit Mittelstreifen. Nach 1 km im Kreisel wenden. Nach 100 m rechts zum Platz abbiegen. Koordinaten: 45° 40,5' Nord, 13° 6,0' Ost.

Gaststätte und Häuser am Parkplatz.
Straße in der Nähe.
Ver- und Entsorgung am Parkplatz.
Müllkörbe am Parkplatz.
Ganzjährig zugänglich.
Wasserpark Aquafun in der Nähe.
Besichtigung von Aquilea: Via Sacra, römischer Flusshafen, römische Häuser, Forum Romanum, römischer Friedhof.
Besichtigung von Grado. Fahrt nach Venedig und Padua.
Keine Parkgebühr.
Stellmöglichkeiten für 10 Wohnmobile.

30021 Caorle-Brussa Naturschutzgebiet Valle Vecchia ** GV - 4

Wohnmobilplatz im Naturschutzgebiet in sehr ruhiger und sehr schöner Lage.

Auf der SP 70 nach Caorle fahren. Nach dem Ortsausgangsschild Brussa bis Valle Vecchia fahren. Noch 600 m bis zum Platz rechts **(Via Valle Vecchia).** Koordinaten: 45° 37,48' Nord, 12° 57,52' Ost.

Etwas einsame Lage.
5 Minuten Fußweg zum Meer. Feiner Sandstrand.
Wohnmobile häufig anzutreffen. Ganzjährig zugänglich.
Bushaltestelle am Platz.
Picknickplatz am Stellplatz.
Sanitäranlage vorhanden.
Müllbehälter vorhanden (Mülltrennung).
Ver- und Entsorgung am Platz. Keine Stromversorgung.
Teilweise Schatten durch junge Bäume.
Ebene und leicht schräge Stellflächen für 80 Mbile auf Wiese.
Teilweise schmale Stellflächen durch Abgrenzung.
Parkgebühr: 6,75 € bis 18:00 Uhr. Übrige Zeit kostenlos.
Ausweichparkplatz: 600 m vorher.
Angeln, Reiten im Naturschutzgebiet.
Fahrten nach Aquilea und Grado.
Ausflug nach Venedig.

30020 Eraclea Mare Ost-Strand *** GV - 5

Asphaltierter **Parkplatz** östlich von Eraclea Mare in sehr ruhiger und schöner Lage.

Von der Straße Jesolo-Latisana in Eraclea Richtung Eraclea Mare fahren. 200 m nach dem Ortsanfang Eraclea Mare links im Kreisel Richtung Caorle fahren und nach 1,9 km rechts abbiegen. Noch 700 m bis zum Parkplatz rechts. Koordinaten: 45° 33,2' Nord, 12° 46,4' Ost.

Gaststätte und Häuser in der Nähe.
WC am Strand.
Breiter, feiner Sandstrand.
Wandern und Radfahren am Meer.
Tretbootverleih in der Nähe.
Parkverbot in Caorle für Wohnmobile.
Besichtigung von Venedig: Markusplatz, Markuskirche, Dogenpalast, Markus-Bibliothek, Galleria dell' Accademia, Frarikirche, Scuola di San Rocco, Colleoni-Denkmal.
Fahrt nach Padua.
Parkgebühr in der Saison: 6 € von 8-22.00 Uhr.
Stellmöglichkeiten für 20 Wohnmobile.

30020 Eraclea Mare Bootshafen *** GV - 6

Mit Kunststoffmatten befestigte Grasstreifen als **Parkbuchten** mit einzelnen Bäumen in sehr ruhiger Lage.

Von Eraclea Richtung Eraclea Mare fahren. 300 m nach der Abzweigung Caorle im Kreisel geradeaus fahren. Nach weiteren 300 m an der links abbiegenden Ortsstraße geradeaus in die Sackgasse fahren. Noch 100 m bis zur Parkplatzeinfahrt links. Koordinaten: 45° 32,6' Nord, 12° 45,5' Ost.

Gaststätten und Geschäfte in der Nähe. Häuser am Parkplatz.
Sportboothafen in der Nähe.
Wandern und Radfahren am Golf von Venedig.
Hundeverbot am Strand.
Parkverbot in Caorle für Wohnmobile.
Besichtigung von Venedig: Markusplatz, Markuskirche, Dogenpalast, Markus-Bibliothek, Galleria dell' Accademia, Frarikirche, Scuola di San Rocco, Colleoni-Denkmal.
Fahrt nach Padua.
Keine Parkgebühr.
Stellmöglichkeiten für 30 Wohnmobile.

30016 Lido di Jésolo Don Bosco *** GV - 7

Wohnmobilplätze auf befestigtem Grasgelände mit einzelnen Bäumen in sehr ruhiger und schöner Lage.

Von Jésolo Richtung Lido di Jésolo und in Lido di Jésolo links Richtung Pineta/Lido-Est fahren. In Strandnähe auf der Via Orientale nach Osten fahren und 500 m nach dem Piazza Torino links in die **Via G. Bosco** abbiegen. Noch 100 m bis zur Einfahrt links. Koordinaten: 45° 31,29' Nord, 12° 41,35' Ost.

Gaststätten und Geschäfte in der Nähe. Häuser am Parkplatz.
Ver- und Entsorgung am Parkplatz.
Elektroanschlüsse möglich. Gebühr 1 €
Strand in der Nähe (200 m). 10 min Fußweg zur Ortsmitte.
Aufenthaltdauer 24 Stunden. Zugänglich 01.05.-01.10.
Wandern und Radfahren am Golf von Venedig.
Besichtigung von Venezia: Markusplatz, Markuskirche, Dogenpalast, Markus-Bibliothek, Galleria dell' Accademia, Frarikirche, Scuola di San Rocco, Colleoni-Denkmal.
Besichtigung von Caorle.
Parkgebühr: 12 € für 24 Stunden.
Stellmöglichkeiten für 50 Wohnmobile.
2. Stellplatz Don Bosco: Keine Entsorgung. Gebühr 12 €.
Koordinaten: 45° 31,24' Nord, 12° 41,12' Ost.

30016 Lido di Jesolo Area sosta camper ALBATROS *** GV - 8

Wohnmobil- und Caravanpark in sehr ruhiger und sehr schöner Lage.

Wie Platz Don Bosco 1. Nach 100 m links dem Wohnmobilschild Albatros folgen. Am Ende der Straße rechts. Noch 150 m bis zum Platz links **(Via Correr 102/A).**
Koordinaten: 45° 31,48' Nord, 12° 41,39' Ost.

Schranke vor der Einfahrt. Für Mobile und Caravan zugelassen.
250 m zum Restaurant und Strand.
Sanitäranlage vorhanden. Warme Duschen.
Neues Sanitärgebäude 2009.
Großzügige Stellflächen auf Wiese.
Stellflächen auch für sehr große Wohnmobile bis 14 m Länge.
Jeder Stellplatz mit eigenem Stromanschluss (Gebühr 2 €), Frischwasser- und Abwasseranschluss.
Kassettentoilettenentsorgung an der Sanitäranlage.
Müllbehälter vorhanden. Beleuchtung am Platz.
Teilweise Schatten durch junge Bäume.
Gerade, ebene Stellflächen für 150 Wohnmobile auf Wiese.
Parkgebühr: 13 € bis 18 € für 24 Stunden, je nach Saison.
Besichtigung von Venezia: Markusplatz, Markuskirche, Dogenpalast, Markus-Bibliothek, Galleria dell' Accademia, Frarikirche, Scuola di San Rocco, Colleoni-Denkmal.

30013 Cavallino Marina ** GV - 9

Gepflasterter **Parkplatz** an der Marina in ruhiger und schöner Lage.

Von der Straße Jesolo-Cavallino 1 km östlich von Cavallino links Richtung Cavallino-Lido abbiegen. Nach 700 m in der Kurve links abbiegen (**Via Baracca**) und durch den Kreisel fahren. Noch 100 m bis zum Parkplatz an der Marina. Koordinaten: 45° 29,06' Nord, 12° 34,81' Ost.

Häuser am Parkplatz.
Müllbehälter am Parkplatz.
Wandern und Radfahren am Littorale Cavallino.
Überfahrt nach Venezia von Punta Sabbione.
Besichtigung von Venezia: Markusplatz, Markuskirche, Dogenpalast, Markus-Bibliothek, Galleria dell' Accademia, Frarikirche, Scuola di San Rocco, Colleoni-Denkmal.
Keine Parkgebühr. Stellmöglichkeiten für 5 Wohnmobile.
Ebene, gepflasterte Stellflächen.
Ausweichparkplatz Cavalino Lido, via Tirrenó. 400 m südlich, links abbiegen, noch 200 m.

30010 Ca' Savio Spiaggia libera ** GV - 10

Unbefestigtes **Parkgelände** am Strand in ruhiger und schöner Lage.

Bei Anfahrt von Cavellino 800 m nach dem Ortsanfang links Richtung Spiaggia abbiegen (Via Ca' Savio), nach 400 m rechts abbiegen (Via Adige) und nach weiteren 900 m links dem Wegweiser Spiaggia libera folgen (**Via Retrone**). Noch 500 m bis zum Parkgelände (300 m unbefestigte Straße).
Koordinaten: 45° 26,45' Nord, 12° 27,08' Ost.

Taverne am Strand.
Einsame Lage.
Breiter, feiner Sandstrand am Parkplatz.
Wandern und Radfahren am Littorale del Cavallino.
Surfen und Schwimmen.
Überfahrt nach Venezia von Punta Sabbione.
Besichtigung von Venezia: Markusplatz, Markuskirche, Dogenpalast, Markus-Bibliothek, Galleria dell' Accademia, Frarikirche, Scuola di San Rocco, Colleoni-Denkmal.
Keine Parkgebühr. Unebene, unbefestigte Stellflächen.
Stellmöglichkeiten für 5 Wohnmobile.
Tagsüber in der Saison oft durch Pkw belegt.
Wohnmobil-Verbot am Hauptstrand (Via Ca' Savio).

30013 Punta Sabbione Fährhafen ** GV - 11

Durch Baumreihen unterteilte **Parkplätze** in ruhiger Lage.

Von Jesolo Richtung Cavallino/Punta Sabbione und durch Cavallino fahren. 11 km nach Cavallino werden die Parkplätze rechts und links erreicht. Koordinaten: 45° 26,91 Nord, 12° 25,70 Ost'.

Gaststätte und Häuser in der Nähe.
Wandern und Radfahren am Litorale de Cavallino.
Fährhafen nach Venezia.
Besichtigung von Venezia: Markusplatz, Markuskirche, Dogenpalast, Markus-Bibliothek, Galleria dell' Accademia, Frarikirche, Scuola di San Rocco, Colleoni-Denkmal, Kirche Ss. Giovanni e Paolo.
Wohnmobil-Parkverbot am Strand von Ca' Savio.
Idealer Stellplatz für die Besichtigung von Venedig.
Parkgebühr 15 € für 24 Stunden.
Stellmöglichkeiten für 50 Wohnmobile.

30013 Punta Sabbione Lungomare *** GV - 12

Wohnmobilplatz in ruhiger und sehr schöner Lage.

Von Cavallino nach Punta Sabbioni fahren und vor der Schiffsanlegestelle links abbiegen Richtung Camping miramar (**Lungomare Dante Alighieri 26**). Noch 600 m bis zum Platz links (Parking Dante Alighieri). Koordinaten: 45° 26,48 Nord, 12° 25,26' Ost.

Gaststätte in der Nähe. Häuser am Platz.
Küstenstraße (lungomare) für alle Fahrzeuge verboten, außer Anlieger.
Blick auf den Golf und Venedig von der Küstenstraße.
Ver- und Entsorgung, WC, Sanitäranlagen und Müllbehälter am Platz. Stromversorgung möglich. Gebühr 3 €.

Aufenthaltsdauer nicht begrenzt. Ganzjährig zugänglich.
Wandern und Radfahren am Litorale de Cavallino.
Fährhafen nach Venezia in 600 m Entfernung.
Besichtigung von Venezia: Markusplatz, Markuskirche, Dogenpalast, Markus-Bibliothek, Galleria dell' Accademia, Frarikirche, Scuola di San Rocco, Kirche Ss. Giovanni e Paolo.
Wohnmobil-Parkverbot am Strand von Ca' Savio.
Idealer Stellplatz für die Besichtigung von Venedig.
Gebühr 20 € für 24 Std. und 2 Personen, jede weitere Person 2 €.
Unbefestigte, ebene Stellflächen für 50 Wohnmobile.
Etwas Schatten durch Bäume.

30100 **Venezia** San Giuliano Car Park *** GV - 13

Wohnmobilplatz in ruhiger und sehr schöner Lage.

Auf der SS 14 Richtung Trieste fahren. In Mestre abbiegen Richtung Parkplatz San Giuliano/Boot Venezia. Noch 700 m bis zum Platz links **(Via San Giuliano).** Koordinaten: 45° 28,03' Nord, 12° 16,72' Ost.

Häuser und Bar am Platz. Eisenbahnlinie in der Nähe.
WC und Dusche vorhanden (geöffnet 8:00 Uhr bis 20:00 Uhr).
Müllbehälter vorhanden. Ver- und Entsorgung vor dem Platz.
Ganzjährig zugänglich. Schranke vor der Einfahrt.
Keine Stromversorgung.
Schatten durch Bäume.
Ebene und leicht schräge Stellflächen für 50 Mobile auf Wiese.
Platz von 20.00 Uhr bis 8.00 Uhr geschlossen.
Gebühr für Nachtausfahrt: 30 €.
Parkgebühr: 4 € von 0.00 Uhr bis 24.00 Uhr.
Bootsanlegestelle nach Venedig in 100 m Entfernung.
Besichtigung von Venedig: Markusplatz, Markuskirche, Dogenpalast, Markus-Bibliothek, Galleria dell'Accademia, Frarikirche, Scuola di San Rocco, Kirche Ss. Giovanni e Paolo.

30121 **Venezia** Tronchetto Lido Port *** GV - 14

Wohnmobilplatz am Fährhafen in ruhiger und schöner Lage.

Über die Brücke nach Venedig fahren und dem Schild Porto/Parkplatz Tronchetto folgen. Dem Schild folgend rechts über die Brücke fahren. Noch 300 m bis zum Platz rechts **(Piazzale Tronchetto).** Koordinaten: 45° 26,48' Nord, 12° 18,31' Ost.

Stellplatz am Meer.
5 Gehminuten zur Bootsanlegestelle nach Venedig.
Müllbehälter vorhanden.
Ver- und Entsorgung vor dem Platz.
Wasserversorgung direkt an den Stellflächen.
Wenig Schatten.
Schranke vor der Einfahrt.
Stellflächen für 30 Wohnmobile auf Asphalt.
Gerade und ebene Stellflächen.
Parkgebühr: 21 € für 12 Stunden. Jede weitere 12 Stunden: 16 €. Zahlbar am Kassenautomat (auch mit Kreditkarten möglich).
Ganzjährig zugänglich.
Besichtigung von Venedig: Markusplatz, Markuskirche, Dogenpalast, Markus-Bibliothek, Galleria dell'Accademia, Frarikirche, Scuola di San Rocco, Kirche Ss. Giovanni e Paolo.

31021 **Marocco** Piscina ** GV - 15

Asphaltierter **Parkplatz** am Schwimmbad in ruhiger und schöner Lage.

Von der Ausfahrt Mestre-Est der Autobahn A4 Richtung Treviso fahren (SS13) und 800 m nach der Unterführung rechts Richtung Treviso abbiegen. Nach weiteren 700 m - 500 m nach der Eisenbahnüberführung links dem kleinen Wegweiser palestra/piscina folgen. Noch 100 m bis zu den Parkplätzen rechts und links.

Häuser in der Nähe. Schwimmbad am Parkplatz.
Besichtigung von Treviso: Dom, gotische Backsteinkirche San Nicolò, Piazza Signori, Palazzo Trecento, gotische Kirchen S. Francesco und S. Maria Maggiore.
Besichtigung von Venedig: Markusplatz, Markuskirche, Dogenpalast, Markus-Bibliothek, Galleria dell' Accademia, Frarikirche, Scuola di San Rocco, Kirche Ss. Giovanni e Paolo.
Fahrt nach Padua.
Stellmöglichkeiten für 5 Wohnmobile.
Keine Parkgebühr.

35100 Padua Wohnmobilplatz ** GV - 16

Übernachtungsplätze auf dem Parkplatz 1 in der Nähe der Basilika San Antonius in ruhiger Lage.

Von der Ausfahrt Padova-Est der Autobahn A4 Richtung Padova fahren und nach 300 m links dem Wegweiser Centro folgen. Nach weiteren 2,4 km links Richtung Parkplatz 1/Mobil-Symbol/S.Antonius abbiegen. Nach 600 m rechts und nach weiteren 1,6 km wieder rechts und dann nach 500 m links diesen Wegweisern folgen. Noch 200 m bis zum Platz links. Aus allen anderen Richtungen erst Richtung Centro fahren und dann den Wegweisern Parkplatz 1/S.Antonius folgen.

Gaststätten und Häuser am Parkplatz.
Wasserent- und -versorgung, WC und Müllbehälter am Parkplatz.
Besichtigung von Padua: Eremitani, Basilika S. Antonius mit Bronzen von Donatello, Capella degli Srovegni mit Fresken Giotto, Reiterstandbild Gattamelata, Palazzo della Ragione, Baptisterium.
Besuch des Städtischen Museums mit Pinakothek.
Besichtigung von Venedig: Markusplatz, Markuskirche, Dogenpalast, Markus-Bibliothek, Galleria dell'Accademia, Scuola di San Rocco, Colleoni-Denkmal, Kirche Ss. Giovanni e Paolo.
Fahrt nach Chioggia.
Stellmöglichkeiten für 10 Wohnmobile.
Parkgebühr: 5 € pro Wohnmobil.

35036 Montegrotto Ort ** GV - 17

Asphaltierter **Parkplatz** mit Baumstreifen für Busse und Pkw in ruhiger Lage in der Nähe der Ortsmitte.

Von der Ausfahrt Padova-Ovest der Autobahn A4 Richtung Abano-Therme fahren. Nach 9 km rechts und nach 300 m wieder rechts Richtung Abano Therme abbiegen. Nach weiteren 6 km geradeaus - 1,2 km nach dem Ortsanfang Montegrotto - rechts dem Parkplatz-Schild folgen. Noch 100 m bis zum Parkplatz links.

Häuser am Parkplatz. Gaststätten am Parkplatz und in der Nähe.
Müllcontainer am Parkplatz.
Kinderspielplatz am Parkplatz.
Besichtigung von Montegrotto: Kirche, Röm. Thermen, Theater.
Kuren in Montegrotto Therme: Warme radioaktive Mineralquellen.
Wanderungen in den Euganäischen Hügeln.
Besichtigung von Padua: Eremitani, Basilika S. Antonius mit Bronzen von Donatello, Capella degli Srovegni mit Fresken Giotto, Reiterstandbild Gattamelata, Palazzo della Ragione, Baptisterium.
Ausflug zur Abtei von Praglia in den Euganäischen Hügeln (6 km).
Fahrt nach Venedig und Chioggia.
Stellmöglichkeiten für 20 Wohnmobile.
Keine Parkgebühr.

35036 Montegrotto Butterfly ** GV - 18

In Abschnitte eingeteilter **Parkplatz** mit einzelnen Bäumen am Schmetterlingshaus in ruhiger Lage.

Von der Ausfahrt Padova-Ovest der Autobahn A4 Richtung Abano-Therme fahren. Nach 9 km rechts und nach 300 m wieder rechts Richtung Abano Therme abbiegen. Nach weiteren 6 km geradeaus - 1 km nach dem Ortsanfang Montegrotto - links Richtung butterflyhouse abbiegen. Nach 900 m wird der Parkplatz rechts erreicht.

Häuser am Parkplatz. Gaststätten in der Nähe.
Müllcontainer am Parkplatz.
Gepflasterte, ebene Stellflächen für 20 Wohnmobile.
Keine Parkgebühr.
Kuren in Montegrotto Therme: Warme radioaktive Mineralquellen.
Wanderungen in den Euganäischen Hügeln.
Besichtigung von Padua: Eremitani, Basilika S. Antonius mit Bronzen von Donatello, Capella degli Srovegni mit Fresken Giotto, Reiterstandbild Gattamelata, Palazzo della Ragione, Baptisterium.
Ausflug zur Abtei von Praglia in den Euganäischen Hügeln (6 km).
Besichtigung von Chioggia.
Ausflug nach Venedig.

35040 S. Margherita Rondio ** GV - 19

Befestigter **Übernachtungsplatz** in ruhiger Lage.

Von der SS309 (Venedig-Ravenna) in der Nähe der Abzweigung nach Padua (SS516) Richtung Cavárzere/Adria abbiegen (SP105). 1,2 km nach einer Kanalbrücke rechts dem Wohnmobil-Symbol folgen. Noch 100 m bis zum Parkplatz links.

Gaststätten am Parkplatz. Häuser am Parkplatz.
Ver- und Entsorgung am Parkplatz. Müllcontainer am Parkplatz.
Wandern und Radfahren am Golf von Venedig.
Besichtigung von Padua: Eremitani, Basilika S. Antonius mit Bronzen von Donatello, Capella degli Srovegni mit Fresken Giotto, Reiterstandbild Gattamelata, Palazzo della Ragione,
Besichtigung von Venedig: Markusplatz, Markuskirche, Dogenpalast, Markus-Bibliothek, Galleria dell'Accademia, Scuola di San Rocco, Colleoni-Denkmal, Kirche Ss. Giovanni e Paolo.
Keine Parkgebühr.
Stellmöglichkeiten für 10 Wohnmobile.

30015 Chioggia Parking Zago *** GV - 20

Wohnmobilplatz in Strandnähe in ruhiger und sehr schöner Lage.

Auf der SS 309 Venezia – Ravenna Richtung Chioggia abbiegen und nach 3 km parallel zum Strand wird der Platz vor der Linkskurve erreicht. **(Via San Marco/Lungomare Adriatico)**
Koordinaten: 45° 13, 30' Nord, 12° 17, 73' Ost.

Häuser am Platz. Restaurant und Lebensmittelgeschäfte im Ort.
3 Gehminuten zum Ort. 100 m zu Meer.
Müllbehälter 50 m vor dem Platz.
Sanitäranlage mit Duschen vorhanden. Gebühr.
Spülmöglichkeiten an der Sanitäranlage.
Ver- und Entsorgung vor dem Platz.
Stromversorgung vorhanden.
Teilweise Schatten durch junge Bäume.
Tor vor der Einfahrt.
Ganzjährig zugänglich
Gerade und ebene Stellflächen für 100 Wohnmobile auf Wiese.
Parkgebühr: 16 € für 24 Stunden.
Besichtigung von Venedig: Markusplatz, Markuskirche, Dogenpalast, Markus-Bibliothek, Galleria dell'Accademia, Scuola di San Rocco, Colleoni-Denkmal, Kirche Ss. Giovanni e Paolo.

30015 Chioggia Ponte Translagunare ** GV - 21

Übernachtungsplatz am Ortsrand in sehr ruhiger Lage und landschaftlich reizvoller Umgebung.

Von der SS309 (Venezia-Ravenna) Richtung Chioggia abbiegen und nach 300 m rechts Richtung Chioggia fahren. Nach weiteren 3 km links und über die Brücke fahren. Am Ende der Brücke wieder links. Noch 100 m bis zum Platz (**Ponte Translagunare**). Koordinaten: das 45° 12,98' Nord, 12° 16,98' Ost.

Gaststätte, Häuser, Geschäfte und Bäcker in der Nähe.
Müllbehälter vorhanden.
Aufenthaltsdauer unbegrenzt.
Parkgebühr: 8 € in der Saison, 5 € (1.10 bis 31.5).
Asphaltierte, ebene Stellflächen für 30 Wohnmobile.
10 Gehminuten bis zum Ortskern.
Breiter, feiner Sandstrand in Chioggia-Sottomarina.
Wandern und Radfahren an der Küste.
Wohnmobile immer anzutreffen.
Besichtigung von Chioggia (Klein Venedig): Corso del Popolo, Piazza Vescovile, Kanäle und Brücken.
Schiffsfahrt durch die Lagune nach Venezia.
Besichtigung von Venedig: Markusplatz, Markuskirche, Dogenpalast, Markus-Bibliothek, Galleria dell'Accademia, Scuola di San Rocco, Colleoni-Denkmal, Kirche Ss. Giovanni e Paolo.

Vom Weißen Riesen ins Tal
Durch das Aosta-Tal

Tour 12

Wir starten unsere Wochentour vom Fuße des Weißen Riesen, vom Monte Bianco, besser als **Montblanc** bekannt, um das Aosta-Tal, eines der schönsten Alpentäler, kennenzulernen. Das Tal wird von den mächtigsten Bergmassiven und höchsten Berggipfeln Europas umgeben - im Norden der höchste Berg in Europa, der Montblanc (4810 m), unser Weißer Riese, im Nordosten der **Monte Rosa** (4478 m), Europas zweithöchster Berg und im Süden der majestätische Gran Paradiso (4061 m).

Die Bergregionen am Talschluss vor der gewaltigen Kulisse des Montblanc werden durch Kabinenbahnen für den Bergsteiger, den Bergwanderer und den Skisportler erschlossen. Courmayeur und Entrèves sind Ausgangspunkte für eintägige und wochenlange Touren durch die großartige Bergwelt. Gut geschulte Bergführer führen den Bergsteiger zu den zahlreichen Schutzhütten, über die Gletscher bis hinauf zu den Gipfeln.

Der Parkplatz an den Seilbahnen in Entrèves ist für eine Übernachtung geeignet (AT-1). Wir bleiben auf dem großen, schön und ruhig gelegenen Platz an den Kabinenbahnen zum V. Veny in Courmayeur (**AT-2**). Vor unserem rollenden Zuhause erholen wir uns in den Liegestühlen von der langen Fahrt und genießen das weiße Panorama. Unsere Blicke und Gedanken folgen den Bergsteigern, Bergwanderern und Skifahrern, die mit den Seilbahnen zum Colle del Gigante (3354 m), zum Helbronner Gipfel (3462 m) und zur Aiguille du Midi (3842 m) fahren, um den Montblanc zu überqueren. Nach der Abfahrt mit den Seilbahnen ins französische Chamonix kann man mit Taxi oder Bus durch den Montblanc-Tunnel zu unserem Parkplatz zurückkehren.

Die übrigen Parkplätze in Courmayeur und an den Seilbahnen liegen an der Straße und werden zum größten Teil durch PKW belegt. Mit den Seilbahnen erreicht man den Chécrouit-See (2256 m) und kann weiter bis zur Cresta d'Arp (2755 m) fahren und den herrlichen Blick auf den Weißen Riesen genießen.

Mit kleineren Wohnmobilen kann man wunderschöne Touren in die Seitentäler unternehmen, ins Val Veny bis zum Miage-See in 2020 m Höhe oder ins Val Ferret bis zum Pré de Bar (2062 m). In einer halben Stunde fährt man von Courmayeur durch den Montblanc-Tunnel nach Chamonix auf der französischen Seite des Bergmassivs im Westen.

Wir müssen leider auf die Touren in die Seitentäler verzichten und bleiben auf der Autostraße, die uns fast immer durch Tunnel führt und nur selten Ausblicke auf die grandiose Bergwelt gestattet. Die Fahrt auf der alten Staatsstraße ist natürlich viel schöner, aber auch mit einem erheblichen Zeitaufwand verbunden. In Aymavilles westlich von Aosta wurde ein Wohnmobilplatz eingerichtet, der aber im Winter nicht zugänglich ist (**AT-3**).

Nach dem letzten Tunnel kurz vor **Aosta** weitet sich das Tal. Über die erste Abfahrt erreichen wir die alte Römerstadt und einen Übernachtungsplatz an der Via Caduti del Lavoro (**AT-4**) oder an der Strada Ponte Suaz (**AT-5**). Für Wohnmobile haben die freundlichen Stadtväter einen Teil der Plätze reserviert und dabei auch an die Ver- und Entsorgung der rollenden Ferienhäuser gedacht.

Aosta ist eine historisch bedeutende Stadt mit zahlreichen Baudenkmälern aus der Römerzeit und aus dem Mittelalter. Wir besichtigen den Triumphbogen des Augustus aus der Zeit der Stadtgründung um 25 v. Chr. Das Kruzifix wurde 1542 an dem von korinthischen Säulen flankierten Bogen angebracht. Aus der Zeit der Römer bewundern wir noch andere Bauwerke, die Porta Pretoria aus mächtigen kubischen Steinquadern, ein Tor der antiken, teilweise erhaltenen Stadtbefestigung, die beeindruckenden Ruinen des Römischen Theaters und die römische

Brücke, die einst über einen heute umgeleiteten Bach führte. Aus dem 11. Jahrhundert stammt die im 15. Jahrhundert umgebaute romanische Kathedrale. Im gotischen Innenraum sind die Glasfenster, das Fußbodenmosaik im Presbyterium und das Chorgestühl sehenswert. Das bedeutendste mittelalterliche Bauwerk S. Orso wird von einem mächtigen romanischen Glockenturm überragt. Die Ausstattung der Kirche mit sehenswerten Fresken und dem schön geschnitzten Chorgestühl stammt aus dem 16. Jahrhundert. Besonders beeindruckt sind wir von dem malerischen Kreuzgang mit Arkaden und schlanken Säulen, die mit kleinen Figuren an den Kapitellen geschmückt sind.

Über eine gute Straße führt ein Ausflug von Aosta nach Pila. Von dort hat man einen großartigen Blick auf die Stadt, das Aosta-Tal und die Seitentäler. Mit der Seilbahn erreicht man ein schönes Bergwandergebiet.

Zwischen den beiden Autobahnabfahrten von Aosta wurde ein Autohof eingerichtet. Das Gelände ist weitläufig und mit allen sanitären Einrichtungen, einer Gaststätte und Geschäften versehen. Wohnmobilisten können hier abseits von den wenigen LKW auch eine Bleibe für eine Nacht finden.

Wir fahren weiter talabwärts. Viele Burgen liegen am Wegesrand und laden zu Besichtigungen ein. Die Burg von Fénis gehört zu den am besten erhaltenen und typischen Burgen des Aosta-Tales. Sie wurde im 13. Jahrhundert mit einem fünfeckigen Grundriss erbaut und durch Türme an den Eckpunkten befestigt. Säle, Treppen und Galerien sind mit Fresken aus dem 15. Jahrhundert geschmückt.

Eindrucksvoll sind die Ruinen der Burg von Ussel in der Nähe von Châtillon, eine quadratische Anlage aus dem Jahr 1350 auf einem Felsen über dem Talkessel. Saint Vincent ist ein elegantes Thermalbad mit allen Einrichtungen für Fremdenverkehr, Freizeitgestaltung und Kuraufenthalte. Weiter im Süden treffen wir auf die wuchtige Burg von Verrès und auf das Castello d'Issogne, eine der schönsten Burganlagen des Aosta-Tales. Im Val d' Aya wurden weiter talaufwärts in Brusson zwei Übernachtungsplätze für Wohnmobiltouristen eingerichtet (**AT-6 und AT-7**).

Das Aosta-Tal wird nach Verres schmal und eng. Von Pont-Sain-Martin fahren wir ins Gressone Tal. Wanderungen durch das Hochtal bei Issime, Gaby und Gressoney bieten viele schöne Eindrücke. Gressoney ist der Ausgangspunkt für Besteigungen der Viertausender im Monte Rosa Gebiet. In Gaby liegt in landschaftlich reizvoller Umgebung ein Wohnmobil-Übernachtungsplatz (**AT-8**).

Erst nördlich von Ivrea weitet sich der Talgrund. Auf dem asphaltierten Großraumparkplatz am Rande der Innenstadt kann man übernachten (AT-9). In der Stadt ist der Dom auf einem erhöhten Platz erbaut worden. Von dem ursprünglich romanischen Bau sind zwei Glockentürme, der Vierungsturm und die Krypta erhalten. Die ehemalige Festung neben dem Dom, auf einem rechteckigen Grundriss errichtet und mit schlanken, zylindrischen Ecktürmen ausgestattet, wurde in eine religiöse Zitadelle verwandelt.

Am Lago di Viverone endet unsere Wochenreise (AT-10). Die letzten Ausläufer der Alpen rahmen den See ein. An unserem Stellplatz ist ein Badestrand, der uns zu einem mehrtägigen Aufenthalt verführt. Wir wandern um den See, mieten uns ein Boot oder sonnen uns am Strand. Abends essen wir gut in einem der vielen Gasthäuser, trinken ein Glas Wein vor unserem Ferienhaus auf Rädern und schauen auf die Lichter am gegenüberliegenden Ufer [1].

[1] Anschlussroute im Südosten: Tour 13 "Durch das Piemonte"

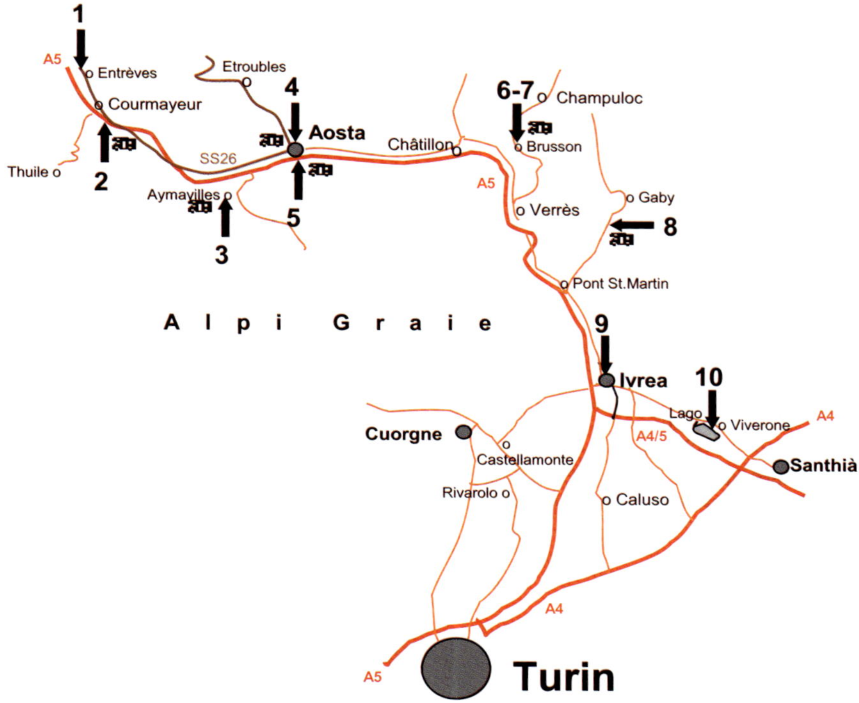

Tour 12

Durch das Aosta-Tal

Tour 12: **Durch das Aosta-Tal**

Nr.	Ort, Bezeichnung	Stell-plätze	Gast-haus	Häu-ser	WC	Bad See	Orts-nähe	Ent-sorg.	Park-dauer	Park-gebühr
		A					B		C	D
AT-1	Entreves, Funivie ***	30	+	-	-	-	x	-	1	0
AT-2	**Courmayeur, Funivia V.Veny ** **	20	+	-	-	-	x	+	1	0
AT-3	**Aymavilles, Area sosta ** **	20	+	+	-	-	x	+	U	8
AT-4	**Aosta, Via Caduti del Lavoro ** **	10	-	+	-	-	5	+	U	12
AT-5	**Aosta, Strada Ponte Suaz * **	10	-	+	+	-	x	-	1	P
AT-6	**Brusson, Rue Vollon ** **	30	+	+	-	-	10	+	U	10
AT-7	**Brusson, Rue Trois Villages *** **	15	+	+	+	-	5	+	U	10
AT-8	**Gaby, Area picnic ** **	5	-	+	-	-	x	-	1	0
AT-9	Ivrea, Piazza del Mercato **	50	-	+	+	-	10	-	1	0
AT-10	Viverone, Lido **	30	+	+	+	+	5	-	1	P

Legende siehe Seite 10

11013 Entrèves Funivie di Monte Bianca *** AT - 1

Asphaltierter **Parkplatz** an den Kabinenbahnen zum Montbanc in sehr schöner und ruhiger Lage.

Von dem Autobahnende der Autobahn A5/T1 links Richtung Monte Bianco/Morgex fahren (SS 26) und nach Courmayeur nach 13,6 km vor dem Montblanc-Tunnel rechts zum Parkplatz abbiegen.

Gasthäuser und Kiosk am Parkplatz.
Fahrt mit den Kabinenbahnen und Gletscher-Seilbahnen zum Col del Gigante (3354 m) und zum Aiguille du Midi (3842 m).
Panoramablick auf das Montblanc-Massiv (4810 m).
Skigebiete. Bergwandern.
Ausflüge ins Ferret-Tal, ins Veny-Tal und nach Chamonix.
Besichtigung von Aosta: Augustusbogen, S. Orso mit romanischen Kreuzgang, Porta Pretoria, Römisches Theater, Kathedrale mit Schatzmuseum.
Skigebiete in Courmayeur und in Entrèves.
Fahrt durch den Montblanc-Tunnel nach Frankreich.
Fahrten in das Veny- und in das Ferret-Tal, nur mit kleineren Wohnmobilen.
Stellmöglichkeiten für 30 Wohnmobile.
Keine Parkgebühr.

11013 Courmayeur Funivia V.Veny ** AT - 2

Übernachtungsplätze auf einem Großparkplatz an der Kabinenbahn in schöner und teilweise ruhiger Lage.

Von dem Autobahnende der Autobahn A5/T1 links Richtung Monte Bianco/Morgex fahren (SS 26) und nach Courmayeur nach 12,4 km links zum Parkplatz abbiegen (**Piazzale della Funivia**).
Koordinaten: 45° 48,61' Nord, 6° 57,45' Ost.

Gasthaus und Kiosk am Parkplatz. Panoramablick.
Ver- und Entsorgung am Parkplatz. Ganzjährig zugänglich.
Fahrt mit der Kabinenbahn zum Colle del Gigante
und zur Aiguille du Midi. Skigebiet. Bergwandern.
Ausflüge ins Ferret-Tal, ins Veny-Tal und nach Chamonix.
Besichtigung von Aosta: Augustusbogen, S. Orso mit Kreuzgang,
Porta Pretoria, Römisches Theater, Kathedrale mit Schatzmuseum.
Fahrt mit den Kabinenbahnen zum Monte Bianca (Mont Blanc)
bis zum Helbronner Gipfel (3462 m).
Skigebiete in Courmayeur und in Entrèves.
Fahrt durch den Montblanc-Tunnel nach Frankreich.
Fahrten in das Veny- und in das Ferret-Tal (nur kleine Mobile).
Ebene und leicht schräge, befestigte Stellflächen für 20 Mobile.
Keine Parkgebühr.

11010 Aymavilles-Cheuf-Lieu Area sosta ** AT - 3

Wohnmobilplatz im Ort in ruhiger und schöner Lage.

Von Aosta über die SR20 Richtung Gressau fahren. 1,1 km nach dem Ortseingangsschild von Aymavilles rechts abbiegen Richtung Chef-Lieu. Nach 50 m wird der Platz links erreicht **(Frazione Chef-Lieu).**
Koordinaten: 45° 42,06' Nord, 7° 14,36' Ost.

Häuser und Restaurant am Platz. Lebensmittel im Ort.
Ver- und Entsorgungsmöglichkeiten und Müllbehälter am Platz.
Nur in der Saison zugänglich (1.5. bis 31.10.)
Aufenthaltsdauer unbegrenzt. Stellflächen für 10 Wohnmobile.
Ebene und gerade Stellflächen auf Rasengittersteinen.
Parkgebühr: 8 € für 24 Std. Zahlbar im Restaurant am Platz.
Besichtigung von Aosta: Augustusbogen, S. Orso mit Kreuzgang,
Porta Pretoria, Röm. Theater, Kathedrale mit Schatzmuseum.
Wanderungen und Radtouren im Aosta- und im Cogne-Tal.
Kleiner Stellplatz in Villeneuve. Oasi naturale. 5 Mobile.
Keine Gebühr. Koordinaten: 45° 42,03' Nord, 7° 12,32' Ost.

11100 Aosta Via Caduti del Lavoro ** AT - 4

Übernachtungsplatz im Ort.

Von der A5 nach Aosta fahren. Die Ausfahrt Aosta Ost nehmen und Richtung Aosta Zentrum halten (SS26). Am Stadion vorbei fahren und im Kreisverkehr links dem Wohnmobilschild folgen. Noch 100 m bis zum Platz links (**Via Caduti del Lavoro**). Koordinaten: 45° 44,17' Nord, 7° 19,82' Ost.

Häuser am Platz.
Ver- und Entsorgung am Platz. WC am Platz (20 Cent).
Ganzjährig zugänglich.
Aufenthaltsdauer nicht begrenzt.
Asphaltierte, gerade Stellflächen für 10 Wohnmobile.
Parkgebühr: 0,80 € (8-20 Uhr); 0,20 € (20-8 Uhr) pro Stunde.
5 min Fußweg zum Zentrum.
Besichtigung von Aosta: Augustusbogen, S. Orso mit Kreuzgang,
Porta Pretoria, Römisches Theater,
Kathedrale mit Schatzmuseum.
Wanderungen und Radtouren im Aosta-Tal.
Fahrt mit der Seilbahn auf den Pila. Bergwandern.
Ausflüge nach Pila und nach Saint-Nicolas.
Fahrt zum Monte Bianca (Mont Blanc).
Fahrt durch das Aosta-Tal.
Skilaufen in Courmayeur und in den Seitentälern.

11100 Aosta Strada Ponte Suaz * AT - 5

Privater **Übernachtungsplatz** an der Seilbahn.

Von der A5 nach Aosta fahren. Die Ausfahrt Aosta Ost nehmen und Richtung Aosta Zentrum halten (SS26). Am Stadion vorbei fahren und im Kreisverkehr rechts abbiegen. Nach 50 m über die Eisenbahnschienen, nach 400 m links Richtung Funivia per Pila abbiegen. Noch 50 m bis zum Platz rechts (**Strada Ponte Suaz**). Koordinaten: 45 ° 43,95' Nord, 7 ° 19,16' Ost.

Schranken an Aus- und Einfahrt.
Häuser und Seilbahnam Platz.
Parkgebühr.
Asphaltierte, ebene Stellflächen 10 Wohnmobile.
Besichtigung von Aosta: Augustusbogen, S. Orso mit Kreuzgang, Porta Pretoria, Röm. Theater, Kathedrale mit Schatzmuseum.
Fahrt mit der Seilbahn auf den Pila. Bergwandern.
Ausflüge nach Pila und nach Saint-Nicolas.
Fahrt zum Monte Bianca (Montblanc).
Fahrt durch das Aosta-Tal.
Skilaufen in Courmayeur und in den Seitentälern.

11022 Brusson Rue Vollon **** AT - 6

Wohnmobilplatz in sehr ruhiger und sehr schöner Lage.

Von Verrès auf der SR45 nach Brusson fahren. 2 km nach dem Ortseingangsschild Brusson (650 m nach dem Ortsausgangsschild) in Vollon links abbiegen Richtung Centro Sportivo. Noch 200 m bis zum Platz links **(Rue Vollon).** Koordinaten: 45° 45,81' Nord, 7° 42,77' Ost.

Bergpanorama. Häuser am Platz.
10 min. Fußweg zum Ort.
Lebensmittel im Ort.
Restaurant in 200 m Entfernung.
Sportplatz in der Nähe.
Ver- und Entsorgung am Platz.
Aufenthaltsdauer unbegrenzt.
Beleuchtung am Platz.
Große Liegewiese vorhanden.
Gepflasterte, ebene Stellflächen für 30 Wohnmobile.
Parkgebühr: 10 € für 24 Std. Im Hotel du Foyer, 200 m, bezahlen.
Fahrt zum Monte Bianca (Montblanc).
Fahrt durch das Aosta-Tal.

11022 Brusson Rue Trois Villages *** AT - 7

Wohnmobilplatz in ruhiger und schöner Lage.

Von Verrès auf der SR45 nach Brusson fahren. 1,7 km nach dem Ortseingangsschild Brusson wird der Platz links erreicht **(Rue Trois Villages).** Koordinaten: 45° 45,74' Nord, 7° 43,06' Ost.

Bergpanorama.
Häuser am Platz.
Picknickplatz und Bergsee am Stellplatz.
5 min Fußweg zum Ort.
Restaurant in 100 m Entfernung.
Ver- und Entsorgung am Platz.
Müllbehälter vorhanden.
Sanitäranlage am Platz.
Informationstafel.
Aufenthaltsdauer unbegrenzt.
Stellflächen für 15 Wohnmobile.
Geschotterte, ebene und leicht schräge Stellflächen.
Parkgebühr: 10 € für 24 Std. Im Hotel du Foyer, 100 m, bezahlen.
Fahrt zum Monte Bianca (Montblanc).
Fahrt durch das Aosta-Tal.

11020 Gaby Area picnic ** AT - 8

Asphaltierter **Wohnmobilplatz** in ruhiger Lage und landschaftlich reizvoller Umgebung.

Von der Ausfahrt Pont-St.-Martin der Autobahn A5 Richtung Ivrea fahren und nach 1 km links Richtung Gressoney abbiegen. In Pont St.-Martin rechts Richtung Gressoney/Gaby fahren. 14,5 km von der Abzweigung Gressoney/Gaby - 1,1 km nach dem Ortsende Issime - wird der Parkplatz rechts erreicht.

Häuser am Parkplatz.
Bänke und Tische am Parkplatz.
Wanderungen im Val di Gressone und zu den Niel-Wasserfällen.
Langlauf im Winter.
Besichtigung von Pont-Saint-Martin: Röm. Brücke über den Lys, Reste der Römerstraße nach Gallien, mittelalterliche Häuser.
Besichtigung von Ivrea: Castello, Dom, Torre di San Stefano.
Fahrt nach Gressoney: Monte Rosa und Wintersport.
Fahrt ins Aosta-Tal.
Keine Parkgbühr.
Stellmöglickeiten für 5 Wohnmobile.
Ausweichparkplatz Loipen, 400 m weiter.
Weitere Ausweichparkplätze im Ort, 1 km weiter.

10015 Ivrea Piazza del Mercato ** AT - 9

Parkplätze auf einem asphaltierten Großraumplatz in der Nähe der Stadtmitte.

Bei Anfahrt aus dem Osten von Cavaglià (SS228) 1,6 km nach dem Ortsanfang Ivrea halbrechts Richtung centro/Aosta fahren. Nach 1 km rechts zum Stadtring (**circonvallazione**) abbiegen. Noch 600 m bis zum Parkplatz rechts. Bei Anfahrt von der Ausfahrt Ivrea der Autobahn A5 Richtung Ivrea fahren und in Ivrea nach der Brücke rechts fahren (Corso Umberto I.). Nach 600 m am Torre S. Stefano links fahren (**Corso Botta**). Noch 800 m bis zum Parkplatz rechts. Koordinaten: 45° 28,30' Nord, 7 ° 52,77' Ost.

Häuser am Parkplatz. Tankstelle am Parkplatz.
Geschäfte in der Nähe.
WC und Müllbehälter am Parkplatz.
10 min Fußweg zur Innenstadt.
Besichtigung von Ivrea: Castello, Dom, Torre di San Stefano.
Besuch des Städtischen Museums mit archäologischer Abteilung.
Besuch des historischen Karnevals.
Ausflüge zur See-Panoramastraße (4 km) und zum Castello di Montalto Dora (6 km).
Fahrt ins Aosta-Tal.
Stellmöglichkeiten für 50 Wohnmobile.
Keine Parkgebühr.

13886 Viverone Lido ** AT - 10

Asphaltierte und befestigte **Parkplätze** am Ufer des Lago di Viverone in sehr schöner und ruhiger Lage.

Von der Ausfahrt Santhià der Autobahn A4 Richtung Cavaglià/Lago di Viverone fahren und 4,8 km nach der Zahlstelle halblinks Richtung Viverone/Ivrea abbiegen. In Cavaglià rechts dem Wegweiser Lago di Viverone folgen. Nach insgesamt 8,4 km vor Viverone links Richtung Lago abbiegen und nach 1 km rechts dem Wegweiser Lido folgen. Der Parkplatz wird nach 1,5 km links erreicht.
Koordinaten: 45° 24,73' Nord, 8° 02,98' Ost.

Häuser am Parkplatz. Restaurant gegenüber des Platzes.
Picknickbänke am Platz.
Parkgebühr: werktags 4 € ganzer Tag.
Am Wochenende: 4 € für zehn, 3 € für vier, 1 € für eine Stunde.
Seepromenade und Bootsverleih an den Parkplätzen.
Badestrand an den Parkplätzen.
Müllbehälter und Müllcontainer an den Parkplätzen.
Parkplätze im Ort abgeschrankt. Parkstreifen nur für Pkw.
12 % Gefälle auf der Anfahrt zum See.
Besichtigung von Ivrea: Dom, Castello, Torre di S. Stefano.
Stellmöglichkeiten für insgesamt 30 Wohnmobile.
Parkplatz in Masseria an der Disco.
Koordinaten: 45° 24,04' Nord, 8° 02,85' Ost.

Die Metropole vor den Westalpen
Durch das Piemonte
Tour 13

Wir kommen von der Metropole Milano, fahren durch das Piemonte und wollen zur Metropole Torino, Heimat des Autoriesen Fiat. Im Piemonte sind drei geographische Zonen zu unterscheiden, die Massive der Westalpen, die Ebene, geprägt von dem Lauf des Po, und die Hügelketten um Turin, den Monferrato und die Langhe. In der Landwirtschaft ist der Reisanbau und die Rinderzucht von Bedeutung. An den Hügeln des Monferrato und der Langhe wachsen berühmte Weine: Barolo, Dolcetto, Barbera, Nebbiolo und Freisa. Die wirtschaftlich und kulturell bedeutsamste Stadt ist die Hauptstadt Turin. Aber auch die anderen Provinzhauptstädte Alessandria, Asti, Cuneo, Vercelli und Novara sind sehenswert.

Wir beginnen unsere Tour durch das Piemonte in Chivasso am Po. Von unserem Stellplatz auf der Piazza Lucio Libertini sind wir zu Fuß in 10 Minuten in der Stadt (**PT-1**). Von den mittelalterlichen Bauwerken sind nur der gotische Dom, sein Portal und die mit Skulpturen reich geschmückten Fassaden interessant.

Wir fahren ins Valle die Susa den Alpen entgegen. Beim Wohnmobil-Händler in Alpignano finden wir keine Bleibe. Sein Platz ist mit gebrauchten Caravans und Mobilen vollgestopft. In Settimo Torinese und in Vinaria Reale findet man zwei ruhige und schöne Wohnmobilplätze (**PT-2** und **PT-3**). Am Berghang bei Villar entdecken wir einen sehr schön gelegen, großen Wohnmobilplatz (**PT-4**). Hier kann man einige Tage bleiben, faulenzen oder Bergtouren unternehmen. Ver- und Entsorgung ist am Platz vorhanden und in wenigen Minuten erreicht man zu Fuß den Ort, die Geschäfte und die Restaurants.

Hauptort des Tales ist **Susa**, ein altes, historisches Städtchen. Der Augustusbogen aus der Römerzeit besteht aus flankierenden korinthischen Säulen, deren Gebälk mit Reliefs geschmückt sind. Eine Statue des Kaisers Augustus steht auf einer Grünfläche. Auf dem benachbarten Gelände sind Überreste römischer Stadtmauern, der Thermenanlage, des Amphitheaters und die Due Porte, zwei Bogendurchgänge aus schweren Marmorblöcken, zu sehen. Die Kathedrale mit einem mächtigen romanischen Glockenturm stammt aus dem 11. Jahrhundert. An die Kirchenmauern lehnt sich die Porta Savoia an, zwei Türme und ein eingespannter Bogen mit mehreren Fensteröffnungen.

Wir fahren wieder talwärts und erreichen einen schönen Übernachtungsplatz in Avigliana am Ausgang des Susa-Tales (**PT-5**). In der Nähe laden die Avigliana-Seen zu Wanderungen am Ufer, zum Schwimmen und zum Wassersport ein. Der Ort war einst eine Residenz der Savoyer. Aus dieser Zeit sind noch mehrere Bauten zu sehen, das Haus der Savoyer, das Haus der Porta Ferrata, die Kirchen S. Giovanni und S. Pietro. Zwei gute Schlafplätze, die auch als Ausgangspunkt für Touren nach Turin geeignet sind, befinden sich in Rosta und Rivoli (**PT-6** und **PT-7**).

Turin ist eine römische Gründung, erlangte aber erst im Mittelalter Bedeutung, als im 16. Jahrhundert das Königshaus der Savoyer Turin zu seinem Hauptsitz wählte. Im Gegensatz zu anderen italienischen Städten besitzt Turin eine großzügige städtebauliche Anlage, breite Straßen und weite Plätze, angelegt nach einem außergewöhnlichen industriellen Aufschwung. Trotzden sind in der Innenstadt berühmte Bauwerke aus dem Mittelalter erhalten geblieben. Im Zentrum steht der Palazzo Madama. Sein Reiz liegt in den vielen verschiedenen Baustilen seiner langen Bauepoche, Überreste römischer Bauteile wechseln mit romanischen, gotischen Elementen und einer großartigen barocken Fassade.

Das **Königsschloss** wurde 1660 erbaut und war bis 1865 Sitz des Hauses Savoyen. Die prunkvollen Räume, die königliche Waffenkammer und die originelle "Scherentreppe" beeindrucken bei einer Schlossbesichtigung. Hinter dem Schloss erstrecken sich die ausgedehnten königlichen Gärten. Weitere Sehenswürdigkeiten in der Millionenstadt sind der Dom San Giovanni Battista im Stil der Renaissance mit reich gestalteten Portalen, die Capella della S. Sindone mit dem angeblichen Leichentuch Christi, auf dem noch die Abdrücke Jesu zu sehen sein sollen, die Kirche S. Lorenzo, das Santuario della Consolata, eine Wallfahrtskirche, der öffentliche Park del Valentino am linken Ufer des Po mit einer Nachbildung des mittelalterlichen Dorfes Borgo Mediovale, die bedeutende Ausstellung Sabauda, eine Gemäldesammlung italienischer, holländischer und flämischer Künstler, das Automobilmuseum Carlo Biscaretti di Ruffia und das Ägyptische Museum.

Der Stellplatz für Wohnmobile liegt im Stadtteil Sassi an einer vierspurigen Schnellstraße und kann deshalb für die Übernachtung nicht empfohlen werden. Von Sassi fährt eine Zahnradbahn zum Berg Superga mit einer Basilika und einer schönen Aussicht zur Hügelkette und über die Ebene des Po.

Auf der Fahrt nach Cuneo übernachten wir in Cavour (**PT-8**) und wandern zu dem Rocca di Cavour, einem eigenartigen Felshügel von besonderem Reiz. Auch in Barge kann man im Ort übernachten (**PT-9**). In Racconici liegt der Stellplatz in ruhiger Lage am Ortsrand (**PT-10**). Auch in Sommariva hat die Stadt einen Stellplatz eingerichtet (**PT-11**).

Die ehemalige Festungsstadt Cherasco liegt in reizvoller Lage auf einer Bergterrasse der Hügelkette Langhe am Zusammenfluss von Tánaro und Stura di Demonte. Von unserem Übernachtungsplatz am Stadttor (**PT-12**) sind wir rasch im Ort, kaufen in den Geschäften Lebensmittel, Mitbringsel und Geschenke, besichtigen die Kirche S. Pietro, die mächtige Burg der Visconti mit zwei quadratischen Verteidigungstürmen und besuchen das Museum G.B. Adriani mit archäologischen Funden.

Nördlich von Cuneo, in Madonna dell'Olmo kann man auf dem großen Parkplatz an einer Tankstelle bleiben und sein fahrendes Ferienhaus von allem Ballast befreien und mit allem Notwendigen versorgen. Zum Übernachten ist dieser Platz aber weniger geeignet.

Die Provinzhauptstadt **Cuneo** liegt auf einer keilförmigen Terrasse mit Blick auf die maritimen Alpen und auf die Ebene des Flusses Stura di Demonte. Der Wohnmobilplatz wurde leider an einer verkehrsreichen Straße eingerichtet (**PT-13**). Wir stellen unser Schlafmobil deshalb lieber auf dem unterhalb des Hügels gelegenen großen Parkplatz ab. Schöne Ausblicke bieten immer wieder die Alleen, die an der Stelle der ehemaligen Verteidigungsmauern angelegt wurden. In der Stadt sind die Kirche S. Francesco, der Piazza Duccio Galimberti und das Städtische Museum sehenswert [1] [2].

[1] Anschlussroute im Norden: Tour 12 "Durch das Aosta-Tal"
[2] Anschlussroute im Süden: Tour 16 "An der Rviera di Ponente"

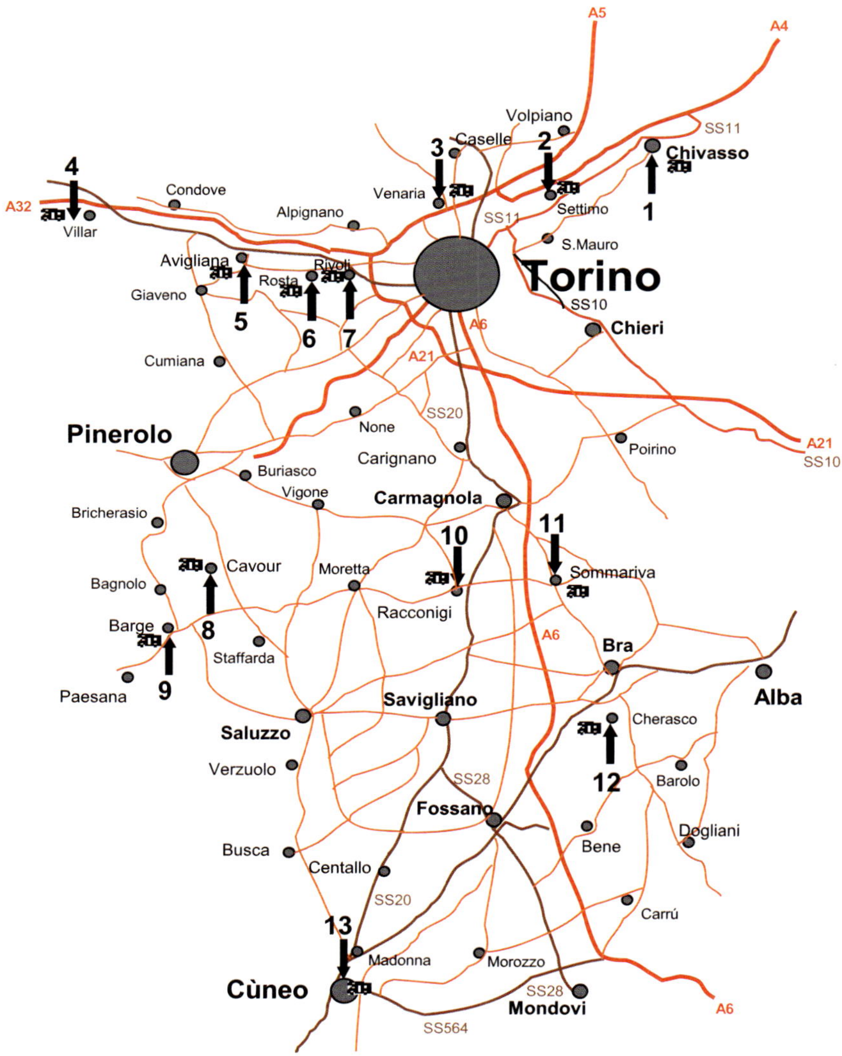

Tour 13

Durch das Piemonte

Piemonte

Tour 13: **Durch das Piemonte**

Nr.	Ort, Bezeichnung	Stell-plätze A	Gast-haus	Häu-ser	WC	Bad See	Orts-nähe B	Ent-sorg.	Park-dauer C	Park-gebühr D
PT-1	**Chivasso, Piazza L. Libertini ****	30	-	+	+	-	10	+	2	0
PT-2	**Settimo, Piazza Fridano ****	50	-	+	-	-	x	+	U	0
PT-3	**Venaria, Area Relax and Go *****	20	-	+	-	-	x	+	U	P
PT-4	**Villar, Area Camper ******	30	-	+	-	-	10	+	1	0
PT-5	**Avigliana, Piazza Torino *****	20	-	+	-	-	10	+	1	0
PT-6	**Rosta, Area sosta ****	5	-	+	+	-	x	+	1	0
PT-7	**Rivoli, Area comunale ****	10	-	+	-	-	10	+	U	P
PT-8	**Cavour, Area Sosta ****	10	-	+	-	-	10	+	1	0
PT-9	**Barge, Veccio campo sportivo ****	10	-	+	+	-	10	-	1	0
PT-10	**Racconigi, Area sosta ****	20	-	+	-	-	x	+	1	0
PT-11	**Sommariva, Area comunale ****	10	-	+	-	-	x	+	1	0
PT-12	**Cherasco, Stadttor ****	10	+	+	-	-	10	+	1	0
PT-13	**Cuneo, Bellavista ***	5	-	+	-	-	15	+	1	0

Legende siehe Seite 10

10034 Chivasso Piazza Lucio Libertini ** PT - 1

Übernachtungsplätze auf einem Großparkplatz in der Nähe der Innenstadt.

Von der Ausfahrt Chivasso der A4 Richtung Chivasso fahren und nach 2,2 km immer dem Wegweiser tutte le direzioni mehrmals links und rechts folgen. Nach insgesamt 3,7 km wird der Platz links erreicht. Koordinaten: 45° 11,1' Nord, 7° 53,7' Ost.

Häuser am Platz. Geschäfte und Tankstelle in der Nähe.
Ver- und Entsorgung (Bodeneinlass) am Platz.
WC und Müllcontainer am Platz.
Straße in der Nähe.
10 min Fußweg zur Innenstadt.
Ganzjährig zugänglich. Aufenthaltsdauer 48 Stunden.
Keine Parkgebühr.
Stellmöglichkeiten für 30 Wohnmobile.
Asphaltierte, ebene Stellflächen.
Kein Schatten.
Besichtigung von Turin: Palazzo Madama, Palazzo Reale, Dom, Porta Palatina, S. Lorenzo, Galleria Sabauda, Waffenkammer, Museo Egizio, Museo dell' Automobile, Parco del Valentino.

Piemonte

10036 Settimo Torinese Piazza Freidano ** PT - 2

Wohnmobilplatz in ruhiger Lage.

Von der SS 11 Ausfahrt Settimo Torinese rechts und nach 150 m rechts dem Wohnmobilschild folgend abbiegen. Noch 100 m bis zum Platz (**Piazza Freidano**).
Koordinaten: 45° 08,15' Nord, 7° 46,95' Ost.

Häuser am Platz.
Ver- und Entsorgung und Müllbehälter am Platz.
Aufenthaltsdauer unbegrenzt. Ganzjährig zugänglich.
Asphaltierte, ebene und gerade Stellflächen für 50 Wohnmobile.
Keine Parkgebühr.
Der Platz beim Mobilhändler in Alpignano ist mit Fahrzeugen vollgestellt.
Besichtigung von Turin: Palazzo Madama, Palazzo Reale, Dom, Porta Palatina, S. Lorenzo, Galleria Sabauda, Waffenkammer, Museo Egizio, Museo dell' Automobile, Parco del Valentino.
Ausflug ins Aosta-Tal.

10078 Venaria Area Relax and Go *** PT - 3

Wohnmobil- und Caravanplatz in ruhiger und sehr schöner Lage.

Auf der A 55 die Ausfahrt Venaria Torino nehmen und links Richtung Venaria fahren. Richtung Lanzo halten. An Q8 Tankstelle links abbiegen Richtung Parco Regionale la Mandria. Noch 200 m bis zum Platz. **(Vittorio Scodeggio 15)** Koordinaten: 45° 08,47' Nord, 7° 37, 43' Ost.

Häuser am Platz.
Ver.- und Entsorgung und Müllbehälter am Platz.
Aufenthaltsdauer unbegrenzt.
Ganzjährig zugänglich.
Beleuchtung am Platz.
Gerade und ebene Stellflächen für 20 Wohnmobile auf Wiese.
Parkgebühr: 15 € für 24 Stunden.
Auch für Caravan zugelassen.
Besichtigung von Turin: Palazzo Madama, Palazzo Reale, Dom, Porta Palatina, S. Lorenzo, Galleria Sabauda, Waffenkammer, Museo Egizio, Museo dell' Automobile, Parco del Valentino.
Information: Tel. 337 241838, www.sostacampervenaria.it.

10050 Villar Area camper **** PT - 4

Wohnmobilpark am Berghang mit Bäumen am Rand in sehr ruhiger und schöner Lage.

Von der Ausfahrt Borgone der A32 Richtung Villar fahren und nach 200 m rechts Richtung Borgone abbiegen und nach weiteren 1,7 km im Kreisel geradeaus fahren. Nach 400 m - 300 m nach dem Ortsende Borgone - rechts dem Wohnmobil-Symbol/Campo sportivo folgen (SS24). Nach weiteren 1,2 km links dem Wegweiser area camper folgen. Noch 600 m bis zum Platz rechts.
Koordinaten: 45° 6,9' Nord, 7° 13,5' Ost.

Blick auf die Berglandschaft.
Ver- und Entsorgung (Bodeneinlass) 200 m vorher.
Wasserhahn, Bänke und Tische und Müllbehälter am Platz.
Ganzjährig zugänglich.
Wandern im Valle di Susa.
Besuch der Certosa di Banda.
Besuch der Certosa di Montebenedetto.
Ausflug in den Parco Orsiera Rocciavré.
Keine Parkgebühr.
Stellmöglichkeiten für 30 Wohnmobile.
Holprige und etwas schräge Stellflächen auf Wiesengelände.
Etwas Schatten.

10051 Avigliana Piazza Grande Torino *** PT - 5

Übernachtungsplatz am Sportplatz mit Bäumen am Rand in sehr ruhiger und schöner Lage.

Bei Anfahrt aus dem Norden (SS25) 400 m nach dem Ortsanfang (braunes Schild) am weißen Ortsschild Richtung Pinorolo/Avigliana und nach weiteren 700 m rechts Richtung Pinorolo fahren (Bahnübergang/SS589) und dem Wegweiser Laghe di Avigliana/S.Michele folgen (**Via Suppo Giovanni**). Noch 100 m bis zum Platz links. Bei Anfahrt aus dem Süden von Pinorolo (SS389) 100 m nach dem Ortsanfang links dem Wohnmobil-Symbol folgen. Noch 400 m bis zum Platz rechts.
Koordinaten: 45° 4,4' Nord, 7° 23,4' Ost.

Blick zur Berglandschaft.
Häuser am Platz.
Ver- und Entsorgung (Bodeneinlass) und Müllcontainer am Platz.
Ganzjährig zugänglich.
10 min Fußweg zur Innenstadt. 10 min Fußweg zum See.
Wandern und Radfahren im Gebiet der Seen von Avigliana.
Keine Parkgebühr.
Asphaltierte, ebene Stellflächen für 20 Wohnmobile.
Kaum Schatten.
Besichtigung von Turin: Palazzo Madama, Palazzo Reale, Dom, Porta Palatina, S. Lorenzo, Galleria Sabauda, Waffenkammer, Museo Egizio, Museo dell' Automobile, Parco del Valentino.

10090 Rosta Area sosta ** PT - 6

Wohnmobilplatz in ruhiger und schöner Lage.

Auf der Via Rosta von Rivoli nach Rosta fahren. In Rosta auf der SP 186 Via Rivoli dem Wohnmobilschild folgen. Auf der Via Buttigliera Alta fahren und dem Wohnmobilschild folgend rechts abbiegen oder sofort links auf den Platz fahren (**Via Buttigliera Alta 2**). Koordinaten: 45° 04,27' Nord, 7° 27, 80' Ost.

Schmale Einfahrt.
Häuser am Platz. Supermarkt in der Nähe.
Ver- und Entsorgung am Platz (Wasser: 2 €, Toilette: 2 €).
Öffentliches WC vorhanden. Gebühr 0,50 €.
Stromversorgung möglich.
Müllbehälter vorhanden. Beleuchtung am Platz.
Asphaltierte, leicht schräge Stellflächen für 5 Wohnmobile.
Keine Parkgebühr.
Ganzjährig zugänglich.
5 Minuten Fußweg zum Ort.
20 min Zugfahrt nach Turin.
Besichtigung von Turin: Palazzo Madama, Palazzo Reale, Dom, Porta Palatina, S. Lorenzo, Galleria Sabauda, Waffenkammer, Museo Egizio, Museo dell' Automobile, Parco del Valentino.

10098 Rivoli Area comunale ** PT - 7

Wohnmobilplatz im Ort in ruhiger Lage.

Auf der A 55 Tangentiale Nord die Ausfahrt Rivoli Rosta nehmen und Richtung Centro fahren. Nach 250 m wird der Platz rechts am Stadion erreicht (**Via Isonzo 35**).
Koordinaten: 45° 04, 83 ' Nord, 7° 30, 65 ' Ost.

Häuser und Fußballstadion am Platz.
Ver- und Entsorgung und Müllbehälter am Platz.
Aufenthaltsdauer unbegrenzt.
Ganzjährig zugänglich.
Stellflächen für 10 Wohnmobile.
Asphaltierte, gerade und ebene Stellflächen.
Parkgebühr.
Besichtigung von Turin: Palazzo Madama, Palazzo Reale, Dom, Porta Palatina, S. Lorenzo, Galleria Sabauda, Waffenkammer, Museo Egizio, Museo dell' Automobile, Parco del Valentino.

10061 Cavour Area Sosta Autocaravan ** PT - 8

Übernachtungsplatz im Ort in ruhiger Lage.

Bei Anfahrt aus dem Norden (SS23) 900 m nach dem Ortsanfang Cavour links dem Wegweiser Area Sosta Autocaravan folgen (**Via Vigone**). Noch 100 m bis zum Platz links.
Koordinaten: 44° 47,3' Nord, 7° 22,6' Ost.

Häuser und Supermarkt am Platz.
Ver- und Entsorgung (Bodeneinlass) und Müllcontainer am Platz.
Nebenstraße am Platz.
Ganzjährig zugänglich.
10 min Fußweg zur Ortsmitte.
Wandern und Radfahren.
Keine Parkgebühr.
Stellmöglichkeiten für 10 Wohnmobile.
Befestigte, ebene Stellflächen.
Kein Schatten.

12032 Barge Vecchio campo sportivo ** PT - 9

Übernachtungsplatz am alten Sportplatz mit einigen Bäumen am Rand in ruhiger Lage.

Bei Anfahrt aus dem Norden 1 km nach dem Ortsanfang (weißes Schild) rechts fahren (SS27). Nach weiteren 400 m rechts dem Wohnmobil-Zeichen folgen (via cottolengo). Nach 200 m wird links der Parkplatz campo sportivo erreicht (**Piazzo T.Vitale Giacoletti**).
Koordinaten: 44° 47,0' Nord, 7° 22,2' Ost.

Häuser am Platz.
Wasserversorgung am Platz.
WC und Müllcontainer am Platz.
Ganzjährig zugänglich.
10 min Fußweg zur Ortsmitte.
Wandern und Radfahren.
Keine Parkgebühr.
Stellmöglichkeiten für 10 Wohnmobile.
Befestigte, ebene Stellflächen.
Kaum Schatten.

12035 Racconigi Area Sosta del Sentiero ** PT - 10

Übernachtungsplatz am Ortsrand mit Bäumen am Rand in ruhiger Lage.

Bei Anfahrt von Murello (SP29) über die Flussbrücke fahren und 600 m nach dem Ortsanfang rechts zum Bus-Parkplatz abbiegen.
Koordinaten: 44° 46,0' Nord, 7° 40,1' Ost.

Häuser am Platz.
Ver- und Entsorgung (Bodeneinlass) am Platz.
Ganzjährig zugänglich.
Wandern und Radfahren.
Natura adiacente al F. Maira.
Keine Parkgebühr.
Stellmöglichkeiten für 20 Wohnmobile.
Befestigte und unbefestigte, ebene Stellflächen.
Wenig Schatten.

12048 Sommariva del Bosco Area comunale ** PT - 11

Wohnmobilplatz in ruhiger und schöner Lage.

Auf der A6 die Ausfahrt Carmagnola nehmen und Richtung Carmagnola fahren. Im Kreisverkehr Richtung Bra-Alba fahren (SS661) Via Sommariva. Nach 10 km rechts abbiegen, 2 km nach dem Ortseingangsschild Sommariva del Bosco dem Wohnmobilschild folgend im Kreisel rechts abbiegen und nach 350 m links abbiegen. Nach 100 m wird der Platz erreicht (**Via due Acque 6**).
Koordinaten: 44° 45, 76 ' Nord, 7° 47, 06' Ost.

Häuser am Platz.
Fußballplatz und Bocciabahnen am Platz
Kostenlose Ver- und Entsorgung und Müllbehälter am Platz.
Aufenthaltsdauer 24 Stunden. Ganzjährig zugänglich.
Stellflächen für 10 Wohnmobile auf Asphalt.
Gerade und ebene Stellflächen.
Keine Parkgebühr.
Besichtigung von Turin: Palazzo Madama, Palazzo Reale, Dom, Porta Palatina, S. Lorenzo, Galleria Sabauda, Waffenkammer, Museo Egizio, Museo dell' Automobile, Parco del Valentino.

12062 Cherasco Stadttor ** PT - 12

Übernachtungsplatz am Tor zur Altstadt mit Bäumen am Rand in sehr ruhiger Lage.

Bei Anfahrt aus dem Süden von der SS242 Richtung Cherasco fahren (SP661) und nach 4,2 km - 900 m nach dem Ortsanfang Cherasco - rechts vor dem Stadttor zum Parkplatz/Wohnmobil-Symbol abbiegen. Bei der Anfahrt von der Autobahn durch den Ort fahren und nach dem Stadttor links zum Platz abbiegen (SP661). Koordinaten: 44° 38,9' Nord, 7° 51,5' Ost.

Schmale Einfahrt.
Gaststätte und Häuser am Platz. Geschäfte in der Nähe.
Ver- und Entsorgung (Bodeneinlass) am Platz.
Ganzjährig zugänglich.
Spielplatz und Bushaltestelle am Platz.
10 min Fußweg zur Ortsmitte.
Wandern und Radfahren.
Keine Parkgebühr. Kaum Schatten.
Befestigte, ebene Stellflächen und Stellflächen auf festem Grasstreifen für 10 Wohnmobile.
Ausweichparkplatz 200 m vorher links in ruhiger Lage.

12100 Cuneo Bellavista * PT - 13

Übernachtungsplatz am Ortsrand.

Bei Anfahrt von Turin (SS20) Richtung Zentrum fahren und 400 m nach dem Ortsanfang im Kreisel rechts fahren (**Bellavista**). Noch 100 m bis zum Platz. Koordinaten: 44° 23,7' Nord, 7° 32,9' Ost.

Bar und Häuser am Platz. Tamoil-Tankstelle am Platz.
Ver- und Entsorgung (Bodeneinlass) am Platz.
Hauptstraße am Platz. Busverbindung zur Stadtmitte.
Ganzjährig zugänglich. 15 min Fußweg zur Ortsmitte.
Wandern und Radfahren im Tal des Flusses Stura di Demonte.
Besichtigung von Cuneo: S. Francesco, Piazza Duccio Galimberti.
Besuch des Städtischen Museums.
Keine Parkgebühr. Kein Schatten.
Asphaltierte, etwas schräge Stellflächen für 5 Wohnmobile.
Ausweichplatz unterhalb des Stellplatzes. Im Kreisel links Richtung P Friedhof fahren. Noch 200 m. Stellmöglichkeiten für 50 Wohnmobile.

Lange Bärte und kluge Leute

Von Pavia nach Brescia

Tour 14

In Voghera südlich von Pavia bietet sich für Wohnmobiltouristen ein erster Übernachtungsplatz in der Nähe des Zentrums an (**PB-1**). In der Stadt sind die Burg, die Kollegiatskirche und die romanische Kapelle Ss. Flavio e Giorgio sehenswert. Wir starten unsere Tour in Pavia, einst Hauptstadt des mächtigen Langobardenreiches. Die langbärtigen, blonden Langobarden kamen als letzter germanischer Stamm nach Italien, siedelten in der Poebene und dehnten ihr Reich später bis Mittelitalien und Kalabrien aus. Bald wurde Oberitalien als Longobardia, später als Lombardei bezeichnet. In den romanischen Kirchen der Hauptstadt wurden Könige und Kaiser gekrönt.

Im frühen Mittelalter pilgerten viele Wallfahrer vom Franken- und Sachsenlande über die Alpen nach **Pavia** und weiter nach Rom. An der alten, traditionsreichen, im Jahre 1361 gegründeten Universität lehrten bekannte Professoren und Gelehrte, unter anderem der Physiker Volta, Namensgeber für die elektrische Spannungseinheit, das Volt.

Bedeutende romanische Kirchen sind **San Michele** - Krönungskirche Kaiser Barbarossas - und San Pietro in Ciel d'Oro mit dem Grabmal des heiligen Augustinus. Beide Kirchen wurden schon in der Zeit der Langobarden im 6. Jahrhundert erbaut, erhielten ihre endgültige Gestalt aber erst im 12. Jahrhundert. Sehenswert sind auch der Dom, ein Renaissancebau aus dem 17. Jahrhundert, das Rokokotheater Fraschini, die romanische Kirche San Theodoro mit bemerkenswerten Fresken, die überdachte Holzbrücke Ponte Coperto und das Castello Visconte von 1360 mit dem Archäologischen Museum und einer Gemäldegalerie.

Wir haben auf einem der zwei wunderschönen Stellplätze an der **Kartause von Pavia** übernachtet (**PB-2** und **PB-3**). Hohe Bäume spenden im Sommer Schatten, Gasthäuser locken mit Spezialitäten der Lombardei, Geschäfte verkaufen Andenken und den von den Mönchen destillierten kräftigen Kräuterlikör.

Eine ganz besondere Sehenswürdigkeit ist das 1396 gegründete Kloster der Kartäuser, heute von Zisterziensern bewohnt. Eindrucksvoll ist die mit Reliefs, Statuen und Skulpturen geschmückte, fast überladene Renaissance-Fassade aus Marmor, eines der schönsten Dekorationsbauwerke der Welt. Das Innere der dreischiffigen Kirche birgt viele Kunstschätze, die barocken Kapellen, das Grabmal von Ludovico il Moro und Beatrice d'Este, ein Kunstwerk, das unter dem Einfluss von Leonardo da Vinci entstanden ist, außerdem das filigrane Tryptichon, aus Nilpferdzähnen geschnitzt, im Gewölbe des Refektoriums die stillende Madonna von Bergognone und an der Wand das große Abendmahl, ein Werk von Ottavio Semini. Ein Wunderwerk an Harmonie und Fülle ist der kleine Kreuzgang mit sechshundert kunstvoll in Terrakotta gearbeiteten Köpfen und Büsten von Heiligen, Mönchen und Propheten in einem Dekorationsband unterhalb des Daches. Der große Kreuzgang wird von 24 Häuschen begleitet, in denen die Kartäuser ihr fast einsiedlerisches Leben verbrachten.

Wir fahren nach Norden, um **Mailand**, die Metropole Oberitaliens, zu besuchen. Es ist nicht einfach, in Mailand Parkplätze für größere Fahrzeuge zu finden. Wir suchen an den Stadien der großen Mailänder Fußballvereine, aber alle Parkplätze sind abgezäunt oder abgeschrankt. Am Westrand des großen öffentlichen Parks San Siro sind kleinere Parkplätze zu finden, die aber oft durch Pkw belegt sind. Besser ist es, im Norden von Mailand, in Bollate zu übernachten (**PT-4**).

Die großartigen Sehenswürdigkeiten Mailands sind in jedem Reiseführer ausführlich beschrieben. Die eindrucksvollen Bauwerke und Museen sollen hier nur aufgelistet werden, ohne Anspruch auf Vollständigkeit:

Lombardei - **Mailänder Dom**, wichtigstes Bauwerk der italienischen Gotik.
- **Castello Sforzesco**, Residenz und Festung, wichtiger Renaissancebau.
- **Ambrogio**, das wichtigste Baudenkmal im romanisch-lombardischen Stil.
- Maria della Grazie mit dem Fresco „Letztes Abendmahl" von Leonardo da Vinci.
- S. Lorenzo Maggiore, Zeugnis aus dem frühchristlichen römischen Mailand.
- S. Eustorgio und Capella Portinari mit dem Marmorgrab des Petrus.
- **Theatro alla Scala**, berühmtestes Opernhaus der Welt.
- Palazzo della Ragione, altes Rathaus von 1233.
- Piazza Mercati, mittelalterliches Zentrum der Stadt.
- Galleria Vittorio Emanuele, Treffpunkt der Mailänder.
- Pinacoteca di Brera, Gemäldegalerie mit weltbekannten Werken.
- Pinacoteca Ambrosiana, Gemäldegalerie und berühmte Bibliothek.
- Museo Poldi Pezzoli, berühmte Gemälde und Kunstgegenstände.
- Museo della Scienza e della Tecnica, Ausstellung über Wissenschaft.

Unsere Reise führt uns nach **Monza** nördlich von Mailand, eine Gründung der Langobarden und besonders bekannt durch den Großen Preis von Italien, das Formel-Eins-Autorennen. Leider sind die sehr schön und ruhig gelegenen Parkplätze am Autodromo und am Park von Monza von 19.00 bis 7.00 Uhr durch ein Tor verschlossen. Wir stellen deshalb am Sportplatz Montelli unser Ferienhaus auf Rädern ab (PB-5).

Wir wandern über die vielen Alleen durch den 800 ha großen Park von Monza. Wälder, Lichtungen Blumenrabatte, Villen, Gehöfte, eine Pferderennbahn und die Rennschleife für den Großen Preis von Italien begleiten uns. Die Villa Reale am Parkeingang wurde 1780 im neoklassischen Stil vom Erzherzog Ferdinand von Österreich errichtet.

Der Stadtbummel führt uns zum gotischen Dom aus dem 13. Jahrhundert. Das Äußere des Baudenkmals besticht durch die grün-weiße Marmorfassade, durch ein schmuckvolles Portal, eine prachtvolle Fensterrose und durch den wuchtigen Glockenturm. In der Schatzkammer des Doms können wir viele Austellungsstücke aus der Zeit des Langobardenreiches bewundern.

Bergamo alta, die Oberstadt von Bergamo, hat ihr mittelalterliches Antlitz bewahrt. Am Piazza Vecchia steht der Palazzo della Ragione, das alte Rathaus aus dem 12. Jahrhundert mit Arkaden und bedeutenden Fresken und der Torre del Comune. Der Dom, die romanische Kirche Santa Maria Maggiore mit wunderbaren Intarsien im Chorgestühl, das achteckige Baptisterium und die Capella Colleoni, die Grabstätte für den berühmten venezianischen Feldherrn Bartolomeo Colleoni, sind bedeutende Bauwerke am Piazza del Duomo. Die Gemäldesammlung der Pinakothek der Accademia Carrara birgt viele bekannte Meisterwerke der Florentiner und Venezianischen Schule.

Die Oberstadt ist teilweise für den Autoverkehr gesperrt. Von unseren Stellplätzen erreichen wir Bergamo alta mit dem Bus (**PB-6** und PB-7). Auch in den nahe gelegenen Städten Seriate und Alzano kann man sein rollendes Wohnhaus ver- und entsorgen und dort übernachten (**PB-8** und **PB-9**).

Von Bergamo lohnt sich ein kleiner Abstecher zum **Lago d'Iseo**. In Sárnico finden wir einen ruhigen und schönen Platz am See (PB-10). Wir haben Gaststätten und Geschäfte in der Nähe, ergänzen unsere Vorräte und erholen uns von den vielen Besichtigungen der vergangenen Tage.

Der See ist zwar nicht so bekannt wie der Lago Maggiore oder der Gardasee, hat aber die gleichen landschaftlichen Reize und das gleiche milde Klima. Er ist 25 km lang und durchschnittlich 2,5 km breit. Die Uferzonen im Westen und im Osten fallen steil ab. In der Mitte des Lago d'Iseo erhebt sich der Monte Isola, Italiens größte Insel in einem See. Der bekannteste Ort ist Iseo im Südosten. Zur Übernachtung gibt es zwei Möglichkeiten, den wunderschön gelegenen Platz in Iseo (**PB-11**) oder den Platz Gerolo in Sulzano (**PB-12**). Wir genießen das See- und Alpenpanorama von der Uferstraße und später vom Schiff bei einer Rundfahrt über den See und zur Insel Monte Isola.

Auf unserer Fahrt nach Brescia besuchen wir die Abtei von Rodengo aus dem 15. Jahrhundert.

Sehenswert sind die Fresken von Romanino. Der Parkplatz an der Abtei ist für eine Übernachtung wegen der vorbeiführenden Straßen wenig geeignet.

Brescia, unser letztes Ziel auf dieser Reise, liegt schon am Fuße der Alpen. Schon aus der römischen Epoche stammen der **Tempio Capotolino**, von Kaiser Vespasian 73 n. Chr. errichtet und andere Bauwerke auf dem Forum. Die Männer mit den langen Bärten, die Langobarden gründeten im 6. Jahrhundert ein Herzogtum. Die wichtigsten Bauten stammen aus späterer Zeit, die romanische Rotonda, ein kompaktes rundes Bauwerk, die Kirchen S. Sanvaltore, S. Francesco und S. Maria dei Miracoli, der Dom, der romanisch-gotische Broletto, ein bedeutender lombardischer Palast, die Loggia, das ehemalige Rathaus im venezianisch-lombardischen Stil. Bedeutende Exponate zeigen die Museen Romano mit der berühmten Bronzestatue der geflügelten Victoria, dell'Età Christiana mit wertvollen Objekten aus frühchristlicher Zeit und die Pinakothek Tosio Martinengo mit bekannten Werken aus der Malerschule Brescia.

Wir übernachten auf dem Wohnmobilplatz am Stadion (PB-13). Die Plätze sind sehr weitläufig, selten durch PKW belegt und haben Anschluss an die Buslinien. Die Belästigung durch den Straßenverkehr ist gering, Gaststätten und Geschäfte sind in der Nähe. Auf der Reise in den Süden bietet sich der Stellplatz am Stadion in der kulturhistorisch bedeutsamen Stadt Mantua als Etappenstation an (**PB-14**). Unsere Reise durch das Land der Langobarden führte uns zu kunsthistorisch bedeutenden Städten und berühmten Baudenkmälern und Kunstwerken in Italien [1] [2].

[1] Anschlussroute im Westen: Tour 12 „Durch das Aosta-Tal"
[2] Anschlussroute im Nordosten: Tour 8 „Am Lago di Garda"

Kreuzgang in der Karthause von Pavia

Tour 14

Von Pavia nach Brescia

Lombardei

Tour 14: **Von Pavia nach Brescia**

Nr.	Ort, Bezeichnung	Stell-plätze A	Gast-haus	Häu-ser	WC	Bad See	Orts-nähe B	Ent-sorg.	Park-dauer C	Park-gebühr D
PB-1	**Voghera, Via dei Marteri ****	30	+	+	-	-	15	+	1	0
PB-2	**Certosa di Pavia, Kartause 1 *****	20	+	+	+	-	x	-	1	8
PB-3	**Certosa di Pavia, Kartause 2 *****	30	-	-	+	-	x	+	1	4
PB-4	**Bollate, Piazza d'Resistenza ****	10	-	+	-	-	x	+	1	0
PB-5	Monza, Sportivo Montelli **	5	-	+	-	-	x	-	1	0
PB-6	**Bergamo, Via Serassi ****	50	-	+	+	-	x	+	1	0
PB-7	Bergamo, Stadio *	30	+	+	-	-	x	-	1	0
PB-8	**Seriate, Schwimmbad ****	30	-	+	-	+	x	+	1	0
PB-9	**Alzano, Via Europa ***	5	-	+	-	-	x	-	1	0
PB-10	Sárnico, Seeufer **	10	+	+	-	+	x	-	1	0
PB-11	**Iseo, Camperstop ******	30	-	+	+	-	x	+	U	8
PB-12	**Sulzano, Gerolo *****	20	+	+	+	-	5	+	U	14
PB-13	**Brescia, Stadio ****	30	+	+	+	-	15	-	1	P
PB-14	**Mantua, Stadio *****	50	-	+	+	-	x	-	1	0

Legende siehe Seite 10

27058 Voghera Via dei Martiri della Libertá ** PB - 1

Asphaltierter großer **Wohnmobilplatz** in ruhiger Lage.

Von der Ausfahrt Voghera der Autobahn A21 Richtung Voghera und nach 5 km links Richtung Voghera fahren. Nach 2,5 km - 1,5 km nach dem Ortsanfang Voghera - links dem Wohnmobil-Symbol folgen. Noch 100 m bis zum Parkplatz rechts (**Via Enrico Fermi**). Koordinaten: 44° 59,20' Nord, 9° 00,17' Ost.

Gaststätten in der Nähe. Häuser am Parkplatz.
Ver- und Entsorgung und Müllbehälter am Parkplatz.
Ganzjährig zugänglich.
15 min Fußweg zur Ortsmitte.
Bushaltestelle zur Stadtmitte am Parkplatz.
Ausflug zum Weinbauzentrum Casteggio.
Besichtigung von Pavia: S. Michele, Dom, Castello Visconteo, S. Pietro in Ciel d'Oro.
Besichtigung der Kartause von Pavia.
Fahrt nach Mailand.
Keine Parkgebühr.
Ebene Stellflächen für 30 Wohnmobile.

27100 Certosa di Pavia Kartause 1 *** PB - 2

Unbefestigte **Übernachtungsplätze** unter hohen Bäumen in schöner und sehr ruhiger Lage.

Von der Ausfahrt Binasco der A7 Richtung Certosa und 400 m nach der Zahlstelle rechts Richtung Pavia fahren (SS35). Nach weiteren 8,7 km links Richtung Monastero/Monument abbiegen. Nach 1,1 km rechts abbiegen. Noch 100 m bis zum Platz rechts. Bei Anfahrt von Padua 800 m nach dem Ortsanfang Certosa rechts Richtung Monastero abbiegen. Dann wie oben. Koordinaten: 45° 15,35' Nord, 9° 08,77' Ost.

Parkplatz unter hohen Bäumen, auch für große Mobile geeignet.
Gasthäuser, Häuser und Kiosk am Parkplatz.
WC, nur während der Öffnungszeiten der Kartause zu benutzen.
Besichtigung der Kartause von Pavia: „Ewiger Vater" von Perugino, Bronze-Kandelaber, Grabstatuen, Polyptychon aus Elfenbein, Fresken, Chorgestühl, Kleiner Kreuzgang.
Geöffnet 9-11.30 und 14.30-16.30 Uhr.
Besichtigung von Pavia: S. Michele, Dom, Castello Visconteo, S. Pietro in Ciel d'Oro.
Stellmöglichkeiten für 20 Wohnmobile.
Stellpatzgebühr: 4 € für 12 Stunden am Tag. 4 € für die Nacht.

27100 Certosa di Pavia Kartause 2 *** PB - 3

Übernachtungsplatz in der Nähe der Kartause in ruhiger und sehr schöner Lage.

Von der Ausfahrt Binasco der Autobahn A7 Richtung Certosa und 400 m nach der Zahlstelle rechts Richtung Pavia fahren (SS35). Nach weiteren 8,7 km links Richtung Monastero/Monument abbiegen. Nach 1 km dem Wohnmobilschild folgend links abbiegen. Noch 50 m bis zum Platz auf der linken Seite. Koordinaten: 45° 15,42' Nord, 9° 08,44' Ost.

Häuser am Platz. 5 Gehminuten zur Kartause.
Restaurant und Lebensmittelgeschäft im Ort (500 m).
Zwei Ver- und Entsorgungen und Müllbehäter am Platz.
WC am Platz (nur in der Saison geöffnet).
Geschotterte, ebene und gerade Stellflächen für 30 Wohnmobile.
Parkgebühr: 4 € für 24 Stunden inkl. Ver- und Entsorgung.
Besichtigung der Kartause von Pavia: „Ewiger Vater" von Perugino, Bronze-Kandelaber, Grabstatuen, Polyptychon aus Elfenbein, Fresken, Chorgestühl, Kleiner Kreuzgang.
Geöffntet 9-11.30 und 14.30-16.30 Uhr.
Besichtigung von Pavia: S. Michele, Dom, Castello Visconteo, S. Pietro in Ciel d'Oro.

20021 Bollate Piazza della Resistenza PB - 4

Übernachtungsplatz mit Bäumen am Rand in der Nähe der Innenstadt.

Von der Ausfahrt Saronno der A9 nördlich von Mailand Richtung Saronno fahren (SS233). Nach 400 m rechts Richtung Legnano abbiegen und nach weiteren 800 m rechts Richtung Milano fahren (SS233). Nach weiteren 11,1 km - 1 km nach dem Ortsanfang Bollate - links dem Wegweiser Hospedale/Senago folgen. Nach 1,2 km wird der Platz rechts erreicht (**Via Attimo**, Wohnmobil-Symbol). Von der Ausfahrt Bollate der A8 Richtung Bollate fahren und nach 500 m im Kreisel und nach weiteren 600 m im Kreisel rechts Richtung Bollate fahren. Nach weiteren 2,2 km rechts Richtung Milano abbiegen (SS233). 1 km nach dem Ortsanfang Bollate - links dem Wegweiser Hospedale/Senago folgen. Nach 1,2 km wird der Platz rechts erreicht. Koordinaten: 45° 32,83' Nord, 9° 6,71' Ost.

Häuser am Platz. Geschäfte und Tankstelle in der Nähe.
Ver- und Entsorgung (Bodeneinlass) und Müllcontainer am Platz.
Straße in der Nähe.
Ganzjährig zugänglich, Mittwoch und Sonntag Märkte.
Platz gesperrt.
10 min Fußweg zur Innenstadt.
Fahrt nach Mailand.
Keine Parkgebühr. Wenig Schatten.
Gepflasterte, ebene Stellflächen für 10 Wohnmobile.

20052 Monza Sportivo Montelli ** PB - 5

Asphaltierter **Parkplatz** am Sportplatz Montinelli in ruhiger Lage.

Von der Ausfahrt Monza/Milano-Est der Autobahn A4 Richtung Bergamo/Brescia fahren und nach etwa 6 km auf der Schnellstraße im großen Kreisel links Richtung Monza/Centro abbiegen. Nach 600 m - 200 m nach der IP-Tankstelle - rechts zum Sportivo Montelli abbiegen. Noch 200 m bis zum Parkplatz.

Häuser am Parkplatz.
Besichtigung von Monza: Dom mit Schatzkammer, Villa Reale, Park von Monza mit autodromo (Großer Preis von Italien).
Besichtigung von Mailand: Dom, Piazza Mercati, Teatro alla Scala, Castello Sforzesco, San Maria delle Grazie, Tribuna, Dominikanerkloster mit dem Fresco „Letztes Abendmahl" von Leonardo da Vinci, San Ambrogio, Monastero Maggiore, San Satiro, S. Lorenzo Maggiore, Capella di S. Aquillino.
Besuch der Mailänder Museen.
Stellmöglichkeiten für 5 Wohnmobile.
Keine Parkgebühr.
Parkplätze am Park von Monza von 19.00-7.00 Uhr geschlossen.

24100 Bergamo Via Serassi ** PB - 6

Gepflasterter **Übernachtungsplatz** in ruhiger Lage.

Bei Anfahrt aus dem Osten von Lóvere (SS42) Richtung Bergamo fahren und 2 km nach dem Ortsanfang Bergamo rechts dem Parkplatz-Schild folgen (**Via Serassi**). Nach 300 m rechts zum Parkplatz abbiegen.

Häuser am Parkplatz.
Geschäfte in der Nähe.
Ver- und Entsorgung und Müllbehälter am Parkplatz.
WC in der Nähe.
Zugänglich von 7.30-20.30 Uhr.
Besichtigung von Bergamo: S. Maria Maggiore, Capella Colleoni mit Grabmälern und Fresken, Baptisterium, Piazza Vecchia, Palazzo della Ragione.
Besuch der Pinakothek der Accademia Carrara mit vielen bekannten Werken mittelalterlicher Meister.
Ausflüge nach Ponteránica, nach Dálmine, nach Pontida und nach Romano di Lombardia.
Fahrt zum Lago Maggiore und zum Lago d'Iseo.
Stellmöglichkeiten für 50 Wohnmobile. Keine Parkgebühr.

24100 Bergamo Stadio * PB - 7

Drei asphaltierte **Parkplätze** am Fußballstadion.

Von der Ausfahrt Bergamo der Autobahn A4 Richtung Centro fahren und 400 m nach der Zahlstelle rechts Richtung Centro/Stadio abbiegen. In einem großen Kreisel nach 3,5 km dem Wegweiser Stadio folgen. Nach weiteren 700 m halbrechts und in einem anderen Kreisel nach 500 m links dem Wegweiser Stadio und dem Fußball-Symbol folgen. Noch 600 m bis zum ersten Parkplatz links und 800 m bis zum zweiten Parkplatz rechts. Zum dritten ruhig gelegenen Parkplatz hinter dem zweiten Parkplatz rechts abbiegen.

Häuser und Kiosk am Parkplatz.
Gaststätten und Geschäfte in der Nähe.
Besichtigung von Bergamo: S. Maria Maggiore, Capella Colleoni mit Grabmälern und Fresken, Baptisterium, Piazza Vecchia, Palazzo della Ragione.
Besuch der Pinakothek der Accademia Carrara mit vielen bekannten Werken mittelalterlicher Meister.
Ausflüge nach Ponteránica, nach Dálmine, nach Pontida und nach Romano di Lombardia.
Fahrt zum Lago Maggiore und zum Lago d'Iseo.
Stellmöglichkeiten für 30 Wohnmobile.
Keine Parkgebühr.

24068 Seriate Schwimmbad ** PB - 8

Asphaltierte und befestigte **Wohnmobilplätze** am Schwimmbad.

Von Lóvere (SS42) 700 m nach dem Ortsanfang Seriate links Richtung Autostrada Brescia abbiegen. Nach weiteren 700 m an der Ampel rechts abbiegen. Noch 100 m bis zum Parkplatz mit Ver- und Entsorgung. Nach weiteren 300 m geradeaus links zum zweiten Parkplatz abbiegen (**Corso Europa**).

Häuser am Parkplatz.
Ver- und Entsorgung am ersten Parkplatz.
Schranke vor dem Platz, 7.30-19.30, sonntags 9.30-16.30 geöffnet.
Verkehrsgeräusche am ersten Parkplatz.
Zweiter Parkplatz ständig zugänglich.
Ruhige Stellplätze auf dem hinteren Teil.
Besichtigung von Bergamo: S. Maria Maggiore, Capella Colleoni mit Grabmälern und Fresken, Baptisterium, Piazza Vecchia, Palazzo della Ragione.
Besuch der Pinakothek der Accademia Carrara mit vielen bekannten Werken mittelalterlicher Meister.
Ausflüge nach Ponteránica, nach Dálmine, nach Pontida und nach Romano di Lombardia.
Fahrt zum Lago Maggiore und zum Lago d'Iseo.
Stellmöglichkeiten für 30 Wohnmobile. Keine Parkgebühr.

24022 Alzano Via Europa * PB - 9

Asphaltierter **Wohnmobilplatz** mit einzelnen Bäumen in der Nähe des Sportplatzes.

Von dem Stadtring in Bergamo im Osten Richtung Valle Seriana abbiegen und Richtung Clusone fahren. Nach 5 km Richtung Ránica abbiegen. Nach 500 m - 300 m nach dem Ortsanfang - halblinks und nach weiteren 200 m links den Mobil-Symbolen folgen. Nach 700 m rechts dem Mobil-Symbol nachfahren. Noch 100 m bis zur Einfahrt zum Parkplatz rechts (**Via Europa**). Koordinaten: 45° 44,22' Nord, 9° 43,18' Ost.

Häuser am Parkplatz.
Verkehrsgeräusche durch zwei Straßen.
Ver- und Entsorgung am Platz. Aufenthaltsdauer 24 Stunden.
Besichtigung von Bergamo: S. Maria Maggiore, Capella Colleoni mit Grabmälern und Fresken, Baptisterium, Piazza Vecchia, Palazzo della Ragione.
Besuch der Pinakothek der Accademia Carrara mit vielen bekannten Werken mittelalterlicher Meister.
Ausflüge nach Ponteránica, nach Dálmine, nach Pontida und nach Romano di Lombardia.
Fahrt zum Lago Maggiore und zum Lago d'Iseo.
Stellmöglichkeiten für 5 Wohnmobile. Keine Parkgebühr.

24067 Sárnico Seeufer ** PB - 10

Asphaltierter **Übernachtungsplatz** am See in ruhiger und schöner Lage.

Von Iseo Richtung Sárnico fahren und in Sárnico nach der Brücke rechts dem Parkplatz-Schild folgen. Nach 100 m geradeaus fahren. Noch 400 m bis zum Platz links. Von der Ausfahrt Palazzolo der A4 Richtung Sárnico fahren und nach 6,5 km rechts Richtung Bergamo abbiegen. In Sárnico nach der Brücke rechts dem Parkplatz-Schild folgen (SS469).

Häuser am Parkplatz. Gaststätten und Geschäfte in der Nähe.
Bootshafen am Parkplatz.
Ganzjährig zugänglich.
Strand in der Nähe.
Besichtigung von Bergamo: S. Maria Maggiore, Capella Colleoni mit Grabmälern und Fresken, Baptisterium, Piazza Vecchia, Palazzo della Ragione.
Besuch der Pinakothek der Accademia Carrara mit vielen bekannten Werken mittelalterlicher Meister.
Fahrt um den Lago d'Iseo.
Stellmöglichkeiten für 8 Wohnmobile. Keine Parkgebühr.

25049 Iseo Camperstop **** PB - 11

Wohnmobilplätze mit Baumreihen in sehr ruhiger Lage und landschaftlich reizvoller Umgebung.

Von der SS510 (Brescia-Iseo) Richtung Iseo abfahren und nach 2,4 km Richtung Sarnico/Bergamo abbiegen. Nach 300 m rechts im Kreisel Richtung Bergamo/Sarnico fahren und nach weiteren 700 m im Kreisel rechts und nach 100 m wieder rechts dem Wegweiser Camping Sassabanek folgen. Noch 200 m bis zu den Parkplätzen rechts und links (**Via Colombera 2**). Von Bergamo und Sarnico Richtung Iseo fahren und im Ortsteil Sassabanek im Kreisel rechts und nach 100 m wieder rechts dem Wegweiser Camping Sassabanek folgen. Noch 200 m bis zu den Parkplätzen rechts und links.

Gaststätte und Häuser am Parkplatz. Blick auf den See.
WC, Ver- und Entsorgung auf dem Campingplatz.
Aufenthaltsdauer nicht begrenzt.
Strand in der Nähe.
Schifffahrt auf dem Lago d'Iseo. Insel Monteisola.
Besichtigung der Abtei Rodenga mit Fresken von Romanino.
Besichtigung von Brescia: Piazza della Loggi, Rathaus, Rotonda, Palast Broletto, Kapitolischer Tempel, S.Maria in Solario, Dom.
Fahrt um den Lago d'Iseo. Fahrt nach Bergamo.
Befestigte und asphaltierte, ebene Stellflächen für 30 Wohnmobile.
Parkgebühr: 8 € pro 24 Stunden vom 28.03. - 25.10.

25058 Sulzano Gerolo *** PB - 12

Wohnmobilplatz auf festem Wiesengelände mit einzelnen Bäumen in sehr ruhiger und schöner Lage.

Von Iseo Richtung Darfo/Pisogne fahren (SS42) und 500 m nach dem Ortsanfang an der Ampel rechts Richtung Tassano abbiegen und dem Parkplatz-Schild folgen. Nach weiteren 500 m rechts zum Parkplatz „Gerolo" abbiegen und dem Wohnmobil-Symbol folgen. Von Darfo/Pisogne (SS42) Richtung Iseo fahren und 1 km nach dem Ortsende Sale Marasino links Richtung Tassano abbiegen und dem Parkplatz-Schild folgen. Nach weiteren 500 m rechts zum Parkplatz „Gerolo" abbiegen und dem Wohnmobil-Symbol folgen (**Via Dante Alighieri**).

Gasthäuser und Häuser am Parkplatz. Bänke und Tische am Platz.
Ver- und Entsorgung, Stromanschluss und WC am Parkplatz.
Geschäfte in der Nähe. 5 min Fußweg zur Ortsmitte.
Aufenthaltsdauer nicht begrenzt. Ganzjährig zugänglich.
Schifffahrt zur Monte Isola und auf dem Lago d'Iseo.
5 min Fußweg zur Schiffsanlegestelle.
Besichtigung der Abtei Rodenga aus dem 15. Jahrhundert mit Fresken von Romanino.
Besichtigung von Brescia: Piazza della Loggi, Rathaus, Rotonda, Palast Broletto, Kapitolischer Tempel, S.Maria in Solario, Dom.
Fahrt um den Lago d'Iseo. Fahrt nach Bergamo.
Teilweise schräge Stellflächen für 20 Wohnmobile.
Parkgebühr: 14 € für 24 Stunden einschließlich Strom.

Surfer auf dem See

25100 Brescia Stadion *** PB - 13

Wohnmobilplatz am Stadion in sehr ruhiger und schöner Lage.

Auf der Autobahn Venedig - Milano die Ausfahrt Brescia Zentrum nehmen. Im Kreisverkehr rechts und um den nächsten Kreisverkehr ganz herumfahren und so 150 m zurückfahren. Rechts dem Wohnmobilschild folgend abbiegen. Nach 300 m wird der Platz links erreicht (**Via della Maggia**).
Koordinaten: 45° 30,79' Nord, 10° 14,18' Ost.

Tor vor der Einfahrt. Restaurant und Häuser am Platz.
Ver- und Entsorgung und Müllbehälter vorhanden.
Stromversorgung am Platz.
Schatten durch Bäume. Platzbeleuchtung. Ganzjährig zugänglich.
Informationstafel vorhanden. Sanitäranlage in der Nähe.
Ebene und gerade Stellflächen für 30 Mobile auf Rasengittermatten.
Parkgebühr. Anmeldung Information neben dem Restaurant.
15 Minuten Fußweg zur Innenstadt.
Besichtigung von Brescia: Piazza della Loggi, Rathaus, Rotonda, Palast Broletto, Kapitolischer Tempel, S.Maria in Solario, Dom.
Besuch des Museo Romano mit der Statue der geflügelten Viktoria und des Museo dell'Età Christiana.
Besuch der Pinacoteca Tosio Martinengo (Werke alter Meister).
Ausflug zum Monte Maddalena, zur Abtei von Rodengo, nach Bagnolo Mella, Verolanuava und Manerbio.

46100 Mantua Stadio *** PB - 13

Asphaltierte **Übernachtungsplätze** mit Baumreihen am Fußballstadion in sehr ruhiger und schöner Lage.

Von der Ausfahrt Mantova Nord der A22 Richtung Cremona und nach 200 m im Kreisel Richtung Cremona fahren (SS10, bis 7,5 t, 3,90 m Höhe). Nach weiteren 2,6 km an der Ampel geradeaus Richtung Fußball-Symbol fahren (SP28). Nach 2,7 km rechts am Ortsanfang und gleich wieder links dem Fußball-Symbol folgen (**Viale Te**). Nach 300 m wird der Platz rechts und links erreicht.
Koordinaten: 45° 28,1' Nord, 10° 43,3' Ost.

Häuser am Parkplatz.
WC am dritten Parkplatz. Müllbehälter am Platz.
Besichtigung von Mantua: Palazzo Te, S. Andrea, Piazza della Erbe, Teatro Scientifico Accademico, Piazza Sordello, Dom, Palazzo Ducale, S. Sebastiano.
Besuch des Städtischen Museum.
Ausflug nach Sabbionetta.
Ebene, asphaltierte Stellflächen für 50 Wohnmobile.
Keine Parkgebühr.

Die Karthause von Pavia

Die Fischer an Fluss und Meer

Im Po-Delta

Tour 15

Usprüngliche Landschaft, Wasser und Land in stetigem Wechsel, idyllische Fischerhäfen, vom Tourismus verschonte Orte, ein kleines Paradies für Wohmobilurlauber, so erleben wir den einzigartigen Naturpark **Delta del Po**. Wir erkunden diesen Küstenstreifen mehrere Tage lang und übernachten an den kleinen, lebhaften Fischerhäfen oder an den sieben Stränden südlich des Po di Volano, die noch einen ruhigen, ungestörten Strandurlaub garantieren.

Das Delta des Po, des größten italienischen Flusses, 625 Kilometer nach seiner Quelle, ist ständig in einem Wachstum begriffen. Jährlich werden etwa 100 Hektar Land vom längsten Fluss Italiens angeschwemmt und abgelagert. Sechs mächtige Mündungsarme hat der große Strom: Po di Maestra, Po di Pila, Po di Tolle, Po di Donzella, Po di Goro und Po di Volano. Durch den menschlichen Eingriff sind die Wasserläufe gebändigt und reguliert worden. Überflutungen sind selten, Feucht- und Trockengebiete sind voneinander getrennt. Trotzdem entfaltet die Landschaft einen eigenartigen Reiz, strahlt Ruhe und Stille aus. Hier ist die Natur noch in Ordnung. Lagunen, Seen, Flussläufe, Kanäle, Pinienhaine, Wälder, Sanddünen, landwirtschaftliche Flächen bestimmen das Landschaftsbild. Eine Vielfalt von Seevögeln bevölkert das Delta. Silber- und Lachmöwen, Kormorane, Eisvögel, Austernfischer, Zwergseeschwalben, Purpurreiher, Seidenreiher, Brandgänse, Säbelschnäbler, Stelzenläufer und Rohrdommeln können wir beobachten.

Der junge Badeort nördlich des Po-Deltas und südlich der Etschmündung, Rosolina Mare, wird vor allem von italienischen Touristen besucht und hat seinen urtümlichen Charakter in einem ausgedehnten Pinienwald bewahrt. Lange, flache Sandstrände an der schmalen, nach Süden ragenden Halbinsel laden zum Bleiben ein. Leider finden wir keinen geeigneten Übernachtungsplatz. In Caleri, am Ende der Straße, befindet sich an der Lagune ein kleiner Parkplatz, der aber für große Wohnmobile nicht gut geeignet ist.Ein Wohnmobilstellplatz ist in Cavanella in der Nähe der Straße nach Ravenna eingerichtet worden (**PD-1**).

Kurz vor dem nördlichsten Mündungsarm des Po biegen wir nach Osten ab und fahren an diesem Flusslauf ins Delta hinein. Am Bootshafen in Porto Levante finden wir unseren Übernachtungsplatz (PD-2). Wir stellen unser rollendes Ferienhaus am Ende der Straße auf dem Ausweichparkplatz am Deich ab, wandern am Fluss entlang, schauen dem Treiben im Bootshafen zu und essen vorzüglich in einem kleinen Fischrestaurant.

Porto Tolle am Po di Venezia ist der Hauptort im Po-Delta. Von hier aus starten Ausflugsboote durch den Po di Venezia zum Po di Pila und zum Po delle Tolle, zu den Leuchttürmen am Mündungstrichter und zu den zahlreichen vorgelagerten Inseln. In Boccasette kann das rollende Haus für einen Tag abgestellt werden (PD-3).

Am nächsten Tag suchen wir unseren Weg nach Goro. Seit dem 18. Jahrhundert bestreiten die Einwohner ihren Lebensunterhalt mit dem Fischfang. Zahlreiche bunte Kutter liegen im Hafen. An den Kaianlagen herrscht ein reges Treiben. In der Bucht von Goro befinden sich Muschel- und Austernzuchtanlagen. Das seichte Wasser ist voll von Muschelbänken und Holzgestellen. Muscheln jeder Größe wachsen hier, die kleine Vongole, die mittlere Miesmuschel und die große Jakobsmuschel. An den Kaianlagen und auf dem großen Parkplatz kann man gut im Wohnmobil übernachten (PD-4). Wir packen unsere Fahrräder aus und radeln durch die flache Landschaft des Naturparks.

Abends fahren wir auf einer kleinen Dammstraße bis zum Ende der Landzunge nach Gorino. Im malerischen alten Fischerhafen dümpeln die farbigen Kutter und die kleinen Fischerboote. Auf dem Wasser herrscht ein heilloses Durcheinander, auf dem Lande liegen Boote kreuz und quer und warten auf ihre Ausbesserung oder Demontage. Schiffe und Fischereianlagen aus vergangenen Tagen wurden vergessen und sind heute als Freiluftmuseum zu bewundern. Wir staunen über das bunte Treiben und übernachten auf dem Parkplatz am Hafen (PD-5).

Wir mieten uns am nächsten Morgen ein Ausflugsboot, tuckern zum Leuchturm an der Mündung des Po di Goro, der auf einer kleinen Insel einsam zwischen Himmel und Meer liegt, biegen in den Flusslauf und schippern durch einen der vielen Kanäle, die fast unsichtbar die Po-Arme miteinander verbinden, in den nächste Flusslauf, um schließlich über das offenen Meer zu fahren. In dem Verbindungskanal können wir Schwärme von Reihern, Austernfischer und Rohrdommeln beobachten. Über uns kreisen Seeschwalben und Möven. Abends genießen wir wieder die Stimmung am Hafen von Gorino, erleben die letzten Strahlen der Sonne, die über das silbrig glänzende Wasser in der Dämmerung streichen.

Wir fahren wieder zur Staatsstraße im Westen und besichtigen Mésola, eine Stadt aus dem Mittelalter, überragt von einem eindrucksvollen Kastell. Die Herzöge von Este haben 1583 die Stadt und das Jagdschloss gegründet. Eine Mauer mit mächtigen Ecktürmen umgibt noch heute den Wald, den die Herrschaften zur Jagd nutzten. Den Herzögen ist es auch zu verdanken, dass die Sümpfe in diesem Gebiet trockengelegt wurden. Am Sportpark in Mésola kann man das Fahrzeug abstellen (**PD-6**). Sehr attraktiv und großzügig ist der private Stellplatz in Bosco Mésola, den wir für unseren Aufenthalt wählen (**PD-7**).

Ein Ausflug führt uns in das Naturreservat Boscone della Mésola, ein ausgedehntes Steineichenwaldgebiet. Eine Mautstraße durchquert den Wald. Nur an Sonn- und Feiertagen ist das Naturreservat für Kraftfahrzeuge geöffnet. Auf den Seitenwegen erleben wir die Tier- und Pflanzenwelt dieser reizvollen Landschaft. Der große Parkplatz ist gut für eine Übernachtung geeignet (PD-8).

In der einsamen Ebene des trockengelegten Küstenlandes zwischen dem Po di Goro und dem Po di Volano steht ein bedeutendes romanisches Baudenkmal aus dem 8., 9. und 10. Jahrhundert, die **Abtei von Pomposa**. Das Kloster wurde von Benediktinern gegründet und war im Mittelalter ein wichtiges Zentrum der politischen und religiösen Macht. Guido d'Arezzo hat an diesem Ort die Tonleiter erfunden. Weithin sichtbar erhebt sich der 900 Jahre alte und 48 Meter hohe Campanile im lombardischen Baustil. Im Inneren sind die römischen und byzantinischen Säulen, die Apsisfresken von Vitale da Bologna und die üppigen Malereien aus dem 14. Jahrhundert im Kapitelsaal sehenswert. Gegenüber der Basilika erhebt sich der Palazzo della Ragione, ein Gerichtssaal aus dem 11. Jahrhundert. Die Parkplätze an der Abtei haben ausreichend Parkflächen, auch für größere Fahrzeuge (**PD-9**). Der dritte, etwas versteckte Parkplatz neben den Gebäuden, liegt von der Straße weit genug entfernt, bietet Sichtschutz und Schutz vor den Geräuschen der Straße.

In Lido di Volano finden wir gleich drei ruhige und schön gelegene Übernachtungsplätze an der Bucht und unmittelbar am Strand der Adria (PD-10, PD-11 und PD-12). Ein sehr breiter, feinsandiger Strand lädt uns ein, hier länger zu verweilen und die Ruhe in der Vorsaison zu genießen. Wir bleiben nicht alleine. Mehrere italienische und deutsche Wohnmobile gesellen sich zu uns auf dem großen Parkplatz. Die Restaurants verwöhnen uns abends mit Speisen und Getränken. Später in der Saison wird an diesem Ort mehr Trubel herrschen.

Lido di Volano gehört zu den sieben Lidi im Osten von Comacchio, sieben Orte an der Küste mit breiten, feinsandigen Stränden. Touristensilos und ausufernde Feriensiedlungen gibt es hier nicht. Lido di Volano ist das Strandbad für Familien. Der nächste Ort, Lido delle Nazioni ist sportlicher und mondäner. Fußgängerzonen, Geschäfte und breite Alleen prägen das Ortsbild. Für alle Wassersportarten gibt es Schulen und Verleih. In der Kutsche oder auf den Rücken der Pferde kann man das Land erkunden. Im Norden außerhalb von Lido delle Nazione liegt an der Lagune am Bagno Manara ein großer Parkplatz, der gut für eine Übernachtung geeignet ist (PD-13). Ein anderer schön und ruhig gelegener Platz zum Übernachten ist der Strandparkplatz auf einer Wiese am südlichen Strand (PD-14).

Po-Delta Die anschließenden Badeorte im Süden, Lido di Pomposa, Lido degli Scachi und Porto Garibaldi sind eng bebaut und haben keine größeren Parkflächen. Der größte und belebteste Badeort an dieser Küste ist Lido degli Estensi. Viele Geschäfte, Gaststätten, Hotels und Bars säumen die Hauptstraße Viale Carducci. Gut und ruhig übernachtet man auf den Strandparkplätzen, die aber in der Hochsaison überwiegend durch PKW belegt sind und erst abends Parkraum für Wohnmobile bieten (PD-14). Aber am Bagno Trocadero wurde ein ruhig und schön gelegener Wohnmobilplatz eingerichtet, der unser Quartier für eine Nacht wird (**PD-15**).

Der südlichste Badeort Lido di Spina schließt sich unmittelbar an Lido degli Estensi an. In diesen eleganten Ort ziehen sich im Sommer viele italienische Prominente zur Erholung zurück.

Wir fahren zur Lagune und besuchen die bedeutendste Stadt des Po-Deltas, **Comacchio**. Ein Netzwerk aus 13 Kanälen durchzieht die schöne Altstadt, verbunden durch kunstvolle Brücken. Gondeln gleiten auf einigen Kanälen, bedient von Rentnern als Gondoliere und Stadtführer. Wir fühlen uns wie in Chioggia und Venedig.

Die meisten Gebäude in Comacchio stammen aus der Zeit, als die Stadt Teil des Kirchenstaates war. Sehenswert sind vor allem die Kathedrale mit dem hohen Glockenturm und der berühmten Treppenbrücke, die am Zusammenfluss von fünf Kanälen im Jahre 1634 errichtet wurde, der Laubengang der Kapuziner und die Wallfahrtskirche S. Maria in Aula Regis. Im Westen von Comacchio sind die Ausgrabungsstätten von Spina, einer griechisch-etruskischen Stadt aus dem 6. bis 3. Jahrhundert v. Chr. zu besichtigen. Die Funde befinden sich heute im Archäologischen Museum von Ferrara. Sehr schön und ruhig liegt der Schlafplatz im Ortsteil Villagio San Carlo (**PD-16**).

Schöne Wanderungen und Radtouren kann man an der **Lagune von Comacchio** unternehmen. Die beschauliche Lagune, ein großes Brackwasser- und Sumpfgebiet läßt sich auch mit Ausflugsbooten erkunden. Die Fischer der Lagune fangen vor allem Aale, die in diesem Gewässer in Massen auftreten. Sogar ein Aalmuseum wurde an der Küste errichtet. Hier beenden wir unsere Wochenreise durch eine noch fast unentdeckte Landschaft zwischen Venedig und Ravenna [1] [2].

[1] Anschlussroute im Norden: Tour 11 „ Am Golf von Venedig“
[2] Anschlussroute im Süden: Tour 18 „ Von Ravenna nach Rimini“

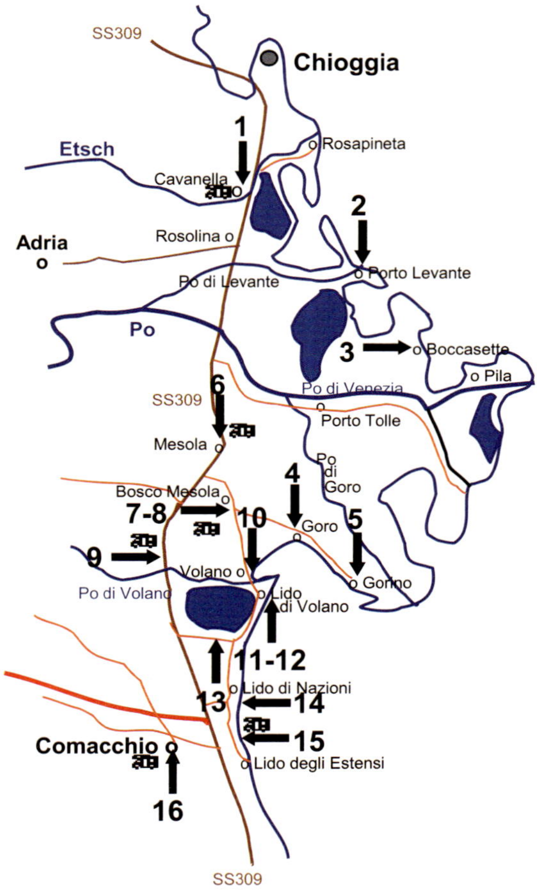

Tour 15

Im Po-Delta

Tour 15: **Im Po-Delta**

Nr.	Ort, Bezeichnung	Stell-plätze A	Gast-haus	Häu-ser	WC	Bad See	Orts-nähe B	Ent-sorg.	Park-dauer C	Park-gebühr D
PD-1	**Cavanella d'Adige, Centro sport****	20	+	+	-	-	x	+	1	8
PD-2	Porto Levante, Bootshafen **	10	+	+	-	-	x	-	1	0
PD-3	Boccasette, Po di Maistra **	20	+	+	-	-	x	-	1	0
PD-4	Goro, Hafen **	10	-	+	-	-	x	-	1	0
PD-5	Gorino, Hafen **	10	+	+	-	-	x	-	1	0
PD-6	**Mesola, Sportpark ***	10	-	-	-	-	10	+	1	5
PD-7	**Bosco Mésola, Oasi Park *****	100	-	-	-	-	x	+	U	10
PD-8	Bosco Mésola, Boscone ***	20	-	+	-	-	x	-	1	P
PD-9	**Pomposa, Abbazia ****	20	+	+	+	-	x	-	1	3
PD-10	Volano, Táglio di Falze ****	20	+	+	-	-	x	-	1	0
PD-11	Lido di Volano, Strand-Nord ****	20	+	+	-	+	x	-	1	0
PD-12	Lido di Volano, Strand-Süd **	20	+	+	-	+	x	-	1	0
PD-13	Lido di Nazioni, Bagna Manara **	30	+	+	-	+	x	-	1	0
PD-14	Lido di Nazioni, Strand ***	10	+	+	-	+	x	-	1	0
PD-15	**Comacchio, Bagno Trocadero *****	10	-	-	+	+	x	+	U	7
PD-16	**Comacchio, Area Sosta *****	30	-	-	-	-	10	+	U	10

Legende siehe Seite 10

30010 Cavanella d'Adige Centro sport ** PD - 1

Wohnmobilplatz mit Bäumen am Sportzentrum und an der Gaststätte in ruhiger und schöner Lage.

Von der SS309 (Venezia-Ravenna) 400 m nördlich der Etschbrücke dem Wohnmobil-Symbol folgen. Noch 100 m bis zum Parkplatz. Koordinaten: 45° 6,71' Nord, 12° 15,01' Ost.

Gaststätte und Bar am Parkplatz.
Häuser und Sportzentrum in der Nähe.
Ver- und Entsorgung und WC am Parkplatz.
Stromanschluss möglich.
Montags durch Tor verschlossen (Ruhetag der Gaststätte).
Ganzjährig zugänglich.
Wandern und Radfahren im Parco Naturalistico del Nordio und im Po-Delta.
Besichtigung von Chioggia.
Besichtigung der Abtei von Pomposa.
Fahrt nach Venezia, Padua und Ravenna.
Parkgebühr: 8 € für 24 Stunden.
Stellmöglichkeiten für 20 Wohnmobile.

45014 Porto Levante Bootshafen ** PD - 2

Asphaltierter **Parkplatz** am Bootshafen in ruhiger und schöner Lage.

Von der SS309 (Venezia-Ravenna) 15 km südlich von Chioggia - 1,5 km südlich von Rosolina - Richtung Porto Levante abbiegen. Nach 1,5 km links, nach weiteren 2,3 km rechts und nach weiteren 4,4 km links Richtung Porto Levante fahren. Nach insgesamt 11,4 km wir der Parkplatz rechts, nach 11,7 km der Ortsparkplatz erreicht.

Gaststätte und Häuser am Parkplatz.
Wandern und Radfahren im Po-Delta.
Engstelle an der Po-Brücke: 2,25 m Breite.
Schiffsausflüge ins Po-Delta von Ca' Tiepolo, Scardovari, Pila und Taglio di Po.
Besuch der Abbazia di Pomposa.
Besichtigung von Chioggia: Corso del Popolo, Piazza Vescovile, Kanäle und Brücken.
Fahrt nach Venedig und nach Ravenna.
Keine Parkgebühr.
Stellmöglichkeiten für 10 Wohnmobile.
Kleiner Ausweichparkplatz am Ende der Straße.

45010 Boccasette Po di Maistra ** PD - 3

Asphaltierter und unbefestigter **Parkplatz** am Fischereihafen in ruhiger und schöner Lage.

Von der SS309 (Venedig-Ravenna) nördlich Taglio di Po am nördlichen Po-Ufer Richtung Ca' Venier abbiegen und durch Ca' Venier fahren. Nach 11 km links Richtung Boccasette abbiegen. Nach 3,3 km am Ortsanfang Boccassette links dem Wegweiser Ostella di Boccasette folgen. Noch 800 m bis zu den Parkplätzen am Ortsende links.

Häuser und Supermarkt am Parkplatz.
Gaststätten und Tankstelle in der Nähe.
Wandern und Radfahren im Po-Delta.
Naturreservart Ostella di Boccasette am Parkplatz.
Schiffsausflüge ins Po-Delta von Ca' Tiepolo, Scardovari, Pila und Taglio di Po.
Panoramafahrt um die Bucht Sacca degli Scardovati.
Besichtigung der Abbazia di Pomposa.
Besichtigung von Mésola.
Fahrt nach Ravenna und Venedig.
Keine Parkgebühr.
Stellmöglichkeiten für 20 Wohnmobile.

44020 Goro Hafen ** PD - 4

Asphaltierter **Parkplatz** am Fischereihafen in ruhiger und schöner Lage.

Von der SS309 (Venezia-Ravenna) südlich von Mésola Richtung Bosco Mésola/Goro abbiegen und in Bosco Mésola links Richtung Goro fahren. Nach 5 km rechts der Hauptstraße Richtung Goro folgen. Nach weiteren 3,2 km rechts Richtung Gorina/Mercato Ittico abbiegen und nach 400 m rechts Richtung Porto fahren. Noch 900 m bis zum Parkplatz im Hafen rechts. Koordinaten: 44° 50,9' Nord, 12° 17,6' Ost.

Häuser und Fischereihafen am Parkplatz.
Wandern und Radfahren im Po-Delta.
Schiffsausflüge ins Po-Delta von Ca' Tiepolo, Scardovari, Pila und Taglio di Po.
Besichtigung der Abbazia di Pomposa.
Besichtigung von Mésola.
Panoramafahrt um die Bucht Sacca degli Scardovati.
Fahrt nach Venedig.
Fahrt nach Ravenna.
Keine Parkgebühr.
Stellmöglichkeiten für 10 Wohnmobile.

44020 Gorino Hafen ** PD - 5

Befestigter **Parkplatz** am idyllischen Hafen von Gorino in sehr ruhiger und schöner Lage.

Von der SS309 (Venezia-Ravenna) südlich von Mésola Richtung Bosco Mesola/Goro abbiegen. In Bosco Mésola Richtung Goro/Gorino fahren. 6 km nach dem Ortsende Goro - 1 km nach dem Ortsanfang Gorino - dem Parkplatzschild Busse folgen. Noch 100 m bis zum Parkplatz.
Koordinaten: 44° 49,3' Nord, 12° 20,9' Ost.

Häuser am Parkplatz. Gaststätte in der Nähe.
Wandern und Radfahren im Po-Delta.
Fähre zu den Po-Inseln.
Schiffsausflüge ins Po-Delta von Ca' Tiepolo, Scardovari,
Pila und Taglio di Po.
Besichtigung von Mésola. Besichtigung der Abazzia von Pomposa.
Panoramafahrt um die Bucht Sacca degli Scardovati.
Fahrt nach Ravenna.
Fahrt nach Venezia.
Keine Parkgebühr.
Stellmöglichkeiten für 10 Wohnmobile.

44026 Mesola Sportpark * PD - 6

Übernachtungsplatz im Ort.

Aus dem Süden kommend auf der SS 309 Richtung Venezia fahren. Am Mercatone Uno links nach Mesola fahren. Nach 200 m rechts. Noch 50 m bis zum Platz links (**Via 2 Giugno**).
Koordinaten: 44° 55, 41' Nord, 12° 14, 04' Ost.

Sportanlage am Stellplatz. Geräusch durch Straßenverkehr.
Ver- und Entsorgung am Platz. Müllbehälter am Platzeingang.
Gerade und ebene Stellflächen auf Asphalt für 10 Wohnmobile.
Parkgebühr: 5 €.
Ganzjährig zugänglich.
Lebensmittelgeschäfte und Restaurant im Ort.
Besichtigung von Mésola: Kastel Alfonso d'Este.
Schiffsausflüge ins Po-Delta von Ca' Tiepolo, Scardovari,
Pila und Taglio di Po.
Besichtigung der Abbazia di Pomposa.

44026 Bosco Mesola Oasi Parc Rimessagio **** PD - 7

Wohnmobil- und Caravanpark in sehr ruhiger und sehr schöner Lage.

Von der Località Carpani nach Bosco Mesola fahren. Im Kreisverkehr Richtung Centro der Hauptstraße folgend links abbiegen. Nach 2 km Richtung Goro dem Schild Sosta Camper folgend rechts abbiegen. Nach 1,8 km wird der Platz rechts erreicht (**Via Provinciale Christina per Goro 84**).
Koordinaten: 44° 52, 09' Nord, 12° 14, 94' Ost.

Sehr gepflegte Grünanlage mit Baumgruppen.
Großzügige Stellflächen.
Stromversorgung und Beleuchtung am Platz.
Tor vor der Einfahrt.
Ver- und Entsorgung am Platz. Müllbehälter am Platzeingang.
Teilweise Schatten durch noch junge Bäume.
Aufenthaltsdauer unbegrenzt. Ganzjährig zugänglich.
Wohnmobile immer anzutreffen.
Gerade und ebene Stellflächen auf Wiesegelände
für 200 Wohnmobile und Caravan.
Parkgebühr: 8 bzw. 10 € je nach Saison für 24 Stunden.
Ausflüge zum Wald von Boscone Mesola (1 km), ins Podelta (2 km),,
zum Castello di Mesola (5 km), zum Torre di Abate (5 km),
zur Abbazia di Pomposa (10 km).
Schiffsausflüge ins Po-Delta von Ca' Tiepolo, Scardovari,
Pila und Taglio di Po.
Besichtigung von Mésola.

44026 Bosco Mésola Boscone della Mésola *** PD - 8

Asphaltierter **Parkplatz** in sehr ruhiger und schöner Lage.

Von der SS309 (Venedig-Ravenna) südlich von Mésola Richtung Bosco Mésola/Goro abbiegen. In Bosco Mésola nicht links Richtung Goro, sondern geradeaus fahren. 2,2 km nach der Abzweigung Goro nicht rechts Richtung Volano, sondern geradeaus dem braunen Schild Boscone della Mésola folgen (Einbahnstraße). Noch 1 km bis zum Parkplatz rechts. Von Volano Richtung Pomposa fahren und 1,1 km nach dem Ortsende Volano rechts Richtung Mésola/Bosco Mésola abbiegen. Nach weiteren 4,9 km rechts, und nach 500 m wieder rechts Richtung Boscone della Mésola fahren (Einbahnstraße). Noch 1 km bis zum Parkplatz rechts.

Häuser in der Nähe. Einsame Lage.
Wandern und Radfahren im Po-Delta.
Besuch des Natur- und Freizeitparks Boscone della Mésola.
Straußenfarm in der Nähe.
Schiffsausflüge ins Po-Delta von Ca' Tiepolo, Scardovari,
Pila und Taglio di Po.
Besichtigung der Abbazia di Pomposa. Besichtigung von Mésola.
Panoramafahrt um die Bucht Sacca degli Scardovati.
Fahrt nach Venedig. Fahrt nach Ravenna.
Parkgebühr 8 - 18.00 Uhr in der Saison.
Stellmöglichkeiten für 20 Wohnmobile.

44020 Pomposa Abbazia ** PD - 9

Befestigter **Übernachtungsplatz** an der Abbazia di Pomposa in ruhiger Lage.

Von der SS309 (Venezia-Ravenna) den Hinweisschildern Abbazia folgen und 50 km nördlich von Ravenna - 23 km nördlich von Comacchio - zum Parkplatz abbiegen. An den Parkplatzschildern rechts und links vorbei, geradeaus fahren (Bus/LKW Verbotsschild). Nach 200 m links und gleich wieder rechts zum dritten Parkplatz abbiegen. Koordinaten: 44° 50,02' Nord, 12° 10,67' Ost.

Nur der dritte Parkplatz liegt ruhig.
Pizzeria und Häuser am Parkplatz.
Müllbehälter am Parkplatz.
WC am Parkplatz.
Souvenirgeschäfte und Postamt am Parkplatz.
Parkgebühr: 3 € für 24 Stunden.
Stellmöglichkeiten für 20 Wohnmobile.
Riserva Naturale Gigiola (Naturschutzgebiet für Steineichen).
Besichtigung der Abtei.
Besichtigung von Mésola.
Fahrt nach Ravenna und Venezia.
Kleiner Ausweichparkplatz am Ende der Straße.

44020 Volano Táglio di Falce **** PD - 10

Festes **Parkgelände** an der Bucht bei Táglio di Falce in sehr ruhiger und sehr reizvoller Umgebung.

Von der SS309 (Venezia-Ravenna) südlich von Pomposa Richtung Lido di Volano abbiegen und nach 10,5 km - 300 m nach dem Ortsanfang Lido di Volano - links in der Kurve hinter der Taverne abbiegen (kein Parkplatzschild). Koordinaten: 44° 48,2' Nord, 12° 15,7' Ost.

Gaststätte am Parkplatz. Häuser in der Nähe.
Blick auf das Po-Delta.
Wandern und Radfahren im Naturreservat Táglio di Falce
und an der Küste.
Kurze, schmale Zufahrt (2,5 m breit). Für große Mobile ungeeignet.
Besuch des Natur- und Freizeitparks Boscone della Mésola.
Besichtigung der Abbazia di Pomposa.
Schiffsausflüge ins Po-Delta von Ca' Tiepolo, Scardovari,
Pila und Taglio di Po.
Fahrt nach Ravenna.
Keine Parkgebühr.
Stellmöglichkeiten für 20 Wohnmobile.

44020 Lido di Volano Strand-Nord **** PD - 11

Durch Grünstreifen unterbrochener, asphaltierter **Parkplatz** in sehr ruhiger und sehr schöner Lage.

Von der SS309 (Venezia-Ravenna) 50 km nördlich von Ravenna Richtung Lido di Volano abbiegen. Nach 9 km - 800 m nach dem Ortsanfang Lido - links zum Parkplatz abbiegen.
Koordinaten: 44° 48,0' Nord, 12° 15,8' Ost.

Gaststätten, Kiosk, Häuser und Geschäfte am Parkplatz.
Spielplatz am Strand. Müllbehälter am Parkplatz.
Wohnmobile in der Saison immer anzutreffen.
Für Wohnanhänger verboten.
Wandern und Radfahren an der Küste.
Sehr breiter, feiner Sandstrand am Parkplatz.
Schwimmen, Surfen und Wassersport. Bootsverleih in der Nähe.
Riserva Naturale Gigliola (Naturschutzgebiet für Steineichen).
Naturschutzgebiet Riserva Naturale Po di Volano.
Schiffsausflüge ins Po-Delta von Ca' Tiepolo, Scardovari,
Pila und Taglio di Po.
Fahrt nach Ravenna und Venezia.
Keine Parkgebühr. Stellmöglichkeiten für 20 Wohnmobile.

Am Táglio di Falce

44020 Lido di Volano Strand-Süd ** PD - 12

Asphaltierter **Parkplatz** am Strand in ruhiger und schöner Lage.

Von der SS309 (Venezia-Ravenna) 50 km nördlich von Ravenna Richtung Lido di Volano abbiegen. Nach 9 km - 800 m nach dem Ortsanfang Lido - rechts abbiegen. Noch 700 m bis zum Parkplatz.
Koordinaten: 44° 47,7' Nord, 12° 15,7' Ost.

Gaststätte und Häuser am Parkplatz.
Spielplatz am Strand. Müllbehälter am Parkplatz.
Wandern und Radfahren an der Küste.
Sehr breiter, feiner Sandstrand am Parkplatz.
Schwimmen, Surfen und Wassersport. Bootsverleih in der Nähe.
Riserva Naturale Gigliola (Naturschutzgebiet für Steineichen).
Wohnmobile häufig anzutreffen. Für Wohnanhänger verboten.
Naturschutzgebiet Riserva Naturale Po di Volano.
Schiffsausflüge ins Po-Delta von Ca' Tiepolo, Scardovari,
Pila und Taglio di Po.
Fahrt nach Ravenna und Venezia.
Keine Parkgebühr.
Stellmöglichkeiten für 20 Wohnmobile.

44022 Lido di Nazioni Bagno Manara ** PD - 13

Befestigter **Parkplatz** und Parkplätze unter Bäumen auf einer Wiese in ruhiger und schöner Lage.

Von der Straße Pomposa-Lido di Volano kurz vor Lido di Volano rechts Richtung Lido di Nazioni abbiegen. Nach 6,3 km - 4,7 km nach dem Ortsende Lido di Volano - wird links der Parkplatz erreicht. Von Lido di Nazioni Richtung Lido di Volano fahren und nördlich von Lido di Nazioni rechts zum Parkplatz abbiegen.

Gaststätte und Häuser am Parkplatz.
Freibad in der Nähe (Sandstrand).
Wandern und Radfahren am See, am Meer und an der Lagune.
Besuch der Abbazia di Pomposa.
Besichtigung von Comacchio.
Fahrt ins Po-Delta.
Keine Parkgebühr.
Stellmöglichkeiten für 30 Wohnmobile.
Schiffsausflüge ins Po-Delta von Ca' Tiepolo, Scardovari,
Pila und Taglio di Po.

44022 Lido di Nazioni Strand *** PD - 14

Parkplätze auf Wiesengelände am Strand in sehr ruhiger und schöner Lage.

Von der SS309 (Venezia-Ravenna) 5 km nördlich der Abzweigung nach Comacchio Richtung Lido di Nazioni abbiegen. Nach 2,7 km - 800 m nach dem Ortsanfang Lido di Nazioni - rechts fahren und nach 200 m links Richtung Mare abbiegen. Noch 200 m bis zum Parkplatz.

Gaststätte und Häuser am Parkplatz.
Spielplatz am Strand.
Feiner Kies- und Sandstrand am Parkplatz. Stranduschen.
Für Wohnanhänger verboten.
Besichtigung von Ravenna.
Besichtigung der Abbazia Pomposa.
Fahrt nach Venezia. Fahrt nach Rimini.
Fahrt durch das Po-Delta.
Keine Parkgebühr.
Stellmöglichkeiten für 10 Wohnmobile.

44022 Comacchio Bagno Trocadero *** PD - 15

Strandparkplatz in sehr ruhiger und schöner Lage.

Auf der SS 309/E 55 Strada Romea nach Comacchio fahren. 2 km nach dem Ortseingangsschild rechts abbiegen Richtung Lido di Spina, dann rechts Richtung Casa Museo abbiegen. Nach 350 m wieder rechts Richtung Bagno Schiuma, dann links in die Via Tintoretto. Nach 300 m rechts dem Schild Bagno Trocadero folgen. Noch 200 m bis zum Platz links (**Via N. Pisano**).
Koordinaten: 44° 39, 24' Nord, 12° 15, 01' Ost.

Etwas einsame Lage.
Strandbar und Sandstrand am Platz.
Ver- und Entsorgung am Platz. Gebühr: 7 €.
Sanitäranlage an der Bar vorhanden.
Müllbehälter am Platzeingang.
Teilweise Schatten durch Bäume.
Aufenthaltsdauer unbegrenzt.
Wohnmobile häufig anzutreffen.
Gerade Stellflächen auf Sanduntergrund für 10 Wohnmobile.
Keine Parkgebühr.
Besichtigung der Abbazia Pomposa. Besichtigung von Ravenna.
Fahrt nach Rimini und Fahrt nach Venezia.
Fahrt durch das Po-Delta.

44022 Comacchio Area sosta camper Cavallari *** PD - 16

Wohnmobilplatz in ruhiger und sehr schöner Lage.

Bei der Anfahrt aus dem Süden auf der SP 15 Richtung Ferrara/Comacchio fahren. 1,5 km nach dem Ortsausgangsschild rechts halten. 100 m vor dem Kreisverkehr rechts in die **Villaggio San Carlo** einbiegen. Nach 50 m wird die Platzeinfahrt rechts erreicht.
Koordinaten: 44° 42,14' Nord, 12° 10,17' Ost.

Schranke und Tor vor der Einfahrt. Geräusche von der Straße.
Beleuchtung am Platz. Stromversorgung möglich.
Ver- und Entsorgung am Platz. Gebühr: 4 €.
Sanitäranlage vorhanden. Müllbehälter am Platzeingang.
Kleiner Spielplatz vorhanden.
Aufenthaltsdauer unbegrenzt.
Ganzjährig zugänglich.
Gerade und ebene Stellflächen auf Wiesegelände für 30 Mobile.
Parkgebühr: 10 € für 24 Stunden.
10 min Fußweg zur Ortmitte.
Besichtigung von Ravenna.
Besichtigung der Abbazia Pomposa.
Fahrt nach Rimini und Fahrt nach Venezia.

Sonne, Felsen und Meer

An der Riviera di Ponente

Tour 16

An der **Riviera**, eine der schönsten Küsten Europas, sind Urlauber mit Wohnmobilen gern gesehenen Gäste. Die Campingplätze sind in der Saison überfüllt, für eine Nacht wird kein Tourist aufgenommen und die Parkplätze sind an der engen, stark bebauten und felsigen Küste begrenzt und überall abgeschrankt. Aber in mehreren Orten sind ausgedehnte Stellplätze für Wohnmobile entstanden. **San Remo**, die wohl bekannteste Stadt an der Riviera, heißt seine wohnmobilen Gäste auf einem für Wohnmobile reservierten Stellplatz willkommen (**RP-1**). Viele Wohnmobil-Urlauber haben dieses Angebot gerne angenommen. Auch wir fühlen uns auf diesem Platz wohl und starten von hier aus unsere Touren entlang der italienischen Riviera.

Blumenriviera nennt man den Küstenabschnitt um Bordighera und San Remo. Durch die typische, von Blumen, Ölbäumen und Weinbergen geprägte Landschaft, erreichen wir Ventimiglia, eine römische Gründung. An diese Zeit erinnert das römische Theater aus dem 2. Jahrhundert. Aus der Glanzzeit der Stadt im Mittelalter stammen der Dom, die Kirche San Michele und das Baptisterium.

Durch den eleganten Badeort Bordighera fahren wir an der Seepromenade mit schönen Ausblicken auf das Meer entlang nach San Remo. Luxushotels, mondäne Villen, breite Alleen, elegante Geschäfte, teure Restaurants, schicke Boutiquen und ein mittelalterlicher Stadtkern mit winkligen Gassen, Treppen, Durchgängen und der Wallfahrtskirche Madonna della Costa prägen das Bild der Stadt. Zu Füßen der Altstadt steht der Turm San Siro aus dem 13. Jahrhundert. Seit 1906 kann man im Spielkasino das große Geld machen oder alles verspielen. Die Stadt bietet alles, was der Tourist für seinen Zeitvertreib am Tage wie in der Nacht braucht. Den Urlaubern gefallen das üppige Mittelmeerklima, die gepflegten Seepromenaden, der breite Sandstrand und das rauschende Meer. Mit der 8 km langen Seilbahn fahren wir auf den Monte Bignone, um den herrlichen Ausblick auf San Remo und das Mittelmeer zu genießen.

Ein paar Kilometer weiter, im Landesinneren besuchen wir Bussána Vécchia, ein Dorf, dass nach einem Erdbeben von den überlebenden Einwohnern verlassen und ein Geisterdorf wurde. In der Mitte dieses Jahrhunderts siedelten sich Maler, Bildhauer, Holzschnitzer und Keramiker neu an. Die vielen Ateliers, Ausstellungen und Auslagen in den Schaufenstern im Künstlerdorf verleitet uns zu einigen Einkäufen künstlerischer Erzeugnisse.

Von San Remo benutzen wir die Küstenstraße nach Osten. Wir müssen weit fahren, um die nächste Übernachtungsmöglichkeit zu finden. Auch das Parken mit dem Wohnmobil ist schwierig, weil die meisten Parkplätze an der Reviera abgeschrankt sind. Das Seebad Arma di Tággia hat einen schönen Seestrand, im Ort Tággia sind das Dominikanerkloster aus dem 15. Jahrhundert, die mittelalterliche Brücke über den Argentina und mehrere Barockpaläste sehenswert.

Die Provinzhauptstadt Imperia besteht aus zwei Ortsteilen Porto Maurizio und Onéglia. Im westlichen Porto Maurizio liegen die bedeutenden Baudenkmäler: das Klarissenkloster aus dem 14. Jahrhundert, der klassizistische Dom von 1838, die barocke Kirche San Pietro aus dem 18. Jahrhundert und der alte malerische Stadtkern Parádiso. Interessant ist auch das Schifffahrtsmuseum in Porto Maurizio.

Die Route an der Riviera di Ponente führt nun über mehrere elegante und sehr bekannte Badeorte - Diano Marina, San Bartolomeo, Cervo, Laiguéglia, Alássio und Albenga. In Diano Marina, San Bartolomeo und Borghetto sind drei sehr schön und ruhig gelegene Übernachtungsplätze eingerichtet worden (**RP-2**, **RP-3** und **RP-4**). Alássio besitzt einen drei Kilometer langen, feinsandigen, breiten Strand für Sonnenhungrige und eine Flanier- und Amüsierstraße, die Via XX. Settembre für die Schaulustigen und Vergnügungssüchtigen. In Albenga blieb der mittelalterliche Stadtkern ständig erhalten. Sehenswert sind das spätrömische Baptisterium aus dem 5. Jahrhundert, der Palazzo Vécchio aus dem 14. Jahrhundert, der Stadtturm, die romanisch-gotische Kathedrale San Michele und der Bischofspalast aus dem 12. Jahrhundert.

In Loano finden wir wieder Hinweisschilder für Wohnmobile. Sie führen uns an den Ortsrand zu einem wunderschön gelegenen und sehr gut eingerichteten Wohnmobilplatz (**RP-5**). Jeder Stellplatz hat sogar Elektro- und Wasseranschluss.

In Loano herrschte zwei Jahrhunderte die Familie der Doria. Aus dieser Zeit stammen der Palazzo Comunale, der Palazetto del Comandante, die Burg und die Klöster Sant' Agostino und Monte Carmelo. In der Klosterkirche am Monte Carmelo liegen Andrea Doria und seine Familie begraben.

Der Ort Finale Ligure wurde aus mehreren Küstendörfern gebildet. Sehenswerte Gebäude sind der Triumphbogen für die Infantin Margerita, die Barockkirche Giovanni Battista, die Abtei Santa Maria, die Kirche San Lorenzo Vécchio, auf einem steilen Felsen erbaut, die mittelalterliche Stadtmauer und das Dominikanerkloster Santa Caterina in Finalborgo. Sehr gute Stellplätze entdecken wir in Pietro Ligure und Finale Ligure (**RP-6** und **RP-7**).

Sehr stolz sind die Einwohner von **Noli** auf ihre Vergangenheit. Von 1193 bis 1797 war Noli Seerepublick und konkurrierte mit dem mächtigen Genua. Von der mittelalterlichen Pracht blieb die Loggia della Repubblica, die Kathedrale, die frühromanische Kirche San Paragorio und die malerische Altstadt.

Im benachbarten Spotorno stellen wir unser rollendes Zuhause auf dem schönen Gelände des Stellplatzes Area Sosta Camper Roma ab (**RP-8**). Eine weitere gute Übernachtungsmöglichkeit ist an der Via Maremma zu finden (**RP-9**). Der breite, feine Sand- und Kiesstrand in Spotorno verleitet zu einem längeren Aufenthalt, zum Badeurlaub an der Riviera. Es ist auch angenehmer, von hier aus Ausflüge entlang der Riviera zu unternehmen, als sich abends mühsam einen Campingplatz für die Übernachtung zu suchen. Wir bleiben mehrere Tage, lassen uns Tipps von Wohnmobiltouristen geben und tauschen mit anderen Wohnmobilurlaubern aus Deutschland, Österreich, Holland und Italien Erfahrungen bei einem Glas Wein aus.

Savona, im Mittelalter eine bedeutsame und lebhafte Handelsstadt, hat heute noch einige bedeutsame Baudenkmäler. Papst Sixtus IV. ließ 1481, unmittelbar nach Vollendung der Sixtinischen Kapelle in Rom, auch im Kreuzgang des frühbarocken Doms eine Sixtinische Kapelle als Grabmal für seine Eltern errichten. Weitere Sehenswürdigkeiten sind der 50 Meter hohe Brandale-Turm, der Renaissance-Palast della Rovere, das Theatro Chiabrera im klassizistischen Stil, die Villa Zanelli und der Palast dei Pavoni im Jugendstil des 20. Jahrhunderts.

In den Städten zwischen Savona und Genua sind prunkvolle Villen aus dem vergangenen Jahrhundert, viele Touristenunterkünfte, moderne Sportboothäfen und alle Arten von Freizeitangeboten zu sehen und zu nutzen. Die Strände sind überlaufen, die Parkplätze abgeschrankt. Wo soll man sein Wohnmobil abstellen? Fährt man zum Campingplatz, so müßte man einen PKW mieten, um zu den Freizeiteinrichtungen, Geschäften und Stränden zu gelangen. Wir haben Glück, in Albissola Marina übernachten wir auf einem ruhigen Stellplatz in sehr schöner Lage (**RP-10**). Die Riviera Ponente lässt sich mit dem Wohnmobil gut erkunden. Größere Stellplätze sind ausreichend zu finden [1].

[1] Anschlussroute im Osten: Tour 16 „An der Riviera di Levante

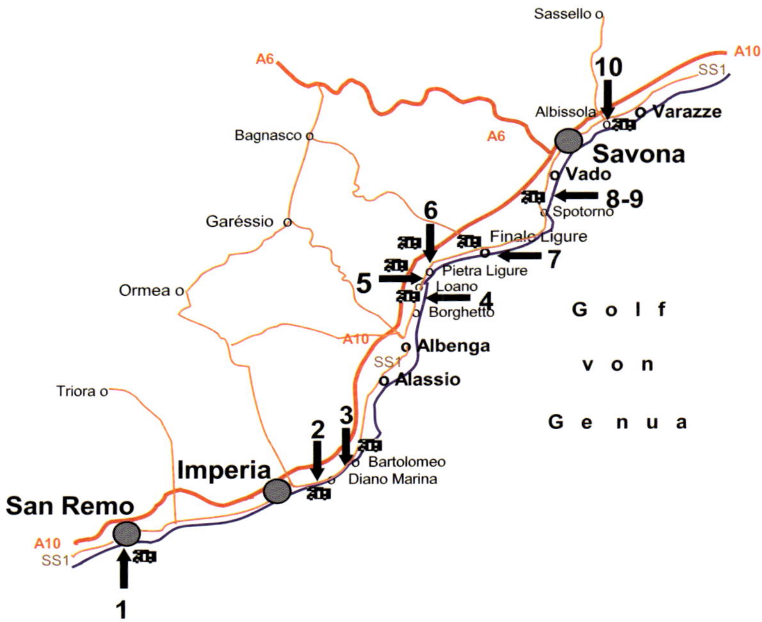

Tour 16

An der Riviera di Ponente

Tour 16: **An der Riviera di Ponente**

Nr.	Ort, Bezeichnung	Stell-plätze A	Gast-haus	Häu-ser	WC	Bad See	Orts-nähe B	Ent-sorg.	Park-dauer C	Park-gebühr D
RP-1	**San Remo, Wohnmobilplatz ****	50	-	+	+	-	x	+	3	10
RP-2	**Diano Marina, Oasi-Park ******	100	+	-	+	-	x	+	U	10
RP-3	**San Bartolomeo, Area di Sosta *****	30	-	+	-	-	x	-	2	8
RP-4	**Borghetto, Via Po *****	80	-	+	-	-	10	+	U	13
RP-5	**Loano, Area atrezzatta *****	15	-	-	+	-	x	+	U	10
RP-6	**Pietra Ligure, Via Crispi ****	40	-	+	-	-	x	+	U	16
RP-7	**Finale Ligure, Via Aurelia *****	30	-	-	-	+	10	+	U	15
RP-8	**Spotorno, Area sosta camper *****	50	-	-	-	-	x	+	U	18
RP-9	**Spotorno, Via Maremma *****	100	-	-	-	+	x	+	U	13
RP-10	**Albissola, A.Cigheugna *****	50	-	+	-	-	x	+	U	10

Legende siehe Seite 10

18038 San Remo Wohnmobil- und Caravanplatz ** RP - 1

Befestigter **Wohnmobilsplatz** für Wohnmobile und Wohnanhänger.

Von der Ausfahrt San Remo der Autobahn A10 Richtung San Remo fahren und nach 1 km links Richtung San Remo abbiegen. Nach weiteren 3,8 km rechts dem Wohnmobil-Symbol Richtung Ventimiglia folgen und nach 1,2 km links hinter dem Sportplatz zum Parkplatz abbiegen. Über den LKW-Platz fahren. Noch 700 m bis zum Wohnmobil-Parkplatz (**Corso Guglielmo Marconi**). Bei Anfahrt aus dem Westen von Ventimiglia 1,7 km nach dem Ortsanfang San Remo rechts vor dem Sportplatz zum Wohnmobil-Platz abbiegen. Koordinaten: 43° 48,33' Nord, 7° 44,97' Ost.

Häuser am Parkplatz. Tankstelle in der Nähe.
WC und Ver- und Entsorgung am Parkplatz.
Müllbehälter am Parkplatz.
Aufenthaltsdauer 3 Tage. Ganzjährig zugänglich.
Wohnmobile immer anzutreffen.
Besuch des Spielcasinos.
Besichtigung von San Remo: Mittelalterlicher Stadtkern, Dom San Siro, Villen, Wallfahrtkirche Madonna della Casta, russische Kirche San Basilio.
Fahrt mit der Drahtseilbahn auf den Monte Bignone.
Fahrt nach Bordighera und Ventimiglia.
Fahrt an der Blumenriviera.
Parkgebühr 10 €.
Stellmöglichkeiten für 50 Wohnmobile.

18013 Diano Marina Oasi-Park **** RP - 2

In Terrassen angelegter **Wohnmobil- und Caravanpark** in sehr ruhiger und sehr schöner Lage.

Bei Anfahrt aus dem Osten von Genua in Diana Marina 2 km nach dem Ortsanfang scharf rechts abbiegen und dem Wohnmobil-Symbol folgen. Nach 200 m vor der Bahnlinie links fahren (kein Hinweisschild). Nach weiteren 300 m links und nach 100 m wieder links dem Symbol folgen. Noch 100 m bis zum Mobilpark (**Via Sori 5**). Bei Anfahrt aus dem Westen von San Remo 400 m nach dem Ortsanfang von der SS1 links abbiegen. Nach 200 m vor der Bahnlinie links fahren (kein Hinweisschild). Dann wie oben.
Koordinaten: 43° 54,41' Nord, 8° 04,34' Ost.

Gaststätte und Lebensmittelgeschäft am Parkplatz.
Mehrere Ver- und Entsorgungsstellen und Stromanschlüsse.
Aufenthalt unbegrenzt. Immer zugänglich. Mobile immer anwesend.
Sanitäre Anlagen und WC am Platz.
Ausflüge zum Capo Berta, nach Cervo und nach Diano Castello.
Besichtigung von San Remo: Mittelalterlicher Stadtkern, Dom San Siro, Villen, Wallfahrtkirche Madonna della Casta, russische Kirche San Basilio.
Fahrt an der Riviera di Ponente. Fahrt nach Alassio und Albengo.
Flächen in Terrassen unter Bäumen für 100 Mobile oder Caravan.
Parkgebühr: 10 € für 24 Stunden alles inklusive.

18016 San Bartolomeo al Mare Area di sosta *** RP - 3

Geschotterter **Übernachtungsplatz** mit einzelnen großen Bäumen in ruhiger und schöner Lage.

Bei Anfahrt aus dem Osten von Genua (SS1) 200 m nach dem Ortsanfang S.Bartolomeo von der SS1 rechts Richtung A10 Genua-Ventimiglia abbiegen. Nach 300 m rechts Richtung boccia fila/area di sosta camper abbiegen. Noch 100 m bis zum Parkplatz rechts. Bei Anfahrt aus dem Westen von San Remo 900 m nach dem Ortsanfang San Bartolomeo von der SS1 links abbiegen. Nach 300 m rechts Richtung boccia fila/area di sosta camper abbiegen. Noch 100 m bis zum Platz rechts (**Via Alessandro Manzoni**).
Koordinaten: 43° 55,44' Nord, 8° 06,30' Ost.

Häuser am Parkplatz.
Wasserversorgung am Parkplatz. Bahnlinie in der Nähe.
Aufenthalt 48 Std. Mobile immer anzutreffen. Immer zugänglich.
Für Fahrzeuge bis 7,20 m Länge. 5 min Fußweg zur Ortsmitte.
Besichtigung von San Remo: Mittelalterlicher Stadtkern, Dom San Siro, Villen, Wallfahrtkirche Madonna della Casta, russische Kirche San Basilio.
Fahrt an der Riviera di Ponente. Fahrt nach Alassio und Albengo.
Stellmöglichkeiten für 30 Wohnmobile.
Parkgebühr: Je nach Jahreszeit 5 bzw. 8 € für 24 Stunden.

17052 Borghetto Santo Spirito Via Po *** RP - 4

Wohnmobilplatz in ruhiger und sehr schöner Lage.

Von Loano auf der Via Aurelia nach Borghetto fahren (SP 1). 700 m nach dem Ortseingangschild Borghetto dem Wohnmobilschild folgend rechts abbiegen. Im Kreisverkehr rechts und nach 150 m wird der Platz rechts erreicht (**Via Po**). Koordinaten: 44 ° 06, 91 ' Nord, 8° 14, 29' Ost.

Häuser am Platz.
Ver- und Entsorgung am Platz.
Stromversorgung am Platz. Gebühr 2 €.
Müllbehälter vorhanden. Beleuchtung am Platz.
Bäume am Platz. Informationstafel vorhanden.
Geschotterte, gerade Stellflächen für 80 Wohnmobile.
Aufenthaltsdauer unbegrenzt. Ganzjährig zugänglich.
Parkgebühr: 8 bis 10 € (15. 11. bis 30. 5.), 10 bis 13 € (1.6. bis 14.11.).
10 Minuten Fußweg zum Ort.
Besichtigung von San Remo: Mittelalterlicher Stadtkern, Dom San Siro, Villen, Wallfahrtkirche Madonna della Casta, russische Kirche San Basilio.

17025 **Loano** Area attrezzata camper **** RP - 5

Befestigter **Wohnmobilplatz** in sehr ruhiger und sehr schöner Lage.

Bei Anfahrt aus dem Osten von Genua (SS1) 200 m nach dem Ortsanfang halbrechts dem Mobil-Symbol folgen. Nach weiteren 1,4 km von der SS1 rechts Richtung Symbol abbiegen. Nach 400 m halblinks und nach weiteren 600 m wieder halblinks dem Symbol folgen. Nach 100 m links abbiegen. Noch 100 m bis zum Mobilplatz rechts (**Via delle Fornaci**). Bei Anfahrt aus dem Westen von San Remo 1,1 km nach dem Ortsanfang von der SS1 links abbiegen. Dann wie oben. Koordinaten: 44° 07,86' Nord, 8° 14,46' Ost.

Blick über Berge und Täler.
Strom- und Wasseranschlüsse an den Stellplätzen.
WC, Dusche und Ver- und Entsorgung am Parkplatz.
Mülltonnen vor der Einfahrt.
Mobile fast immer anzutreffen. Aufenthalt 48 Std. Immer zugänglich.
Besichtigung von Loano: Palazzo Comunal,
Palazetto del Commandante, Burg, Kloster Monte Carmelo.
Ausflug zu den Grotten von Toirano.
Fahrt an der Riviera di Ponente.
Fahrt nach Alassio und Albengo. Fahrt nach Finale Ligure.
Stellmöglichkeiten für 15 Wohnmobile.
Parkgebühr: 10 € für 24 Stunden.

17027 **Pietra Ligure** Via Francesco Crispi ** RP - 6

Wohnmobilplatz in ruhiger und schöner Lage.

Auf der A10 / E 80 Richtung Genua fahren oder die Ausfahrt Pietra Ligure nehmen. Nach Pietra Ligure fahren und im Kreisverkehr links Richtung Savona abbiegen (Schild Area camper). Noch 400 m bis zum Platz links (**Via Francesco Crispi 23**). Koordinaten: 44° 09,27' Nord, 8° 17,04' Ost.

Geräusche von der Straße. Häuser am Platz.
Ver- und Entsorgung am Platz.
Stromversorgung vorhanden.
Müllbehälter vorhanden.
Geschotterte, gerade Stellflächen für 40 Wohnmobile.
Aufenthaltsdauer unbegrenzt. Ganzjährig zugänglich.
Parkgebühr: 16 € alles inklusive (von 10 bis 10.00 Uhr).
10 Minuten Fußweg zum Meer.
Besichtigung von Loano: Palazzo Comunal,
Palazetto del Commandante, Burg, Kloster Monte Carmelo.
Ausflug zu den Grotten von Toirano.
Fahrt an der Riviera di Ponente.
Fahrt nach Alassio und Albengo.
Fahrt nach Finale Ligure.

17024 **Finale Ligure** Via Aurelia *** RP-7

Wohnmobilplatz direkt am Meer in sehr schöner Lage.

Auf der SP 1 Via Aurelia von Pietra Ligure nach Finale Ligure fahren. An der Abzweigung zur Autobahn sofort scharf rechts abwärts zum Strand fahren. Nach 50 m wird der Platz erreicht. **(Via Aurelia)** Koordinaten: 44° 09,89 ' Nord, 8° 20,25 ' Ost.

Geräusche von der Straße.
Ver- und Entsorgung am Platz.
Kalte Duschen am Platz. Müllbehälter vorhanden.
Aufenthaltsdauer unbegrenzt. Ganzjährig zugänglich.
Geschotterte, gerade Stellflächen für 30 Wohnmobile.
Parkgebühr: 15 € für 24 Stunden. 8 € für 12 Stunden.
15 Gehminuten zum Badestrand. 10 Minuten zum Ort.
Besichtigung von Loano: Palazzo Comunal,
Palazetto del Commandante, Burg, Kloster Monte Carmelo.
Ausflug zu den Grotten von Toirano.
Fahrt an der Riviera di Ponente.
Fahrt nach Alassio und Albengo.

17028 **Spotorno** Area Sosta camper Roma *** RP - 8

Wohnmobilplatz in ruhiger und sehr schöner Lage.

Auf der A10/E80 die Ausfahrt Spotorno nehmen und Richtung Spotorno fahren. Im Kreisverkehr geradeaus fahren. Nach 200 m wird der Platz links erreicht (**Via Aurelia**).
Koordinaten: 44° 13,38' Nord, 8° 24,77' Ost.

Geräusche von der Straße. Bar am Platz.
Ver- und Entsorgung und Müllbehälter am Platz.
Stromanschluss Gebühr 2 €.
Schatten durch Bäume. Müllbehälter vorhanden.
Aufenthaltsdauer unbegrenzt. Ganzjährig zugänglich.
Geschotterte, gerade Stellflächen für 50 Wohnmobile.
Parkgebühr: 18 € pro Tag, 25 € von Samstag bis Sonntag, 40 € von Freitag bis Sonntag.
15 Gehminuten zum Badestrand.
Besichtigung von Savona: Dom, Capella, Sestina, Fortezza Priamar, Palazzo Della Rovere, Pinacoteca Civica.
Besichtigung von Noli: Loggia della Republica, Kathedrale, Altstadt, Burgruine, Kirche San Paragorio.
Fahrt entlang der Riviera di Ponente.

17028 **Spotorno** Via Maremma *** RP - 9

Wohnmobilplatz am Meer in ruhiger und sehr schöner Lage.

In Spotorno auf der SP 1, Via Aurelia, Richtung Savona fahren. Unmittelbar vor dem Ortseingangschild Bergeggi wird der Platz links erreicht (**Via Maremma**). Koordinaten: 44° 14,22' Nord, 8° 26,13' Ost.

Schranke vor der Einfahrt (8 bis 23 Uhr geöffnet).
Geräusche von der Straße. Badestrand jenseits der Straße.
Ver- und Entsorgung am Platz (8 bis 10 und 16 bis 18 Uhr. Gebühr: 3 €, ohne Parken: 5 €. Müllbehälter vor dem Platz.
Aufenthaltsdauer unbegrenzt. Ganzjährig zugänglich.
Geschotterte, gerade Stellflächen für 100 Wohnmobile.
Parkgebühr: 13 € pro Übernachtung, 6 € nur parken.
Restaurant und Lebensmittelgeschäfte in Bergeggi.
Ausflug auf das Altopiano della Manie (Hochplateau).
Besichtigung von Noli: Loggia della Republica, Kathedrale, Altstadt, Burgruine, Kirche San Paragorio.
Fahrt entlang der Riviera di Ponente.

17012 **Albisola Marina** A. Cigheugna *** RP - 10

Wohnmobilplatz in ruhiger und sehr schöner Lage.

Auf der SP 1 nach Albisola fahren und 1,2 km nach dem Ortseingangsschild links abbiegend dem Schild Area camper folgen. Nach 850 m rechts abbiegen (**Via delle Industrie 2**). Nach 200 m wird der Platz rechts erreicht. Koordinaten: 44° 20,21' Nord, 8° 30,17' Ost.

Häuser in der Nähe. Kleine Bar am Platz.
Ver- und Entsorgung am Platz.
Sanitäranlage mit Spülbecken vorhanden.
Müllbehälter am Platzeingang.
Aufenthaltsdauer unbegrenzt. Ganzjährig zugänglich.
Geschotterte, gerade Stellflächen für 50 Wohnmobile.
Schatten durch Bäume.
Parkgebühr: 10 € für 24 Stunden (12 € mit Strom).
Ausflug auf das Altopiano della Manie (Hochplateau).
Besuch der Pinacoteca Civica in Savona (Gemälde italienischer Meister).
Besichtigung von Noli: Loggia della Republica, Kathedrale, Altstadt, Burgruine, Kirche San Paragorio.
Fahrt entlang der Riviera di Ponente.
Fahrt nach Savona.

Felsen und Marmor

An der Riviera di Levante

Tour 17

In **Genua** besteht die Möglichkeit am Industriehafen zu übernachten (**RL-1**). Den Küstenabschnitt östlich von Genua bezeichnet man als **Riviera** di levante. Die Küste ist genau so schön wie im Westen, die Straßen sind oft eng, Parkplätze abgeschrankt. Trotzdem ist die Riviera ein Urlaubsgebiet für Wohnmobilisten, denn im Osten haben einige Orte in einem sehr reizvollen, felsigen Küstenabschnitt Übernachtungsplätze für Wohnmobil eingerichtet. Erst ganz im Osten, dort wo das Gebirge zurücktritt bei Carrara werden die Strände breit, das Ufer eben und die Parkmöglichkeiten für Wohnmobile besser.

In Sestri Levante erreichen wir die Küste. Der Ort liegt auf einem flachen Landvorsprung zwischen zwei Buchten, der Märchenbucht und der Bucht der Stille, gesäumt vom Sandstrand und von schönen Promenaden. Auf dem Vorgebirge, Isola genannt, befindet sich ein ausgedehnter Park und die romanische Kirche San Nicolò. Am Ortsausgang Richtung Autobahn finden wir einen Stellplatz für die Nacht (RL-2).

Übernachtungsplätze sind selten an diesem Abschnitt der Riviera di levante. Umso überraschter sind wir, als uns in Lévanto freundliche Schilder mit dem Wohnmobil begrüßen (**RL-3**). An der Ver- und Entsorgungsstation in Lévanto können wir unser rollendes Zuhause von allem unnötigen „Ballast" befreien und frisches Wasser tanken. Wir starten von hier aus zum Strand, zu den Wanderungen in den Cinque Terre und zu Bootsfahrten entlang der Küste.

Leider ist die Abfahrt nach Bonassola für normale Wohnmobile bei Gegenverkehr fast unmöglich, weil die Straße auf zwei Kilometern Länge sehr schmal ist und zusätzlich noch einige Kehren und Engstellen aufweist. Ein Übernachtungsplatz für sehr kleine Mobile liegt unmittelbar am Strand in einer sehr reizvollen Umgebung.

Die fünf Dörfer der **Cinque Terre** sind alle mit dem Zug von Lévanto aus erreichbar. Mit dem Wohnmobil können wir nicht in dieses Gebiet fahren. Im Hauptort Monterosso al Mare sind die gotische Pfarrkirche und die Wallfahrtskirche Madonna di Soviore, in Vernazza die gotische Pfarrkirche direkt am Meer und die Wallfahrtskirche Madonna di Reggio, in Corniglia die Wallfahrtskirche Madonna dell Grazie, in Manarola die romanische Wallfahrtskirche Nostra Signora della Salute und in Riomaggiore die Burg und die Wallfahrtskirche Madonna di Montenero sehenswert. Die Ortsbilder in den Dörfern werden von Treppen, engen Gassen, schmalen Durchgängen, Portalen und Terrassen geprägt. Manarola ist der östliche Ausgangspunkt für Wanderungen in den Cinque Terre.

Die Großstadt **La Spézia** beherbergt noch einige Bauwerke aus dem Mittelalter: Die Burg San Giorgio aus dem 13. Jahrhundert, die Kirche Santa Maria Assunta und das Arsenal, das Hafen- und Dockbecken. Am Eingang zum Arsenal zeigt das Museo Navale Schiffsmodelle von der Römerzeit bis heute. Im Museo Civico am Corso Cavour befindet sich eine wertvolle archäologische Sammlung mit Ausgrabungsfunden der römischen Orte Luni und Lunigiana. Am Industriehafen wurde ein Übernachtungsplatz mit Ver- und Entsorgung eingerichtet (**RL-4**).

Auch der in der Nähe liegende Badeort **Portovenere** ist römischen Ursprungs. Er wird von einer mächtigen Burganlage aus dem 16. Jahrhundert beherrscht. Besonders sehenswert sind die romanische Kirche San Lorenzo und die gotische Kirche San Pietro. Unmittelbar vor der Küste ragt die 188 Meter hohe Isola Palmária mit der Grotta Azurra steil aus dem Meer. Mit dem Boot sind Insel und Grotte erreichbar. Etwa einen Kilometer von dem historischen Ortskern entfernt hat die Stadt einen Übernachtungsplatz eingerichtet (**RL-5**).

Riviera di Levante Auf der anderen Seite von La Spezia erhebt sich bei Lerici die von Pisa 1241 errichtete und 1555 von Genua erweiterte Burg, ein großartiges Beispiel der mittelalterlichen Militärbaukunst. Im benachbarten Ort Sarzana steht eine bedeutende Kathedrale. Sie wurde 1204 begonnen und 1474 vollendet. Im Inneren ist sie mit vielen bemerkenswerten Kunstwerken ausgestattet: Das berühmte Kreuz von Meister Guglielmo aus dem Jahre 1138 und die zwei Marmoraltäre aus dem 15. Jahrhundert.

Marmor wurde schon zu römischer Zeit in der Gegend von Carrara abgebaut. Luni, das römische Luna, wurde im zweiten vorchristlichen Jahrhundert als Marmorhafen gegründet. Die Stadt gelangte in den folgenden Jahrhunderten zu großer Blüte, verfiel im Mittelalter aber zu einem Steinbruch. Die Funde aus diesem Ruinengelände sind im Archäologischen Museum in La Spezia zu sehen. Das restaurierte Amphitheater aus dem ersten nachchristlichen Jahrhundert ist im Sommer der Schauplatz für Freilichtaufführungen.

In Fiumaretta am Ende der Bucht des Flusses Magra kann der Ortsparkplatz für eine Übernachtung genutzt werden (RL-6). Marinella di Sarzana ist der Badeort von Sarzana. Der beste Übernachtungsplatz für einen Strandurlaub ist hier zu finden (**RL-7**). Wir faulenzen in unseren Liegestühlen unter hohen Bäumen auf einem weitläufigen Wiesengelände, schwimmen im Meer und liegen am Strand in der Sonne.

Carrara, am Fuße des Apuaner Appenin, ist das Zentrum des Marmorabbaus und der Marmorverarbeitung. Carrara-Marmor bürgt für Qualität. In der Stadt befindet sich eine Akademie für Steinmetze. Nur um den romanisch-gotischen Dom, mit Streifen aus grauem und weißem Marmor verziert, haben sich historische Baudenkmäler erhalten: Die Residenz der Malspina, Paläste aus dem 17. Jahrhundert und das klassizistische Theatro degli Animosi. Der Dom ist im Inneren mit bemerkenswerten Marmorarbeiten geschmückt, Marmorplatten, Statuen aus Marmor, Marmorschranken am Presbyterium von Bergamini, ein feinbehauener Altar und die Kanzel aus buntem Marmor.

Im Vorort Stadio befindet sich eine ständige Marmoraustellung über den Marmor aus aller Welt, Marmortechniken und Werkzeuge für die Marmorbearbeitung. In den Steinbrüchen von Colonata und Fantiscritti erhält man einen Überblick über die Marmorvorkommen, über die Abbau- und Bearbeitungstechniken.

Ein paar Kilometer südlich besuchen wir den Marmorpark von Marina di Carrara. In Marina di Massa weisen Schilder auf die Entsorgungsmöglichkeit für Wohnmobile hin. Wir landen an der Kläranlage und entlasten unser rollendes Ferienhaus von allem Ballast (**RL-8**).

Bevor wir ins Landesinnere der Toskana abschwenken, legen wir noch einen Badetag ein. Bei Cinquale finden wir einen sehr breiten, gepflegten feinsandigen Strand, der uns zum Schwimmen, Bootfahren und Faulenzen einlädt. In Viareggio, Stadt des Carnevals, übernachten wir auf einem ruhigen großen Platz in einiger Entfernung von der Innenstadt und vom Strand (**RL-9**).

Italienische Riviera, der Name lockt mit Sonne, blauem Meer, hellem Sand und unbeschwerten Urlaubstagen. Das alles gilt nicht ausnahmslos für Wohnmobil-Urlauber. Auf der Suche nach Parkmöglichkeiten und Übernachtungsplätzen müssen wir einige Stresssituationen meistern. Erst hier, in Marina di Carrara am Ende der Riviera, haben wir gute Stellplätze gefunden [1] [2].

[1] Anschlussroute im Westen: Tour 16 „An der Riviera di Ponente“
[2] Anschlussroute im Süden: Band 13 “Mittel- und Süditalien”, Tour 1 „Zwischen Pisa und Volterra“

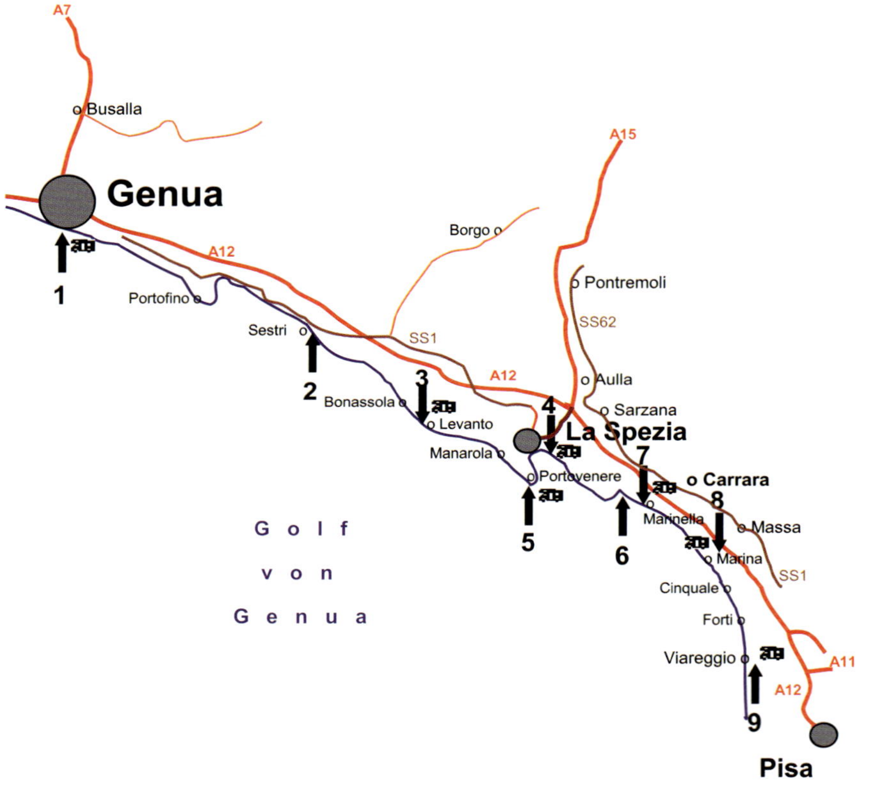

Tour 17

An der Riviera di Levante

Tour 17: **An der Riviera di Levante**

Nr.	Ort, Bezeichnung	Stell-plätze A	Gast-haus	Häu-ser	WC	Bad See	Orts-nähe B	Ent-sorg.	Park-dauer C	Park-gebühr D
RL-1	**Genova, Adolfo Parodi ***	10	-	+	-	-	x	-	1	30
RL-2	Sestri Levante, Ortsrand **	30	-	+	-	-	x	-	1	P
RL-3	**Lévanto, Wohnmobilplatz ****	10	+	+	-	-	x	+	1	15
RL-4	**La Spezia, Industriehafen *****	10	-	+	+	-	x	+	1	0
RL-5	**Portovenere, Ortsrand ****	20	-	-	-	-	x	-	1	15
RL-6	Fiumaretta, Ort **	5	+	+	-	-	3	-	1	0
RL-7	**Marinella di Sarzana, Strand *****	10	+	+	+	+	x	+	1	10
RL-8	**Marina di Massa, Kläranlage ***	5	-	+	-	-	x	+	1	0
RL-9	**Viareggio, Area di sosta *****	50	-	+	-	-	x	-	1	0

Legende siehe Seite 10

Strandverkäuferin in Marinella

An der ligurischen Küste

16126 Genova Ponte Adolfo Parodi * RL - 1

Übernachtungsplatz im Hafen Porto Antico für kleine Wohnmobile in Genua.

Von der A7 Mailand-Genua die Ausfahrt Genova Ost nehmen und Richtung Porto halten. Bei der Anlegestelle der Autofähre die ganze linke Spur nehmen und dem Schild Autostrada folgen (**Galata Santa Limbania**). Nach 800 m wird der Parkplatz für Pkw und Wohnmobile erreicht.
Koordinaten: 44° 24, 82' Nord, 8° 55, 33' Ost.

Industriehafengelände. Häuser in der Nähe.
Asphaltierter Großraumparkplatz.
Für Mobile bis 6 m Länge zugelassen.
Gerade und ebene Stellflächen für 10 Wohnmobile.
Schranke vor der Ein- und Ausfahrt.
Von 19:45 Uhr bis 7:00 Uhr geschlossen.
Parkgebühr: 4 € pro Stunde. 30 € für 24 Stunden.
Ganzjährig zugänglich.
Besichtigung von Genua: Kathedrale, Piazza S. Matteo, Via Garibaldi, Via Balbi, Hafen, Königspalast, Palazzo Rosso, Palazzo Bianca, Palazzo S. Giorgio, Piazza de Ferrari.

16039 Sestri Levante Ortsrand ** RL - 2

Befestigter **Großparkplatz** am Ortsrand für Busse und PKW in ruhiger Lage.

Von der Ausfahrt Sestri der Autobahn A12 Richtung Centro und nach 400 m an der Kreuzung geradeaus fahren. Noch 1 km bis zum Parkplatz links und 1,3 km bis zum Ausweichparkplatz rechts.

Häuser am Parkplatz.
Spaziergang auf den Promenaden an den beiden Golfen.
Wanderungen und Radfahrten an der Küste.
Sandstrände in Sestri.
Übernachtungs- und Parkverbot in Chiavari für Wohnmobile.
Besichtigung von Sestri: Romanische Kirche San Nicolo, alter Stadtkern, malerische Häuser.
Ausflug nach Tassani.
Besichtigung von Lavagna: Farbige Häuserfassaden, Pfarrkirche Santo Stefano, Grafenpalast.
Fahrt an der Riviera Levante.
Fahrt nach Rapallo und Portofina.
Parkgebühr in der Saison.
Stellmöglichkeiten für 30 Wohnmobile.
Ausweichparkplatz bis 3,5 t 300 m weiter Richtung Ortsmitte.

19011 Lévanto Wohnmobilplatz ** RL - 3

Asphaltierte **Wohnmobilplätze** am Ortsrand Lévanto.

Von der Ausfahrt Carrodano/Lévanto der Autobahn A12 Richtung Lévanto fahren und nach 10,2 km rechts fahren. Noch 700 m bis zum Wohnmobil-Platz links (**Via Nostra Signora Della Guardia**).
Koordinaten: 44° 10,45' Nord, 9° 37,06' Ost.

Häuser am Parkplatz.
Gaststätte und Supermarkt in der Nähe.
Ver- und Entsorgung und Müllcontainer am Parkplatz.
Tankstelle am Parkplatz.
Bahnlinie und Bahnhof in der Nähe.
Aufenthaltsdauer 24 Stunden. Ganzjährig zugänglich.
1,5 km bis zum Strand.
Wanderungen in der Cinque Terre.
Zugfahrt oder Schiffsausflug in die Cique Terre.
Besichtigung von Levanto: Piazza Cavour, gotische Pfarrkirche.
Fahrt entlang der ligurischen Küste.
Parkgebühr: 10 € für 12 Stunden, 15 € für 24 Stunden.
Stellmöglichkeiten für 10 Wohnmobile.

19124 La Spezia Association Camperisti Spezzini *** RL - 4

Befestigter **Wohnmobilplatz** in der Nähe des Industriehafens in sehr ruhiger und schöner Lage.

Von der Autobahn A12 Richtung Lerici und von Lerici Richtung La Spezia fahren. Am Ortsanfang links Richtung Centro und nicht halbrechts durch den Tunnel fahren. Nach 2,6 km rechts dem Mobil-Symbol folgen. Noch 100 m bis zum Platz rechts (**Viale Italia**). Von Portovenere am Arsenal und Hafen entlang Richtung Pisa/Lerici fahren und dem Mobil-Symbol folgen. Koordinaten: 44° 06,24' Nord, 9° 51,55' Ost.

Schranke vor der Einfahrt. Häuser am Parkplatz.
WC am Parkplatz. Ver- und Entsorgung am Parkplatz.
Besichtigung von La Spezia: Burg San Giorgio,
Kirche Santa Maria Assunta, Arsenal.
Besuch des Museo Civico mit archäologischer Abteilung.
Besuch des Museo Navale mit Schiffsmodellen aus der Römerzeit.
Ausflüge nach Portovénere, nach Lérici und nach Riomaggiore.
Besichtigung von Portovénere: Burganlage, San Lorenzo, San Pietro.
Keine Parkgebühr. Freiwillige Spende erwünscht.
Ebene Stellflächen für 50 Wohnmobile auf festem Wiesengelände.
Teilweise Schatten durch Bäume.
Bei verschlossenem Tor Ausweichparkplatz vor dem Tor.

19025 Portovenere Ortsrand ** RL - 5

Befestigter **Übernachtungsplatz** am Ortsrand in ruhiger Lage.

Von La Spezia Richtung Portovenere und am Ende des Hafens halblinks Richtung Portovenere fahren. Der Einbahnstraße durch Portovenere folgen und 2 km nach dem Ortsanfang Portovenere rechts zum Parkplatz abbiegen (**Via Olivo 551**). Koordinaten: 44° 03, 62' Nord, 9° 50, 69' Ost.

Für sehr große Wohnmobile Durchfahrt Portovenere schwierig.
Ganzjährig zugänglich. 1 km zur Ortsmitte. Pendelbus in der Nähe.
Besichtigung von Portovenere: Burganlage, San Lorenzo, San Pietro.
Bootsfahrt zur Grotta Azzurra auf der Isola Palmária.
Ausflüge nach Lérici und nach Riomaggiore.
Besichtigung von La Spezia: Burg San Giorgio,
Kirche Santa Maria Assunta, Arsenal.
Besuch des Museo Civico und des Museo Navale in La Spezia.
Fahrt entlang der ligurischen Küste.
Parkgebühr: 15 € pro Tag alles inklusive.
Keine Parkmöglichkeit in Portovenere.
Ebene Stellflächen für 20 Wohnmobile.
Kurze Parkstreifen (nur für Wohnmobile bis 7 m Länge).

19030 Fiumaretta Ort ** RL - 6

Asphaltierter **Parkplatz** am Ortsrand in ruhiger Lage.

Von der Ausfahrt Carrara der Autobahn A12 Richtung Marina di Carrara fahren und nach 1,7 km rechts Richtung Lerici fahren. Nach 4 km - 1 km nach dem Ortsende Marinella di Sarazana - links Richtung Hotel River Park abbiegen. Noch 50 m bis zum Parkplatz rechts. Von La Spezia Richtung Marina di Massa fahren und 1 km nach dem Ortsanfang Fiumaretta rechts Richtung Hotel River Park abbiegen.

Häuser am Parkplatz.
Gaststätte und Geschäfte in der Nähe.
Müllcontainer am Parkplatz.
Wanderungen und Radfahrten am Fluss Magra und am Meer.
Parkplätze für Badeanstalt 2 m abgeschrankt.
Besichtigung von Lérici: Burg, alter Stadtkern, Pfarrkirche.
Besichtigung von Sarzana: Kathedrale Sant' Andrea,
Ruinen der römischen Stadt Luni, Amphitheater.
Besichtung von La Spezia: Burg, Santa Maria Arsunta, Arsenal.
Besuch des Museo Civico und des Museo Navale in La Spezia..
Keine Parkgebühr.
Stellmöglichkeiten für 5 Wohnmobile.

19030 Marinella di Sarzana Strand *** RL - 7

Wohnmobilpark auf Grasgelände unter hohen Bäumen am Strand in sehr ruhiger und schöner Lage.

Von der Ausfahrt Carrara der Autobahn A12 Richtung Marina di Carrara fahren und nach 1,8 km - 1 km nach dem Ortsanfang Marina di Carrara - rechts Richtung Lérici/Sarzana fahren. Noch 2 km bis zum Parkplatz rechts. Koordinaten: 44° 3,90' Nord, 9° 58,07' Ost.

Schranke vor der Einfahrt. Von 23.00 bis 7.00 Uhr geschlossen.
Gaststätte am Parkplatz. Häuser am Parkplatz.
Ver- und Entsorgung am Parkplatz.
Sandstrand am Platz. Öffentliches WC und Dusche am Strand.
Außerhalb der Saison nicht zugänglich.
Besichtigung der römischen Ausgrabungsstätte Luni.
Besichtigung von La Spezia: Burg San Giorgio,
Kirche Santa Maria Assunta, Arsenal.
Besuch des Museo Civico und des Museo Navale in La Spezia.
Besichtigung von Portovenere: Burg, San Lorenzo, San Pietro.
Parkgebühr: 10 € (von 8.00 Uhr bis 8.00 Uhr).
Ebene Stellflächen für 50 Wohnmobile auf festem Wiesengelände.
Teilweise Schatten durch Bäume.

54037 Marina di Massa Kläranlage * RL - 8

Übernachtungsplätze auf einem asphaltierter Parkplatz an der Kläranlage in ruhiger Lage.

Von Marina di Carrara Richtung Marina di Massa fahren und 500 m nach dem Ortsanfang Marina di Massa links Richtung Autostrada A12 abbiegen und dem Wohnmobil-Symbol folgen. Nach weiteren 1,3 km links und nach 300 m wieder links dem Wohnmobil-Symbol folgen. Noch 300 m bis zum Parkplatz an der Kläranlage links.

Häuser am Parkplatz.
Ver- und Entsorgung an der Kläranlage. Müllbehälter am Platz.
Öffnungszeiten: 7-13.00 und 14.30-19.00, Samstag 7-13.00 Uhr.
Besichtigung der Marmorbrüche bei Carrara.
Ausflüge nach Seravezza, nach Stazzema, nach Carlo Terme,
zum Pian della Fioba und nach Pasquilo.
Besichtigung der römischen Ausgrabungsstätte Luni bei Sarzana.
Fahrt nach Lucca und Pisa.
Keine Parkgebühr. Parkmöglichkeit auch außerhalb
der Öffnungszeiten der Kläranlage.
Ebene, verunreinigte Stellflächen für 5 Wohnmobile.

55049 Viareggio Area di Sosta *** RL - 9

Übernachtungsplatz am Ortsrand in sehr ruhiger und guter Lage.

Bei Anfahrt aus dem Norden von der A12 dem Wegweiser A11/Viareggio folgen und nach 3,5 km im Kreisel links abbiegen. Nach 1 km links im Kreisel dem Wegweiser Camper folgen. Nach 300 m links in die Via Manfredo Bertini abbiegen. Nach 100 m links Richtung Camper abbiegen (**Via Nino Bixio**). Noch 100 m bis zu den Plätzen rechts und links. Koordinaten: 43° 52,99' Nord, 10° 14,95' Ost.

Häuser und Supermarkt am Platz.
Bushaltestelle und Fahrradverleih am Platz.
Ebene, gepflasterte Stellflächen für 50 Mobile.
Parkplatz mit jungen Bäumen für alle Fahrzeuge.
Ganzjährig zugänglich. Wohnmobile meistens anzutreffen.
Keine Parkgebühr.
1 km Entfernung zum Stadtzentrum.
Besichtigung von Viareggio.
Ausflug nach Pisa.
Ausflug zu den Marmorbrüchen nach Carrara.
Fahrt entlang der Küstenstraße.
Information: Tel. 03 90 58 45 40 80.

Am „Teutonengrill“
Von Ravenna nach Rimini
Tour 18

In Casal Borsetti haben wir auf einem Wohnmobilplatz in der Nähe der Adria ruhig und gut geschlafen (**RR-1**). Eine Ver- und Entsorgungsstation hat die Verwaltung am Platz aufgestellt. Der Platz ist bei vielen italienischen Wohnmobilurlaubern beliebt, bei deutschen Wohnmobilisten leider kaum bekannt. Ein breiter Sandstrand verführt zum Baden. Geschäfte und Gaststätten sind in der Nähe. An der Küste bei Porto Corsini liegt der nächste Übernachtungsplatz für Wohnmobile mit Ver- und Entsorgungsmöglichkeit (**RR-2**).

Ravenna, die Stadt mit der großen Vergangenheit, Hauptstadt des Weströmischen Weltreiches und des Reiches der Ostgoten, die Stadt mit vielen weltbekannten Bauwerken aus dieser Zeit, ist unser erstes Ziel auf unserer Reise entlang der adriatischen Küste von Ravenna nach Ancona. 402 nach Christus verlegte der weströmische Kaiser Honorius seine Hauptstadt nach Ravenna, weil der Westgotenkönig Alarich Rom bedrohte. Damals lag die Stadt am Meer, war von mächtigen Mauern umgeben und konnte nur von See aus angegriffen werden. Rom wurde von Alarich zerstört, Ravenna blieb verschont, wurde zur wichtigsten Stadt des Abendlandes und erlebte in den nächsten 150 Jahren unter den letzten weströmischen Imperatoren, unter dem Ostgotenkönig Theoderich und unter dem byzantinischen Kaiser Justinian eine kulturelle Blüte. Theoderich, der große König der Ostgoten, ist in den deutschen Sagenschatz und in die Nibelungensage als Dietrich von Bern eingegangen und erhielt in dieser Stadt seine letzte Ruhestätte.

In Ravenna schrieb der große Dichter Dante im Mittelalter seine „Göttliche Komödie“. Er starb in dieser Stadt 1321 und ruht in einem schlichten Grabmal. 1819 kam Lord Byron, der engliche Dichter der Romantik nach Ravenna, um am italienischen Freiheitskampf teilzunehmen.

Durch Verlandung liegt Ravenna heute 8 km von Meer entfernt. An seinen antiken Hafen erinnert heute noch der Vorort Classe. Dort baute Kaiser Augustus kurz nach der Zeitenwende einen römischen Kriegshafen für seine Flotte (classis) von 250 Schiffen. Am Green Sport Club in Ravenna dürfen 5 Mobile kostenlos übernachten (**RR-3**).

Wir fahren zunächst zum **Mausoleum** des großen Gotenkönigs, das er schon zu seinen Lebzeiten errichten ließ, ein vieleckiger Bau in zwei Geschossen, auf dessen Obergeschoss als Abschluss ein einziger Wölbungsstein von elf Metern Durchmesser ruht. Theoderich ruht nicht mehr in seinem Grabmal. Über den Verbleib der sterblichen Überreste ist nichts bekannt.

Die sakralen Bauten in Ravenna sind vor allem durch die Mosaiken weltberühmt. Die ältesten Mosaiken befinden sich im Mausoleum der Galla Placidia, die für ihren unmündigen Sohn Valentinian III. Regentin des Römischen Reiches war. Sie ließ auch die Votivkirche San Giovanni Evangelista und das Baptisterium mit reichem Mosaikschmuck in der Kuppel erbauen.

Eine glänzende Bauperiode fällt in die Regierungszeit Theoderich des Großen: **Sant' Apollinare Nuovo**, eine dreischiffige Säulenbasilika mit hervorragenden Mosaiken an den Wänden des Mittelschiffes, das arianische Baptisterium, ein achteckiger Ziegelbau mit Mosaiken in der Kuppel, San Vitale, von Theoderich begonnen, von Justinian vollendet, mit den weltberühmten Mosaiken in der Apsis, die Kaiser Justinian und seine Frau Theodora zeigen. Von Justinian wurde Sant' Apollinare in Classe mit sehr eindrucksvollen Mosaiken errichtet. Auch der Dom stammt aus dieser Zeit, wurde aber im 18. Jahrhundert im barocken Stil umgebaut. Bei der nahe des Vorortes Classe gelegenen Kirche **Sant' Apollinare in Classe** lädt der große, für Wohnmobile zugelassene Parkplatz zur Übernachtung ein (**RR-4**).

 Der Besuch der Museen in Ravenna ist unbedingt zu empfehlen. Das Erzbischöfliche Museum (Museo Arcivescovile) zeigt frühchristliche Werke, darunter den Thron des Kaisers Maximian aus Elfenbein. Im Museo Nazionale sind bedeutende Sammlungen aus der römischen und byzantinischen Zeit zu sehen. Das Dante-Museum ist im Kloster S. Francesco, der ersten Ruhestätte des Dichters, untergebracht.

Ravenna hat wieder einen Hafen, die Stadt ist zum Meer zurückgekehrt. Ein Kanal verbindet den Handelshafen mit der Adria bei Marina di Ravenna. Wir fahren zur Küste zurück, zum Strandbad Lido di Dante. In sehr ruhiger Lage und landschaftlich reizvoller Umgebung entdecken wir einen Stellplatz (**RR-5**). Gaststätten, Häuser und Geschäfte sind am Parkplatz. Ein feiner Sandstrand lädt uns zum Verweilen und zum Baden im Meer ein. Wir bleiben gleich zwei Tage und Nächte. Italienische und deutsche Wohnmobilurlauber leisten uns Gesellschaft.

Nur wenige Kilometer entfernt besuchen wir den großen Freizeitpark Mirabilandia in Savio in der Nähe der Staatsstraße. Wer den Park besucht, kann über Nacht auf dem riesigen asphaltierten Parkgelände stehen bleiben (**RR-6**). Nicht weit entfernt finden wir in Lido di Savia (**RR-7**), in Cervia (**RR-8**) und in Pinarella (**RR-9**) weitere gute Schlafplätze im Ort oder am Strand. In Cesenático wurde neben einem Campingplatz ein Übernachtungsplatz für Wohnmobile eingerichtet. (**RR-10**).

Inmitten eines Pinienhaines liegt das elegante Seebad Milano Maríttima. In dem Kurort und Seebad Cèrvia finden viele Gäste in den modernen Thermal- und Schlammbädern und in den Therapieanlagen Erholung, Linderung und Heilung. Wir aber finden keinen geeigneten Übernachtungsplatz und fahren nach der Besichtigung der Altstadt mit der Kathedrale, dem Bischofspalais und dem Rathaus weiter nach Süden. In dem lebhaften Badeort Bellária sind keine passenden Plätze für die Übernachtung zu entdecken. Cesenático besitzt einen malerischen Kanalhafen und einen alten Stadtkern um den Hafen. Bellária hat noch einen Fischerhafen. Aber in Igea Marina finden wir gleich drei sehr schöne Stellplätze am Meer (**RR-11**, **RR-12** und **RR-13**).

Wir haben keine Hoffnung, in Rimini, in der Großstadt an der adriatischen Küste, in dem Vergnügungsort für die Touristen des „Teutonengrills“, eine Übernachtungsmöglichkeit zu finden. Aber ein Hinweisschild für Wohnmobile führt zu einem großen Parkplatz mit Bussen und Wohnmobilen (**RR-14**). Leider soll dieser Platz in der Saison bei Mangel an Parkplätzen für Wohnmobile zeitweise gesperrt sein.

Schon im Römischen Reich besaß **Rimini** erhebliche Bedeutung. 27 nach Chr. wurde der Triumphbogen für Kaiser Augustus errichtet, der älteste erhaltene Triumphbogen der Römerzeit. Sein Nachfolger, Kaiser Tiberius, baute die fünfbögige Brücke über den Fluss Marécchia, die Tiberiusbrücke. Das bedeutendste Bauwerk der Stadt stammt aus der Renaissance, der **Tempio Malatestiano**, ursprünglich eine Kirche, unter der glanzvollen Herrschaft von Sigismondo Malatesta im 15. Jahrhundert vollständig erneuert und mit einer grandiosen Fassade versehen, die zu den bedeutendsten Werken der italienischen Renaissance gehört. Auch Castel Sigismondo zählt zu den Bauwerken des mittelalterlichen Herrschers. Weitere sehenswerte Bauwerke in der Altstadt sind das Denkmal des Papstes Paul V., der romanisch-gotische Palazzo del' Arengo, der Palazzo del Podestà und die barocke Kirche Sant' Agostino.

Nachdem wir durch die Altstadt gebummelt sind und die Sehenswürdigkeiten gesehen haben, fahren wir in die mondäne Stadt am Meer, nach Rimini Marina, einem der größten Badeorte Europas. Viele Kilometer ziehen sich die Geschäftsstraßen und Promenaden an der Küste entlang. Am Lungomare herrscht reges Treiben und ein buntes Durcheinander. Parkplätze sind kaum zu bekommen. So haben wir keine Gelegenheit, uns den vielen Spaziergängern anzuschließen, die teuren Auslagen der Geschäfte zu bewundern und ein gutes Restaurant aufzusuchen.

Abwechslung total gibt es am Rande von Rimini beim „Disneyland Fiabilandia, dem größten Luna-Park in Italien und der Freilandausstellung „Italia in miniatura“. Riccione ist ein sehr bekannter und lebhafter Badeort an der Adria. In dieser Stadt wurden Übernachtungsmöglichkeiten im Ort auf dem Platz Piazzale I. Maggio geschaffen (**RR-15**).

Adria Von Rimini führt eine Schnellstraße zum 23 Kilometer entfernten **San Marino**. In dem kleinen Staat San Marino kann man in Borgomaggiore an der Talstation der Seilbahn nach San Marino sein rollendes Ferienhaus abstellen und mit der Seilbahn die Stadt erkunden (**RR-16**). Sehenswert sind die Festung, deren Türme auf den drei Zacken des Gipfelgrates weithin sichtbar sind, der Piazza della Libertà, von dem man einen schönen Rundblick hat, das Stadttor und die Kirche S. Francesco. San Marino bietet noch mehr Stellplätze für Wohnmobile, die im Band 13 "Italien Süd" beschrieben sind.

Die Städte Riccione und Cattòlica genießen als elegante Badeorte wie Rimini Weltruf und werden gern von deutschen Touristen besucht. Hier endet der „Teutonengrill", der sich 30 Kilometer ohne Unterbrechung von Cérvia über Rimini bis Cattòlica an der Küste hinzieht. Unsere nächste Tour wird uns wieder zu den weniger besuchten Stränden der adriatischen Küste führen [1] [2].

[1] Anschlussroute im Norden: Tour 14 "Im Po-Delta"
[2] Anschlussroute im Süden: Band 13 "Mittel- und Süditalien", Tour 21 "In den nördlichen Marken"

Am Strand von Igea Marina

Tour 18

Von Ravenna nach Rimini

Tour 18: **Von Ravenna nach Rimini**

Nr.	Ort, Bezeichnung	Stell-plätze	Gast-haus	Häu-ser	WC	Bad See	Orts-nähe	Ent-sorg.	Park-dauer	Park-gebühr
		A					B		C	D
RR-1	**Casal Borsetti, Area sosta ******	50	+	+	+	+	x	+	2	10
RR-2	**Porto Corsini, Area camper ****	50	+	+	-	+	x	+	2	6
RR-3	**Ravenna, Via Beretti ****	5	+	+	-	-	x	-	1	0
RR-4	**Ravenna, Sant'Appolliare ****	50	+	+	-	-	x	-	1	0
RR-5	**Lido di Dante, Strand *****	30	+	+	-	+	8	-	1	7
RR-6	**Savio, Mirabilandia ****	100	+	-	+	-	x	+	2	12
RR-7	**Lido di Savio, Area camper *****	20	-	+	-	+	x	+	1	6
RR-8	**Cervia, Viale forlanini ****	30	-	+	-	-	5	-	U	6
RR-9	**Pinarella, Viale Tritone ****	10	-	+	-	-	x	+	1	0
RR-10	**Cesenático, Area camper ***	16	-	+	-	-	x	+	2	8
RR-11	**Igea Marina, L'Adriatico ******	100	-	+	-	+	3	+	T	14
RR-12	**Igea Marina, Rio Pircio ******	100	-	+	-	+	3	+	T	14
RR-13	**Igea Marina, Mare d'Inverno ****	56	-	+	-	+	5	+	3	9
RR-14	**Rimini, Viale Roma ****	30	-	+	-	-	10	+	1	13
RR-15	**Riccione, Piazzale I.Maggio ****	15	+	+	-	-	x	-	U	0
RR-16	**San Marino, Funivia ******	50	-	+	+	-	8	+	T	0

Legende siehe Seite 10

48010 Casal Borsetti Area sosta camper **** RR - 1

Wohnmobilplatz in Strandnähe auf Wiesenfläche mit einzelnen Bäumen in sehr ruhiger und schöner Lage.

Bei Anfahrt aus dem Süden von Marina Romea, 100 m nach dem Ortsanfang Casal Borsetti, rechts dem Wohnmobil-Symbol folgen (**Via Stefano Ortolani**). Noch 200 m bis zu dem Wohnmobilplatz rechts. Bei Anfahrt aus dem Norden von Comácchio von der SS309 Richtung Casal Borsetti abbiegen und nach 2,3 km rechts Richtung Marina Romea fahren und dem Wohnmobil-Symbol folgen. Nach 500 m links Richtung Wohnmobil-Symbol abbiegen. Noch 200 m bis zu dem Wohnmobilplatz rechts.

Gaststätten in der Nähe. Kiosk und Häuser am Parkplatz.
Tische und Bänke, Spielplatz und Bocchia-Bahn am Parkplatz.
Ver- und Entsorgungsstation am Platz.
Stromanschluss Gebühr 3 €.
WC, Müllbehälter und Getrenntsammlung am Parkplatz.
Aufenthaltsdauer 48 Stunden.
Breiter Sandstrand in 100 m Entfernung.
Wohnmobile oft anzutreffen. Ganzjährig zugänglich.
Wanderungen und Radtouren im Parco del Delta del Po.
Besichtigung von Ravenna: San Vitale mit Mosaiken,
Mausoleum der Galla Placidia mit Mosaiken, Dantes Grab,
Baptisterium des Neon, San Appolinare Nuovo,
San Apollinare in Classe, Grabmal des Theoderich.
Parkgebühr: 7 € in der Neben-, 10 € pro Tag in der Hauptsaison.
Stellmöglichkeiten für 50 Wohnmobile.

48010 Porto Corsini Area parcheggio camper ** RR - 2

Wohnmobilplatz in Strandnähe auf einem Wiesengelände in ruhiger und schöner Lage.

Von Ravenna durch drei Kreisel Richtung Porto Corsini fahren. 8,4 km nach dem Ortsende Ravenna - 800 m nach dem Orsanfang Porto Corsini - am Ende der Straße links fahren (**Via Giuseppe Guizzetti**). Noch 100 m bis zum Wohnmobilplatz links. Koordinaten: 44° 29,76' Nord, 12° 16,78' Ost.

Gaststätte und Häuser in der Nähe. Geschäfte in der Nähe.
Ver- und Entsorgungsstation am Parkplatz.
Wohnmobile fast immer anzutreffen. Aufenthalt 48 Stunden.
Strand in der Nähe (200 m).
Wanderungen und Radtouren an der Küste.
Autofähre nach Marina di Ravenna.
Besichtigung von Ravenna: San Vitale mit Mosaiken, Mausoleum der Galla Placidia mit Mosaiken, Dantes Grab, Baptisterium des Neon, San Appolinare Nuovo, San Apollinare in Classe, Grabmal des Theoderich.
Besuch der Museen Nationale und Arcivescovile in Ravenna.
Parkgebühr 6 € in der Saison.
Stellmöglichkeiten für 50 Wohnmobile.

48100 Ravenna Green Sport Club ** RR - 3

Übernachtungsplatz am Sportclub in ruhiger und schöner Lage.

Auf der SS 67 Richtung Ravenna fahren und die Ausfahrt Porto Fuori nehmen. Links Richtung Porto Fuori, dann links Richtung Lido Adriano halten. Nach 800 m rechts dem Schild Green Sport Club folgen. Noch 350 m bis zum Platz **(Via Francesco Berretti)**. Koordinaten: 44° 24,17' Nord, 12° 15,42' Ost.

Häuser in der Nähe.
Restaurant am Platz.
Müllbehälter am Platzeingang.
Asphaltierte, gerade Stellflächen für 5 Wohnmobile.
Keine Parkgebühr.
Besichtigung von Ravenna: San Vitale mit Mosaiken, Mausoleum der Galla Placidia mit Mosaiken, Dantes Grab, Baptisterium des Neon, San Appolinare Nuovo, San Apollinare in Classe, Grabmal des Theoderich.
Besuch der Museen Nationale und Arcivescovile.
Besuch von Mirabilandia (Freizeitpark). Richtung Rimini fahren.
Ausflüge nach Bagnacavallo, Cotignola, Russi und Alfonsine.

48100 Ravenna Sant' Appollinare in Classe ** RR - 4

Befestigte **Übernachtungsplätze** unter Bäumen und Parkplätze auf einem Wiesengelände an der Basilika.

Von Marina di Ravenna Richtung Tangentiale/Rimini fahren und an der Ausfahrt Classe abbiegen. 200 m nach dem Ortsanfang Classe links fahren und nach weiteren 800 m rechts zu den Parkplätzen abbiegen. Von Ravenna Richtung Classe fahren. 1,6 km nach dem Ortsende Ravenna werden die Parkplätze erreicht (**Via Enzo Ferrari**). Koordinaten: 44° 22,70' Nord, 12° 14,10' Ost.

Gaststätte, Häuser und Souvenirgeschäfte am Parkplatz.
Ver- und Entsorgung am Platz (Bodeneinlass).
Ganzjährig zugänglich.
Besichtigung von Ravenna: San Vitale mit Mosaiken, Mausoleum der Galla Placidia mit Mosaiken, Dantes Grab, Baptisterium des Neon, San Appolinare Nuovo, San Apollinare in Classe, Grabmal des Theoderich.
Besuch der Museen Nationale und Arcivescovile.
Besuch von Mirabilandia (Freizeitpark). Richtung Rimini fahren.
Ausflüge nach Bagnacavallo, Cotignola, Russi und Alfonsine.
Fahrt nach Rimini.
Keine Parkgebühr.
Stellmöglichkeiten für 50 Wohnmobile.
Kaum Schatten.

48100 Lido di Dante Strand ** RR - 5

Wohnmobilplatz auf Wiesengelände in ruhiger und schöner Lage.

Von der Straße Ravenna-Classe Richtung Lido di Dante abbiegen. Nach 8,5 km - 300 m nach dem Ortsanfang Lido di Dante - werden die Plätze links erreicht. Koordinaten: 44° 23,31' Nord, 12° 18,88' Ost.

Gaststätte und Häuser am Parkplatz. Geschäfte in der Nähe.
Müllbehälter und Ver- und Entsorgung am Platz.
Feiner Sandstrand in der Nähe (200 m).
Schwimmen, Surfen und Wassersport.
Wandern und Radfahren an der Küste.
Wohnmobile häufig anzutreffen.
Besuch von Mirabilandia (Freizeitpark). Richtung Rimini fahren.
Besichtigung von Ravenna: San Vitale mit Mosaiken,
Mausoleum der Galla Placidia mit Mosaiken, Dantes Grab,
Baptisterium des Neon, San Appolinare Nuovo,
San Apollinare in Classe, Grabmal des Theoderich.
Besuch der Museen Nationale und Arcivescovile in Ravenna.
Parkgebühr. 5 bis 7 € je nach Saison.
Stellmöglichkeiten für 30 Wohnmobile.

48100 Savio Freizeitpark Mirabilandia ** RR - 6

Großraumparkplätze und **Übernachtungsplätze** für Wohnmobile am Freizeitpark Mirabilandia.

Auf der SS16 (Rimini-Ravenna) den Wegweisern Mirabilandia folgen und 10 km südlich Ravenna - nördlich von Savio - Richtung Mirabilandia abbiegen. Noch 400 m. Koordinaten: 44° 19,99' Nord, 12° 16,17' Ost.

Gaststätte im Park. Schranke vor dem Großraumparkplatz.
WC und Ver- und Entsorgung vor dem Stellplatz.
Plätze für Camper im Winter abgekettet. Parkraum vor der Kette.
Aufenthaltsdauer 48 Stunden.
Besuch des Freizeitparks (10:00 Uhr bis 23:00 Uhr geöffnet).
Besichtigung von Ravenna: San Vitale mit Mosaiken,
Mausoleum der Galla Placidia mit Mosaiken, Dantes Grab,
Baptisterium des Neon, San Appolinare Nuovo,
San Apollinare in Classe, Grabmal des Theoderich.
Besuch der Museen Nationale und Arcivescovile in Ravenna.
Fahrt nach Rimini.
Parkgebühr: 12 € pro Wohnmobil.
Stellmöglichkeiten für 100 Wohnmobile. Kein Schatten.

48020 Lido di Savio Area camper *** RR - 7

Wohnmobilplatz in ruhiger und sehr schöner Lage.

Auf der SS 16 Via Romea Nord Richtung Savio fahren. Im Kreisverkehr rechts Richtung Lido di Savio fahren, nach 2,5 km links Richtung Lido di Savio halten (**Via Lord George Gordon Byron**). Der Parkplatz wird neben dem Centro Sportivo di Savio erreicht. Koordinaten: 44° 18,55' Nord, 12° 20,57' Ost.

Häuser am Platz. Restaurant und Geschäfte im Ort.
200 m zum Meer. Sportanlage am Platz.
Müllbehälter vorhanden.
Ver- und Entsorgung vor dem Platz.
Nur in der Saison geöffnet.
Ausweichplatz auf dem Piazza Forlimpopoli vor dem Stellplatz.
Montags Markt.
Schranke vor der Einfahrt.
Gerade und ebene Stellflächen für 20 Wohnmobile auf Wiese.
Parkgebühr: 6 € pro Tag.
Besichtigung von Ravenna: San Vitale mit Mosaiken,
Mausoleum der Galla Placidia mit Mosaiken, Dantes Grab,
Baptisterium des Neon, San Appolinare Nuovo,
San Apollinare in Classe, Grabmal des Theoderich.
Fahrt nach Rimini.

48015 Cervia Viale Forlanini ** RR - 8

Wohnmobilplatz in ruhiger und schöner Lage.

Auf der SS 16 Via Romea Sud Richtung Ravenna fahren. Rechts Richtung Marittima/Cervia abbiegen auf die Viale Giuseppe Vittorio. Nach 200 m links in die Via C. Galelo und nach 500 m rechts in die Viale Carlo Forlanini fahren. Nach weiteren 250 m wird der Platz rechts erreicht **(Viale Forlanini)**.
Koordinaten: 44° 16,39' Nord, 12° 19,76' Ost.

Häuser am Platz. Schranke vor der Einfahrt.
Restaurant und Lebensmittelgeschäfte im Ort.
5 Minuten zum Ort. Therme in der Nähe.
Schatten durch Bäume.
Müllbehälter vor dem Platz.
Ganzjährig zugänglich.
Aufenthaltsdauer unbegrenzt.
Geschotterte, ebene Stellflächen für 30 Wohnmobile.
Parkgebühr: 6 € pro Tag.
Besichtigung von Ravenna: San Vitale mit Mosaiken, Mausoleum der Galla Placidia mit Mosaiken, Dantes Grab, Baptisterium des Neon, San Appolinare Nuovo, San Apollinare in Classe, Grabmal des Theoderich.

48015 Pinarella Viale Tritone Parking ** RR - 9

Übernachtungsplatz in schöner Lage.

Auf der SS 16 Via Romea Sud von Cesenatico Richtung Ravenna erfahren und rechts nach Pinarella abbiegen. Nach 250 m, hinter dem Bahnübergang, rechts Richtung Pinarella halten und im Kreisverkehr Richtung Pinarella weiterfahren. Nach 100 m wird der Platz links erreicht **(Viale Tritone)**.
Koordinaten: 44° 14,39' Nord, 12° 21,53' Ost.

Häuser am Platz. Bäume am Platz.
Gegenüber vom Campingplatz Campi da Calcetto.
Restaurant und Lebensmittelgeschäfte im Ort.
Kostenlose Ver- und Entsorgung am Platz.
Müllbehälter vorhanden.
Ganzjährig zugänglich.
Geschotterte, ebene Stellflächen für 10 Wohnmobile.
Keine Parkgebühr.
Besichtigung von Ravenna: San Vitale mit Mosaiken, Mausoleum der Galla Placidia mit Mosaiken, Dantes Grab, Baptisterium des Neon, San Appolinare Nuovo, San Apollinare in Classe, Grabmal des Theoderich.

47042 Cesenático Area parcheggio camper * RR - 10

Gepflasterte **Wohnmobilplätze** vor einem Campingplatz.

Von der SS16 bei Anfahrt aus dem Norden von Ravenna 100 m nach dem Ortsanfang Cesenático links abbiegen und dem Wohnmobil-Symbol folgen. Nach 500 m wird der Wohnmobilplatz links erreicht (**Via Mazzini 182**). Koordinaten: 44° 12,84' Nord, 12° 22,78 Ost.

Häuser am Parkplatz. Anmeldung am Campingplatz erforderlich.
Ver- und Entsorgung auf dem Campingplatz neben dem Platz.
Verkehrsgeräusche durch Eisenbahnlinie und Straße.
Aufenthaltsdauer 48 Stunden. Ganzjährig zugänglich.
Wanderungen und Radtouren an der Küste.
Besichtigung von Rimini: Tempio Malatestiano, Triumphbogen des Augustus, Altstadt, Strandstadt (Lungomare).
Besichtigung von Ravenna: San Vitale mit Mosaiken, Mausoleum der Galla Placidia mit Mosaiken, Dantes Grab, Baptisterium des Neon, San Appolinare Nuovo, San Apollinare in Classe, Grabmal des Theoderich.
Besuch von Mirabilandia (Freizeitpark). Richtung Ravenna fahren.
Parkgebühr: 8 € für 24 Stunden.
Ebene Stellflächen für 16 Wohnmobile.

47813 Igea Marina L'Adriatico Parking **** RR - 11

Wohnmobilplatz in der Nähe des Meeres in sehr ruhiger und sehr schöner Lage.

Von der SS 16 Richtung Igea Marina/Torre Pedrera auf die Via Tolemaide fahren. Am Meer links auf die Viale San Salvador. Nach 1,8 km links abbiegen in die Via Antonio Benivieni. Noch 200 m bis zum Platz rechts (**Via Antonio Benivieni 12**). Koordinaten: 44° 07,59' Nord, 12° 29,27' Ost.

Häuser am Platz. Restaurant und Lebensmittelgeschäfte im Ort.
Eisenbahnlinie in der Nähe. Jedoch wenig befahren.
150 m zum Badestrand. 4 Minuten zum Ort.
Ver- und Entsorgung am Platz (8.30-11.30 und 14.30-18.30 Uhr).
Stromanschluss. Gebühr: 2 €.
Kalte Duschen am Platz. Warmduschen gegen Gebühr.
Müllbehälter und Informationstafel vorhanden.
Ganzjährig zugänglich.
Stellflächen für 100 Wohnmobile auf Wiese.
Parkgebühr: 14 € pro Tag. Bis 4 Personen im Mobil.
Besichtigung von Rimini: Tempio Malatestiano, Triumphbogen des Augustus, Altstadt, Strandstadt (Lungomare).

47813 Igea Marina Rio Pircio **** RR - 12

Wohnmobilplatz in der Nähe des Meeres in sehr ruhiger und sehr schöner Lage.

Von der SS 16 Richtung Igea Marina/Torre Pedrera auf die Via Tolemaide fahren. Am Meer links auf die Viale San Salvador. Nach 1,8 km links abbiegen in die **Via Antonio Benivieni**. Noch 100 m bis zum Platz rechts. Koordinaten: 44° 07,62' Nord, 12° 29,32' Ost.

Häuser am Platz. Restaurant und Lebensmittelgeschäfte im Ort.
Eisenbahnlinie in der Nähe. Jedoch wenig befahren.
150 m zum Badestrand. 3 Minuten zum Ort.
Ver- und Entsorgung am Platz (8.30-11.30 und 14.30-18.30 Uhr).
Stromanschluss. Gebühr: 2 €.
Kalte Duschen am Platz. Warmduschen möglich.
Müllbehälter und Informationstafel vorhanden.
Ganzjährig zugänglich. Stellflächen für 100 Wohnmobile auf Wiese.
Parkgebühr: 14 € pro Tag. Bis 4 Personen pro Mobil.
Besichtigung von Rimini: Tempio Malatestiano, Triumphbogen des Augustus, Altstadt, Strandstadt (Lungomare).

47813 Igea Marina Mare d' Inverno *** RR - 13

Wohnmobilplatz in der Nähe des Meeres in sehr ruhiger und schöner Lage.

Von der SS 16 Richtung Igea Marina/Torre Pedrera auf die Via Tolemaide fahren. Am Meer links auf die Viale San Salvador. Nach 600 m links zum Camper Service abbiegen in die **Via A. Murri**. Noch 150 m bis zum Platz. Koordinaten: 44° 06,99' Nord, 12° 29,90' Ost.

Häuser am Platz.
Eisenbahnlinie in der Nähe. Jedoch wenig befahren.
150 m zum Badestrand.
Restaurant und Lebensmittelgeschäfte im Ort.
5 Minuten zum Ort.
Ver- und Entsorgung am Platz. Gebühr ohne Übernachtung: 5 €.
Strom vorhanden. Gebühr: 1,50 €.
Kalte Duschen am Platz. Duschen warm 1 €.
Müllbehälter vorhanden.
Aufenthaltsdauer 72 Stunden.
Ganzjährig zugänglich.
Stellflächen für 56 Wohnmobile auf Wiese.
Parkgebühr: Juli und August 11,50 €, Juni und September 9 €, übrige Zeit 8 € pro Tag.
Besichtigung von Rimini: Tempio Malatestiano, Triumphbogen des Augustus, Altstadt, Strandstadt (Lungomare).

47900 Rimini Viale Roma ** RR - 14

Übernachtungsplätze auf befestigtem Wiesengelände.

Von der SS16 bei Anfahrt aus dem Norden an der ersten Abfahrt Rimini abfahren und nach 1,8 km halblinks dem Wohnmobil-/Busparkplatz Symbol folgen (**Viale Giacorno Matteotti/Via Roma**). Nach weiteren 1,7 km links zum Parkplatz abbiegen. Von der SS16 bei Anfahrt aus dem Süden am Piazza Cavalotti halbrechts Richtung Centro fahren und nach 2,3 km rechts zum Parkplatz abbiegen.
Koordinaten: 44° 3,62' Nord, 12° 34,57' Ost.

Häuser am Parkplatz.
Ver- und Entsorgung und Müllbehälter am Parkplatz.
Eisenbahnlinie in der Nähe.
10 min Fußweg zur Innenstadt.
Einkaufsbummel am Lungomare. 20 min Fußweg.
Zeitweise für Wohnmobile nicht zugänglich.
Besichtigung von Rimini: Tempio Malatestiano,
Triumphbogen des Augustus, Altstadt, Strandstadt.
Wanderungen und Radtouren an der Küste.
Ausflüge zur Kirche Madonna della Grazie und nach Verucchio.
Fahrt nach San Marino.
Fahrt nach Ravenna.
Parkgebühr: 13 € für 24 Stunden.
Stellmöglichkeiten für 30 Wohnmobile.

47838 Riccione Piazzale I. Maggio ** RR - 15

Übernachtungsplatz an der Polizeiwache in ruhiger und schöner Lage.

Auf der A14/E 55 Richtung Ancona fahren. Die Ausfahrt Riccione nehmen und links nach Riccione fahren. Den Wegweisern Centro/Mare folgen und am Ende der Straße nach 1,1 km rechts Richtung Ancona fahren. Nach 50 m links Richtung Palazzo tourismo und nach 250 m wieder links Richtung Mare halten. Nach 450 m links Richtung municipio und nach 650 m rechts Richtung Centro. Nach 100 m wird der Platz rechts erreicht **(Viale Cortemaggiore).** Koordinaten: 44° 0,22' Nord, 12° 39,05' Ost.

Auch für Pkw zugelassen. Häuser in der Nähe.
15 Minuten bis zum Meer.
Restaurant, Kiosk, Lebensmittel in der Nähe.
Teilweise Schatten durch Bäume.
Müllbehälter am Platzeingang.
Aufenthaltsdauer unbegrenzt. Ganzjährig zugänglich.
Asphaltierte, gerade Stellflächen für 15 Wohnmobile.
Keine Parkgebühr.
Besichtigung von Rimini: Tempio Malatestiano,
Triumphbogen des Augustus, Altstadt, Strandstadt.
Fahrt nach San Marino. Fahrt nach Ravenna.

47890 San Marino-Borgomaggiore Funivia **** RR - 16

In mehreren Terrassen angelegter **Wohnmobilpark** in sehr ruhiger und sehr schöner Lage.

Von der Ausfahrt Rimini Sud der Autobahn A14 Richtung San Marino fahren und 1,1 km nach dem Ortsanfang Borgomaggiore - 100 m nach dem Kreisel - rechts dem Wohnmobil-Symbol folgen (**Via Bigelli**). Noch 300 m bis zur ersten Parkplatzterrasse. Koordinaten: 43° 56,47' Nord, 12° 26,54' Ost.

Häuser an der ersten Parkterrasse. Schmale, aber gute Zufahrt.
WC, Ver- und Entsorgung und Abfallkörbe am Parkplatz.
Blick über das Bergland.
Ganzjährig zugänglich. Wohnmobile fast immer anzutreffen.
3 min zur Seilbahn. Parkplatz an der Seilbahn nur für Pkw.
Besichtigung von San Marino: Festung mit drei Türmen,
Piazza della Libertà, Stadttor, Via Carducci,
Palazzo Pubblico, Kirche San Francesco.
Besuch der Staatlichen Museen und der Gemäldegalerie.
Wanderwege im Parco naturale di Cerreto.
Fahrt nach Rimini und Pesaro.
Keine Parkgebühr.
Ebene Stellflächen für 50 Mobile. Schatten durch Randbäume.

Stellplätze am Meer

An der Ostküste Sardiniens

Tour 19

Sardinien! Wir sind begeistert! Der liebe Gott muss aus etlichen Ländern je ein Stückchen weggenommen und hier verteilt haben. Gleich nach Verlassen der Fähre in Olbia, auf unserer Fahrt südlich, zunächst die Ostküste entlang, erleben wir ein Stückchen Camargue einschließlich der Flamingos. Dann üppige Macchia oder Felsen am Strand, ähnlich Granit Rose der Bretagne. Auch ein bisschen Südsee sehen wir, mit Palmen und blühenden Oleanderbäumen. Und immer wieder breite, weiße, menschenleere Strände.

Von unserem Fährhafen **Olbia** kurven wir an der Küste entlang nach Süden. Der Stellplatz L'Impero Parking, der Ortsparkplatz in San Páolo und der Stellplatz am Dettorimarket in Soaredda liegen in der Nähe der SS121, sind schnell vom Hafen Olbia zu erreichen und deshalb gut für die Übernachtung vor oder nach einer Fährfahrt geeignet (**SO-1**, SO-2 und **SO-4**). Ein großer, in der Nebensaison menschen- und autoleerer Parkplatz unmittelbar am Strand wird unser erster Aufenthalt (SO-3). Uns überwältigt der Anblick des Felsklotzes Isola Tavolara, das glasklare Wasser des Meeres und der breite, einsame Sandstrand. Es ist allerdings Ende Oktober und die Saison ist für Sarden und Festlanditaliener schon lange beendet.

La Cinta, der beliebte Sandstrand an der Flamingo-Lagune in San Teodoro, ist für Wohnmobilurlauber nicht zugänglich, der große Parkplatz ist abgeschrankt. Wir fahren deshalb zu der schönen kleinen Bucht Cala d'Ambra im Süden des Ortes (SO-5) und weiter nach Süden. Der Strandparkplatz bei Ottiolu wird unser Bade- und Schlafplatz (**SO-6**). Hier können wir das Fahrzeug ent- und versorgen, am Strand faulenzen und im nahen Ort einkaufen und eine Gaststätte besuchen.

Im nächsten Badeort an der Ostküste Budoni erstrecken sich zwei weiße feine Sandstrände mit einem Dünensaum und einer Pineta über viele Kilometer an der Küste entlang. Touristen im Wohnmobil werden sich hier wohl fühlen und können ihr Fahrzeug an zwei Plätzen abstellen (SO-7 und **SO-8**).

Am Strand San Giovanni bei La Caletta erreichen wir einen Traumplatz (**SO-9**). Von unserem erhöhten Platz auf der Düne schweift unser Blick weit über das Meer, den langen Sandstrand, die fantastische Lagunenlandschaft bis zu den Häusern von Posada, die an einem steilen Hügel emporklettern. Nur wenige Schritte und wir liegen im Sand vor der Düne oder erfrischen uns im Meer. Nur wenige Menschen, aber viele Flamingos, Reiher, Möven und andere Wasservögel beleben den Strand, den wilden Küstensaum und die flachen Lagunen. Im heißen Sommer wird es hier ganz anders aussehen, jetzt im Herbst bei Temperaturen wie bei uns im Sommer ist die Küsten-Landschaft ein Paradies für Wohnmobilurlauber. Am Abend schmecken uns die Pasta-Gerichte in der Taverne gegenüber besonders gut.

Auf der Weiterfahrt nach Süden entdecken wir zwei einsam gelegene Plätze am Capo Comino (SO-10), am Kap Punto Ginepro (SO-11) und einen Platz am belebten Strand von Marina di Orosei (SO-12). Den Wohnmobilplatz in Cala Gonone (**SO-13**) können wir nicht anfahren, ein Tunnel hinter Dorgali versperrt uns und anderen Fahrern im rollenden Ferienhaus mit 3,10 m maximaler Höhe den Zugang.

Ab Dorgali fahren wir eine kurvenreiche, aber toll ausgebaute Panoramastraße mit herrlichen Ausblicken in Täler und auf Dörfer. Der Verkehr ist gering jetzt Ende Oktober, der einzige Lastwagen auf dieser Strecke begegnet uns ausgerechnet in der engen Ortsdurchfahrt von Baunei. Die Sarden sind zu unserem Erstaunen nicht so wilde Fahrer, wie wir sie z. B. auf Sizilien erlebt haben. Der freundliche Fahrer weicht nach links aus und macht uns so den Weg um die Millimeter frei, die wir benötigen, um passieren können, ohne die Balkone zu touchieren. Die kleine Stadt Baunei klebt fantastisch an einem steilen Hang, überragt von einem eindrucksvollem Berg, ein Anblick zum Genießen.

Wir landen auf einem wunderschönen Wohnmobilstellplatz direkt am Meer in Tancau (**SO-14**). Die Abendsonne beleuchtet zwei kleine aus dem Meer ragende Felsformationen. Einen davon taufen wir "Dino", weil er aussieht wie ein badender Dinosaurier. Ein Restaurant ist nur 100 Meter entfernt und bei 21 Grad um 19.30 Uhr - es ist schon der 25. Oktober - serviert man uns eine hervorragende Pizza.

Tancau und der Nachbarort Santa Maria Navarrese liegen an der Schnittstelle zwischen der unzugänglichen, gewaltigen Steilküste des Golfes von Orosei und den herrliche Sandstränden um Tortoli und Arbatax. Vom Meer rund- und formenreich geschliffene Felsbrocken wie an der Granit Rose in der Bretagne markieren diesen Küstenabschnitt. Santa Maria Navarrese ist auch ein idealer Ausgangspunkt für Auflüge und Exkursionen mit Booten und Schiffen entlang der beeindrukkenden Steilküste und zu den kleinen Traumbuchten zwischen den Felsen.

Ein Wahrzeichen Sardiniens, den **Rocco rosso**, den Roten Felsen, erleben wir beim Fährhafen Arbatax. Eindrucksvoll erheben sich die malerischen, durchlöcherten Felsen auf dem weit ins Meer vorspringenden Capo Bellavista neben dem gelben, feinsandigen Strand. Der große Parkplatz ist zu dieser Jahreszeit von den Fahrzeugen leergefegt. Für uns gibt es jede Menge Platz zum Aufstellen des Schlafmobils (SO-15).

Einen weiteren Super-Wohnmobilstellplatz erreichen wir in Lido di Orri (**SO-16**). Ein naturbelassenes Gelände könnte unter den Eukalyptus- und Olivenbäumen in vielen Nischen und auch großzügigen freien Flächen sicher an die 100 Wohnmobile aufnehmen. Wir sind die einzigen Gäste, aber im August sollen über 70 Einheiten aus ganz Europa dort gewesen sein. Wir wollen viele Plätze finden und bleiben daher immer nur eine Nacht, manchmal bedauern wir das. Ein weitere schöner Platz in der Nähe des Strandes ist in Marina di Gairo zu finden (**SO-17**).

Bei unserer Weiterfahrt wechselt die Küste ständig ihr Gesicht. So wie sich auf der gut ausgebauten SS 125 Kurve an Kurve reiht, folgen den vielen Felsklippen - oft mit einem "Torre" - stets Buchten mit langen, breiten, weißen, menschenleeren Sandstränden. Das glasklare Meer hat noch 20 Grad und lädt uns täglich zum Baden ein. Wir können uns kaum vorstellen, dass im Juli und August jeweils explosionsartig Touristenmassen hier einfallen sollen. Wir erfreuen uns während der Weiterfahrt mit dem Wohnmobil an der Vielfalt an Büschen und Sträuchern und den üppig in weiß, rosa, rot blühenden Blumen, mit denen Weinfelder oder Weiden "eingezäunt" sind. Riesige Kakteen, sie sehen aus wie aneinandergereihte große Ohren, tragen Früchte. Wir halten an, um eine Flamingokolonie in den Lagunen und Küstenteichen am Torre Salinas zu beobachten und zu fotografieren. Sie stolzieren nach Futter suchend durch die flache Lagune und lassen sich von uns nicht stören [1] [2].

[1] Anschlussroute im Nordwesten: Tour 22 “An der Nordküste Sardiniens”
[2] Anschlussroute im Südwesten: Tour 20 “An der Südküste Sardiniens”

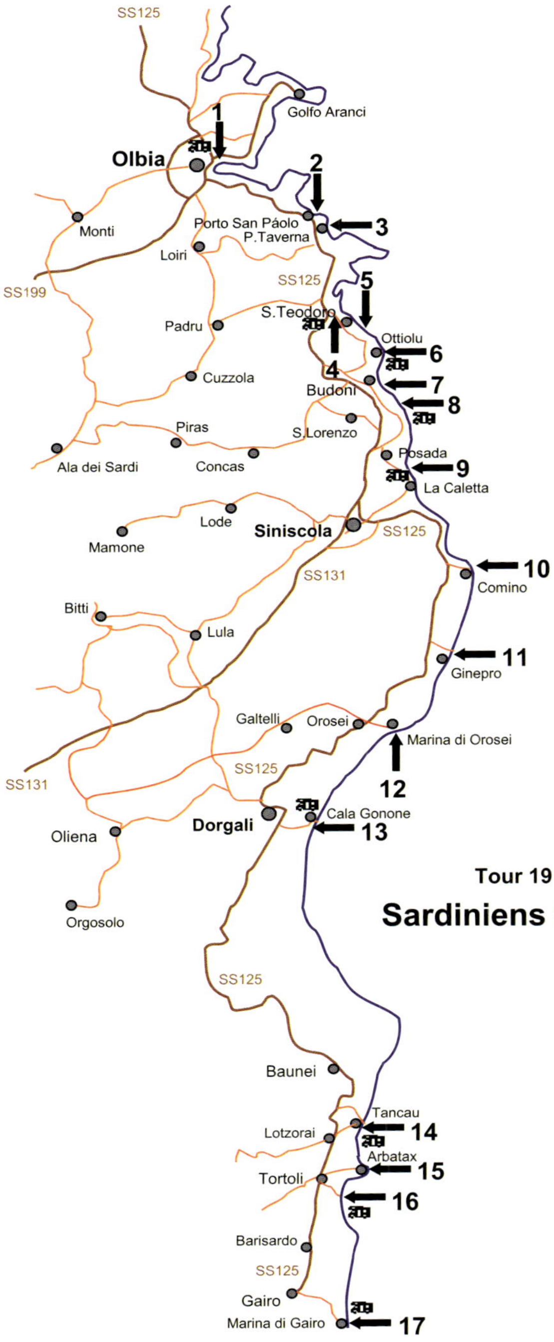

Tour 19

Sardiniens Osten

Tour 19: **Sardiniens Osten**

Nr.	Ort, Bezeichnung	Stell- plätze	Gast- haus	Häu- ser	WC	Bad See	Orts- nähe	Ent- sorg.	Park- dauer	Park- gebühr
		A					B		C	D
SO-1	**Olbia, L'Impero Parking ** **	30	-	+	+	-	x	+	1	18
SO-2	Porto San Páolo, Ortsparkplatz **	20	-	+	-	-	3	-	1	0
SO-3	Porto della Taverna, Dorata ***	20	-	+	-	+	x	-	1	0
SO-4	**Soaredda, Dettorimarkets ** **	10	+	+	-	-	5	-	1	P
SO-5	San Teodoro, Spiaggia d'Ambra **	20	+	+	-	+	x	-	1	0
SO-6	**Ottiolu, Spiaggia Ottiolu ** **	10	+	+	-	+	8	+	1	P
SO-7	Budoni, Cala di Budoni ***	10	+	-	-	+	x	-	1	P
SO-8	**Budoni, Spiaggia Mare *** **	20	+	-	-	+	x	+	1	P
SO-9	**La Caletta, San Giovanni **** **	5	+	+	-	+	x	-	1	P
SO-10	Capo Comino, Ufer **	5	+	-	-	+	x	-	1	0
SO-11	Punta Ginepro, Curcurica **	5	+	-	-	+	x	-	1	0
SO-12	Marina di Orosei, Strand **	5	+	-	-	+	x	-	1	0
SO-13	**Cala Gonone, Palmesera ** **	10	+	+	+	+	10	+	T	12
SO-14	**Tancau, Spiaggia Tancau **** **	30	+	+	-	+	10	+	1	P
SO-15	Arbatax, Rocco Rosso ***	30	+	+	-	+	x	-	1	0
SO-16	**Tortoli, Lido di Orri *** **	100	+	+	-	+	x	+	U	12
SO-17	**Marina di Gairo, Area sosta ** **	50	-	+	-	+	x	+	T	P

Legende siehe Seite 10

07026 Olbia L' Impero Parking ** SO - 1

Wohnmobilplatz im Ort in ruhiger Lage.

In Olbia Richtung Golfo Aranci fahren (SP82) und an der Bucht zur Via Marocco nach Norden abbiegen. Am nächsten Kreisel links abbiegen (Via Corea) und nach 100 m rechts abbiegen. Noch 400 m bis zum Platz am Ende der Straße (**Via Uganda 11**). Koordinaten: 40° 56,67' Nord, 9° 31,48' Ost.

Häuser am Platz.
Ver- und Entsorgung und Müllcontainer am Platz.
Stromanschluss möglich. Gebühr 2 €.
WC, Bänke und Tische am Platz.
Zugänglich 01.06. - 01.10.
Bewachter und beleuchteter Platz.
Platz für Übernachtung vor oder nach einer Fährfahrt zum Festland geeignet.
Ebene und leicht schräge Stellflächen für 30 Wohnmobile.
Pargebühr: 18 € für 24 Stunden einschl. Ver- und Entsorgung.
3 km bis zum Stadtzentrum.
Wanderungen und Radtouren am Golfo di Olbia.
Besichtigung von Olbia: Kirche San Simplicio, Bürgerhäuser am Corso Umberto,

Golfo di Olbia

07026 Porto San Páolo Ortsparkplatz ** SO - 2

Asphaltierter **Parkplatz** im Ort in ruhiger Lage.

Bei Anfahrt aus dem Norden von Olbia (SS125) 400 m nach dem Ortsanfang Porto San Páolo links abbiegen (kein Wegweiser). Nach 600 m links abbiegen (schmale Straße). Noch 100 m. Bei Anfahrt aus dem Süden 600 m nach dem Ortsanfang rechts abbiegen. Koordinaten: 40° 52,7' Nord, 9° 37,6' Ost.

Geschäfte und Häuser am Platz.
Müllcontainer am Platz.
Ganzjährig zugänglich.
Angeln am Meer.
Wanderungen und Radtouren an der Küste.
Fahrt mit dem Boot zur Isola Tavolara von Porto San Paolo.
Besichtigung von Olbia: Kirche San Simplicio,
Bürgerhäuser am Corso Umberto, Brunnentempel Sa Testa.
Platz für Übernachtung vor oder nach einer Fährfahrt
zum Festland geeignet.
Keine Pargebühr. Sonntags parken verboten.
Ebene, asphaltierte Stellflächen für 20 Wohnmobile.

07026 Porto della Taverna Costa Dorata *** SO - 3

Parkplatz am Strand in sehr ruhiger und schöner Lage an Meer und Lagune.

Bei Anfahrt aus dem Norden von Olbia (SS125) 1,9 km nach dem Ortsende Porto San Paolo links Richtung Porto Taverna abbiegen. Nach 800 m rechts fahren (kein Wegweiser). Nach weiteren 100 m wird rechts der Platz erreicht. Koordinaten: 40° 51,6' Nord, 9° 39,1' Ost.

Bar am Strand. Häuser in der Nähe.
Feiner, brauner Sandstrand am Platz. Tauchschule am Platz.
Müllcontainer am Platz.
Ganzjährig zugänglich. In der Saison für Camper verboten,
in der Nebensaison geduldet.
Angeln am Meer.
Wanderungen und Radtouren an der Küste.
Fahrt mit dem Boot zur Isola Tavolara von Porto San Paolo.
Besichtigung von Olbia: Kirche San Simplicio,
Bürgerhäuser am Corso Umberto, Tempel Sa Testa.
Ebene und leicht schräge Stellflächen auf festem Sandboden.
Keine Pargebühr. Stellmöglichkeiten für 20 Wohnmobile

08020 San Teodoro-Soaredda Dettorimarkets ** SO - 4

Übernachtungsplatz hinter dem Supermarkt in ruhiger Lage.

Bei Anfahrt aus dem Norden von Olbia von der SS125 800 m nach dem Ortsanfang Soaredda rechts vor dem Markt zum Platz abbiegen. Noch 100 m bis zum Platz hinter dem Markt.
Koordinaten: 40° 46,8' Nord, 9° 39,5' Ost.

Häuser, Supermarkt und Fischgeschäft am Platz.
Tavernen und Tankstelle in der Nähe.
Müllcontainer am Platz.
Ganzjährig zugänglich.
Wanderungen und Radtouren an der Küste.
Flamingos auf dem Stagno di San Teodoro im Norden des Ortes.
Besichtigung von Olbia: Kirche San Simplicio,
Bürgerhäuser am Corso Umberto, Tempel Sa Testa.
Parkgebühr.
Bekieste, ebene Stellflächenfür 10 Wohnmobile.
Platz für Übernachtung vor oder nach einer Fährfahrt
zum Festland geeignet.
Großparkplatz am Strand La Cinta für Wohnmobile gesperrt.
In der Nebensaison abgeschrankt.

08020 San Teodoro Spiaggia d' Ambra ** SO - 5

Parkplatz am Strand in ruhiger Lage.

Bei Anfahrt aus dem Norden von Olbia von der SS125 vor San Teodoro links Richtung La Cinta abbiegen und nach 1,5 km rechts Richtung San Teodoro fahren. Nach 300 m links, nach weiteren 600 m im Kreisel rechts und nach 100 m links dem Wegweiser Spiaggia folgen. Nach weiteren 400 m links in die **via Cala d'Ambra** fahren. Noch 200 m bis zum Platz links.
Koordinaten: 40° 46,2' Nord, 9° 41,0' Ost.

Tavernen in der Nähe. Häuser am Platz. Müllcontainer am Platz.
Sandbucht am Platz.
Ganzjährig zugänglich.
Wanderungen und Radtouren an der Küste.
Flamingos auf dem Stagno di San Teodoro im Norden des Ortes.
Besichtigung von Olbia: Kirche San Simplicio,
Bürgerhäuser am Corso Umberto, Brunnentempel Sa Testa.
Ebene und leicht schräge Stellflächen auf festem Grasboden.
Keine Pargebühr. Stellmöglichkeiten für 20 Wohnmobile.
Platz unmittelbar am Ufer für Wohnmobile 21-4.00 Uhr gesperrt.
Großparkplatz am Strand La Cinta für Wohnmobile gesperrt.
In der Nebensaison abgeschrankt.

08020 Ottiolu Spiaggia Ottiolu ** SO - 6

Übernachtungsplatz am Strand in sehr ruhiger Lage.

Bei Anfahrt aus dem Norden von San Teodoro (SP-1) am Ortsanfang Ottiolu links Richtung Spiaggia abbiegen (Via del Porto). Nach 900 m wird der Parkplatz rechts erreicht (**Via delle Mimose**).
Bei Anfahrt aus dem Süden von der SS125 nördlich von Budoni zur SP1 (km 0) abbiegen. Nach 3,4 km rechts Richtung Spiaggia abbiegen (Via del Porto). Nach 900 m wird der Parkplatz rechts erreicht (Via delle Mimose). Koordinaten: 40° 45,5' Nord, 9° 40,8' Ost.

Gaststätten am Platz und in der Nähe. Häuser am Platz.
Ver- und Entsorgung am hinteren Platzteil.
Wasserversorgung nur in der Saison.
Müllcontainer am Platz.
Duschen am Platz. Nur in der Saison geöffnet.
Feiner Sandstrand am Platz. Marina in der Nähe.
5 min Fußweg zum Hafen und zum Ortszentrum.
Ganzjährig zugänglich.
Wanderungen und Radtouren an der Küste von Budoni.
Ausflüge nach Olbia und Dorgali.
Ebene, asphaltierte Stellflächen für 10 Wohnmobile.
Parkgebühr in der Saison: 10 € für 24 Stunden.

08020 Budoni Cala di Budoni *** SO - 7

Parkplatz am Strand in sehr ruhiger Lage.

Bei Anfahrt aus dem Norden von Budoni (SS125) 2,1 km nach dem Ortsanfang Budoni links Richtung Sa Playa abbiegen (schmale Straße). Noch 600 m bis zum Parkplatz.
Koordinaten: 40° 44,2' Nord, 9° 42,6' Ost.

Taverne am Platz. April-September geöffnet.
Müllcontainer am Platz.
Verbot für Wohnanhänger und Zelt.
Ganzjährig zugänglich.
Feiner Sandstrand, Dünen und Pineta am Platz.
Wanderungen und Radtouren an der Bucht von Budoni.
Ausflüge nach Nuoro und Dorgali.
Fahrt nach Olbia.
Ebene, befestigte Stellflächen.
Parkgebühr in der Saison.
Stellmöglichkeiten für 10 Wohnmobile.

08020 **Budoni** Spiaggia Mare e Pineta *** SO - 8

Übernachtungsplatz am Strand in sehr ruhiger und schöner Lage.

Bei Anfahrt aus dem Norden von Budoni (SS125) am Ortsende Budoni links Richtung mare e pineta abbiegen. Nach 500 m links abbiegen. (Die letzten 200 m nur befestigte Straße). Noch 200 m. Bei Anfahrt aus dem Süden am Ortsanfang Budoni rechts abbiegen.
Koordinaten: 40° 42,2' Nord, 9° 42,8' Ost.

Taverne am Platz.
Müllcontainer am Platz.
Ver- und Entsorgung und Dusche am Platz.
Nur in der Saison in Betrieb.
Ganzjährig zugänglich.
Feiner Sandstrand, Dünen und Pineta am Platz.
Picknick-Wald in der Nähe.
Kleine Lagune in der Nähe.
Wanderungen und Radtouren an der Bucht von Budoni.
Ausflüge nach Nuoro und Dorgali.
Ebene, befestigte Stellflächen.
Parkgebühr in der Saison.
Stellmöglichkeiten für 20 Wohnmobile.

08020 **La Caletta** San Giovanni **** SO - 9

Übernachtungsplatz am Strand in sehr ruhiger und sehr schöner Lage.

Bei Anfahrt aus dem Norden von Budoni von der SS125 in Posada links Richtung La Caletta abbiegen (SP24). Nach 1,9 km links dem Wegweiser San Giovanni spiaggia folgen und nach 1,1 km links zum Parkplatz abbiegen (Via Sardegna). Noch 100 m bis zum Platz rechts (**Viale San Giovanni**).
Koordinaten: 40° 42,0' Nord, 9° 43,2' Ost.

Gaststätten und Häuser am Platz.
Blick über die Lagune, zur Bergstadt Posada und übers Meer.
Müllcontainer am Platz. Tische und Bänke am Platz.
Wasserversorgung über öffentlichen Brunnen.
Ganzjährig zugänglich.
Flacher, feiner Sandstrand, Dünen und Lagune am Platz.
Angeln von der Mole.
Wanderungen und Radtouren an der Küste.
Besichtigung von Posada: Würfelhäuser, Kastello delle Fava.
Besichtigung der Grotte Cane Corteo bei Siniscola.
Ausflüge nach Nuoro und Dorgali.
Parkgebühr in der Saison.
Ebene, befestigte Stellflächen für 5 Mobile. Für Caravan verboten.
Auf den großen Parkplätzen an der Marina in La Caletta
Wohnmobil-Verbote von 20-8.00 Uhr.

08020 **Capo Comino** Ufer ** SO - 10

Parkplatz am Strand in sehr ruhiger und schöner Lage.

Bei Anfahrt aus dem Norden von der SS125 links Richtung Capo Comino abbiegen. Nach 2,5 km wird der Parkplatz links nach einer schrägen Zufahrt erreicht.
Koordinaten: 40° 35,7' Nord, 9° 45,2' Ost.

Taverne und Bar am Platz. Nur in der Saison geöffnet.
Einsame Lage. Felsenstrand und Dünen am Platz.
Müllcontainer am Platz.
Ganzjährig zugänglich.
Wanderungen und Radtouren an der Küste.
Besichtigung von Posada: Würfelhäuser am Hang,
Kastello delle Fava.
Besichtigung der Grotte Cane Corteo bei Siniscola.
Ausflüge nach Nuoro und Dorgali.
Ebene und schräge, unbefestigte Stellflächen für 5 Wohnmobile.
Keine Parkgebühr.

08028 Punta Ginepro Curcurica ** SO - 11

Parkplatz am Strand in sehr ruhiger Lage.

Bei Anfahrt aus dem Norden von der SS125 links Richtung Cala Ginepro abbiegen. Nach 1,1 km links abbiegen (**via sa curcurica**). Noch 700 m bis zum Platz rechts.
Koordinaten: 40° 32,1' Nord, 9° 48,9' Ost.

Taverne am Strand. Nur in der Saison geöffnet.
Müllcontainer am Platz.
Ganzjährig zugänglich.
Kleine Lagune am Platz.
Sandstrand in 100 m Entfernung.
Wanderungen und Radtouren an der Küste.
Ausflüge nach Nuoro und Dorgali.
Ebene und leicht schräge, befestigte und holprige Stellflächen.
Stellmöglichkeiten für 5 Wohnmobile.
Keine Parkgebühr.

08028 Marina di Orosei Strand ** SO - 12

Parkplatz am Strand in ruhiger Lage.

Bei Anfahrt von der SS125 in Orosei Richtung Marina di Orosei abbiegen. Nach 2,3 km wird der Parkplatz links erreicht. Koordinaten: 40° 27,1' Nord', 9° 47,7' Ost.

Gaststätten am Strand. Nur in der Saison geöffnet.
Breiter Sandstrand am Platz.
Müllcontainer am Platz.
Ganzjährig zugänglich.
Befestigte Fahrstraße zur Marina
und zum Strand Caletta di Osalla.
Wanderungen und Radtouren an der Küste.
Ausflüge nach Nuoro und Dorgali.
Ebene, asphaltierte Stellflächen in Parkbuchten und Parkstreifen
für 5 Wohnmobile.
Keine Parkgebühr.

08022 Cala Gonone Palmasera ** SO - 13

Wohnmobilplatz mit einzelnen Bäumen am Ortsrand in ruhiger Lage.

Südlich von Dorgali Richtung Cala Gonone abbiegen (Tunneldurchfahrt, Höhe 3,10 m). Nach 7 km von der Viale Cristoforo Colombo rechts zur **Via del Blue Marino** abbiegen und dem Wohnmobil-Symbol folgen. Noch 400 m bis zum Platz rechts. Koordinaten: 40° 16,80' Nord, 9° 37,78' Ost.

Höhenbegrenzung auf der Anfahrt 3,10 m.
Panoramablick vom Stellplatz.
Gaststätten am Strand. Nur in der Saison geöffnet.
Ver- und Entsorgung und Müllcontainer am Platz.
Stromanschluss möglich. Gebühr 2,50 €.
WC und Dusche am Platz (Münzbetrieb).
Ganzjährig zugänglich.
Ebene, befestigte Stellflächen für 10 Wohnmobile.
Parkgebühr: 12 € für 24 Stunden
einschließlich Ver- und Entsorgung.
Breiter Sandstrand in 400 m Entfernung.
10 min Fußweg zum Ortszentrum.
Wanderungen und Radtouren an der Küste.
Ausflüge nach Nuoro und Dorgali.

08040 Tancau Spiaggia Tancau **** SO - 14

Wohnmobilpark am Strand in sehr ruhiger und sehr schöner Lage.

Bei Anfahrt aus dem Norden 4 km nördlich von Lotzorai von der SS125 links Richtung Santa Maria Navarese/Tancau abbiegen (SP63). Nach 3,4 km rechts Richtung Area Attrezzata abbiegen. Nach 500 m - 200 m nach dem Ortsanfang - links Richtung Camper Servive zum Meer abbiegen. Nach 200 m am Ufer rechts fahren (**Via del Mare**). Noch 50 m bis zur Einfahrt rechts. Bei Anfahrt aus dem Süden von Lotzorai von der SS125 rechts Richtung Santa Maria abbiegen. 200 m nach dem Ortsanfang Tancau rechts vor dem Hotel abbiegen. Dann wie oben. Koordinaten: 40° 27,1' Nord, 9° 47,7' Ost.

Gaststätten und Häuser am Platz. Blick auf bizarre Inseln im Meer.
Feiner, breiter Sandstrand am Platz. Stranddduschen.
Müllcontainer am Platz. Stromanschluss möglich.
Ver- und Entsorgung am Platz. Entsorgung nur in der Saison.
Nur in der Saison zugänglich.
Für große Mobile wegen schmaler Zufahrt und tiefer Äste ungeeignet.
Besichtigung der Kirche von Santa Maria Navarrese.
Besichtigung des roten Felsens von Arbatax.
Ausflug nach Baunei, typisches sardisches Bergdorf.
Ausflug nach Dorgali über die Panoramastraße.
Leicht schräge Flächen auf Wiese unter hohen Bäumen für 30 Mobile.
Parkgebühr in der Saison: 18 € alles inklusive.
5 asphaltierte, ebene Stellflächen vor dem Platz in der Nebensaison.

08041 Arbatax Rocco Rosso *** SO - 15

Parkplatz am Roten Felsen in sehr ruhiger und schöner Lage.

Bei Anfahrt aus dem Süden von der SS125 vor Tortoli Richtung Arbatax/Tortoli abbiegen. Nach 1 km an der Ampel rechts und nach weiteren 1,8 km wieder rechts Richtung Arbatax fahren. Nach weiteren 1,8 km dem Wegweiser Rocco rosso links folgen. Nach weiteren 1,7 km wird die schmale, aber kurze Einfahrt zu dem großen Parkplatz rechts erreicht.

Gaststätten und Häuser am Platz. Müllcontainer am Platz.
Blick auf das Meer und den roten Felsen.
Ganzjährig zugänglich. Sportboothafen in der Nähe.
Besichtigung der Kirche von Santa Maria Navarrese.
Ausflug nach Baunei, typisches sardisches Bergdorf.
Ausflug nach Dorgali über die Panoramastraße.
Ausflug nach Lanusei und zum Stausee Flumendosa.
Ebene, unbefestigt Stellflächen auf festem Sand.
Keine Parkgebühr.
Stellmöglichkeiten für 30 Wohnmobile.

08048 Tortoli Lido di Orri *** SO - 16

Wohnmobilpark am Strand in sehr ruhiger und schöner Lage.

Bei Anfahrt aus dem Süden von der SS125 vor Tortoli Richtung Arbatax/Tortoli abbiegen. Nach 600 rechts Richtung Lido di Orri abbiegen. Noch 3,2 km bis zur Einfahrt Area Camper rechts (**lungomare**). Koordinaten: 39° 59,0' Nord, 9° 41,2' Ost.

Taverne in der Nähe. Haus am Platz. Müllcontainer am Platz.
Feiner Sandstrand am Platz.
Ver- und Entsorgung am Platz. Stromanschluss an den Stellplätzen.
Ganzjährig zugänglich. Aufenthaltsdauer nicht begrenzt.
Wanderungen und Radtouren an der Küste.
Ausflug nach Baunei, typisches sardisches Bergdorf.
Ausflug nach Dorgali über die Panoramastraße.
Ausflug nach Lanusei und zum Stausee Flumendosa.
Ebene und leicht holprige Stellflächen für 100 Wohnmobile.
Von Bäumen umgebene große Terrassenparkplätze.
Parkgebühr: 12 Euro in der Haupt-, 10 Euro in der Nebensaison.
Wohnmobil-Verbote auf den Parkplätzen am Strand.
Informationen: Tanca Orri Tel. 3387709099 oder 3487351779.

08040 Marina di Gairo Area sosta ** SO - 17

Wohnmobilplatz in Strandnähe in ruhiger und schöner Lage.

Von der SS125 10 km südlich von Tortoli in Gairo Cardedu Richtung Marina di Gairo/Sa Perda Pera abbiegen und nach 6,5 km am Ortsanfang Marina di Gairo rechts zum Platz abbiegen.
Koordinaten: 39° 44,65' Nord, 9° 40,33" Ost.

Häuser in der Nähe. Müllcontainer am Platz.
Ver- und Entsorgung am Platz. Stromanschluss möglich.
Ganzjährig zugänglich. Aufenthaltsdauer einige Tage.
Parkgebühr in der Saison.
Stellmöglichkeiten für 50 Wohnmobile.
Wenig Schatten.
Feiner Sandstrand in der Nähe (300 m).
Wanderungen und Radtouren an der Küste.
Ausflug nach Baunei, typisches sardisches Bergdorf.
Ausflug nach Tortoli und zum Felsen von Arbatax.
Ebene, befestigte Stellflächen von Bäumen umgeben.

Blick vom Stellplatz Arbatax

Blick vom Stellplatz Tancau

Flamingos und einsame Buchten

An der Südküste Sardiniens

Tour 20

Am Strand von Porto Corallo bei Villaputzu können wir gleich drei Plätze für das Aufstellen des Schlafmobils empfehlen (**SS-1**, SS-2 und SS-3). Für einen längeren Aufenthalt empfiehlt sich der Platz Sosta Camper. Der feinsandige Strand fällt flach ins Wasser und ist für das Badevergnügen kleinerer Kinder und Nichtschwimmer gut geeignet. Der breite Strand zieht sich unverbaut nach Süden bis zur Mündung des Flusses Flumendosa hin.

In Muravera am südlichen Ufer des Flumendosa wurde ein privater Wohnmobilplatz in der Nähe der Ortsmitte eingerichtet (**SS-4**). Hier können wir unser Fahrzeug entsorgen und für die nächsten Tage am Strand einkaufen. Nach wenigen Kilometern sind wir an dem schönen, endlos langen Strand von San Giovanni und schauen von unserem rollenden Ferienhaus auf das stürmische Meer (SS-5).

Wir halten an, um eine riesige Flamingokolonie in den Lagunen und Küstenteichen am Torre Salinas zu beobachten und zu fotografieren. Sie stolzieren nach Futter suchend durch die flachen, fischreichen Lagunen und lassen sich von uns nicht stören. Ein asphaltierter Platz am Meer ist unser Stellplatz für Wanderungen um die Lagune und am Strand (SS-6). Kilometerlang erstreckt sich der menschenleere, feine, hellbraune Sandstrand nach Süden. In der Nähe des Stellplatzes wacht nur ein wuchtiger Wehrturm aus dem Mittelalter auf ein paar Felsen über dem Strand.

Auf dem Weg zur 60 km entfernten Hauptstradt Cagliari, durchfahren wir wieder eine kurvenreiche felsige Landschaft mit üppiger Macchia bis auf die Bergspitzen. Viele Felsen schimmern rosa, manche sind basaltartig grau. Wir überqueren einige Bäche oder Flüsse, die alle den Vornamen "rio" tragen, zur Zeit fast ausgetrocknet sind und von 5 Meter hohem Schilf umrahmt werden. Erstmals sehen wir neben der Straße eine "Nuraghe", von denen es 7000 auf Sardinien geben soll. Die Hinterlassenschaft eines rätselhaften Hirtenvolkes, das ca. 2000 v. Chr. hier lebte, bevor die Phönizier und die Römer kamen. In der Stadt Villasimius im Südosten der Insel stehen zwei Wohnmobilplätze für den Aufenthalt und für die Ver- und Entsorgung des Wohnmobils zur Verfügung (**SS-7** und **SS-8**).

In **Cagliari** können wir in der Nähe des Hafen unser Wohnmobil parken (**SS-9**) und zu Fuß die Altstadt, sehenswerte Kirchen und die Bastei erreichen. Die Geldbörse kann geschlossen bleiben, denn es ist Feiertag (1. November - Allerheiligen) und alle Läden mit landestypischer Handwerkerkunst sind geschlossen. Selbst durch die engsten Gassen der Altstadt dürfen die Einheimischen mit dem Auto fahren. Vieles ist restaurierungsbedürftig, wo der Putz noch nicht abgebröckelt ist, "zieren" bunte Graffiti-Schmierereien die Hauswände.

Im archäologischen Museum informieren wir uns über die Funde aus der römischen und vorrömischen Epoche. Die wichtigsten Exponate sind Bronzen aus nuraghischer Zeit. Die Kathedrale steht auf dem Piazza Palazzo, erbaut im romanisch-gotischen Stil und später im Barock vergrößert. Von der S. Remy-Bastei auf der Terrazza Umberto I. haben wir einen weiten Blick über die Stadt, die Lagunen, den Hafen und das Meer. Sehenswert sind auch die Reste des Römischen Amphitheater, die Kirche Ss. Cosma e Damiano und das den Seefahrern gewidmete Heiligtum Santuarium di Bonária mit einer breiten Freitreppe neben unserem Stellplatz.

Zum Schlafen fahren wir nach Lido di Capoterra (SS-10) und erleben in dieser Nacht ein fürchterliches Unwetter mit Blitz, Donner und Hagel. Gut, dass wir schon abends die höchste Stelle des Platzes ausgewählt hatten, denn wir wachen auf einer "Insel" auf. Rings um uns Wasser, das wir mit Schwung durchfahren, um nicht stecken zu bleiben.

Sardinien Südküste Die archäoligischen Überreste der alten Stadt **Nora** bei Pula, wo man Zeugnisse der nuraghischen, phönizischen, punischen und römischen Perioden fand, können wir schon wieder bei warmem, trockenen Wetter besichtigen. Wichtig sind vor allem das Amphitheater, das Patrizierviertel und der Tempelbezirk.

Wir erblicken eine kleine, alte Kirche hinter dem Sandstrand, Sant' Efisio, im Mai Ziel der größten Prozession Sardiniens. Hier soll einst der christliche Märtyrer hingerichtet worden sein. Die großen Parkplätze vor der Ausgrabungsstätte zwischen Lagune und Strand sind gute Übernachtungsplätze (**SS-11**). Ein Sonnenbad am Strand und das Baden im Meer erfrischt uns nach der Besichtigungstour.

Bei unserer Weiterfahrt zur **Costa del Sud** sehen wir immer wieder traumhaft schöne Buchten, malerische Kaps mit "Torre" und kleine vorgelagerte Inseln, an denen sich die Schaumkronen brechen. Wir müssen oft Pausen einlegen, um diese Schönheiten zu genießen. Die schönste Traumbucht entdecken wir bei Chia (SS-12). Von dem Sarazenen-Torre auf einer Anhöhe haben wir einen atemberaubenden Blick auf die felsigen Küstenformationen mit vielen eingelagerten kleinen und größeren Sandstränden und flachen Lagunen im Hinterland. Die Küste ist unverbaut, ein unberührtes Naturparadies. Am Ufer unter uns steht unser Ferienhaus auf Rädern.

Auf dem abends entdeckten Wohnmobilstellplatz Spartivento ist unter Eukalyptusbäumen viel Platz (**SS-13**). Die Ver- und Entsorgung ist gut gelöst, der Wasserschlauch hängt an einem Baum und den "Ballast" wird man an einem rundum betonierten Loch los. Die Verlegung der Stromleitungen entspricht sicher nicht deutschem Standard, aber alles funktioniert! In der großen Lagune direkt neben dem Platz stolzieren die Pelikane und Flamingos ohne Scheu, der feine Sandstrand ist breit und der Blick auf Bucht und kleine Inseln erfreut wieder das Auge.

Dann stürzen sich die Felsen wieder ins Meer, ab und zu umschlingen sie eine traumhaft schöne Sandbucht. Unser Auge kann sich kaum satt sehen an dem Panorama aus weitem Meer, wilden Felsinseln, schäumender Bandung und zerklüfteten Felsformationen.

Bei Porto Budello können kleinere Wohnmobile unmittelbar am Steg über Nacht bleiben (**SS-14**). Sehr reizvoll liegt Porto Pino zwischen Meer und Lagune. Kilometerlang erstrecken sich ein hellgrauer, feiner Sandstrand und eine Schatten spendende Pineta am Küstensaum. Auf den großen Parkplätzen an der Marina oder am Ende der Straße zum Strand kann man sein Schlafmobil abstellen (SS-15 und **SS16**).

In Is Solinas folgen wir dem Wegweiser zum Strand und landen auf einem Parkgelände am Meer. Der unverbaute und menschenleere, graue Sandstrand schließt sich unmittelbar an. Ein guter Platz zum Ausspannen, zum Baden und Surfen ist dieses Gelände am Strand (SS-17). Zur Insel Sant' Antioco leitet ein Damm. Eine Rundfahrt über die Insel führt zu schönen landschaftlichen Eindrücken und zu zwei Wohnmobilstellplätzen (**SS-18** und **SS-19**).

Das nächste Stück Küste ist Nato-Manovergebiet und gesperrt. Daran schließt sich ein grässliches Industriegebiet rund um Portoscuro an. Hier sollte niemand den Urlaub planen. Wir verlassen das Gebiet und erleben an der nun westlichen Seite Sardiniens in Fontanamara den ersten malerischen Sonnenuntergang [1] [2].

[1] Anschlussroute im Nordosten: Tour 19 "An der Ostküste Sardiniens"
[2] Anschlussroute im Nordwesten: Tour 21 "An der Westküste Sardiniens"

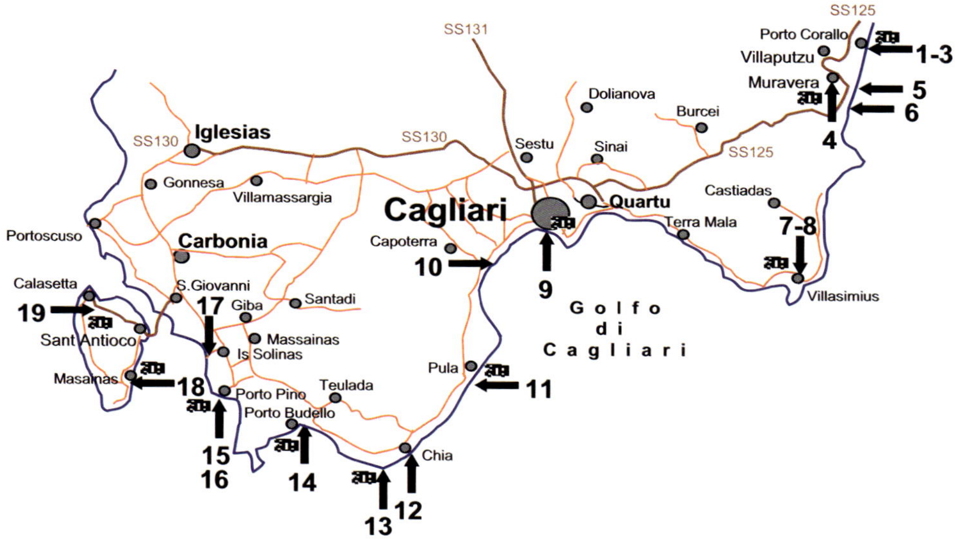

Tour 20

Sardinien Süd

Stellplatz bei Nora

Tour 20: **Sardinien Südküste**

Nr.	Ort, Bezeichnung	Stell-plätze A	Gast-haus	Häu-ser	WC	Bad See	Orts-nähe B	Ent-sorg.	Park-dauer C	Park-gebühr D
SS-1	**Villaputzu, Sosta Camper ****	20	-	+	-	+	x	+	U	P
SS-2	Villaputzu, P. Corallo Spiaggia ***	10	+	+	-	+	x	-	1	0
SS-3	Villaputzu, P. Corallo Marina **	50	+	+	-	+	x	-	1	0
SS-4	**Muravera, Camper Sosta ****	20	+	+	-	-	5	+	U	P
SS-5	Muravera, San Giovanni ***	10	+	+	-	+	x	-	1	0
SS-6	Muravera, Torre Salinas ***	3	+	+	-	+	x	-	1	0
SS-7	**Villasimius, Area dumping ***	30	+	+	-	-	x	+	1	8
SS-8	**Villasimius, Area Gli Aranci ****	50	-	+	-	+	x	+	T	15
SS-9	**Cagliari, Camper Cagliari Park ****	50	-	+	-	-	x	+	T	15
SS-10	Capoterra, La Maddalena **	50	+	+	-	+	x	-	1	0
SS-11	**Pula, Nora ******	30	+	+	-	+	x	-	1	0
SS-12	Chia, Spiaggia Su Portu ***	5	+	-	-	+	x	-	1	0
SS-13	**Domus di Maria, Spartivento ******	50	+	-	-	+	x	+	U	12
SS-14	**Porto Budello, Marina ****	5	+	-	-	-	x	-	1	0
SS-15	Porto Pino, Spiaggia ***	50	+	+	-	+	3	-	1	0
SS-16	**Porto Pino, Area attrezzata ****	10	-	+	-	+	x	-	1	P
SS-17	Masainas, Spiaggia Is Solinas ***	5	-	-	-	+	x	-	1	0
SS-18	**Sant Antioco, Area camper ****	50	-	-	-	+	x	+	1	10
SS-19	**Calasetta, Rio Cabrioli Sirineddu***	5	-	+	-	-	x	-	1	10

Legende siehe Seite 10

09040 Villaputzu — Sosta Camper Turima ** — SS - 1

Bewachter **Wohnmobilpark** in Strandnähe in ruhiger und schöner Lage.

Von der SS125 2 km östlich von Villaputzu Richtung Porto Corallo abbiegen (SP99). Nach 3,5 km rechts zum Platz abbiegen. Noch 100 m.
Koordinaten: 39° 26,29' Nord, 9° 37,95' Ost.

Häuser in der Nähe.
Ver- und Entsorgung (Camper Service) am Platz.
Feiner Sandstrand in der Nähe.
In Saison und Nebensaison (einschließlich Oktober) geöffnet.
Wohnmobile oft anzutreffen.
Aufenthaltsdauer nicht begrenzt.
Besichtigung des spanischen Küstenturms
und des Castello Gibas in der Nähe.
Wanderungen und Radtouren an der Küste.
Ebene befestigte Stellflächen.
Schatten durch einzelne Bäume.
Parkgebühr: 16 € für 24 Stunden.
Stellmöglichkeiten für insgesamt 20 Wohnmobile.

09040 Villaputzu Porto Corallo Spiaggia *** SS - 2

Parkmöglichkeiten am Strand in sehr ruhiger und schöner Lage.

Von der SS125 2 km östlich von Villaputzu Richtung Porto Corallo abbiegen (SP99). Nach 3,7 km rechts zu den Parknischen nach unten fahren. Parkmöglichkeiten am Strand auf 1 km Länge.
Koordinaten: 39° 26,2' Nord, 9° 38,1' Ost.

Taverne am Platz. Häuser in der Nähe.
Blick auf das Meer.
Tische und Bänke unter Bäumen.
Feiner Sandstrand am Platz.
Ganzjährig zugänglich.
Besichtigung des spanischen Küstenturms und des Castello Gibas in der Nähe.
Wanderungen und Radtouren an der Küste.
Ebene und leicht schräge holprige, befestigte und unbefestigte Stellflächen für 10 Mobile.
Keine Parkgebühr.

09040 Villaputzu Porto Corallo Marina ** SS - 3

Mehrere große **Parkplätze** oberhalb des Hafens in ruhiger und schöner Lage.

Von der SS125 2 km östlich von Villaputzu Richtung Porto Corallo abbiegen (SP99). Nach 3,9 km rechts zum ersten, nach weiteren 300 m zum zweiten, nach weiteren 300 m zum dritten und nach 100 m zum vierten Parkplatz rechts abbiegen.
Koordinaten: 39° 26,5' Nord, 9° 38,3' Ost.

Pizzeria am Platz.
Häuser in der Nähe.
Blick auf das Meer.
Ver- und Entsorgung (Camper Service) gegenüber der Marina.
Kiesstrand am Platz.
Ganzjährig zugänglich.
Besichtigung des spanischen Küstenturms und des Castello Gibas in der Nähe.
Wanderungen und Radtouren an der Küste.
Ebene befestigte und asphaltierte Stellflächen für insgesamt 50 Wohnmobile. Kein Schatten.
Keine Parkgebühr.
Stellplätze am Hafen abgeschrankt.

09043 Muravera Camper Service Sosta ** SS - 4

Wohnmobilplatz im Ort in ruhiger Lage.

Bei Anfahrt aus dem Norden von Villaputzu 800 m nach dem Ortsanfang Muravera links Richtung Camper Service abbiegen und gleich wieder rechts fahren (Einbahnstraße **Via Giardini**). Nach weiteren 500 m links zum Wohnmobilplatz abbiegen. Noch 50 m.
Koordinaten: 39° 25,4' Nord, 9° 34,6' Ost.

Gaststätten in der Nähe. Häuser am Platz.
Ver- und Entsorgung (Camper Service) am Platz.
Stromanschluss möglich. Gebühr 3 €.
Duschen am Platz.
Nur in der Saison geöffnet. Aufenthaltsdauer 48 Stunden.
6 min Fußweg zur Ortsmitte
Besichtigung des spanischen Küstenturms und des Castello Gibas.
Wanderungen und Radtouren an der Küste.
Fahrt nach Cagliari.
Ebene befestigte Stellflächen für 20 Wohnmobile.
Schatten durch einzelne Bäume.
Parkgebühr: 14 € für 24 Stunden einschl. Ver- und Entsorgung.

09043 Muravera Spiaggia San Giovanni *** SS - 5

Zwei **Parkplätze** unmittelbar am Strand in ruhiger und sehr schöner Lage.

Bei Anfahrt aus dem Norden von der SS125 3 km nach Muravera links Richtung Spiaggia San Giovanni abbiegen. Noch 500 m bis zum ersten befestigten und 800 m bis zum zweiten asphaltierten Parkplatz am Ende der Stichstraße links. Bei Anfahrt aus dem Süden bei km 60 der SS125 rechts abbiegen.
Koordinaten: 39° 23,8' Nord, 9° 36,7' Ost.

Tavernen in der Nähe. Häuser am zweiten Platz. Blick aufs Meer.
Müllcontainer am Platz.
Breiter, feiner Sandstrand am Platz.
Surfcenter und Tretbootverleih in der Nähe. Angeln am Meer.
Besichtigung des spanischen Küstenturms
und des Castello Gibas bei Porto Corallo.
Wanderungen und Radtouren an der Küste.
Fahrt nach Cagliari.
Ebene, befestigte und asphaltierte Stellflächen
für insgesamt 10 Wohnmobile. Kein Schatten.
Keine Parkgebühr.
Weitere Stellflächen 100 m vor dem ersten Parkplatz
rechts nach der Brücke zum Schotterweg abbiegen. 10 Mobile.

09043 Muravera Torre Salinas *** SS - 6

Parkplatz am Strand in sehr ruhiger und schöner Lage.

Bei Anfahrt aus dem Norden von der SS125 nach km 57 links Richtung Torre Salinas abbiegen. Nach 1 km nach der Gaststätte Torre Salinas links abbiegen (kein Wegweiser). Noch 300 m. Bei Anfahrt aus dem Süden vor km 57 rechts abbiegen.
Koordinaten: 39° 22,0' Nord, 9° 35,8' Ost.

Gaststätte und Häuser in der Nähe.
Blick auf das Meer. Einsame Lage.
Müllcontainer am Platz.
Breiter, feiner Sandstrand am Platz.
Angeln am Meer.
Besichtigung des spanischen Küstenturms
und des Castello Gibas bei Porto Corallo.
Wanderungen und Radtouren an der Küste.
Fahrt nach Cagliari.
Ebene, asphaltierte Stellflächen.
Kein Schatten.
Keine Parkgebühr.
Stellmöglichkeiten für 3 Wohnmobile.

09049 Villasimius Area dumping system * SS - 7

Bewachter **Wohnmobilplatz** im Ort.

Von Villasimius Richtung Cagliari fahren und im Ortsteil Tancu Su Cordolino nach der Kurve links zum Stellplatz abbiegen. Koordinaten: 39° 8,70' Nord, 9° 29,92' Ost.

Gaststätte und Häuser in der Nähe.
Ver- und Entsorgung (Gebühr 6 €) und Müllcontainer am Platz.
Stromanschluss möglich. Gebühr 3 €.
Zugänglich 01.04.-01.10.
Sandstrand in 1,5 km Entfernung. Shuttle zum Strand.
1,5 km zum Ortszentrum.
Wanderungen und Radtouren an der Küste.
Ausflug zum Capo Carbonara.
Ausflug zur Costa Rei.
Fahrt nach Cagliari.
Ebene Stellflächen für 30 Wohnmobile.
Wenig Schatten.
Parkgebühr: 8 € für 24 Stunden.

09049 **Villasimius** Area Gli Aranci ** SS - 8

Bewachter **Wohnmobilplatz** in Strandnähe in ruhiger Lage.

Von Villasimius Richtung Port/Capo Carbonara fahren und links Richtung Frazione Simius abbiegen. Nach 800 m wird der Platz rechts erreicht. Koordinaten: 39° 7,72' Nord, 9° 31,49' Ost.

Häuser in der Nähe.
Ver- und Entsorgung und Müllcontainer am Platz.
Stromanschluss möglich.
Zugänglich 01.05.-01.10.
Sandstrand in der Nähe (300 m).
20 min Fußweg zum Ortszentrum.
Wanderungen und Radtouren an der Küste.
Ausflug zum Capo Carbonara.
Ausflug zur Costa Rei.
Fahrt nach Cagliari.
Ebene Stellflächen für 50 Wohnmobile.
Kein Schatten.
Parkgebühr: 15 € für 24 Stunden alles inklusive.

09100 **Cagliari** Camper Cagliari Park ** SS - 9

Übernachtungsplatz in der Stadt hinter der Kirche S. Bonaria in einigermaßen ruhiger Lage.

Bei Anfahrt aus dem Nordosten von Quartu über die Viale Poetto Richtung Porto und Via Roma nach Westen bis zum Sportboothafen fahren und rechts in die Via Ancona abbiegen. Noch 500 m bis zum Platz rechts (**Via Stanislao Caboni 13**). Koordinaten: 39° 12,68' Nord, 9° 7,73' Ost.

Häuser am Platz.
Ganzjährig zugänglich.
20 min Fußweg zur Altstadt.
Besichtigung von Cagliari: Torre dell'Elefante, Torre San Pancrazio, Bastione Saint-Remy, San Saturno, Santa Maria, San Domenico, San Michele, Madonna di Bonaria, Altstadtviertel.
Besuch des archäologischen Museums und anderer Museen in der Cittadella dei Musei.
Fahrt nach Pula und zur Ausgrabungsstätte Nora.
Ebene asphaltierte Stellflächen für 50 Wohnmobile. Kein Schatten.
Parkgebühr: 20 € für 24 Stunden.

09012 **Capoterra** Spiaggia La Maddalena ** SS - 10

Parkplatz unmittelbar am Strand in ruhiger und schöner Lage.

Bei Anfahrt aus dem Nordosten von Cagliari ca. 10 km südlich von Cagliari 300 m nach dem Ortsanfang Capoterra links Richtung Spiaggia La Maddalena/Lido Capoterra abbiegen Noch 200 m bis zum Parkplatz links. Koordinaten: 39° 12,4' Nord, 9° 7,5' Ost.

Taverne am Platz. Nur in der Saison geöffnet. Häuser in der Nähe.
Blick auf das Meer und die Küste. Müllcontainer am Platz.
Breiter Sandstrand am Platz.
Ganzjährig zugänglich.
Besichtigung von Cagliari: Torre dell'Elefante, Torre San Pancrazio, Bastione Saint-Remy, San Saturno, Santa Maria, San Domenico, San Michele, Madonna di Bonaria, Altstadtviertel.
Besuch des archäologischen Museums und anderer Museen in der Cittadella dei Musei.
Fahrt nach Pula und zur Ausgrabungsstätte Nora.
Ausflug zur Costa del Sud.
In Abschnitten angelegte, befestigte Stellflächen für 50 Wohnmobile.
Kein Schatten.
Keine Parkgebühr.
Platz für die Übernachtung nach oder vor dem Stadtbesuch Cagliari geeignet.

09010 Pula Ausgrabungsstätte Nora **** SS - 11

Zwei **Übernachtungsplätze** in sehr ruhiger und schöner Lage zwischen Lagune und Meer.

Bei Anfahrt aus dem Norden von Cagliari 500 m nach dem Ortsende Villa San Pietro von der SS195 links Richtung Pula/Nora abbiegen. Nach 1,1 km - 900 m nach dem Ortsanfang Pula - links dem Wegweiser Busse und nach weiteren 700 m rechts dem Wegweiser Nora folgen (Einbahnstraße). Nach 200 m links Richtung Nora fahren und nach 800 m rechts dem Wegweiser Nora folgen (Einbahnstraße). Nach 1,3 km wird der erste und nach 1,6 km der zweite Platz links erreicht. Koordinaten: 39° 9,2' Nord, 9° 1,4 Ost.

Gaststätte (nur in der Saison) und Häuser in der Nähe.
Blick auf das Meer und die Lagune. Palmenallee.
Breiter Sandstrand am Platz. Müllcontainer am Platz.
Ganzjährig zugänglich.
Besichtigung von Nora. Öffnungszeiten 9-17.30 Uhr täglich.
Besichtigung der Chiesa di San Efisio.
Besuch des archäologischen Museums in Pula.
Besichtigung von Cagliari: Torre dell'Elefante, Torre San Pancrazio, Bastione Saint-Remy, San Saturno, Santa Maria, San Domenico, San Michele, Madonna di Bonaria, Altstadtviertel.
Ausflug zur Costa del Sud.
Ebene und leicht schräge, befestigte Stellflächen für 30 Mobile.
Keine Parkgebühr. Etwas Schatten durch Palmen.

09010 Chia Spiaggia Su Portu *** SS - 12

Parkplatz an einer Bucht in sehr ruhiger und sehr schöner Lage.

Bei Anfahrt aus dem Norden von der SS192 links Richtung Chia abbiegen. Nach 5,1 km - 1,3 km nach dem Ortsanfang Domus di Maria - links Richtung Chia Spiaggia fahren. Nach weiteren 600 m dem Wegweiser Spiaggia Su Portu geradeaus folgen (**Viale del Porto**). Noch 100 m bis zum Platz an der Bucht unterhalb des Torre. Koordinaten: 38° 53,8' Nord, 8° 53,1' Ost.

Gaststätte in der Nähe. Nur in der Saison geöffnet.
Blick auf die Bucht und die felsige Küste.
Kleiner Sandstrand am Platz. Müllcontainer am Platz.
Spiaggia Colonia an der Nachbarbucht. Kleine Parkflächen.
Ganzjährig zugänglich. Panoramablick vom Torre di Chia.
Besichtigung der modernen Steinfiguren der Bildhauer in Teulada.
Besichtigung von Nora: Öffnungszeiten 9-17.30 Uhr täglich.
Besichtigung der Chiesa di San Efisio bei Nora.
Fahrt nach Cagliari. Fahrt entlang der Costa del Sud.
Ebene und schräge, unbefestigte Stellflächen für 5 Wohnmobile.
Keine Parkgebühr. Kein Schatten.

09010 Domus di Maria Capo Spartivento **** SS - 13

Wohnmobilpark unter hohen Bäumen an einer Lagune in sehr ruhiger und sehr schöner Lage.

Bei Anfahrt aus dem Norden von der SS192 links Richtung Chia abbiegen. Nach 6,6 km links Richtung Spartivento abbiegen (**Viale Spartivento**). Nach weiteren 600 m links dem Wegweiser Area Camper folgen. Noch 200 m auf befestigtem Weg. Koordinaten: 38° 53,34' Nord, 8° 51,84' Ost.

Gaststätte in der Nähe. In der Saison geöffnet. Blick auf Lagune.
Ver- und Entsorgung am Platz. Gebühr 3 €.
Stromanschluss möglich. Gebühr 2 €. Müllcontainer am Platz.
Sehr breiter Sandstrand und Lagune in der Nähe.
Im Winter geschlossen. Aufenthalt unbegrenzt.
Besichtigung der modernen Steinfiguren der Bildhauer in Teulada.
Besichtigung von Nora und der Chiesa di San Efisio bei Nora.
Fahrt nach Cagliari. Fahrt entlang der Costa del Sud.
Schatten durch hohe Bäume.
Parkgebühr: Juli/August 12 €, Nebensaison 10 €.
Ebene und leicht schräge, befestigte Stellflächen für 50 Mobile.
Informationen: Tel. 0709230043-3392307096.
Internet www.CHIA.IT.
2. Stellplatz 500 m weiter Viale Spartivento.

09019 Porto Budello Marina ** SS - 14

Übernachtungsplatz am Porto Budello in ruhiger und schöner Lage.

Bei Anfahrt aus dem Osten von der SS192 links Richtung Chia abbiegen. Nach 26,7 km links zum Parkplatz an der kleinen Marina abbiegen. Koordinaten: 38° 56,2' Nord, 8° 43,5' Ost.

Taverne am Platz. Nur in der Saison geöffnet.
Aussicht auf die Bucht und die Felsenküste.
Wasserversorgung am Hafenkai. Keine Entsorgung.
Für große Mobile ungeeignet (eingeschränkte Wendemöglichkeit).
Ganzjährig zugänglich.
Besichtigung der modernen Steinfiguren italienischer und ausländischer Bildhauer in Teulada.
Fahrt nach Pula und Nora.
Fahrt entlang der Costa del Sud.
Ebene, befestigte Stellflächen. Kein Schatten.
Keine Parkgebühr.
Stellmöglichkeiten für 5 kleine Wohnmobile.
Parkplätze am Porto Teulada nicht zugänglich.
Ausweichplätze 8 km östlich auf einer Aussichtsplattform.

09010 Porto Pino Spiaggia *** SS - 15

Große **Parkplätze** im Ort mit Oleanderbüschen und am Strand in sehr ruhiger und schöner Lage.

Bei Anfahrt aus dem Osten von der SS192 300 m nach dem Ortsanfang Sant 'Anna links Richtung Porto Pino abbiegen (SP73). Nach 5,2 km am Ortsanfang Porto Pino geradeaus Richtung Al Mare fahren. Nach weiteren 600 m links Richtung Porto Pino abbiegen. Noch 100 m bis zum ersten asphaltierten Großparkplatz. Zum zweiten befestigten Großparkplatz vor dem ersten Platz links abbiegen und nach 100 m rechts über die Brücke fahren. Noch 200 m.
Koordinaten: 38° 57,8' Nord, 8° 35,8' Ost.

Gaststätten und Häuser am Platz.
Müllcontainer am Platz.
Feiner Sandstrand am zweiten Platz.
Marina in der Nähe.
Ganzjährig zugänglich.
Ausflug zur Ísola di Sant' Antioco (über einen Damm zu erreichen).
Fahrt entlang der Costa del Sud.
Ebene, asphaltierte und befestigte Stellflächen für 50 Wohnmobile.
Etwas Schatten durch Oleanderbüsche.
Keine Parkgebühr.

09010 Porto Pino Area attrezzata ** SS - 16

Wohnmobilplatz am Strand in sehr ruhiger Lage.

Bei Anfahrt aus dem Osten von der SS192 300 m nach dem Ortsanfang Sant 'Anna links Richtung Porto Pino abbiegen (SP73). Nach 5,2 km am Ortsanfang Porto Pino geradeaus Richtung Al Mare fahren. Nach weiteren 600 m geradeaus Richtung Porto Pineddu fahren. Noch 1 km auf Kopfsteinpflaster (**Via del Porticciolo**). Koordinaten: 38° 57,84' Nord, 8° 35,77' Ost.

Häuser in der Nähe.
Ver- und Entsorgung am Platz. Gebühr 4 €.
Müllcontainer am Platz.
Für große Mobile wegen überhängender Äste auf der Zufahrt nicht geeignet.
Strand am Platz.
Nur in der Saison zugänglich.
Ausflug zur Ísola di Sant' Antioco.
Fahrt entlang der Costa del Sud.
Ebene und leicht schräge, befestigte Stellflächen.
Parkgebühr: 8 € für 24 Stunden.
Stellmöglichkeiten für 10 Wohnmobile.

09010 Masainas Spiaggia Is Solinas *** SS - 17

Parkplatz am Strand in sehr ruhiger und schöner Lage.

Bei Anfahrt aus dem Osten von der SP73 links Richtung Is Solinas/spiaggia abbiegen (**Via Nora**). Nach 1,8 km halblinks über die Brücke fahren. Noch 500 m bis zum Parkplatz rechts. Bei Anfahrt aus dem Westen 4,1 km nach der Abzweigung von der SS195 zur SP73 rechts Richtung Is Solinas/spiaggia abbiegen.
Koordinaten: 39° 0,9' Nord, 8° 34,4' Ost.

Aussicht auf Meer und Isola d' Antioco.
Einsame Lage.
Müllcontainer am Platz.
Sandstrand am Platz. Rechts über die Brücke gehen.
Kleine Marina am Platz.
Ganzjährig zugänglich.
Ausflug zur Ísola di Sant' Antioco (über einen Damm zu erreichen).
Ebene und leicht schräge, befestigte und unbefestigte Stellflächen für 5 Wohnmobile.
Kein Schatten.
Keine Parkgebühr.

09017 Sant Antioco-Maladroxia Area camper ** SS - 18

Wohnmobilplatz in Strandnähe in ruhiger und schöner Lage.

Von der SS126 über den Damm Richtung Sant Antioco fahren und vor Sant Antioco links Richtung Cannai abbiegen. Nach 10 km in Cannai links nach Maladroxia abbiegen (Via Coaquaddus). Noch 2 km bis zum Platz rechts (**Lungomare Terme Romane**). Koordinaten: 38° 59,85' Nord, 8° 26,82' Ost.

Teilweise Blick auf das Meer.
Ver- und Entsorgung (Kassetten) am Platz.
Müllcontainer am Platz.
Breiter Sandstrand am Platz.
Ganzjährig zugänglich.
Ebene, befestigte Stellflächen.
Kein Schatten.
Parkgebühr: 10 € für 24 Stunden.
Stellmöglichkeiten für 50 Wohnmobile.
Ausflug über die Ísola di Sant' Antioco.
Fahrt nach Carbonia und Iglesias.
Ausflug zur Costa del Sud.

09011 Calasetta Rio Cabrioli Sirineddu * SS - 19

Wohnmobilplatz am Ortsrand.

Von der SS126 über den Damm Richtung Sant Antioco und in Sant Antioco Richtung Calasetta fahren (SS126d) und vor Calasetta links Richtung Rio Cabrioli Sirineddu abbiegen. Am Ende der Straße rechts fahren (**Via Vittorio Emanuele**). Noch 400 m bis zum Platz.
Koordinaten: 39° 5,96' Nord, 8° 22,29' Ost.

Häuser am Platz.
Müllcontainer am Platz.
Sandstrand in 600 m Entfernung.
Ganzjährig zugänglich.
Ortszentrum 1 km.
Ebene, befestigte und unbefestigte Stellflächen für 5 Wohnmobile.
Kein Schatten.
Parkgebühr: 10 € für 24 Stunden alles inklusive.
Ausflug über die Ísola di Sant' Antioco.
Fahrt nach Carbonia und Iglesias.
Ausflug zur Costa del Sud.

Die Küste bei Chia

Strand San Giovanni

Im Hafen von Porto Pino

Felsen, die sich ins Meer stürzen

An der Westküste Sardiniens

Tour 21

Wir verlassen den Süden und erleben nun an der westlichen Seite Sardiniens in Fontanamara im Süden des Golfes von Gonessa den ersten malerischen Sonnenuntergang (SW-1). Über dem feinen Sandstrand stehen die Fahrzeuge auf einer etwas schrägen, asphaltierten Plattform. Im Ort Nébida ist ein Stellplatz für Wohnmobile eingerichtet worden (**SW-2**).

Eine landschaftlich eindrucksvolle Küstenstraße mit Ausblicken auf stillgelegte ehemalige Bergwerksanlagen soll uns zur Costa Verde führen. Schon nach 17 km zeigt ein Schild "Cala Domestica" Richtung Küste. Wir können nicht widerstehen, biegen schon wieder ab von der Hauptstraße und finden einen riesigen Wohnmobilstellplatz direkt an einer von Klippen eingerahmten Bucht (**SW-3**). Die Felsen strahlen in der Sonne terracottafarbig. Die Dünen reichen bis an den Parkplatz und das kristallklare Wasser lädt zum Schwimmen ein. Es ist 4. November und das Wasser ist sicher wärmer als an Ost- oder Nordsee im Sommer. Bis abends sitzen wir in der Sonne und können uns nicht trennen von diesem wunderschönen Strand. Einer der wenigen Sarden, der auch noch schwimmen geht zu dieser Jahreszeit, nennt ihn "paradiso", er hat Recht!

Der Hafen Buggeru ist sehr wohnmobilfreundlich, gleich zwei Wohnmobilplätze können für einen längeren Aufenthalt genutzt werden (**SW-4** und **SW-5**). An beiden Plätzen hat man den Strand vor der Haustür des rollenden Ferienhauses, vom Hafen sind es nur wenige Schritte zum Ort und zu den Geschäften und Gaststätten. Von San Nicolo eröffnet sich dem Urlauber ein phantastischer Blick auf die felsige Küste, zum langen Sandstrand und auf das blau leuchtende Meer.

Nach kurvenreicher Fahrt ins Landesinnere stehen wir bei der römischen Ausgrabungsstätte "Tempio di Antas" leider vor verschlossenem Tor. Ab Oktober nur an Wochenenden geöffnet! Die Säulen des Tempels ragen auf einer Anhöhe im üppigen Grün des Tals Rio Antas in den Himmel. Der römische Tempel wurde im 3. Jahrhundert v. Chr. auf den Resten eines punischen Tempels errichtet. Die Anlage gehört vermutlich zu der bisher unentdeckten römischen Stadt Metallica. Der Parkplatz kann zum Übernachten genutzt werden (SW-6). Schöner am Meer liegt der Stellplatz am Strand von Scivu (**SW-7**).

Die Berge hinab zum Küstenabschnitt mit vielen großen Gehöften und Reisfeldern sehen wir rechts und links der Straße die auf 1 1/2 Meter Höhe geschälten Korkeichen. In Marceddi zwischen den ausgedehnten Lagunen Stagno di Marceddi und Stagno di San Giovanni, einem nur von Italienern besuchten Fischerdorf, finden wir umgeben von zahlreichen Anglern am Hafen neben den friedlich dümpelnden Booten einen Stellplatz für die Nacht (SW-6). In dem ausgezeichneten Fischrestaurant sind wir zu dieser Jahreszeit die einzigen Gäste. Ein langer Ponton Damm führt von Marceddi zur Costa Verde auf der anderen Festlandseite. Die Straße ist für alle Fahrzeuge gesperrt, trotzdem fahren die Einheimischen, auch Kleinlaster, über den schwimmenden Damm.

In einer flachen Küstenlandschaft, ursprünglich ein Sumpf, durchsetzt von Tümpeln, Lagunen und Seen, liegt Arborea. Nach der Entwässerung durchziehen Kanäle und schmale Straßen schnurgerade das heute landwirtschaftlich genutzte Gebiet. Alle Wege enden an der Lagune, erst weiter im Norden erreichen wir den Strand am Meer. Drei Plätze können wir für den Aufenthalt und die Übernachtung empfehlen (SW-8, SW-9 und **SW-10**).

In der Provinzhauptstadt **Oristano** bunkern wir Vorräte und kaufen Souvenirs. Wir geben immer dort unser Geld aus, wo man an die Wohnmobilfahrer denkt. Hier z. B. gibt es zwei Ver- und Entsorgungseinrichtungen am Stadtrand (**SW-11**). Wir gehen zu Fuß von unserem Stellplatz zur Innenstadt und bummeln durch die Einkaufsstraßen und durch die Altstadt. Der gewaltige Dom stammt aus dem Jahre 1228 und wurde mehrmals umgebaut und erweitert. Weitere Sehenswürdigkeiten sind die Kirche San Francesco, die Pinacoteca mit Werken sardischer Künstler, der gelbe Palazzo Communale, der Palazzo di Eleonora und die zinnenreichen Wehrtürme Torre di Mariano IV., Torre San Cristofero und Torre di Portixedda.

Der Besuch des Geisterdorfes **S. Salvadore** mit seiner turmlosen alten Kirche, die tief im Innern eine nuraghische Kultstätte und frühchristliche und römische sakrale Räume zeigt, die zeitweise auch als Gefängnis genutzt wurden, sowie die Gassen mit kleinsten Häusern, eng aneinandergebaut, und schon als Filmkulisse für mexikanische Filme genutzt, und Tharros in der Nähe, eine der bedeutendsten Ausgrabungsstätten auf Sardinien lohnt sich wirklich. Der Parkplatz vor der Ausgrabungsstätte ist auch als Übernachtungsplatz geeignet (**SW-12**). Den Weg zur Ruinenstadt säumen Tavernen und Läden, die erstaunlicherweise auch jetzt im November noch geöffnet haben.

Das weite Gelände von **Tharros**, einst bedeutendste phönizisch-römische Hafenstadt auf Sardinien, gegründet schon im Jahre 1100 v. Chr., befindet sich auf der schmalen Landzunge zum Capo San Marco. Ein Teil der Stadt ist durch den Anstieg des Wasserspiegels im Meer versunken. Wichtige Zeugnisse der Vergangenheit sind das Amphitheater, der 350 v. Chr. erbaute punische Tempel und die gepflasterte Hauptstraße mit einem Abwasserkanal. Uns beeindrucken auch die Reste einer nuraghischen Siedlung auf einem Hügel, runde Häuser aus Felsbrocken. Uns erwischt nach dem Besuch des Ausgrabungsgeländes ein Platzregen schlimmster Sorte, aber wir haben am 7. November immer noch über 20 Grad Außentemperatur! In unserem Garten zu Hause wird künftig ein aus Stein gehauener Sarde, den wir hier erstanden haben, Wache halten.

Voll versorgt steuern wir wieder zur Küste und finden in Punta Is Arutas Plätze am Meer und feinkiesigen Strand, Buchten im Wechsel mit von der Brandung bizarr geformten Felsen. Die neu angelegten, weitläufigen Plätze sind gut geeignet für das Aufstellen des Ferienhauses auf Rädern (SW-13). Auch in Mari Ermi, etwas weiter nördlich gelegen, können die Parkplätze am Strand für eine Übernachtung dienen (SW-14). Am nordwestlichen Ende der fast unberührten Halbinsel Sinis erreichen wir Putzu Idu und den schmalen Landstreifen zwischen Lagune und Meer, ein von Surfen wegen der häufigen und starken Winde genutzter Meeressaum. Nur schmal ist der Parkraum für die Wohnmobile auf dem privaten Stellplatz an der Lagune (**SW-15**). Großräumig ist der Parkplatz an der Palmenallee neben der Kirche in der kleinen Feriensiedung Mandriola (SW-16). An dem Strand von San Vero Milis stellen wir unser Mobil für die Nacht ab (**SW-17**).

Um auf unserer Weiterfahrt die Steilküste zu umfahren, nehmen wir eine Straße ins Landesinnere. In Bosa mit dem Wohnmobil Station zu machen, wurde uns schon vom sardinischen Fremdenverkehrsverband abgeraten. Die Gassen sind zu eng für große Fahrzeuge. Der große Parkplatz am Hafen darf von Wohnmobilen nicht genutzt werden, und zwar von 0 bis 24 Uhr und durch Bosa dürfen wir nicht fahren. Wir müssen Bosa auf dieser Tour Richtung Alghero und zur Nordküste weitläufig umfahren. Trotzdem kommen wir durch einige enge Städtchen, Fußwege gibt es oft nicht und zwei Autos passen nur aneinander vorbei, wenn keine parkenden Fahrzeuge im Weg stehen. Auf den Weiden neben der Straße grunzen schwarze und schwarzbunte Schweine. Schafherden grasen im Tal und hoch oben auf den Tafelbergen. Manche Herden mussten wir auch auf den Straßen vorbeiziehen lassen. Geduld war angesagt!

Cuglieri protzt schon vom Weitem mit seinem Dom auf der höchsten Erhebung über der Stadt, hat aber nur enge Gassen und keinen Parkplatz für uns. In Tinnura haben die Bewohner ihre Häuserfronten mit riesigen Bildern aus dem sardischen Leben bemalt. Den Nuraghenturm Nuradeo können wir, kurz bevor wir den Stausee bei Monteleone, der sich krakenartig in den kleinen Tälern ausbreitet, erreichen, besichtigen. Zwei ruhige und am Meer gelegene Stellplätze findet man in Bosa Marina (**SW-18**) und bei Torre Argentina (**SW-19**). Die letzten 6 km geht es in Serpentinen hinab nach Alghero mit immer wieder fantastischen Ausblicken auf die Küste und den Felsen Capo Caccia. Wir haben den Norden Sardiniens erreicht [1] [2].

[1] Anschlussroute im Nordosten: Tour 22 “An der Nordküste Sardiniens”

[2] Anschlussroute im Südosten: Tour 20 “An der Südküste Sardiniens”

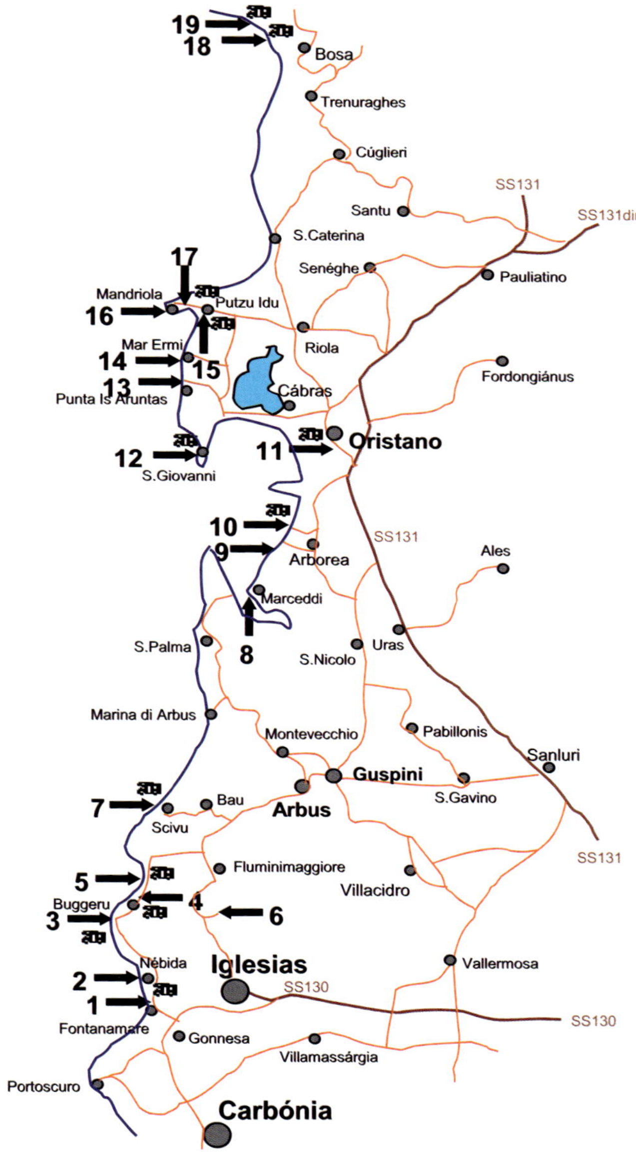

Tour 21

Sardiniens Westküste

Tour 21: **Sardinien Westküste**

Nr.	Ort, Bezeichnung	Stellplätze A	Gasthaus	Häuser	WC	Bad See	Ortsnähe B	Entsorg.	Parkdauer C	Parkgebühr D
SW-1	Fontanamare, Spiaggia **	10	-	-	-	+	x	-	1	P
SW-2	**Iglesias-Nébida, Area sosta** **	30	-	+	-	-	12	+	T	P
SW-3	**Cala Domestica, Bucht** ****	50	-	-	-	+	x	+	T	P
SW-4	**Buggeru, Hafen** ***	50	+	+	-	+	5	+	U	P
SW-5	**Buggeru, San Nicolo** *	10	+	-	-	+	x	+	U	P
SW-6	Fluminimaggiore, Tempio Antas **	5	-	-	-	-	x	-	1	0
SW-7	**Arbus-Bau, Spiaggia Scivu** ***	20	-	-	-	+	x	+	1	8
SW-8	Marceddi, Marina ***	5	+	+	-	-	3	-	1	0
SW-9	Arborea, Mare **	3	-	-	-	+	x	-	1	0
SW-10	**Arborea, Pauli Pirastu** ***	5	+	+	-	+	x	-	1	0
SW-11	**Oristano, Stadio** *	5	-	+	-	-	10	+	1	0
SW-12	**San Giovanni di Sinis, Tharros** **	10	+	+	-	-	5	-	1	0
SW-13	Punta Is Aruntas, Strand ***	20	+	-	+	+	x	-	1	0
SW-14	Mar Ermi, Strand **	10	+	-	+	+	x	-	1	0
SW-15	**Putzu Idu, Area attrezzata** *	5	+	+	+	+	x	+	1	7
SW-16	Mandriola, Kirche **	5	+	+	-	+	5	-	1	0
SW-17	**San Vero Milis, Strand** **	5	-	-	-	+	x	-	1	7
SW-18	**Bosa Marina, Area S'Abba** ***	50	+	+	-	+	x	+	T	20
SW-19	**Torre Argentina, Tentizzos** ***	5	+	-	-	+	x	+	1	10

Legende siehe Seite 10

09010 Gonnesa-Fontanamare Spiaggia ** SW - 1

Parkplatz am Strand in ruhiger und schöner Lage.

Bei Anfahrt aus dem Süden von der SS126 links Richtung Masua/Fontanamare abbiegen (SP83) Nach 2,9 km links über die Brücke fahren. Noch 100 m bis zum Platz.
Koordinaten: 39° 14,7' Nord, 8° 23,4' Ost.

Aussicht auf Meer und den Felsen von Masua.
In der Saison oft durch Pkw belegt.
Müllkörbe am Platz.
Breiter feiner Sandstrand am Platz.
Ganzjährig zugänglich.
Besichtigung von Iglesias: Rathausplatz, Rathaus, Kathedrale, Bürgerhäuser mit eisernen Balkonen.
Besuch der Grotte di San Giovanni.
Fahrt entlang der Felsküste von Nébida.
Ebene und leicht schräge, gepflasterte Stellflächen für 10 Wohnmobile.
Kein Schatten.
Parkgebühr in der Saison.

09016 Iglesias-Nébida Area sosta ** SW - 2

Bewachter **Übernachtungsplatz** im Ort in ruhiger und schöner Lage.

Von der SS126 Richtung Iglesias fahren und Richtung Buggeru abbiegen (SP83). Nördlich von Nébida an der Abzweigung zur Küste zum Platz links abbiegen.
Koordinaten: 39° 19,18' Nord, 8° 26,17' Ost.

Häuser am Platz. Supermarkt in der Nähe.
Ver- und Entsorgung am Platz. Stromversorgung möglich.
Ganzjährig zugänglich. Aufenthaltsdauer einige Tage.
Ebene und leicht schräge, befestigte Stellflächen für 30 Mobile.
Schatten durch Bäume am Rand.
Parkgebühr.
12 min Fußweg zur Ortsmitte.
Besichtigung von Iglesias: Rathausplatz, Rathaus, Kathedrale, Bürgerhäuser mit eisernen Balkonen.
Besuch der Grotte di San Giovanni.
Fahrt entlang der Felsküste von Nébida.

09010 Cala Domestica Bucht **** SW - 3

Wohnmobilplatz an der Bucht mit sehr breitem, feinen Sandstrand in sehr ruhiger und schöner Lage.

Bei Anfahrt aus dem Süden von der SP83 im Tal links Richtung Cala Domestica (braunes Schild) abbiegen. Nach 1,3 km wird der Wohnmobilplatz links erreicht. Bei Anfahrt aus dem Norden 5,5 km nach dem Ortsende Buggerru von der SP83 rechts Richtung Cala Domestica abbiegen.
Koordinaten: 39° 17,4' Nord, 8° 26,3' Ost.

Aussicht auf Meer und die Bucht.
Keine Ver- und Entsorgung. Müllcontainer am Platz.
Breiter feiner Sandstrand und Dünen am Platz.
Nur in der Saison zugänglich.
In der Nebensaison asphaltierter Ausweichplatz für 10 Mobile.
Aufenthaltsdauer einige Tage.
Besichtigung von Iglesias: Rathausplatz, Rathaus, Kathedrale, Bürgerhäuser mit schmiedeeisernen Balkonen.
Besuch der Grotte di San Giovanni.
Fahrt entlang der Felsküste von Nébida.
Ebene und leicht schräge Stellflächen für 50 Wohnmobile.
Kein Schatten. Parkgebühr in der Saison.

09010 Buggerru Hafen *** SW - 4

Bewachter **Wohnmobilplatz** am Hafen und Strand in sehr ruhiger und schöner Lage.

Bei Anfahrt aus dem Süden von der SP83 300 m nach dem Ortsanfang Buggerru dem Wohnmobil-Symbol links folgen. Nach 1 km links fahren (ohne Wegweiser) und nach 100 m vor der Bar-Pizzeria rechts abbiegen (ohne Wegweiser). Noch 200 m bis zum Wohnmobilplatz oberhalb des Hafens. Bei Anfahrt aus dem Norden 800 m nach km 26 - 5,7 km nach der Abzweigung Portixéddu - rechts Richtung Wohnmobil-Symbol abbiegen. Koordinaten: 39° 22,98' Nord, 8° 23,35' Ost.

Gaststätten und Geschäfte in der Nähe. Häuser in der Nähe.
Aussicht auf Meer und Hafen.

Ver- und Entsorgung (nur in der Saison zugänglich). Gebühr 5 €.
Müllcontainer am Platz. Stromversorgung möglich. Gebühr 2 €.
Breiter feiner Sandstrand unterhalb des Platzes.
Nur in der Saison zugänglich.
In der Nebensaison asphaltierter Ausweichparkplatz für 5 Mobile.
Aufenthaltsdauer nicht begrenzt. Wohnmobile oft anzutreffen.
8 min Fußweg zum Ortszentrum.
Besichtigung des Tempio di Antas.
Fahrt zur Costa Verde mit 50 m hohen Wanderdünen.
Fahrt entlang der Felsküste von Nébida.
Ebene, geschotterte Stellflächen für 50 Mobile.
Kein Schatten.
Parkgebühr: 10 € für 24 Stunden.

09010 Buggerru San Nicolo * SW - 5

In Terrassen angelegter **Wohnmobilplatz** am Südende des Strandes Portixeddu in schöner Lage.

Bei Anfahrt aus dem Süden von der SP83 2 km nach der Ortsmitte Buggerru - 2,6 km vor der Abzweigung Portixeddu - links zum Wohnmobilplatz an der Pizzeria San Nicolo abbiegen. Anfahrt von Norden wegen spitzer Einfahrt nur für kleine Mobile möglich.
Koordinaten: 39° 25,3' Nord, 8° 24,8' Ost.

Taverne/Pizzeria am Platz. Aussicht auf Meer und Hafen.
Ver- und Entsorgung am Platz.
Außerhalb der Saison nicht in Betrieb.
Müllcontainer am Platz.
Für große Mobile wegen kleiner Parkflächen
und wenig Wenderaum nicht geeignet.
Breiter feiner Sandstrand unterhalb des Platzes.
Nur in der Saison zugänglich. Aufenthaltsdauer nicht begrenzt.
Besichtigung von Fluminimaggiore: Bergwerke, Tempio di Antas.
Fahrt zur Costa Verde mit 50 m hohen Wanderdünen.
Fahrt entlang der Felsküste von Nébida.
Ebene, befestigt Stellflächen auf kleinen Terrassen
für 10 kleine Wohnmobile. Kein Schatten.
Parkgebühr in der Saison.
Parkplätze in Portixeddu für Mobile nicht erlaubt.

09010 Fluminimaggiore Tempio di Antas ** SW - 6

Parkplatz am Tempio di Antas in sehr ruhiger Lage.

Bei Anfahrt aus dem Norden von der SS126 7,6 km nach dem Ortsende Fluminimaggiore links Richtung Tempio di Antas abbiegen. Nach 2,1 km wird am Ende der Stichstraße der Platz erreicht.
Koordinaten: 39° 23,5' Nord, 8° 30,0' Ost.

Einsame Lage.
Müllcontainer am Platz.
Ganzjährig zugänglich.
Besichtigung des Tempio di Antas.
In der Nebensaison nur Sa/So und Feiertage geöffnet.
Fahrt zur Costa Verde mit 50 m hohen Wanderdünen.
Fahrt entlang der Felsküste von Nébida.
Ebene und schräge, asphaltierte Stellflächen.
Kaum Schatten.
Stellmöglichkeiten für 5 Wohnmobile.
Keine Parkgebühr.

09031 Arbus-Bau Spiaggia Scivu *** SW - 7

Übernachtungsplatz am Strand von Scivu in sehr ruhiger und schöner Lage.

Von der SP83 8 km südlich von Arbus Richtung Bau abbiegen und in Bau Richtung Scivu fahren. Nach 6 km am Straßenende links zum Parkplatz abbiegen. Koordinaten: 39° 29,67' Nord, 8° 24,81' Ost.

Aussicht auf das Meer.
Ver- und Entsorgung und Müllcontainer am Platz.
Stromversorgung möglich.
Breiter feiner Sandstrand am Platz.
Ganzjährig zugänglich.
Besichtigung von Fluminimaggiore: Bergwerke, Tempio di Antas.
Fahrt zur Costa Verde mit 50 m hohen Wanderdünen.
Fahrt entlang der Felsküste von Nébida.
Ebene, befestigt Stellflächen für 20 Wohnmobile.
Kein Schatten.
Parkgebühr: 8 € für 24 Stunden.
Parkplätze in Portixeddu für Mobile nicht erlaubt.

09092 Marceddi Marina *** SW - 8

Parkplatz an der Marina in sehr ruhiger und schöner Lage.

Von der SS126 südlich von Terralba Richtung Marceddi abbiegen. Nach ca. 13 km - 500 m nach dem Ortsanfang - rechts zum Hafen abbiegen (**Via Sardus Pater**). Linke Parkfläche benutzen oder nach rechts 200 m durchfahren. Koordinaten: 39° 43,2' Nord, 8° 30,4' Ost.

Gaststätte und Fischrestaurant am Platz. Häuser am Platz.
Müllcontainer am Platz. Steinbänke am Platz.
Fischer- und Bootshafen. Angeln an Mole und Lagune.
Brücke über die Lagune gesperrt.
Ganzjährig zugänglich.
Ausflug zur Costa Verde mit 50 m hohen Wanderdünen.
Fahrt nach Oristano.
Ebene und leicht schräge, befestigte und unbefestigte Stellflächen für 5 Wohnmobile links und 10 Mobile 200 m rechts.
Keine Parkgebühr. Kein Schatten.

09092 Arborea Mare ** SW - 9

Parkplatz an der Küste in sehr ruhiger Lage.

Von Arborea nach Westen Richtung Mare fahren. Nach 4 km werden die Parkplätze kurz vor dem Strand links erreicht. Koordinaten: 39° 46,5' Nord, 8° 32,2' Ost.

Einsame Lage.
Müllcontainer am Platz. Ver- und Entsorgung in Oristano.
Für sehr große Wohnmobile nicht geeignet.
Breiter, feiner Sandstrand. Angeln am Meer.
Ganzjährig zugänglich.
Ausflug zur Costa Verde mit 50 m hohen Wanderdünen.
Besichtigung der Kathedrale von Santa Giusta.
Besichtigung von Oristano: Piazza Eleonora, Kirche San Francesco, barocker Dom, Piazza Roma, Stadttor Torre di Mariano II.
Ebene, befestigte Stellflächen in kleinen Parkbuchten für 3 Wohnmobile. Kein Schatten.
Keine Parkgebühr.

09092 Arborea Pauli Pirastu *** SW - 10

Wohnmobilplatz an der Küste unter Pinien in sehr ruhiger und schöner Lage.

Von der SS126 4 km nördlich von Arborea nach km 12 Richtung Marina di Arborea fahren. Nach 2,8 km wird der Wohnmobilplatz Area Camper rechts in der Pineta erreicht. Noch 200 m bis zu den Strandparkplätzen. Koordinaten: 39° 48,1' Nord, 8° 32,9' Ost.

Gaststätte am Strand. Häuser in der Nähe.
Wasserversorgung am Platz. Müllcontainer am Platz.
Ver- und Entsorgung in Oristano.
Für sehr große Wohnmobile nicht geeignet.
Breiter, feiner Sandstrand in 200 m Entfernung. Angeln am Meer.
Ganzjährig zugänglich. Wohnmobile oft anzutreffen.
Besichtigung der Kathedrale von Santa Giusta.
Besichtigung von Oristano: Piazza Eleonora, Kirche San Francesco, barocker Dom, Piazza Roma, Stadttor Torre di Mariano II.
Ausflug nach Tharros, San Giovanni di Sinis und San Salvatore.
Ausflug zur Costa Verde mit 50 m hohen Wanderdünen.
Ebene, befestigte Stellflächen für 5 kleine Wohnmobile.
Kleine, durch Holzbalken getrennte Abschnitte.
Keine Parkgebühr. Schatten durch hohe Bäume.
Parkplätze unmittelbar am Strand.
Auch für sehr große Mobile geeignet. In der Nebensaison geduldet.

09170 Oristano Stadio * SW - 11

Übernachtungsplatz in der Nähe der Innenstadt.

Bei Anfahrt aus dem Süden von der Umgehungsstraße SP49 an der Ampel im Süden der Stadt links zur SS126 Richtung Stadtmitte abbiegen. Nach 900 m links und nach weiteren 200 m wieder links dem Wegweiser Stadio communale/Tharros folgen. Nach 300 m rechts, nach 100 m links zur Einfahrt des Parkplatzes fahren (**Via Cimentero/Via Dorando Petri**). Koordinaten: 39° 53,83' Nord, 8° 35,37' Ost.

Verkehrsgeräusche durch zwei Straßen.
Ver- und Entsorgung und Müllcontainer am Platz.
10 min zum Dom und zur Stadtmitte.
Ganzjährig zugänglich. Stadion Tharros am Platz.
Besichtigung von Oristano: Piazza Eleonora, Kirche San Francesco, barocker Dom, Piazza Roma, Stadttor Torre di Mariano II.
Ausflug nach Tharros, San Giovanni di Sinis und San Salvatore.
Ebene, asphaltierte Stellflächen für 5 Mobile.
Keine Parkgebühr. Kein Schatten. Parkplatz auch für Busse.
2. Stellplatz am Schwimmbad im Nordwesten der Stadt. 39° 54,36' Nord, 8° 34,73 Ost. Ver/Entsorgung. Keine Gebühr.

09072 San Giovanni di Sinis Tharros ** SW - 12

Asphaltierter **Übernachtungsplatz** an der Ausgrabungsstätte in sehr ruhiger Lage.

Von Oristano Richtung San Giovanni di Sinis fahren (SP6) und nach 10,2 km auf der Halbinsel Sinis links zum Parkplatz abbiegen. Koordinaten: 39° 53,0' Nord, 8° 26,3' Ost.

Gaststätten, Souvenirläden und künstlerische Erzeugnisse in der Nähe. Außerhalb der Saison geöffnet.
Häuser am Platz. Parkplatz für Busse und Autocaravan. Müllcontainer am Platz.
Ganzjährig zugänglich.

Besichtigung der römische Ausgrabungsstätte Tharros. Ganzjährig geöffnet von 9-17.00 Uhr.
Besichtigung der alten Kirche San Giovanni di Sinis.
Besichtigung von San Salvatore aus den Anfängen der Christenheit und die Filmkulisse des verlassenen Dorfes.
Besichtigung der Kathedrale von Santa Giusta.
Besichtigung von Oristano: Piazza Eleonora, Kirche San Francesco, barocker Dom, Piazza Roma, Stadttor Torre di Mariano II.
Ebene Stellflächen für 10 Wohnmobile.
Wenig Schatten durch einzelne Bäume am Rand.
Keine Parkgebühr.

09072 Cabras-Punta Is Arutas Strand *** SW - 13

Zwei große **Parkplätze** am Strand in sehr ruhiger und schöner Lage.

Von Oristano Richtung San Giovanni di Sinis fahren (SP6) und nach 6 km auf der Halbinsel Sinis rechts Richtung Is Aruntas/Putzu Idu abbiegen (SP7). Nach 1,6 km links Richtung Is Arutas abbiegen (SP59). Nach weiteren 5,5 km links zu den Parkplätzen abbiegen.
Koordinaten: 39° 57,15' Nord, 8° 24,18' Ost.

Taverne am Platz. Nur in der Saison geöffnet.
Müllcontainer am Platz.
WC und Strandduschen am Platz. Nur in der Saison in Betrieb.

Sehr feiner Kiesstrand mit Felsformationen am Platz.
Strandwanderungen.
Ganzjährig zugänglich.
Besichtigung von Tharros (römische Ausgrabungsstätte), San Giovanni di Sinis und San Salvatore.
Besichtigung der Kathedrale von Santa Giusta.
Besichtigung von Oristano: Piazza Eleonora, Kirche San Francesco, barocker Dom, Piazza Roma, Stadttor Torre di Mariano II.
Ebene, asphaltierte und befestigte Stellflächen für 20 Wohnmobile.
Kein Schatten.
Parkgebühr in der Saison: 10 € für 24 Stunden.

09072 Cabras-Mari Ermi Strand ** SW - 14

Parkgelände am Strand in sehr ruhiger und schöner Lage.

Von Oristano Richtung San Giovanni di Sinis fahren (SP6) und nach 6 km auf der Halbinsel Sinis rechts Richtung Putzu Idu abbiegen (SP7). Nach 5,1 km links Richtung Mari Ermi abbiegen. Noch 5,1 km bis zu dem Parkgelände links und rechts (nur kleine Mobile zum Spiaggia Su Tingiosu).
Koordinaten: 39° 58,1' Nord, 8° 24,3' Ost.

Taverne am Platz. Nur in der Saison geöffnet.
Müllcontainer am Platz.
WC und Strandduschen am Platz. Nur in der Saison in Betrieb.
Sehr feiner Kiesstrand am Platz. Strandwanderungen.
Ganzjährig zugänglich.
Besichtigung von Tharros (römische Ausgrabungsstätte), San Giovanni di Sinis und San Salvatore.
Besichtigung der Kathedrale von Santa Giusta.
Besichtigung von Oristano: Piazza Eleonora, Kirche San Francesco, barocker Dom, Piazza Roma, Stadttor Torre di Mariano II.
Ebene, befestigte Stellflächen für 10 Wohnmobile.
Kein Schatten. Keine Parkgebühr.

09070 Putzu Idu Area attrezzata * SW - 15

Von Bäumen begrenzter **Wohnmobilplatz** als Parkstreifen in schöner Lage an der Lagune.

Bei Anfahrt aus dem Süden von der SP7 links Richtung Putzu Idu abbiegen (SP66). Nach 7,4 km links Richtung Putzu Idu fahren (SP10). Nach 1,5 km - 1,3 km nach dem Ortsanfang - wird rechts die Zufahrt zum Mobilplatz erreicht.
Koordinaten: 40° 1,92' Nord, 8° 24,19'Ost.

Taverne am Strand. Häuser in der Nähe.
Ver- und Entsorgung am Platz. WC am Platz. Müllkörbe am Platz.
Für große Mobile wegen schmaler Einfahrt und eingeschränktem Wenderaum nicht zu empfehlen.
Schmaler Sandstrand gegenüber.
Surfufer. Bucht zum Surfen wegen ständiger Winde gut geeignet.
Ganzjährig zugänglich.
Wanderungen und Radtouren auf der Halbinsel Sinis.
Ausflug nach San Giovanni di Sinis, Tharros und San Salvatore.
Parkgebühr in der Saison.
Ebene Flächen auf befestigtem Parkstreifen für 5 kleine Mobile.
Ausweichparkplätze an der Straße. Parkgebühr 6,20 € pro Tag.
Ausweichparkplatz Salina Manna 700 m vorher rechts. Keine Gebühr. Auch für große Mobile geeignet.

09070 Mandriola Kirche ** SW - 16

Parkplatz an der modernen Kirche in ruhiger und schöner Lage an einer Palmenallee.

Bei Anfahrt aus dem Süden von der SP7 links Richtung Putzu Idu abbiegen (SP66). Nach 7,4 km links Richtung Putzu Idu fahren (SP10). Nach 2,6 km - 200 m nach dem Ortsanfang Mandriola - wird links die Zufahrt zum Parkplatz vor der Kirche erreicht. Koordinaten: 40° 2,1' Nord, 8° 24,0' Ost.

Pizzeria und Häuser am Platz.
Zufahrt donnerstags von 7.30-13.30 Uhr verboten (Markt).
Schmaler Sandstrand in der Nähe.
Surfufer. Bucht zum Surfen wegen ständiger Winde gut geeignet.
Ganzjährig zugänglich.
Wanderungen und Radtouren auf der Halbinsel Sinis.
Ausflug nach San Giovanni di Sinis, Tharros und San Salvatore.
Keine Parkgebühr.
Ebene und leicht schräge, befestigte Stellflächen für 5 Mobile.
Ausweichparkplätze an der Straße nach Putzu Idu.
Keine Parkgebühr.

09070 San Vero Milis Strand ** SW - 17

Übernachtungsplatz in Strandnähe in ruhiger und schöner Lage.

Bei Anfahrt aus dem Süden von Porto Mandriola Richtung Su Pallosu fahren (SP10) und vor dem Ort links zum Strand abbiegen. Noch 400 m bis zum Platz.
Koordinaten: 40° 7,25' Nord, 8° 23,86' Ost.

Blick auf das Meer.
Sandstrand in der Nähe (200 m).
Surfufer in Putzu Idu.
Bucht zum Surfen wegen ständiger Winde gut geeignet.
Ganzjährig zugänglich.
Wanderungen und Radtouren auf der Halbinsel Sinis.
Ausflug nach San Giovanni di Sinis und Tharros.
Besichtigung von San Salvatore.
Parkgebühr: 7 € für 24 Stunden.
Ebene, befestigte Stellflächen für 5 Wohnmobile.
Kein Schatten.

08013 Bosa Marina Area S'Abba Druche *** SW - 18

Bewachter **Wohnmobilplatz** in Strandnähe in sehr ruhiger und schöner Lage.

Von der SP49 (Bosa-Alghero) 6 km nordwestlich von Bosa Richtung Marina di Bosa abbiegen. Nach 1 km wird der Platz am Ortsrand links erreicht.
Koordinaten: 40° 18,86' Nord, 8° 27,92' Ost.

Gaststätte, Pizzeria und Häuser in der Nähe.
Ver- und Entsorgung am Platz.
Stromanschluss möglich.
Strand in der Nähe.
Zugänglich 01.06.-01.10.
Aufenthaltsdauer einige Tage.
Wanderungen und Radtouren an der Küste.
Parkgebühr: 20 € für 24 Stunden alles inklusive.
Ebene Stellflächen auf festem Grasgelände für 50 Wohnmobile.
Wenig Schatten.
Ausflug nach Bosa.
Fahrt nach Alghero.
Fahrt entlang der Riviera del Corallo.

08013 Torre Argentina Area Tentizzos *** SW - 19

Übernachtungsplatz in Strandnähe in sehr ruhiger und schöner Lage.

Von der SP49 (Bosa-Alghero) 8 km nordwestlich von Bosa Richtung Torre di Argentina abbiegen. Nach 1,5 km wird der Platz am Restaurant erreicht.
Koordinaten: 40° 19,37' Nord, 8° 26,35' Ost.

Gaststätte am Platz.
Ver- und Entsorgung am Platz.
Gebühr für Wasser 3 €.
Stromanschluss möglich.
Strand in der Nähe.
Ganzjährig zugänglich.
Aufenthaltsdauer einige Tage.
Wanderungen und Radtouren an der Küste.
Parkgebühr: 10 € für 24 Stunden.
Ebene, befestigte Stellflächen für 5 Wohnmobile.
Kein Schatten.
Ausflug nach Bosa.
Fahrt nach Alghero.
Fahrt entlang der Riviera del Corallo.

Korsika lässt grüßen

An Sardiniens Nordküste

Tour 22

Wir fahren in Serpentinen hinab mit immer wieder fantastischen Ausblicken auf die Küste und den Felsen Capo Caccia. Leider sind alle großen Parkplätze in Alghero am Hafen und der Bastione für Wohnmobile verboten, auch zum Parken! Schade, denn es ist Platz genug vorhanden. Nach viel Fahrtstress finden wir jedoch einen geeigneten Platz für die Stadtbesichtigung (**SN-1**).

Alghero hat durch die enge, von einer Wehrmauer umschlossene Altstadt, durch die geschäftige Innenstadt, durch den großen Hafen und durch die zahlreichen handwerklichen Erzeugnisse touristische Anziehungskraft. Wir nehmen eine Pferdekutsche, um die Altstadt kennenzulernen und besichtigen die mächtige Maddalena-Bastei, die Kathedrale Santa Maria, ein gotisch-katalanischer Bau mit einem markanten achteckigen Glockenturm, die Bollwerke Torre Sulis, Torre dello Sperone und die Klosterkirche San Francesco aus dem 14. Jahrhundert.

Geschlafen wird in Fertilia, da wir ruhige Plätze lieben. Wenn sie dann noch am Wasser liegen, sind wir glücklich. In Fertilia stehen ein Parkplatz am Strand mit schrägen Stellflächen und zwei private Wohnmobilplätze zur Verfügung (**SN-2** und **SN-3**).

Am Capo Cáccia ist die **Grotte di Nettuno** zu besichtigen. 600 in den Fels gehauene Stufen führen vom Parkplatz hinunter zum Eingang der Grotte. Die Grotte ist mit phantastischen Gebilden, einem See und großen Hallen ausgestattet.

Morgens bunkern wir Lebensmittel in Santa Maria La Palma und füllen unseren Frischwassertank am Brunnen auf. Die Necropoli di Anghelu Ruin aus der Bronzezeit, eine vor 5000 Jahren bis 1000 v. Chr. immer wieder genutzte Begräbnisstätte in unterirdischen Kammern und Räumen wird besichtigt, bevor wir die Fahrt zur Halbinsel Stintino fortsetzen.

Über der roten Erde der frisch gepflügten Felder kreisen Tausende von Möwen. Stintino, ursprünglich ein Fischerhafen mit von der Gefängnisinsel Isola Piana umgesiedelten Menschen, hat sich zum Touristenort und Jachthafen entwickelt. Viele Ferienhäuser und Hotels, die jetzt im November fast alle leer stehen, zersiedeln die Landschaft. Gottlob gibt es keine Hochhäuser. Am Strand von Pelosa, wo im Sommer Schickimicki-Treiben herrschen soll, hat Stintino jedoch einen Wohnmobilplatz für uns eingerichtet (**SN-4**). Wir genießen die Sonnenstrahlen am Strand und sind begeistert von der langgezogenen Bucht mit dem von Felsbrocken durchsetzten, blendend weißen Sandstrand, von dem Meer in traumhaften Südseefarben von Türkis über Smaragd bis zu Tiefblau, von dem malerischen Capo del Falcone und von dem Blick auf den Torre auf einer kleinen vorgelagerten Insel.

Etwas südlich von Stintino können kleine Mobile unmittelbar am Meeresufer parken und die Insassen in einsamer Lage übernachten (**SN-5**). Größere Wohnmobile müssen vor dem schmalen Eingang abgestellt werden oder fahren zum Stellplatz Area La Pineta (**SN-6**).

Porto Tórres ist ein Fährhafen im Norden Sardiniens und für Touristen ein wenig attraktives Industriezentrum. Trotzdem gibt es aus der Zeit des Römischen Reiches Überreste der Thermenanlage, gepflasterte Straßen und einen Marmoraltar für die Göttin Bast. Auch die im 11. Jahrhundert erbaute Basilika S. Gavino ist beachtenswert.

Die Küste ist hier ganz anders als im Osten oder Süden, aber hat genauso ihren Reiz. Die hauptsächlich von italienischen Touristen besuchten Feriengebiete Platamona Lido, Riviera di Sorso und Marina di Sorso haben einen breiten Dünengürtel und 15 Kilometer lange Sandstrände, teilweise von einer Pineta begleitet. Der feine Sandboden fällt seicht ins Meer, eine sehr gutes Badegebiet für Kinder und Nichtschwimmer. Einige schöne Strandparkplätze bieten sich für den

Strandurlaub und die Übernachtung an (**SN-7**, **SN-8**, SN-9, SN-10 und SN-11). Sehr schön und ruhig liegt am Strand der Stellplatz in Valledoria (**SN-12**).

Bei der Anfahrt nach **Castelsardo**, das wir unbedingt besichtigen wollen, haben wir einen herrlichen Blick auf Hafen und Stadt. Aber wieder will man Wohnmobile von 0 - 24 Uhr nicht haben! Wir finden einen Parkstreifen am Ortsausgang und "erwandern" bergauf das Castello dei Doria, einst von der Seerepublik Genua gegründet, hoch auf dem Felsen gelegen, malerisch vom Meer umspült. Sehenswert sind 3 Kirchen, von der Kathedrale leuchten in der Sonne die bunten Majolikakacheln der Kuppel. Von der Aussichtsplattform haben wir einen herrlichen Rundblick über die Dächer der Altstadt, zum Jachthafen, über den felsigen Küstensaum bis zu den Weiten des Meeres.

In den engen, verwinkelten Gassen rund um das Castel sitzen Frauen in den Hauseingängen und flechten Körbe und Schalen in klassischer, sardischer Art und bieten sie zum Verkauf an. Wir brauchten sowieso einen neuen Brotkorb! Außerdem werden guter Schmuck, sardische Keramiken und viele handwerkliche Erzeugnisse angeboten.

An der Straße nach Santa Teresa finden wir den meistfotografierten Felsen Sardiniens, den "**Roccia dell' Elefante**". Der zum Elefanten verwitterter Fels steht einsam an der Straße. In seinen Bauch schlugen die Menschen vor mehreren Jahrtausenden Felskammergräber.

Wir übernachten umittelbar am breiten Sandstrand von Badesi Mare (SN-13). Wir bewundern Surfer und Wellenreiter, die immer wieder den Wettstreit mit den hohen Brandungswellen suchen, meistens verlieren und manchmal strahlend aufrecht eine Welle bezwingen.

Nach einer ruhigen Nacht in Badesi mit Blick auf die Isola Rosso erleben wir bei der Weiterfahrt Richtung Santa Teresa wieder malerische Buchten und Mini- und Maxifelsen in den bizarrsten Formen. Der Küstenabschnitt zwischen Isola Rosso und Vignola Mare, die Costa Paradiso, ist praktisch unbesiedelt, aber auch schwer zugänglich. Zwischen Felsklippen und Steilküsten liegen vor breiten Dünen immer wieder zauberhafte Strände, unberührte Natur, nur mit kleineren Fahrzeugen zu erreichen.

Vignola Mare besteht nur aus einer Handvoll Ferienhäuser, mehreren Campingplätzen und einem Wohnmobilplatz (**SN-14**), ein idealer Aufenthaltsort für Erholungssuchende, Sonnenanbeter, Strandwanderer und Badende. Außerhalb der Hochsaison ist der Strandparkplatz ein hervorragender Aufenthaltsort (SN-15).

Seit einigen Jahren ist Santa Teresa das beliebteste Urlaubszentrum auf Sardinien, ausgelöst durch die phantastische Lage auf einer von der Brandung umpeitschten und vom Wind umtosten Landzunge hoch über dem Meer. In der Saison sind viele Straßen zu den Aussichtspunkten am Capo Testa für Lkw und Wohnmobile gesperrt. Am Ortseingang in der Nähe des Hafen hat die Stadt aber einen Übernachtungsplatz eingerichtet (**SN-16**).

Wir schlagen unser Nachtlager wieder am Strand auf, im Surferparadies Isola dei Gabbiani (SN-17). Hier bläst der Wind täglich und kräftig. Die Buchten rechts und links des Dammes zur Isola dei Gabbiani sind auch heute Mitte November noch von den bunten Segeln der Surfer bedeckt. Bei stürmischem Wetter sind in der Abenddämmerung noch einige mutige Wellenreiter auf dem Wasser. Abends wird es einsam, nur die Lichter in den wenigen fahrbaren Unterkünften der Surfer grüßen zu uns herüber.

Von Palau sind wir genau so enttäuscht wie von Bosa, da wir auf den vorhandenen Parkplätzen nicht einmal "parken" dürfen. Den Capo d'Orso mit seinem berühmten Felsklotz "Bär" können wir nur von weitem fotografieren, denn der Parkplatz ist zu dieser Jahreszeit abgeschrankt.

Dass an der **Costa Smeralda** kein Platz für uns "Zigeuner im Wohnmobil" ist, wussten wir. Hier setzt man auf das Geld der Reichen oder auf solche, die die Konten locker überziehen! Wir durchfahren die feine Gegend trotzdem, um uns ein Bild zu machen. Fast jede Hotelanlage hat ihren eigenen Hafen. Mehrere Golfplätze locken. Karim Aga Khan hat einst diese wundervolle Ecke Sardiniens für sich entdeckt und mit Partnern Hotelanlagen bauen lassen. Hochhäuser gibt es aber nicht! Wie überall auf Sardinien ist der Baustil dem spanischen ähnlich. Nur eingeschossige Häuser in warmem Gelb, Beige, Rosa bis zu rötlichen Tönen mit roten Dächern und Arkaden an den Fronten. Bauernhäuser dagegen sind in einfachstem Stil erbaut. Die Gehöfte haben aber oft eine Mauer aus Feldsteinen, die überall herumliegen, und prächtige schmiedeeiserne Tore, die so gar nicht zu den einfachen Häusern passen wollen. An der Costa Smeralda gibt es besonders viele bizarr geformte Felsen, in die man mit Fantasie Tiere und andere Gestalten deuten kann. Mehrmals halten wir und fotografieren. An der Zufahrtsstraße nach Porto Cervio besteht die Möglichkeit das Fahrzeug für eine Nacht abzustellen und den Hafen und die Stadt zu erkunden (**SN-18**).

Dann hat sich unser Kreis geschlossen. Südlich von unserem Fährhafen Olbia suchen wir wieder den ersten von uns auf dieser Reise entdeckten Stellplatz zwischen Meer und Lagune mit Blick auf den 600 m hohen klotzigen Felsen der Isola Tavolara auf. Heute ist die Spitze von Nebel eingehüllt und sieht gespenstisch aus. Der Winter bricht an auf Sardinien, ein milder Winter bei noch fast 20 Grad und oft sonnigen Stunden am 13. November.

Sturm und Regen lässt uns die Insel leichter verlassen. Wir hätten die Rundreise etwas früher beginnen müssen, um bis zum Schluss beständiges Wetter zu haben. Die in den letzten Jahren entstandenen Ferienanlagen stehen bereits alle leer. Campingplätze, Wohnmobilstellplätze und Restaurants sind fast alle geschlossen. Wir verlassen eine Insel, die für naturverbundene Reisende ein ideales Urlaubsziel ist. Das Straßennetz ist bestens in Ordnung, das Meer ist überall kristallklar bis smaragdgrün, die Menschen sind freundlich und hilfsbereit und wir haben Super-Stellplätze für unser neues Italienbuch gefunden. Nur Parkverbote für Wohnmobile - trotz Parkraum - in einigen sehenswerten Städten haben uns missfallen. Wir kommen sicher wieder auf diese wundervolle Insel! [1] [2]

[1] Anschlussroute im Südwesten: Tour 21 “Sardiniens Westküste”
[2] Anschlussroute im Südosten: Tour 19 “Sardiniens Ostküste”

Bemaltes Haus bei Alghero

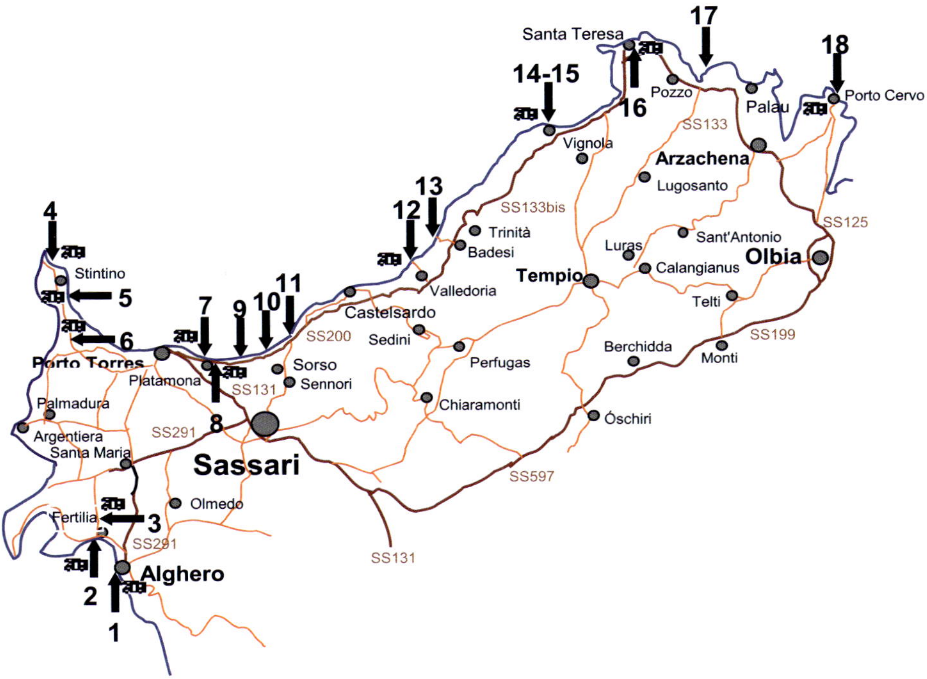

Tour 22

Sardiniens Nordküste

Küste bei Stintino

Tour 22: **Sardiniens Nordküste**

Nr.	Ort, Bezeichnung	Stell-plätze A	Gast-haus	Häu-ser	WC	Bad See	Orts-nähe B	Ent-sorg.	Park-dauer C	Park-gebühr D
SN-1	**Alghero, Ortsrand ***	10	-	+	-	-	x	-	1	0
SN-2	**Fertilia, Area attrezzata *****	50	-	+	-	-	x	+	T	P
SN-3	**Fertilia, I Platini *******	30	+	-	+	+	x	+	T	P
SN-4	**Stintino, Spiaggia Pelosa *****	30	+	+	-	+	x	-	1	9
SN-5	**Stintino, La Saline *****	3	-	-	-	-	x	-	1	0
SN-6	**Stintino, Area La Pineta ***	10	-	-	-	-	x	+	1	19
SN-7	**Platamonas Lido, Strand *****	20	+	+	-	+	10	-	1	5
SN-8	**Platamonas, Campsite *****	30	+	-	-	+	x	+	U	P
SN-9	Sorso, Discesa a Mare 3 **	10	+	-	-	+	x	-	1	3
SN-10	Marina di Sorso, Ufer **	5	+	-	-	-	x	-	1	3
SN-11	Sorso, Discesa a Mare 7 ***	20	-	-	-	+	x	-	1	5
SN-12	**Valledoria, Area camper *******	10	-	+	-	+	x	+	1	15
SN-13	Badesi, Badesi mare **	10	-	-	+	+	x	-	1	5
SN-14	**Vignola Mare, Oasi Gallura *******	50	-	-	-	+	x	+	U	13
SN-15	Vignola Mare, Spiaggia ***	5	-	-	-	+	x	-	1	5
SN-16	**Santa Teresa, Area Camper *****	5	-	-	-	-	x	-	1	0
SN-17	Palau, Isola dei Gabiani **	10	+	-	-	+	x	-	1	0
SN-18	**Porto Cervo, Via Porto Cervo ***	5	+	+	-	-	15	-	1	15

Legende siehe Seite 10

07041 Alghero Ortsrand * SN - 1

Übernachtungsplatz am Ortsrand.

Bei Anfahrt aus allen Richtungen in Alghero dem Wohnmobil-Symbol zum Parkplatz für Mobile und Busse folgen. Koordinaten: 40° 33,88' Nord, 8° 19,56'Ost.

Häuser am Platz.
Verkehrsgeräusche durch zwei Straßen.
20 min Fußweg zur Innenstadt.
Alle Großparkplätze am Rande der Altstadt
und am Hafen für Wohnmobile von 0-24.00 Uhr gesperrt.
Besichtigung von Alghero: Mittelalterliche Befestigungsanlagen,
Torre della Maddalena, Torre de l'Esperó, Torre del Portal,
barocke Jesuitenkirche, Kloster San Francesco, Altstadt.
Fahrt mit dem Schiff zur Neptunsgrotte.
Ganzjährig zugänglich.
Keine Parkgebühr.
Stellmöglichkeiten für 10 Wohnmobile.
Ebene und leicht schräge, befestigte Stellflächen.
Ausweichparkplätze an der Straße nach Fertilia rechts.
Strandplätze für Mobile 0-24.00 Uhr verboten.

07041 Fertilia Area attrezzata ** SN - 2

In Abschnitte eingeteilter **Wohnmobilpark** mit einzelnen Bäumen in ruhiger und schöner Lage.

Von der Kreuzung SS127bis (von Alghero und Fertilia)/SS291 (von Sassari) Richtung Grotta di Nettuno fahren und nach 2,3 km - 1,9 km nach dem Ortsende Fertilia - links Richtung Area attrezzata fahren. Noch 100 m bis zur Einfahrt links.
Koordinaten: 40° 35,40' Nord, 8° 15,34' Ost.

Häuser am Platz.
Ver- und Entsorgung am Platz. Stromanschlüsse vorhanden.
Sanitäre Anlagen am Platz. Spielplatz auf dem Mobilpark.
Zugänglich 15.05.-15.09. In der Nebensaison Tor verschlossen.
Wohnmobile oft anzutreffen. 15 min Fußweg zum Strand.
Besichtigung von Alghero: Mittelalterliche Befestigungsanlagen, Torre della Maddalena, Torre de l'Esperó, Torre del Portal, barocke Jesuitenkirche, Kloster San Francesco, Altstadt.
Fahrt mit dem Schiff zur Neptunsgrotte von Alghero.
Parkgebühr: 17 € für 24 Stunden alles inklusive.
Ebene, befestigte Stellflächen für 50 Wohnmobile.
Schatten durch Bäume.

07041 Fertilia I Platini *** SN - 3

In Abschnitte eingeteilter **Wohnmobilpark** mit einzelnen Bäumen in sehr ruhiger und schöner Lage.

Von der Kreuzung SS127bis (von Alghero)/SS291 (von Sassari) Richtung Sassari fahren und nach 1,6 km - 1,1 km nach dem Ortsende Fertilia - links dem Wohnmobil-Symbol folgen. Noch 300 m bis zum Platz links. Bei Anfahrt aus dem Norden von Sassari von der SS291 2,4 km nach der Abzweigung zum Flughafen rechts dem Mobil-Symbol folgen. Koordinaten: 40° 35,94' Nord, 8° 15,52' Ost.

Gaststätte in der Nähe.
Ver- und Entsorgung am Platz. Dusche und WC am Platz.
Stromanschlüsse vorhanden.
Schwimmbad, Grillplätze auf dem Mobilpark.
Kleinbus-Service zu Sehenswürdigkeiten, Strand und in die Städte.
In der Saison und Nebensaison zugänglich.
Bei geschlossenem Tor anrufen. Tel.-Nr. am Tor.
Besichtigung von Alghero: Mittelalterliche Befestigungsanlagen, Torre della Maddalena, Torre de l'Esperó, Torre del Portal, barocke Jesuitenkirche, Kloster San Francesco, Altstadt.
Fahrt mit dem Schiff zur Neptunsgrotte von Alghero.
Parkgebühr: 15 € alles inklusive.
Ebene, befestigte Flächen für 30 Mobile.
Etwas Schatten durch einzelne Bäume.
Informationen Tel. 079- 930335.

07040 Stintino Spiaggia Pelosa ** SN - 4

Übernachtungsplatz am Strand in ruhiger und schöner Lage.

Von Porto Torres Richtung Stintino fahren. 2,6 km nach der Abzweigung der Panoramica vor Stintino an der Ampel geradeaus fahren (SP34). Nach weiteren 2,5 km geradeaus in die Einbahnstraße fahren. Noch 200 m bis zum Platz links vor dem Hotel.
Koordinaten: 40° 57,67' Nord, 8° 12,59' Ost.

Gaststätte in der Nähe. Häuser am Platz.
Ver- und Entsorgung nicht möglich.
Feiner Sandstrand am Platz.
Promenade bis zum Torre.
Kristallklares blaues und grünes Meer zwischen Insel und Festland.
Ganzjährig zugänglich. Wohnmobile oft anzutreffen.
Besichtigung von Porto Torres: Reste dreier Thermenanlagen, römische Brücke, Basilika San Gavino.
Parkgebühr: 9 € Tagesgebühr Mo-Frei, 13,50 € Sa+So.
Stellmöglichkeiten für 30 Mobile. Ebene, asphaltierte Flächen.
Etwas Schatten durch Bäume am Rand.

07040 Stintino Le Saline ** SN - 5

Übernachtungsplatz am Ufer in sehr ruhiger und schöner Lage.

Von Porto Torres Richtung Stintino fahren. 8,4 km nach der Gabelung SP34/SP57 oder kurz vor km 27 rechts Richtung Le Saline abbiegen. Noch 300 m bis zum Ufer.
Koordinaten: 40° 54,5' Nord, 8° 13,9' Ost.

Einsame Lage.
Schmale Einfahrt. Nur für kleine Mobile geeignet.
Keine Bademöglichkeit wegen hoher Tangablagerungen.
Breiter Sandstrand Pelosa in 3 km Entfernung.
Ganzjährig zugänglich.
Besichtigung von Porto Torres: Reste dreier Thermenanlagen, römische Brücke, Basilika San Gavino.
Fahrt nach Alghero.
Fahrt nach Sassari.
Keine Parkgebühr.
Stellmöglichkeiten für 3 kleine Mobile.
Ebene, befestigte und holprige Stellflächen. Kein Schatten.

07040 Stintino Area La Pineta * SN - 6

Übernachtungsplatz in Straßennähe.

Von Porto Torres Richtung Stintino fahren. 3 km nach der Gabelung SP34/SP57 links zum Platz abbiegen.
Koordinaten: 40° 52,11' Nord, 8° 14,17' Ost.

Ver- und Entsorgung am Platz.
Stromanschluss möglich.
WC und sanitäre Anlagen am Platz.
Bus zum Strand.
Zugänglich 01.05.-01.10.
Besichtigung von Porto Torres: Reste dreier Thermenanlagen, römische Brücke, Basilika San Gavino.
Fahrt nach Alghero.
Fahrt nach Sassari.
Parkgebühr: 19 € für 24 Stunden.
Ebene, befestigte Stellflächen für 10 Mobile.
Kein Schatten.

07100 Platamonas Lido Strand ** SN - 7

Übernachtungsplatz am Ufer in sehr ruhiger und schöner Lage.

Von Porto Torres Richtung Platamonas Lido fahren (SP81). 100 m nach km13 links Richtung Platamonas Spiaggia abbiegen. Nach 300 m links und nach 100 m rechts fahren. Nach 100 m werden die ersten holprigen und nach weiteren 500 m die asphaltierten Plätze erreicht. Bei Anfahrt aus dem Osten kurz vor km 12 der SP81 rechts abbiegen. Noch 100 m bis zum ersten Platz.
Koordinaten: 40° 49,1' Nord, 8° 28,1'Ost.

Gaststätten und Häuser am Platz.
Sandstrand am Platz.
Ganzjährig zugänglich.
Besichtigung von Porto Torres: Reste dreier Thermenanlagen, römische Brücke, Basilika San Gavino.
Fahrt nach Sassari.
Parkgebühr: 5 €.
Befestigte, holprige und asphaltierte, leicht schräge Stellflächen für insgesamt 20 Wohnmobile.
Kein Schatten.

07100 Platamonas Lido Campsite ** SN - 8

In Abschnitte eingeteilter **Wohnmobilplatz** in der Nähe des Strandes in ruhiger Lage.

Von Porto Torres Richtung Platamonas Lido fahren (SP81) und dem Wohnmobil-Symbol folgen. An der Kreuzung mit der Straße nach Sassari rechts abbiegen. Noch 50 m bis zur Einfahrt rechts. Bei Anfahrt aus dem Osten bei km 12 der SP81 links Richtung Sassari fahren.
Koordinaten: 40° 48,94' Nord, 8° 28,00' Ost.

Gaststätten in der Nähe.
Ver- und Entsorgung am Platz. Stromanschluss möglich.
Sandstrand in der Nähe (200 m).
Ganzjährig zugänglich. Wohnmobile fast immer anzutreffen.
Außerhalb der Saison Ruftaste am Tor betätigen.
Bushaltestelle in der Nähe.
Besichtigung von Porto Torres: Reste dreier Thermenanlagen, römische Brücke, Basilika San Gavino.
Fahrt nach Sassari.
Parkgebühr: 10 € für 24 Stunden.
Befestigte und asphaltierte, leicht schräge Stellflächen für insgesamt 30 Mobile.
Teilweise Schatten durch Mattendächer.

07037 Sorso Discesa a Mare 3 ** SN - 9

Parkplatz am Strand in ruhiger und schöner Lage.

Von der SP81 (Porto Torres-Marina di Sorso) westlich bei km 9 dem Wegweiser discesa a mare 3 folgen und nach 300 m rechts fahren. Noch 100 m bis zum Parkplatz.
Koordinaten: 40° 49,2' Nord, 8° 30,2' Ost.

Blick auf das Meer.
Gaststätte am Platz. Nur in der Saison geöffnet.
Müllcontainer am Platz.
Breiter Sandstrand und Dünengelände am Platz.
Ganzjährig zugänglich.
Besichtigung von Castelsardo: Mittelalterliche Burg, Kathedrale Sant'Antonio, Kirche Santa Maria, steil ansteigende Gassen, lange Treppenaufgänge.
Kauf von handwerklichen Erzeugnissen in Castelsardo.
Fahrt nach Sassari und Porto Torres.
Parkgebühr in der Saison: 3 Euro pro Tag.
Asphaltierte, ebene Stellflächen für 10 Mobile.
Kein Schatten.
Ausweichparkplätze an den weiteren Zufahrten discesa a mare.

07037 Marina di Sorso Ufer ** SN - 10

Parkplatz am Meeresufer in ruhiger und sehr schöner Lage.

Von der SP81 (Porto Torres-Marina di Sorso) bei km 5 Richtung Marina di Sorso abbiegen. Noch 100 m bis zum Platz rechts.
Koordinaten: 40° 49,8' Nord, 8° 33,3' Ost.

Gaststätte am Platz.
Müllcontainer und Wasserversorgung am Platz.
Ganzjährig zugänglich.
Besichtigung von Castelsardo: Mittelalterliche Burg, Kathedrale Sant'Antonio, Kirche Santa Maria, steil ansteigende Gassen, lange Treppenaufgänge.
Kauf von handwerklichen Erzeugnissen in Castelsardo.
Fahrt nach Sassari und Porto Torres.
Parkgebühr in der Saison: 3 Euro pro Tag.
Stellmöglichkeiten für 5 Mobile.
Asphaltierte, ebene Flächen unmittelbar am Meer. Kein Schatten.
Ausweichparkplätze an den Zufahrten discesa a mare.

07037 Sorso Discesa a Mare 7 *** SN - 11

Parkplatz am Strand in sehr ruhiger und schöner Lage.

Von der SP81 (Porto Torres-Marina di Sorso) 1,7 km östlich der Abzweigung nach Marina di Sorso Richtung discesa a mare 7 abbiegen. Noch 100 m bis zum Platz.
Koordinaten: 40° 50,0' Nord, 8° 34,3' Ost.

Breite Sandstrand, Dünengelände und Pinienwald am Platz.
Ganzjährig zugänglich.
Angeln am Meer.
Besichtigung von Castelsardo: Mittelalterliche Burg,
Kathedrale Sant'Antonio, Kirche Santa Maria,
steil ansteigende Gassen, lange Treppenaufgänge.
Kauf von handwerklichen Erzeugnissen in Castelsardo.
Fahrt nach Sassari und Porto Torres.
Parkgebühr in der Saison: 5 € pro Tag.
Asphaltierte, ebene Stellflächen für 20 Mobile.
Wenig Schatten.
Ausweichparkplätze an den weiteren Zufahrten discesa a mare.

07039 Valledoria Area camper Punto Maragnani *** SN - 12

Wohnmobilplatz am Strand in sehr ruhiger und schöner Lage.

Von der SS200 (Castelsardo-Santa Teresa) in Valledoria Richtung S.Pietro/Punta Maragnani/mare abbiegen (Via Italia/SP90). Nach 1 km links fahren und nach 400 m rechts zum Meer abbiegen. Noch 100 m bis zum Platz am Ende der Straße. Koordinaten: 40° 55,32' Nord, 8° 47,41' Ost.

Teilweise Meeresblick.
Häuser am Platz.
Ver- und Entsorgung am Platz. Gebühr 4 €.
Stromanschluss möglich. Gebühr 2 €.
Ganzjährig zugänglich.
Sandstrand am Platz.
Angeln am Meer. Wassersport.
Besichtigung von Castelsardo: Mittelalterliche Burg,
Kathedrale Sant'Antonio, Kirche Santa Maria,
steil ansteigende Gassen, lange Treppenaufgänge.
Kauf von handwerklichen Erzeugnissen in Castelsardo.
Parkgebühr: 15 € für 24 Stunden.
Befestigte, ebene Stellflächen für 10 Mobile.
Wenig Schatten.

07030 Badesi Badesi mare ** SN - 13

Parkbuchten am Strand in ruhiger und schöner Lage.

Von der SS200/SP90 (Castelsardo-Santa Teresa) an der Zufahrt nach Badesi Richtung Badesi mare abbiegen. Nach 2,5 km werden die ersten Parkplätze links erreicht. Weitere Parkplätze an der Stichstraße am Meer auf 600 m Länge
Koordinaten: 40° 50,0' Nord, 8° 34,3' Ost.

Blick auf das Meer und die Insel Rosso.
WC in der Nähe. Nur in der Saison geöffnet.
Breiter Sandstrand am Platz. Wellenreiten an der Küste.
Ganzjährig zugänglich.
Angeln am Meer.
Besichtigung von Castelsardo: Mittelalterliche Burg,
Kathedrale Sant'Antonio, Kirche Santa Maria,
steil ansteigende Gassen, lange Treppenaufgänge.
Kauf von handwerklichen Erzeugnissen in Castelsardo.
Parkgebühr in der Saison: 5 € von 9-19.00 Uhr. 0,50 € pro Std.
Asphaltierte, ebene Stellflächen für 10 Mobile.
Kein Schatten.

07020 Vignola Mare Oasi Gallura *** SN - 14

Wohnmobilpark in der Nähe des Strandes in sehr ruhiger und schöner Lage.

Von der SS200/SP90 (Castelsardo-Santa Teresa) Richtung Vignola (braunes Schild) abbiegen. Nach 600 m - 500 m nach dem Ortsanfang Vignola Mare - links in die Einbahnstraße fahren. Noch 200 m bis zur Einfahrt zum Mobilpark links. Koordinaten: 41° 7,55' Nord, 9° 3,71' Ost.

Am Ortseingang Verbotsschild außer Zufahrt zum Mobilplatz.
Ver- und Entsorgung am Platz. Entsorgung 3 €,
Wasserversorgung 3 €. Stromanschluss 2 €.
Breiter Sandstrand (Spiaggia di la Turra) in der Nähe (200 m).
Nur in Saison und Nebensaison zugänglich.
Aufenthaltsdauer nicht begrenzt.
Angeln am Meer.
Fahrt nach Castelsardo.
Ausflug nach Santa Teresa und zum Capo Testa.
Parkgebühr: Vor- und Nachsaison 12, Zwischensaison 13, Hauptsaison (25.07.-26.08.) 15 €.
Stellmöglichkeiten für 50 Mobile.
Naturbelassenes, ebenes und leicht schräges Parkgelände.
Wenig Schatten durch einzelne Büsche.

07020 Vignola Mare Spiaggia Chischinagghju *** SN - 15

Parkplatz am Strand in sehr ruhiger und schöner Lage.

Von der SS200/SP90 (Castelsardo-Santa Teresa) 300 m nordöstlich der Abzweigung Vignola an der Tankstelle bei km 47 Richtung Spiaggia Chischinagghju abbiegen. Noch 400 m bis zum Parkplatz am Meer. Koordinaten: 41° 7,7' Nord, 9° 4,2' Ost.

Blick auf das Meer bis nach Korsika.
Bänke am Platz. Campingplätze in der Nachbarschaft.
Wassersportzentrum in der Nähe. Angeln am Meer.
Breite Sandstrand und Felsformationen am Platz.
Ganzjährig zugänglich. In der Saison oft durch Pkw belegt.
Fahrt nach Castelsardo.
Ausflug nach Santa Teresa und zum Capo Testa.
Keine Parkgebühr.
Ebene und leicht schräge, asphaltierte Stellflächen für 5 Mobile.
Kein Schatten.

07028 Santa Teresa Area Camper ** SN - 16

Übernachtungsplatz am Porto touristico in ruhiger Lage.

Von der SP90 vor Sansa Teresa geradeaus Richtung centro abbiegen. Nach 500 m rechts dem Wegweiser Area camper folgen. Nach 400 m wird der Platz rechts erreicht. Ruhige Plätze gegenüber am Hafen (Il Porto). Koordinaten: 41° 13,9' Nord, 9° 11,4' Ost.

Müllcontainer am Platz. Keine Ver- und Entsorgung.
Sportboothafen in der Nähe.
Alle Zufahrten am Spiaggia Maiore für Wohnmobile verboten.
Ganzjährig zugänglich.
Fährhafen nach Korsika und zu den Maddalena-Inseln.
Ausflug zum Capo Testa und zum Torre Longosardo.
Fahrt nach Castelsardo.
Ausflug nach Palau und zur Costa Smeralda.
Keine Parkgebühr.
Stellmöglichkeiten für 5 Mobile.
Ebene, asphaltierte Stellflächen.
Kein Schatten.

07020 **Palau** Isola dei Gabiani ** SN - 17

Parkplatz am Damm zur Isola Gabiani in ruhiger und schöner Lage.

Bei Anfahrt von Westen von der Kreuzung SS133 bis/SS133 Richtung Palau/Olbia fahren und nach 2,8 km links Richtung Barbaresi/Porto Pollo fahren. Nach weiteren 1,6 km geradeaus fahren. Noch 1,1 km bis zu den Parkplätzen rechts und links.
Koordinaten: 41° 11,4' Nord, 9° 19,3' Ost.

Gaststätten in der Nähe.
Müllcontainer am Platz.
Dünen und breiter Sandstrand in der Nähe.
Surf- und Sportzentrum in der Nähe.
Ganzjährig zugänglich.
Ausflug nach Santa Teresa und zum Capo Testa.
Fahrt nach Palau und zum Capo d'Orso.
Ausflug zur Costa Smeralda.
Keine Parkgebühr.
Stellmöglichkeiten für 10 Mobile.
Ebene, asphaltierte Stellflächen.
Kein Schatten.
Parkplätze am Strand für Wohnmobile gesperrt.

07021 **Porto Cervo** Via Porto Cervo * SN - 18

Übernachtungsplatz am Ortsrand in guter Lage.

Von der SS125 (Arzachena-Olbia) Richtung Porto Cervo abbiegen. Kurz vor Porto Cervo am Porto Paglia von der SP59 geradeaus abbiegen (**Via Porto Cervo**). Noch 500 m bis zum Platz rechts.
Koordinaten: 41° 7,72' Nord, 9° 32,16' Ost.

Gaststätten und Häuser in der Nähe.
Müllcontainer am Platz.
Hafen in der Nähe.
Ganzjährig zugänglich.
15 min Fußweg zur Ortsmitte.
Ausflug nach Santa Teresa und zum Capo Testa.
Fahrt nach Palau und zum Capo d'Orso.
Fahrt entlang Costa Smeralda.
Fahrt nach Olbia.
Parkgebühr: 15 € für 24 Stunden.
Ebene, asphaltierte Stellflächen für 5 Mobile.
Wenig Schatten.

Küste bei Vignola Mare

In Castelsardo

Castelsardo

In der Bucht von Olbia

Stellplatzverzeichnis

Ort	Bezeichnung	Seite
Agrano	**Piazza Venzano**	**74**
Alba	Seilbahn Brunec	36
Albissola	**A. Cigheugna**	**167**
Alghero	**Ortsrand**	**220**
Altavilla-Tavernelle	**Bonometti**	**103**
Alzano	**Via Europa**	**148**
Aosta	**Strada Ponte Suaz**	**131**
Aosta	**Via Caduti del Lavoro**	**130**
Aquilea	**Area comunale**	**119**
Arabba	**Wohnmobilplatz**	**36**
Arbatax	Rocco Rosso	193
Arborea	Mare	212
Arborea	**Pauli Pirastu**	**212**
Arbus-Bau	**Spiaggia Scivu**	**211**
Arona	San Carlo	74
Asolo	**Parking Forestuzzo**	**104**
Auronzo	**Fiume Ansiei**	**40**
Avigliana	**Piazza Grand Torino**	**138**
Aymavilles-Cheuf-Lieu	**Area sosta**	**130**
Badesi	Badesi mare	224
Bardolino	**Ortsparkplatz**	**95**
Bardolino	**Wohnmobilplatz**	**95**
Barge	**Campo sportivo**	**139**
Bassano del Grappa	**Parking Gerosa**	**104**
Baveno	**Via Brera**	**73**
Belluno	**Piscina**	**66**
Bergamo	Stadio	147
Bergamo	**Via Serassi**	**147**
Boccasette	Po di Maistra	156
Bollate	**Piazza della Resistenza**	**146**
Borghetto	**Via Po**	**165**
Bormio	**Bormio 2000**	**85**
Bosa Marina	**Area S'Abba Druche**	**215**
Bosco Mésola	Boscone delle Mésola	158
Bosco Mésola	Oasi parc Rimessagio	157
Bozen	**Campo sportivo**	**48**
Brescia	**Stadio**	**150**
Bruneck-Dietenheim	Volkskundemuseum	25
Bruneck-Reischach	Sessellift	25
Brusson	**Rue Trois Villages**	**131**
Brusson	**Rue Vollon**	**131**
Budoni	Cala di Budoni	190
Budoni	**Spiaggia Mare**	**191**
Buggeru	**Hafen**	**210**
Buggeru	**San Nicolo**	**211**
Cagliari	**Camper Cagliari Park**	**201**
Cala Domestica	**Bucht**	**210**
Cala Gonone	**Palmasera**	**192**
Calasetta	**Rio Cabrioli Sirineddu**	**204**
Calceranica	**Lago**	**65**
Caldonazzo	**Area camper**	**65**
Caldonazzo	Lido	65
Camisano	**Stadio**	**103**
Cannobio	**Area Sosta Caravan**	**72**
Caorle-Brussa	**Valle Vecchia**	**120**
Capo Camino	Ufer	191
Capoterra	Spiaggia La Maddalena	201
Carenno	**Viale Giudeppi Verdi**	**82**
Casal Borsetti	**Area sosta camper**	**179**
Ca'Savio	Spiaggia libera	122
Cavalese	**Alpe Cermis**	**57**
Cavalino	Marina	121
Cavanella d'Adige	**Centro sport**	**155**
Cavedine	**Lago**	**62**
Cavour	**Area Sosta Caravan**	**139**
Cellina	Santa Caterina	76
Certosa di Pavia	**Kartause 1**	**146**
Certosa di Pavia	**Kartause 2**	**146**
Cervia	**Viale Forlanini**	**182**
Cesenático	**Area camper**	**182**
Cherasco	**Stadttor**	**140**
Chia	Spiaggia Su Portu	202
Chiavenna	**Campo sportivo**	**84**
Chioggio	**Parking Zago**	**125**
Chioggio	**Ponte Translagunare**	**125**
Chivasso	**Piazza Libertini**	**136**
Colico	**Gratta e Sosta**	**83**
Colico	**Windsurfschule**	**83**
Comacchio	**Area sosta camper**	**160**
Comacchio	**Bagno Trocadero**	**160**
Cortina d'Ampezzo	**Wohnmobilplatz**	**39**
Courmayeur	**Funivia V.Veny**	**130**
Cuneo	**Bellavista**	**140**
Diano Marina	**Oasi-Park**	**165**
Domus di Maria	**Capo Spartivento**	**202**
Dorf Tirol	**Busparkplatz**	**48**
Entreves	Funivie di Monte Bianca	129
Eraclea Mare	Bootshafen	120
Eraclea Mare	Ost-Strand	120
Falze	**Le Grave**	**105**
Farra d'Alpago	Lago di San Croce	66
Feltre	Piazzale Pra' del Moro	66
Fertilia	**Area attrezzata**	**221**
Fertilia	**I Platini**	**221**
Finale Ligure	**Via Aurelia**	**166**

Ort	Bezeichnung	Seite	Ort	Bezeichnung	Seite
Fiumaretta	Ort	173	**Madonna del Sasso**	**Area Camper**	**75**
Fluminimaggiore	Tempio di Antas	211	**Malcesine**	**Strada funivia**	**96**
Fontanamare	Spiaggia	209	Malga Ciapala	Seilbahn	37
Forno di Moena	**Il Giardino**	**56**	Mandriola	Kirche	214
			Manerba	**Parco naturale**	**93**
Gaby	**Area picnic**	**132**	**Mantua**	**Stadio**	**150**
Garda	**Ortsparkplatz**	**96**	Marceddi	Marina	212
Gardone Riviera	**Vittoriale**	**93**	Mari Ermi	Strand	214
Gassl	Kronplatz	26	**Marina di Gaira**	**Area sosta**	**194**
Gavirate	**Lungolago**	**77**	**Marina di Massa**	**Kläranlage**	**174**
Genova Ponte	**Adolfo Parodi**	**172**	Marina di Orosei	Strand	192
Glurns	**Tor Taufers**	**46**	Marina di Sorso	Ufer	223
Gorino	Hafen	157	**Marinella di Sarzana**	**Strand**	**174**
Goro	Hafen	156	Maroco	Piscina	123
Gradisca d' Isonzo	**Ara di sosta camper**	**112**	**Marostica**	**Ortszentrum**	**103**
Grado	**Area comunale**	**119**	Masainas	Spiaggia Is Solinas	204
Grödner Joch	Klettersteig	35	**Meran**	**Bahnhofsplatz**	**47**
			Merate-Sartirana	**Wohnmobilplatz**	**82**
Igea Marina	**L'Adriatico**	**183**	**Mesola**	**Sportpark**	**157**
Igea Marina	**Mare d'Inverno**	**183**	**Misurina**	**Ortsrand**	**39**
Igea Marina	**Rio Pircio**	**183**	**Molveno**	**Lago**	**62**
Iglesias-Nébida	**Area sosta**	**210**	**Montebelluno**	**Via Sansovino**	**104**
Iseo	**Camperstop**	**149**	Montegrotto	Butterfly	124
Ispra	Ortsrand	76	Montegrotto	Ort	124
Ivrea	Piazza del Mercato	132	**Monte Marenzo**	**Via Papa Giovanni XXIII**	**82**
			Monza	Sportivo Montelli	147
Kastel-Tschars	Schwimmbad	47	**Monzambano**	**Area sosta camper**	**94**
Kiens-Issing	Weiher	24	**Mori**	**Fanum**	**63**
Klausen	**Viadotto Gries**	**49**	**Muravera**	**Camper Service Sosta**	**199**
			Muravera	San Giovanni	200
Laas	Schwimmbad	47	Muravera	Torre Salinas	200
La Caletta	**San Giovanni**	**191**			
Lago di Fedaia	Seeufer	37	**Noale**	**Ortsparkplatz**	**106**
La Spezia	**Industriehafen**	**173**			
La Villa	**Campo sportivo**	**35**	**Oggebbio**	**Area di Sosta**	**73**
Lecco-Bione	**Sportgelände**	**83**	**Olbia**	**L'Impero Parking**	**188**
Lévanto	**Wohnmobilplatz**	**172**	**Oleis**	**Piazetta F. Braida**	**111**
Levico Therme	**Viale Lido**	**64**	**Oristano**	**Stadio**	**213**
Lido di Dante	**Strand**	**181**	**Orta San Giulio**	**Wohnmobilplatz**	**74**
Lido di Jesolo	**Area sosta camper**	**121**	**Ottiolu**	**Spiaggia Ottiolu**	**190**
Lido di Jesolo	**Don Bosco**	**121**			
Lido di Nazioni	Bagno Manara	159	**Padua**	**Wohnmobilplatz**	**124**
Lido di Nazioni	Strand	160	Palau	Isola dei Gabiani	226
Lido di Savio	**Area camper**	**181**	Paso di Falzarego	Cinque Torri	38
Lido di Volano	Strand-Nord	159	Paso di Falzarego	Passhöhe	38
Lido di Volano	Strand-Süd	159	Paso Fedaia	Passhöhe	37
Lignano Sabbiadoro	**Stadio comunale**	**119**	Pastrengo	Parco Natura Viva	96
Livigno	**Camperpark**	**86**	**Pera di Fassa**	**Gardeccia**	**55**
Livigno	**Lago di Gallo**	**86**	**Peschiera**	**Area attrezzata**	**94**
Loano	**Area attrezzata**	**166**	**Peschiera**	**Gardaland**	**95**
Luino	**Bootshafen**	**76**	**Pietra Ligure**	**Via Francesco Crispi**	**166**

Ort	Bezeichnung	Seite
Pinarella	**Viale Tritone Parking**	**182**
Platamonas Lido	**Campsite**	**223**
Platamonas Lido	**Strand**	**222**
Pomposa	**Abbazia**	**158**
Porto Budello	**Marina**	**203**
Porto Cervo	**Via Porto Cervo**	**226**
Porto Corsini	**Area camper**	**180**
Porto della Taverna	Costa Dorata	189
Porto Levante	Bootshafen	156
Porto Pino	**Area attrezzata**	**203**
Porto Pino	Spiaggia	203
Porto San Páolo	Ortsparkplatz	189
Portovenere	**Ortsrand**	**173**
Povegliano	**Via Prato della Valle**	**105**
Predazzo	**Latemar**	**56**
Pula	**Nora**	**202**
Punta Ginepro	Curcurica	192
Punta Is Aruntas	Strand	213
Punta Sabbione	Fährhafen	122
Punta Sabbione	**Lungomare**	**122**
Putzu Idu	**Area attrezzata**	**214**
Racconigi	**Area Sosta**	**139**
Ranco	Museo	75
Ranco	Seeufer	75
Rasen	Ortsparkplatz	26
Ravenna	**Green Sport Club**	**180**
Ravenna	**Sant' Appollinare**	**180**
Riccione	**Piazzale I.Maggio**	**184**
Rimini	**Viale Roma**	**184**
Riva del Garda	**Wohnmobilplatz**	**92**
Rivoli	**Area comunale**	**138**
Rocca Pietore	Ort	38
Rosta	**Area sosta**	**138**
Rovereto	**Stadio Quercia**	**63**
San Bartolomeo	**Area di sosta**	**165**
San Giovanni di Sinis	**Tharros**	**211**
San Marino	**Funivia**	**184**
San Remo	**Wohnmobilplatz**	**164**
San Stefano	Ortsparkplatz	40
Santa Christina	**Saslong**	**34**
Santa Christina	Sport-Center	34
Santa Margherita	**Rondio**	**125**
Sant Antioco-Maladroxia	**Area camper**	**204**
Santa Teresa	**Area camper**	**225**
San Teodoro	**Dettorimarkets**	**189**
San Teodoro	Spiaggia d'Ambra	190
Santorso	**Villa Rossi**	**102**
San Vergilio	**Seilbahn Kronplatz**	**25**
San Vero Milis	**Strand**	**215**
Sárnico	Seeufer	148
Sarntheim	**Ortsrand**	**49**
Sappada	**Wohnmobilplatz**	**40**
Savio	**Mirabilandia**	**181**
Schio	**Palasport**	**101**
Selva-Plan di Gralba	**Wohnmobilplatz**	**35**
Seriate	**Schwimmbad**	**148**
Sernaglia	**Ortsrand**	**105**
Sestri Levante	Ortsrand	172
Settimo	**Piazza Freidano**	**137**
Sexten	**Area sosta camper**	**27**
Sexten	**Helmbahn**	**27**
Sexten-Bad Moos	**Rotwand-Seilbahn**	**27**
Sirmione	**Area attrezzata**	**94**
Sondrio	**Stadio**	**84**
Sondrio	**Tennisclub**	**85**
Sorico-La Punta	**Camper Service**	**84**
Sommariva del Bosco	**Area comunale**	**140**
Sorso	Discesa a Mare 3	223
Sorso	Discesa a Mare 7	224
Spotorno	**Area Sosta**	**167**
Spotorno	**Via Maremma**	**167**
Sterzing	**Autocamp Eisack**	**24**
Stintino	**Area La Pineta**	**222**
Stintino	**Le Saline**	**222**
Stintino	**Spiaggia Pelosa**	**221**
Sulzano	**Gerolo**	**149**
Taino	Parco di Taino	77
Tancau	**Spiaggia Tancau**	**193**
Tarvisio	**Area comunale**	**111**
Tirano	**Area Camper**	**85**
Torbole	**Area di Sosta**	**92**
Torre Argentina	**Area Tentizzos**	**215**
Tortoli	**Lido di Orri**	**193**
Toscolano-Maderno	**Lido degli ulivi**	**92**
Tre Crocci	Rio Gare	39
Trento	**Großraumparkplatz**	**63**
Trento	**Parking Trentino**	**64**
Trento	**Stadio**	**64**
Treviso	**Stadio**	**106**
Trieste	**Affittasi**	**112**
Trieste	**Sportboothafen**	**112**
Udine	**Area sosta camper**	**111**
Valfurva-S.Caterina	**Area attrezzata**	**86**
Valledoria	**Area camper**	**224**
Vallio Therme	**Municipio**	**93**
Vals	Sessellift	24
Varese	Sacro Monte	77
Venaria	**Area Relax and Go**	**137**
Venezia	**San Giuliano Car Park**	**123**

Ort	Bezeichnung	Seite	Ort	Bezeichnung	Seite
Venezia	**Tronchetto Lido Port**	**123**	Villaputzu	Porto Corallo Strand	199
Verbania-Pallanza	**Via Massara**	**73**	**Villaputzu**	**Sosta camper**	**198**
Verona	Viale Galiano	97	**Villasimius**	**Area dumping system**	**200**
Viareggio	**Area di sosta**	**174**	**Villasimius**	**Area Gli Aranci**	**201**
Vicenza	**Via Bassano**	**102**	Viverone	Lido	132
Vicenza	**Via Cricoli**	**102**	**Voghera**	**Via die Martiri**	**145**
Vierschach	Gondellift Helm	26	Volano	Táglio di Falce	158
Vignola Mare	**Oasi Gallura**	**225**			
Vignola Mare	Spiaggia	225	**Winnebach**	**Area sosta camper**	**28**
Villaputzu	Porto Corallo Marina	199	Wolkenstein	Dantercepies	34
Villar	**Area camper**	**137**			

Stellplatz Nora

Stellplatz La Caletta

Buchserie „Wohnmobil-Stellplätze"

Unentbehrliche Nachschlagewerke für alle Wohnmobiltouristen, die gern auf ruhig und schön gelegenen Stellplätzen übernachten.

Von den Gemeinden eingerichtete Plätze.
Insidertipps und eigene Erfahrungen.
Gleichzeitig sind die Bücher Reiseberichte über europäische Ferienlandschaften.

Band 6: Wohnmobil-Stellplätze Österreich

Ferienlandschaften

Ein Buch über 200 freie Stellplätze in Österreich, die sich im Sommer hervorragend für einen Wanderurlaub, zum Surfen und Segeln, im Winter zum Skilaufen eignen. Wochenreisen führen durch Österreichs Ferienlandschaften: Vorarlberg, Montafon, Tirol, Waldviertel, Innviertel, Mühlviertel, Wachau, Salzkammergut, Wien, Neusiedler See, Wiener Hausberge, Kitzbüheler Alpen, Hohe Tauern, Salzburg, Tennengebirge, Gasteiner Tal, Dachstein, Ennstaler Alpen, Hochschwab, Osttirol, Kreuzeckgruppe, Gailtaler Alpen, Kärntner Seen, Lavanttaler Alpen.

€ 19,90 — 4. Auflage. ISBN 3-932538-23-4

Band 12: Wohnmobil-Stellplätze Griechenland

Ionische Küste - Chalkidike - Thrakien
Ägäische Küste - Mazedonien - Attika - Peloponnes

Im Ferienland Griechenland werden die schönsten freien Stellplätze und die interessantesten Touren beschrieben. Viele Stellplätze liegen unmittelbar am Meer. Feine Sandstrände, steile Felsen und verschwiegene Buchten bestimmen die Küsten des Landes. Aber Griechenland bietet noch mehr als großartige Landschaften und unberührte Strände. Liebenswerte, freundliche Menschen trifft man überall. Die vielen Sehenswürdigkeiten aus der Antike und dem Mittelalter beeindrucken die Besucher. Nirgendwo sonst lassen sich Badeurlaub und Kulturerlebnisse miteinander verbinden wie in Griechenland. Griechenland mit dem Wohnmobil - das ist ein Traumurlaub.

€ 9,90 — 1. Auflage. ISBN 3-932538-13-7

Band 13: Wohnmobil-Stellplätze Italien Süd

Toskana - Latium - Kalabrien - Sizilien - Apulien - Marken

Unverbaute, schön gelegene Strände und Buchten, die großartigen kulturellen Sehenswürdigkeiten in der Mitte und im Süden Italiens und auf Sizilien, idyllische Stellplätze für den Strandurlaub an der Adria, am Thyrrenischen und Ionischen Meer und Stellplätze auf Sizilien werden ausführlich beschrieben. Auf ruhig und schön gelegenen Übernachtungsplätzen findet der Wohnmobiltourist Erholung und Entspannung. Ferienlandschaften: Toskana, Latium, Kampanien, Kalabrien, Sizilien, Basilikata, Apulien, Umbrien, Marken.

€ 19,90 — 2. Auflage. ISBN 978-3-932538-32-2

Band 14: Wohnmobil-Stellplätze Italien Nord

Alpen - Lombardei - Piemonte - Adria - Riviera - Sardinien

Unverbaute, schön gelegene Strände und Buchten, die großartigen kulturellen Sehenswürdigkeiten im Norden Italiens, idyllische Stellplätze für den Strandurlaub an der Adria, an der Riviera, auf Sardinien und Stellplätze für den Winterurlaub in den Alpen werden ausführlich beschrieben. Auf ruhig und schön gelegenen Übernachtungsplätzen findet der Wohnmobiltourist Erholung und Entspannung. Ferienlandschaften: Pustertal, Grödental, Dolomiten, Eggental, Fleimstal, Lago Maggiore, Lago Varese, Lago d'Iseo, Gardasee, Golf von Venedig, Aostatal, Po-Ebene, Po-Delta, Riviera, Adriatische Küste, die Küsten Sardiniens.

€ 19,90 4. Auflage. ISBN 978-3-932538-31-5

Band 15: Wohnmobil-Stellplätze Deutschland Nord

Schleswig-Holstein - Hamburg - Niedersachsen - Bremen

Ferienlandschaften: Nordseeküste - Dithmarschen - Nordfriesland - Angeln - Mittelholstein - Ostseeküste - Lauenburg - Hamburg - Ostfriesland - Friesland - Altes Land - Fehnroute - Ammerland - Unterweser - Lüneburger Heide - Oldenburger Münsterland - Mittelweser - Südheide - Emsland - Teutoburger Wald - Weserbergland - Elm - Westharz. In den Feriengebieten werden Wohnmobilplätze im Norden Deutschlands beschrieben. **Kostenfreie Plätze, Plätze in den Städten und am Strand** werden besonders hervorgehoben. Gleichzeitig ist das Buch ein Reisebericht über norddeutsche Ferienlandschaften.

€ 17,90 5. Auflage. ISBN 978-3-932538-29-2

Band 16: Wohnmobil-Stellplätze Deutschland West

Nordrhein-Westfalen - Rheinland-Pfalz - Hessen - Saarland

Ferienlandschaften: Münsterland - Niederrhein - Ruhrgebiet - Nordeifel - Bergisches Land - Sauerland - Vulkaneifel - Ahr - Mosel - Mittelrhein - Westerwald - Lahn-Dill-Bergland - Nahe - Werra - Kurhessen - Waldhessen - Taunus - Vogelsberg - Kinzig - Rhön - Deutsche Weinstraße - Pfälzer Wald - Odenwald - Saarland. In den Feriengebieten werden Wohnmobilplätze im Westen Deutschlands beschrieben. **Kostenfreie Plätze, Plätze in den Städten und am See** werden besonders hervorgehoben. Gleichzeitig ist das Buch ein Reisebericht über westdeutsche Ferienlandschaften.

€ 17,90 5. Auflage. ISBN 978-3-932538-27-8

Band 17: Wohnmobil-Stellplätze Deutschland Ost

Mecklenburg-Vorpommern - Sachsen-Anhalt
Brandenburg - Berlin - Thüringen - Sachsen

Ferienlandschaften: Mecklenburgische Küste - Rügen - Usedom - Oderhaff - Mecklenburger Seen - Altmark - Ostharz - Kyffhäuser - Schorfheide - Havelseen - Berlin - Grünau-Grünheider Seen - Oderbruch - Thüringer Senke - Fläming - Dübener Heide - Sächsische Saale - Thüringer Wald - Spreewald - Oberlausitz - Niederlausitz - Sächsische Schweiz - Erzgebirge - Zittau-Gebirge. In den Feriengebieten werden Wohnmobilplätze im Osten Deutschlands beschrieben. **Kostenfreie Plätze, Plätze in den Städten und am Strand** werden besonders hervorgehoben. Gleichzeitig ist das Buch ein Reisebericht über ostdeutsche Ferienlandschaften.

€ 17,90 5. Auflage. ISBN 978-3-932538-28-5

Band 18: Wohnmobil-Stellplätze Deutschland Süd

Baden-Württemberg - Bayern

Ferienlandschaften: Steigerwald - Tauber - Fränkisches Seenland - Frankenwald - Fränkische Schweiz - Vogtland - Fichtelgebirge - Oberpfälzer Wald - Neckar - Altmühl - Nordschwarzwald - Ortenau - Schwäbische Alb - Bayerischer Wald - Oberrhein - Hochschwarzwald - Hotzenwald - Hochrhein - Hegau - Bodensee - Schwaben - Bayerische Seen - Allgäu - Chiemgau - Bayerische Alpen - Berchtesgaden.

In den Feriengebieten werden Wohnmobilplätze im Süden Deutschlands beschrieben. **Kostenfreie Plätze, Plätze in den Städten und am Strand** werden besonders hervorgehoben. Gleichzeitig ist das Buch ein Reisebericht über süddeutsche Ferienlandschaften.

€ 17,90 5. Auflage. ISBN 978-3-932538-26-1

Band 19: Wohnmobil-Stellplätze Spanien

Mittelmeerküste

Ferienlandschaften: Costa Brava - Costa Daurada - Costa del Azahar - Costa de Valencia - Costa Blanca - Costa Càlida - Cost de Almeria - Costa del Sol - Costa de la Luz.

Schön gelegene Strände und Buchten, die kulturellen Sehenswürdigkeiten in den Städten an der spanischen Küste, idyllische Stellplätze für den Strandurlaub am Mittelmeer. Auf ruhig und schön gelegenen Übernachtungsplätzen findet der Wohnmobilurlauber Erholung und Entspannung. Farbfotos von den Plätzen erleichtern die Auswahl.

€ 19,90 1. Auflage. ISBN 3-932538-21-8

Band 20: Wohnmobil-Stellplätze Benelux

Belgien - Niederlande - Luxemburg

Die Stellplätze eignen sich hervorragend für einen Wanderurlaub in den Ardennen, für Radtouren im flachen Land, für die Besichtigung sehenswerter Städte, für erholsame Badeferien an der Nordseeküste und für Bootstouren und Wassersport auf den zahlreichen Flüssen, Kanälen und Seen.
Alle Plätze wurden selbst aufgesucht und beurteilt. Genaue Beschreibungen der Anfahrt, Straßennamen und Koordinaten erleichtern die Anfahrt. Farbige Fotos geben einen guten Eindruck von den Stellplätzen. Viele Insider-Tipps.

€ 19,90 1. Auflage. ISBN 978-3-932538-22-3

Band 21: Wohnmobil-Stellplätze Frankreich Nord

Somme - Seine - Normandie - Bretagne - Loire - Champagne

Es werden Touren mit dem Wohnmobil im Norden Frankreichs beschrieben. Stellplätze in Städten und Gemeinden, in der Natur, am Meer und am See eignen sich für einen erholsamen Urlaub und für die Besichtigung interessanter Sehenswürdigkeiten. Viele Plätze stehen zum Nulltarif zur Verfügung. Farbige Fotos geben einen guten Eindruck von den Stellplätzen. Anfahrtbeschreibung, Straßennamen und Koordinaten erleichtern die Anfahrt.

€ 19,90 1. Auflage. ISBN 978-3-932538-24-7

Band 22: Wohnmobil-Stellplätze Frankreich Süd

Atlantik - Mittelmeer - Rhone - Doubs - Elsass

Es werden Touren mit dem Wohnmobil im Süden Frankreichs beschrieben. Stellplätze in Städten und Gemeinden, in der Natur, am Meer und am See eignen sich für einen erholsamen Urlaub und für die Besichtigung interessanter Sehenswürdigkeiten. Viele Plätze stehen zum Nulltarif zur Verfügung. Farbige Fotos geben einen guten Eindruck von den Stellplätzen. Anfahrtbeschreibung, Straßennamen und Koordinaten erleichtern die Anfahrt.

€ 19,90 1. Auflage. ISBN 978-3-932538-25-4

Band 23: Wohnmobil-Stellplätze Dänemark

Jütland - Fünen - Langeland - Seeland - Mon - Falster - Lolland

Es werden Touren mit dem Wohnmobil beschrieben. Unverbaute, schön gelegene Strände und Buchten, die großartigen kulturellen Sehenswürdigkeiten in Dänemark, idyllische Stellplätze für den Strandurlaub auf den dänischen Inseln und in Jütland, Stellplätze für Angler an Fischteichen, Plätze für Mobile und Caravan werden ausführlich beschrieben. Auf ruhig und schön gelegenen Übernachtungsplätzen findet der Wohnmobiltourist Erholung und Entspannung. Farbige Stellplatzfotos geben einen guten Eindruck von den Stellplätzen. Koordinaten und Straßennamen erleichtern die Anfahrt.

€ 19,90 1. Auflage. ISBN 978-3-932538-30-8

Bestellung

_____	Band 6:	Wohnmobil-Stellplätze Österreich, Ferienlandschaften	€ 19,90
_____	Band 12:	Wohnmobil-Stellplätze Griechenland - Ferienlandschaften	€ 9,90
_____	Band 13:	Wohnmobil-Stellplätze Italien Süd mit Sizilien	€ 19,90
_____	Band 14:	Wohnmobil-Stellplätze Italien Nord mit Sardinien	€ 19,90
_____	Band 15:	Wohnmobil-Stellplätze Deutschland Nord	€ 17,90
_____	Band 16:	Wohnmobil-Stellplätze Deutschland West	€ 17,90
_____	Band 17:	Wohnmobil-Stellplätze Deutschland Ost	€ 17,90
_____	Band 18:	Wohnmobil-Stellplätze Deutschland Süd	€ 17,90
_____	Band 19:	Wohnmobil-Stellplätze Spanien Mittelmeerküste	€ 19,90
_____	Band 20:	Wohnmobil-Stellplätze Benelux	€ 19,90
_____	Band 21:	Wohnmobil-Stellplätze Frankreich Nord	€ 19,90
_____	Band 22:	Wohnmobil-Stellplätze Frankreich Süd	€ 19,90
_____	Band 23:	Wohnmobil-Stellplätze Dänemark	€ 19,90

Verpackungs- und Versandkostenanteil im Inland 3.90 €, im europäischen Ausland 6,90 € pro Bestellung.
Bei Bestellungen aus dem Inland ab 50 € versandkostenfrei.
Alle Preise gelten zum Zeitpunkt der Drucklegung.

Absender

Datum Unterschrift

Einzugsermächtigung (nur im Inland) oder Scheck in Höhe von Euro .... ist beigefügt.

Auf vielen Reisen erfreuen wir uns an schönen Landschaften, sehenswerten Städten und historischen Stätten und sind glücklich, wenn wir die passenden Stellplätze dazu finden. Sie, liebe Leserin, lieber Leser, haben durch unsere genaue Beschreibung keinen Stress bei der Suche nach einem geeigneten Stellplatz. Sie parken und übernachten ruhig und entspannt auf den von uns angebotenen Wohnmobil-Stellplätzen und genießen Ihre Urlaubstage.

Wir mit unserem rollenden Ferienhaus haben das große Glück, an den schönsten Orten Europas zu Hause zu sein. Wo immer unsere Reise hingeht, wir verbringen unsere Tage im eigenen Haus, mal am Meer, mal in den Bergen, mal in einer Stadt, ganz nach Lust und Laune. Wir sind zu beneiden. Ein Traum ist wahr geworden. Wohnmobil-Urlaub, das ist die schönste Sache der Welt

***Heute hier und morgen dort,
immer unterwegs und doch zuhause.***

***Im Norden Italiens mit dem Wohnmobil reisen,
in den Alpen, an den oberitalienischen Seen, im Piemonte,
in der Lombardei, am Golf von Venedig, an der Adria,
an der Ligurischen Küste und auf Sardinien
ist eine schöne Zeit mit vielen Erlebnissen.***

Trotz aller gründlichen Recherchen können sich die Verhältnisse an den Stellplätzen geändert haben. Wir bitten Sie, uns solche Veränderungen mitzuteilen, damit diese bei der nächsten Auflage berücksichtigt werden können. Bei aller Sorgfalt kann für die Vollständigkeit und Richtigkeit aller Angaben keine Gewähr übernommen werden. Alle Angaben im Buch gelten zum Zeitpunkt der Drucklegung.

Wir wünschen unseren Lesern erholsame Urlaubstage und ungestörte Nächte auf den angebotenen Stellplätzen in Norditalien und Sardinien.

KUGA TOURS®
KUGA GmbH®
Geschäftsführer Olaf Gafert

Pörbitscher Hang 21
D-95326 Kulmbach

Telefon: +49-(0)92 21-8 41 10
Telefon: +49-(0)7 00-5 84 28 68 77
Telefon: +49-(0)1 72-3 54 34 95

E-Mail: info@kuga-tours.de
Internet: www.kuga-tours.de
Telefax: +49-(0)9221-84130

EURO MOTORHOME CLUB e.V.

Freizeitclub für niveauvolles Reisen
Vereinigung der Haltergruppe SoKfz Wohnmobil in Europa

▶ **Antrag ausfüllen und einsenden an:** EURO MOTORHOME CLUB e.V. Geschäftsstelle des EMHC, Schlosshof 2–6, D-85283 Wolnzach oder per Fax: 0 84 42 / 22 89

Dürfen wir uns Ihnen vorstellen?!

Der Euro Motorhome Club führt als Untertitel die Bezeichnung „Freizeit Club des niveauvollen Reisens, Vereinigung der Haltergruppe SoKfz in Europa".
Damit sind unsere Ziele nach innen und außen umrissen:

- Wir bemühen uns, gemeinsame Reisen und Treffen zu veranstalten, für deren Ablauf und Gestaltung wir höhere Standards und damit höhere Ansprüche an uns selbst stellen.
- Wir lieben das gemütliche Beisammensein bei einem guten Glas Wein, einem kühlen Bier und gutem Essen in gepflegte Atmosphäre ebenso, wie das Durchstreifen von Landschaften und Städten in Deutschland und Europa.
- Darüber hinaus sind wir in engem Kontakt zu der Politik und zu Gemeinden ständig bemüht, Einschränkung für die Nutzung von Wohnmobilen im öffentlichen Straßenraum zu beseitigen oder wenigstens zu mindern. Mit dieser Zielrichtung sind wir selbstverständlich für alle Wohnmobilisten – und damit auch für Sie – tätig.

Wir sind grundsätzlich auch für Sie als mögliches Mitglied interessant.

In unserem Club gilt das Motto:
Es kommt nicht auf die Größe des Fahrzeugs an, entscheidend ist, welcher Mensch aus dem Fahrzeug aussteigt. Sie passen zu uns, wenn Sie, wie wir, an gemeinsamen Unternehmungen mit gehobenen Ansprüchen auf gesellschaftlicher und kultureller Ebene interessiert sind. In unseren Reihen finden Sie Ärzte, Beamte, Geistliche, Handwerker, Kaufleute, Rechtsanwälte, Richter und Unternehmer also die ganze Bandbreite möglicher Berufe. Wenn Sie sich angesprochen fühlen, „schnuppern" Sie doch einmal bei einem unserer nächsten Treffen; so können Sie uns und unser Clubleben wirklich kennen lernen.
Darauf freue ich mich.

Mit freundlichen Grüßen
Rüdiger Zipper, Präsident des EMHC

Hiermit beantrage/n ich/wir die Mitgliedschaft beim EMHC – Euro Motorhome Club e.V.

☐ Herr ☐ Frau ☐ Firma

Firmenname

Vorname/Nachname

Straße/Hausnummer

Land PLZ Ort

Telefonnummer tagsüber Faxnummer Mobil

E-Mail-Adrese Internet

Beruf Geburtsdatum

Privatpersonen

☐ Aktiv-Mitgliedschaft 120,– € ☐ Förder-Mitgliedschaft 30,– €

Nur für Aktivmitgliedschaft:
Ich beantrage die Camping Card International (CCI) ☐ Ja / ☐ Nein
Für die Ausstellung der CCI erforderl. Angaben d. Antragstellers – Angaben nach Personalausweis:

Geburtsort: ____________________

Personalausweis-Nummer: ____________________

Ausstellungsort: ____________________

Die Ausgabe der CCI erfolgt für Mitglieder kostenlos. Die Folgekarte wird mit gesondertem Antrag für weitere 3 Jahre ausgestellt. Bei Erneuerung des Ausweises und bei Neuausstellung der CCI Karte bitte unbedingt die Ausweis-Daten mitteilen! Datenschutz: Die im Antrag enhaltenen Daten werden gespeichert und den Clubmitgliedern im Bordbuch teilweise (Name, Anschrift, Telefon-/Faxnummer, Mobil-Nr.) bekannt gegeben.

Gewerbliche Mitglieder und Personen des öffentlichen Rechts:

☐ Gewerbe (Firmen und Tourismusverbände) 120,– €
☐ Gemeinden (Kommunen, Städte) 60,– €

Eintrag des gewerblichen Mitgliedes in folgende Rubrik:

☐ Fahrzeug-Hersteller – Importeure
☐ Fahrzeughandel/Service/Vermietung/Zulieferer
☐ Camping- und Stellplätze
☐ Dienstleistungen: Fahrschulen/Gutachter/Veranstalter/Verleger/Versicherungen
☐ Wohnmobilfreundliche Gemeinden

Für die Beantragung der Mitgliedschaft und Einzugsermächtigung

Hiermit wird der EMHC widerruflich zum Einzug der Aufnahmegebühr und der jährlichen Beiträge ermächtigt.

Bankleitzahl Kontonummer Name und Ort des Geldinstituts

Kontoinhaber, falls abweichend vom Antragsteller IBAN BIC

Datum Unterschrift